팀 켈러,
결혼의 의미

THE MEANING OF MARRIAGE: A COUPLE'S DEVOTIONAL

The Meaning of Marriage: A Couple's Devotional
by Timothy Keller and Kathy Keller
Copyright © 2011, 2019 by Timothy Keller and Kathy Keller
Korean Translation Copyright © 2020 by Duranno Ministry
All rights reserved.

This Korean edition published by arrangement
with Timothy Keller c/o McCormick Literary, New York,
through Duran Kim Agency, Seoul.

팀 켈러, 결혼의 의미

지은이 | 팀 켈러, 캐시 켈러
옮긴이 | 오현미
초판 발행 | 2020. 5. 4
10쇄 발행 | 2024. 5. 8
등록번호 | 제1988-000080호
등록된 곳 | 서울특별시 용산구 서빙고로65길 38
발행처 | 사단법인 두란노서원
영업부 | 02)2078-3333 FAX | 080-749-3705
출판부 | 02)2078-3332

책값은 뒤표지에 있습니다.
ISBN 978-89-531-3717-2 03230

독자의 의견을 기다립니다.
tpress@duranno.com   www.duranno.com

두란노서원은 바울 사도가 3차 전도 여행 때 에베소에서 성령 받은 제자들을 따로 세워 하나님의 말씀으로 양육
하던 장소입니다. 사도행전 19장 8 - 20절의 정신에 따라 첫째 목회자를 돕는 사역과 평신도를 훈련시키는 사역,
둘째 세계선교™와 문서선교단행본 · 잡지 사역, 셋째 예수문화 및 경배와 찬양 사역, 그리고 가정 · 상담 사역 등을 감
당하고 있습니다. 1980년 12월 22일에 창립된 두란노서원은 주님 오실 때까지 이 사역들을 계속할 것입니다.

팀 켈러,
결혼의 의미

팀 켈러, 캐시 켈러 지음

오현미 옮김

두란노

○

우리 아들들,
그리고 아들들과 결혼한 훌륭한 여성들,
데이비드와 젠, 마이클과 새러,
조너선과 앤 마리에게

나 중심 결혼에서
복음 중심 결혼으로

몇 년 전 우리 부부는 《팀 켈러, 결혼을 말하다》(The Meaning of Marriage, 두란노 역간)라는 책을 함께 썼다. 그 책에서 우리는 기독교 신앙을 토대로 한 결혼이라는 맥락에서 부부가 배우자를 알고 사랑하는 것과 관련된 여러 문제들을 다루었다. 그 책이 무척 도움이 되었다고 많은 이들이 평해 주었고, 이런 반응 덕분에 우리는 더할 나위 없이 행복하다. 그 책에서 다룬 내용들은 하나같이 힘겨웠던 경험에서 얻은 결과물이었다. 한 사람에게 주시는 것은 모두의 유익을 위한 것이라고 하나님께서는 약속하신다.

● 《팀 켈러, 결혼을 말하다》의 핵심 주제들

《팀 켈러, 결혼을 말하다》를 반드시 먼저 읽어야 이 묵상집을 활용할 수 있는 것은 아니다. 하지만 그 책에서 다룬 다음과 같은 기본 주제 몇 가지는 되새겨 볼 만한 가치가 있다.

모든 부부가 직면하는 가장 큰 문제는 남편과 아내 각자의 마음에 자리 잡고 있는 자기중심적 태도다. 전통 문화는 흔히 죄를 들먹이며 사람들을 을러대는 방식으로 이 문제를 다룬다. 그런가 하면 현대 문화는 '나 중심 결혼'(MeMarriages), 즉 내가 크게 애쓰지 않아도 결혼 생활이 내 필요를 충족시켜 준다고 느껴지는 동안만 결혼을 유지할 수 있다고 말하면서 사실상 이 문제를 골방에 모서 둔다. 그러나 해법은 그리스도의 복음이다. 복음은 우리를 겸손하게도 하고 동시에 우리를 높여 주기도 하기 때문이다.

결혼의 본질인 언약, 즉 서로를 묶는 약속이라는 것도 이에 못지않게 중대한 주제다. 언약은 사무적인 계약도, 그저 감정에 이끌린 충동적인 맹세도 아니다. 언약은 육체적인 면뿐만 아니라 법적, 재정적, 정서적, 영적인 면까지 삶 전체를 서로에게 주는 것이다. 구속력 있는 법적 약속은 서로를 신뢰하고 자신의 약한 면까지 다 드러내며 친밀한 관계를 맺을 수 있는 비할 데 없는 공간을 만들어 낸다.

현대인들은 대개 로맨틱한 감정이 결혼의 본질이라고 생각하지만, 감정이 오르락내리락하는 중에도 서로를 계속 한데 묶어 주는 것은 결혼 서약이며, 세월이 갈수록 이 약속은 다른 어떤 식으로도 도달할 수 없는 깊은 사랑을 낳는다.

우리 부부는 결혼을 하나의 사명을 공유하는 친구 관계로 본다. 전통적 결혼관은 부모 역할에 우선순위를 부여하고, 현대 결혼관은 로맨틱한 관계를 맺고 있는 두 연인의 소원을 중히 여기지만, 우리는 다른 모든 요소와 더불어 부부가 서로 최고의 친구여야 한다고 주장했다. 다만 부부간의 우정은 막연한 우정이 아니라 무언가를 중심으로 한 것이어야 하는데, 그리스도인의 결혼에서는 영적 성장을 중심으로 한 우정이어야 한다. 우리는 배우자가 그리스도의 형상으로 성장할 수 있도록 도와야 한다. 부부가 서로의 거룩함을 목표로 하면 행복은 저절로 따라온다. 그러나 결혼 생활의 첫째가는 목표가 그저 행복뿐이라면, 행복도 거룩함도 둘 다 놓치고 말 것이다.

결혼 생활에 따르는 다양한 과제와 책임을 이행하기 위해 우리는 세월이 갈수록 배우자를 더 알고 사랑하는 방법을 담은 '도구 상자'(toolbox)를 활용하라고 제안했다. 특히 남편과 아내가 둘 다 인생의 큰 변화를 겪을 때, 또 이따금 배우자가 낯선 사람처럼 느껴질 때 어떻게 해야 하는가? 기본적으로 다음 세 가지가 있다. 첫째, 진실을 말한다. 둘째, 배우자가 매우 소중히 여길 만한 특정한 '표현 수단'이나 '사랑의 언어'로 사랑을 보여 준다. 셋째, 회개하고 용서하고 화해함으로써 서로 은혜를 베푼다.

그리스도인의 결혼에서, 나와 성별이 다른 누군가를 사랑하는 일은 큰 기쁨이기도 하지만 한편 참 고된 일이기도 하다. 성별의 차이를 뛰어넘는 사랑에는 많은 인내와 이해심, 겸손, 사랑이 필요하다. 물론 오늘날 이 영역에서는 많은 논쟁이 벌어지고 있다. 하지만 책에서 우리는 최대한 성경의 가르침을 따르려고 노력했다. 성경은 지나치게 완고한 성별 고정관념에 대해서도 비판적이고, 현대인들이 명백한 성역할을 부인하는 것에 대해서도 마찬가지로 비판적이다.

《팀 켈러, 결혼을 말하다》의 마지막 두 장(章)에서는 독신(singleness) 이야기와 성(性) 문제를 다루었다. 이 부분에서 기독교 윤리와 성 이해를 어느 정도 제시했는데, 이는 세상의 현장에서 매우 혁명적이라는 시선을 받는다. 그만큼 오늘날 뜨거운 논쟁거리다.

● 크리스천 부부를 위한 매일 묵상집

그러면 이 묵상집은 왜 필요할까? 그리스도인의 관점에서 사랑과 결혼을 실제적이고도 지속성 있게 고찰해 보기 위해서다. 《팀 켈러, 결혼을 말하다》가 원리와 통찰을 제공해 줄 수는 있지만 그 원리와 통찰을 소화해 하루하루의 삶에 적용하기란 쉬운 일이 아니다. 그래서 우리 부부는 그 책에서 다룬 주제와 교훈을 지금 여러분이 펼쳐 든 이 묵상집에 보다 상세히 설명하고 분류해서, 각 개념을 더욱 다양한 측면에서 풍부하게 바라보도록 돕고 읽는 이의 삶에 적용할 수 있도록 질문을 던지고 실천 사항도 제시했다.

이 묵상집은 《팀 켈러, 결혼을 말하다》의 일부 문장들을 단초로 그리스도인 결혼 생활의 아주 구체적인 여러 측면들이 이 시대를 사는 개개인에게 어떤 함축적 의미를 지니는지 날마다 한 가지씩 깊이 생각해 볼 수 있는 기회를 제공한다.

매달 첫 주에는 사랑, 성, 결혼과 관련된 성경 본문을 소개하고, 성경 가르침의 한 측면을 묵상하는 내용을 담았다. 그런 다음에는 생각해 볼 질문이 이어지고, 마지막으로 이 주제에 관한 짤막한 기도문, '한마음으로 드리는 기도'가 나온다. 여기 제시하는 성경 본문 일부는 《팀 켈러, 결혼을 말하다》에서도 언급한 말씀이지만, 묵상 부분은 그 책에서는 볼 수 없는 새로운 내용들이다.

이 책에서 다루는 성경 본문은 다음과 같다.

매달 첫째 주를 제외한 나머지 주는 성경 구절 대신 《팀 켈러, 결혼을 말하다》에서 발췌한 문장들로 문을 연다. 그리고 뒤이어 그 글을 다양한 측면에서 한층 면밀히 살펴본 묵상과 생각해 볼 질문이 이어진다. 마지막으로 '함께 붙드는 기도의 끈'에서는 그날의 주제를 마음과 삶에 녹여 내도록 도와줄 개인과 가정을 위한 기도 제목을 제시한다.

이 책은 커플을 위한 묵상집이자 부부용으로 기획한 책이다. 부부가 이 책을 서로에게 큰 소리로 읽어 주고, 읽고 나서는 이렇게 질문하라. "어떤 내용이 가장 도움이 되었어요?" 그런 다음 생각해 볼 질문에 해당하는 답을 함께 찾으라. 마지막으로 '한마음으로 드리는 기도/함께 붙드는 기도 끈'을 하나님과 나누는 직접적 대화를 여는 마중물로 삼아 함께 기도하라. 이 책을 활용하는 또 한 가지 방법이 있다. 날마다 개인적으로 이 책을 읽고 자기 생각을 노트에 적은 다음, 시간을 정해 주기적으로 배우자와 마주 앉아 자신이 얻은 통찰과 발견한 점들을 나누는 것이다.

책이 진행되는 동안 이 책에서 말하는 기본 주제와 교훈이 여러 번 반복 거론될 것이다. 하지만 그때마다 각각 다른 관점에서 접근하거나 각각 다른 질문을 던질 것이다.

《팀 켈러, 결혼을 말하다》는 부부만을 위해 쓴 책이 아니다. 싱글 교인이 압도적으로 많은 한 교회에서 전한 일련의 설교를 바탕으로 쓴 것이다. 하지만 이 묵상집은 커플을 위한 것이며, 약혼 중이거나 결혼을 생각하는 커플도 앞에서 제시한 방식대로 이 책을 활용할 수 있다. 연말 즈음의 묵상이 특히 그런 커플에게 적용할 만하다.

아주 중요한 단서가 하나 있다. 그리스도인이라면 누구나 날마다 성경을 읽고 기도해야 한다. 이 책은 성경을 보조할 수는 있지만, 하나님 앞에서 날마다 이 책만 읽으며 시간을 보내서는 안 된다. 결혼이라는 주제가 중요하기는 하지만, 하나님 앞에서 일 년 내내 결혼 이야기만 할 수는 없지 않은가! 이 책과 더불어 시편 묵상집인 《팀 켈러의 묵상》(The Songs of Jesus, 두란노 역간)이나 잠언 묵상집인 《팀 켈러, 오늘을 사는 잠언》(God's Wisdom for Navigating Life, 두란노 역간) 혹은 다른 보조 교재를 활용해 성경 말씀을 묵상하며 날마다 하나님과 함께하는 시간을 갖기를 당부한다.

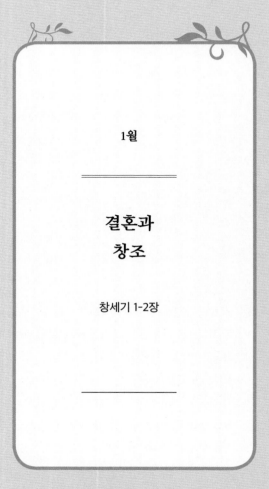

1월

결혼과
창조

창세기 1-2장

· **창세기 1장 27절** 하나님이 자기 형상 곧 하나님의 형상대로 사람을 창조하시되 남자와 여자를 창조하시고.

────────────────────────────────

하나님께서 제정하셨다 오늘날 우리는 결혼이란 단지 두 사람 사이의 낭만적 관계이고, 결혼식은 이 두 사람에게 몇 가지 법적 혜택을 부여하는 의식이라고 생각한다. 하지만 성경은 결혼이 하나님께서 만들어 내신 제도라고 말한다. 결혼은 인간 본성을 이루는 기본 구조다. 성경은 인간의 존재를 언급하는 첫 순간부터 남녀와 결혼을 동시에 다루었다. 모든 개인이 결혼해야 하는 것은 아니지만, 인류 전체는 원래 결혼을 하는 존재로 지음받았다. 건전한 결혼이 없이는 그 어떤 인간 사회도 번영할 수 없다.

❶ '사람들의 몸과 마음, 삶의 전반이 건강한 것'과 '건강한 결혼 생활'은 어떠한 연관성이 있다고 보는가?

한마음으로 드리는 기도 주님, 우리의 결혼 생활이 안정적이고 견고해야 사회도 편안한데, 지금까지는 이 문제를 너무 편협하고 이기적으로 생각했습니다. 용서해 주옵소서. 우리가 행복한 결혼 생활을 추구할 때 우리뿐만 아니라 주님을 위해, 그리고 다른 사람들을 위해 그리할 수 있도록 도와주옵소서. 아멘.

창세기 2장 18절 여호와 하나님이 이르시되 사람이 혼자 사는 것이 좋지 아니하니.

우정의 필요성 창세기에 보면 하나님께서 만물을 '좋게'(good) 창조하셨다. 그러다 아담이 혼자 있는 모습을 보시고는 처음으로 '좋지 않다' 말씀하신다. 이는 우리 안에 하나님께서 창조하신 어떤 욕구, 곧 사람이 사람과 맺는 사랑의 관계 외에 다른 것으로는 충족시킬 수 없는 욕구가 있다는 의미다. 아담이 하나님 및 낙원에 있는 자신의 집과 맺은 '그 무엇에도 훼방받지 않는' 관계조차 이 욕구를 충족시킬 수 없었다. 그렇다면 외로움은 죄가 아니며, 이는 두 가지 사실을 의미한다. 첫째, 반드시 결혼해야 하는 것은 아니지만(예를 들어 바울과 예수님의 경우처럼), 인간의 삶이 번성하려면 반드시 두터운 우정을 나누어야 한다. 둘째, 하나님께서 하와를 아담에게 데려오실 때 하와는 단순히 성적(性的) 상대나 사업 파트너가 아니라 아담이 갈망해 온 친구임에 틀림없다.

❶ 남편과 아내가 자녀 양육, 로맨스, 성, 업무 관리에 너무 힘을 쏟은 나머지 부부간 우정을 소홀히 할 수 있다. 어떻게 하면 그런 상황을 피할 수 있을까?

한마음으로 드리는 기도 주 예수님, 주님은 우리의 참배우자이시요, 우리의 가장 좋은 친구이십니다(엡 5:25-26; 요 15:12-15). 우리의 결혼 생활이 진실함과 애정으로 충만하게 하옵소서. 부부간 우정에 충실히 헌신하게 하옵소서. 아멘.

창세기 2장 24절 이러므로 남자가 부모를 떠나 그의 아내와 합하여 둘이 한 몸을 이룰지로다.

떠나기 결혼에는 '떠나기'가 수반된다. 내가 태어난 집안의 뜻을 거역하거나 버린다는 뜻이 아니다. 그보다는 결혼함으로써 이룬 새로운 가족의 필요와 관심사가 내 본가(本家) 가족의 바람과 관습보다 우선한다는 뜻이다. 결혼으로 새로운 가정을 이루면 부부의 특정 상황, 은사, 필요에 맞는 새로운 삶의 양식을 함께 만들어 나가야 한다. 의도하지는 않았다 해도 결혼 이후 일어나는 모든 일마다 내 부모의 결혼 생활과 그 가정에서 보아 온 대로 하기를 고집한다면 이는 태어난 집안을 떠난 것이 아니다. 내 마음에 배우자와 경쟁할 (인간) 상대가 없어야 한다. 즉 배우자가 누구보다 우선하는 사람이어야 한다. 부모, 심지어 자녀에 대한 배려도 배우자를 생각하는 마음과는 경쟁할 수 없다.

◑ 부모와 부모의 집을 떠나 다른 누가 아닌 내 배우자에게 최고의 충성을 바쳐야 한다. 나는 어떤 면에서 그렇게 하지 못하고 있는지 꼽아 보라.

한마음으로 드리는 기도 주님, 다른 사람이나 다른 것에게로 쪼개진 마음을 없애 주옵소서. 우리가 온 우주의 다른 모든 것들보다 주님을 더 사랑하게 하옵소서. 그리고 우리가 결혼하면 세상 다른 어떤 사람보다 서로를 가장 사랑하게 하옵소서. 아멘.

창세기 2장 22, 24절 여호와 하나님이 … 여자를 만드시고 그를 아담에게로 이끌어 오시니 … 이러므로 남자가 부모를 떠나 그의 아내와 합하여 둘이 한 몸을 이룰지로다.

약속 창세기 2장 22-25절은 인류 최초의 결혼식 장면으로, "하나님께서 마치 신부의 아버지처럼 친히 여자를 남자에게로 데리고 가신다."[1] "합하여"(united)라는 말은 구속력 있는 언약 관계(신 10:20; 11:22-23)를 뜻하는 히브리어 단어를 번역한 것이다. 개인주의적인 사회에서는 결혼의 합법성이 그리 중요해 보이지 않는다. 결혼은 혼인 신고서라는 '서류 쪼가리일 뿐'이며 중요한 것은 우리가 서로 사랑한다는 사실이라고들 한다. 하지만 우리가 정말 서로를 사랑한다면 육체적, 정서적, 법적, 사회적, 경제적인 면 등 모든 면에서 서로에게 자신을 주지 않겠는가? 결혼 언약에서 바로 그런 일이 일어나며, 구체적으로는 약속 맺기를 통해 일어난다.

◑ 사람들은 왜 결혼을 망설일까? 오늘날의 문화는 결혼을 언약으로 보는 입장에 어떤 식으로 흠집을 내는가?

한마음으로 드리는 기도 주님, 우리는 헌신을 두려워하는 문화에서 살고 있습니다. 우리는 사람과 사람 사이의 관계에서 늘 다른 선택을 할 수 있는 여지를 열어 두라고 배웠지만, 그러면서도 다른 사람이 저를 그런 식으로 사랑하는 것은 싫어합니다. 맑은 날이나 궂은 날이나, 좋을 때나 나쁠 때나 우리가 서로에게 성실한 친구요 충실한 배우자가 되는 법을 가르쳐 주옵소서. 주님은 우리에게 바로 그런 분이십니다. 아멘.

창세기 2장 24절 이러므로 남자가 부모를 떠나 그의 아내와 합하여 둘이 한 몸을 이룰지로다.

착 달라붙기　옛 역본은 위 구절을 남자가 "자기 아내에게 달라붙어야"(cleave unto) 한다고 번역하는데, 이는 풀로 붙인 듯 무언가에 달라붙는다는 뜻이다. 구속력 있는 언약, 곧 엄숙한 서약으로 체결된 이 언약이 결혼을 성경적으로 이해하는 데 그토록 중요한 이유는 무엇인가? 첫째, 이 언약은 중요한 판단 기준이다. 기꺼이 평생 언약을 맺는다는 것은 서로에 대한 사랑이 결혼을 해도 될 수준에 이르렀다는 증거다. 둘째, 이 언약은 힘을 만드는 재료다. 어떤 결혼이든 힘든 시기가 있는데, 이때 인내와 사랑으로 이 시기를 견디려면 두 부부가 엄숙한 약속을 했다는 사실을 기억하고 이 기억에서 힘을 얻어야 한다. 마지막으로, 이 언약은 교훈적이다. 언약은 결혼이 궁극적으로 자기실현에 관한 일이 아니라 자기를 내주는 것임을 우리에게 가르쳐 준다.[2]

❶ 결혼 서약은 단기적으로는 우리를 속박하지만 장기적으로는 우리를 자유롭게 한다. 이에 동의하는가? 왜 동의하는가? 혹은 왜 동의하지 않는가?

한마음으로 드리는 기도　주님, 언약을 바탕으로 한 결혼에 헌신하겠다는 우리의 결심이 흔들릴 때, 주님께서 우리에게 흔들림 없이 신실하사 십자가에서 죽기까지 하셨다는 사실을 기억하게 도와주옵소서. 아멘.

창세기 2장 24절 이러므로 남자가 부모를 떠나 그의 아내와 합하여 둘이 한 몸을 이룰지로다.

합하기 남편과 아내는 "한 몸"이 된다. "내가 내 영을 모든 육체[flesh]에 부어주리니"라는 사도행전 2장 7절 말씀처럼 성경에서 "몸"(flesh)은 흔히 전인(全人)을 비유하는 말로 쓰인다. 남자와 여자가 말 그대로 성행위를 통해 전체적으로 합일을 이루는 것처럼 남편과 아내는 삶의 모든 면에서 깊은 인격적 연합에 들어간다. 남편과 아내는 육체적, 정서적, 사회적, 법적으로 하나가 된다. 그래서 성적 연합은 결혼 언약을 새롭게 하고 그 깊이를 더하는 하나의 방법이다. 성적 연합은 결혼 언약으로써, 다른 모든 면에서도 절대 나눌 수 없이 하나가 된 것을 육체적으로 실연(實演)하는 것이다.

❶ 어떻게 하면 부부간에 이루어지는 성관계가 결혼 서약을 새롭게 하는 이상적인 방법일 수 있는가? 또 반대로 그것이 어떻게 해서 결혼 서약을 반영하지 못하는 식으로 행해질 수 있는가? 이를 피하려면 어떻게 해야 할까?

한마음으로 드리는 기도 주님, 우리는 성행위가 자기희생이 아니라 자기 성취를 위해 존재한다고 배워 왔습니다. 우리가 성을 달리 생각할 수 있도록 도와주옵소서. 어떻게 해야 인간의 성이 우리를 향한 주님의 사랑을 반영할 수 있는지 알려 주옵소서. 아멘.

> **창세기 1장 27-28절** 하나님이 … 남자와 여자를 창조하시고 하나님이 그들에게 복을 주
> 시며 하나님이 그들에게 이르시되 생육하고 번성하여 땅에 충만하라, 땅을 정복하라 …
> 하시니라.

생육하고 번성하라 모두가 결혼을 해야 하는 것은 아닌 것처럼 결혼했다고
해서 다 자녀를 낳지는 않을 것이다. 그럼에도 하나님께서는 결혼하면 새 생
명을 창조해서 양육하도록 정하셨다. 남자와 여자가 함께해야만, 남자는 남
자대로 여자는 여자대로 상대가 할 수 없는 어떤 일을 해야만 새 생명을 만
들어 낼 수 있다. 또한 부모와 함께 자라면서 아이들은 남성과 여성의 독특
한 아름다움과 강점을 자연스레 접한다. 나아가 부부가 서로에게 평생 헌신
하는 모습은 자녀들이 잘 자라는 데 필요한 안도감과 안정감을 준다. 이렇게
하나님께서는 생명을 주시는 그분의 창조성의 반영이라 할 수 있는 생식성
(procreativity)을 부부에게 허락하신다.

◗ 성경적 결혼의 모든 측면이 인간의 생육과 번성을 어떤 식으로 떠받치는
지 생각해 보라.

한마음으로 드리는 기도 주님, 주님께서는 그냥 주님의 능력으로 새로운 인간
을 만드실 수도 있었습니다. 그런데 그렇게 하지 않으시고 우리를 주님의 동
역자로 삼아 새 생명을 세상에 낳아 헌신적 사랑으로 양육하게 하셨습니다.
이런 큰 선물을 주심에 감사합니다. 이 선물을 잘 활용하는 데 필요한 지혜와
선한 성품을 우리에게 더욱 많이 허락하옵소서. 아멘.

《팀 켈러, 결혼을 말하다》는 하루하루 결혼 생활을 이어 가는 것이 얼마나 힘든 일인지 깨달은 부부들, 때로 도저히 감당할 수 없는 '불 시험' 같은 결혼 생활을 잘 버텨 내고 그 시험을 겪는 동안 성숙해 나아갈 실질적인 방도를 찾는 사람들을 위한 길잡이다. 우리 사회의 결혼 체험을 한 문장으로 표현한다면 "허니문은 끝났다"이다. 이 책은 이 은유를 문자 그대로 체험하고 쿵 나가떨어졌을지도 모르는 사람들을 위한 것이다.

순진하게 접근하지도 냉소적으로 생각하지도 말라 우리 부부가 《팀 켈러, 결혼을 말하다》를 쓰면서 결혼을 매우 사실적으로 다룬 건 성경이 인간을 극사실주의적으로 대하기 때문이다. 결혼은 엄청나게 유익하다. 결혼은 하나님의 아이디어였으며, 인류 전체는 결혼 없이는 잘 살 수 없다. 하지만 우리가 죄인인지라 결혼 생활은 쉽지 않다. 우리가 상상하기에 옛날 사람들은 결혼에 대해 혹 감상적으로 접근했을 수도 있지만 성경은 결혼에 관해 감상적으로 말하지 않으며, 더더군다나 이 시대의 특징인 냉소주의적 태도는 성경 어디서도 찾아볼 수가 없다. 과거에는 모든 사람에게 결혼이 절대적으로 필요했다. 성인이 되었는데도 결혼하지 않은 사람은 사회적으로 거의 버림받은 사람이었다. 하지만 오늘날은 결혼을 생활양식에 따라 할 수도, 안 할 수도 있는 또 하나의 선택 사항이라고들 생각한다.[3] 결혼 상대자를 잘 선택하고, 선택한 배우자와 잘 살기 위해서는 이 두 가지 왜곡된 입장 사이에서 중심을 잡아야 한다.

◑ 결혼을 바라보는 이 두 가지 왜곡된 견해 사이에서 나는 어느 쪽에 더 가까운가? 이유가 무엇인가? 이런 성향은 내게 어떤 영향을 끼치는가?

함께 불드는 기도의 끈 결혼 생활을 해 나갈 때 성경을 아직 개발되지 않은 엄청난 자원으로 생각하라. 결혼에 관한 더욱더 많은 지혜를 성경에서 보여 달라고 하나님께 청하라.

서구 문화가 결혼을 보는 시각에는 깊은 양면성이 있다. … 〔결혼에 대한 반론에는 다음과 같은 것들이 있다.〕 "결혼은 원래 재산과 소유의 문제였고 결혼에 관한 생각은 이제 유동적이다", "결혼은 개인의 정체성을 무너뜨리고 여성을 억압해 왔다", "결혼은 열정을 질식시키고 인간의 심리적 현실에 잘 들어맞지 않는다", "결혼은 사랑을 복잡하게 만들기만 하는 '서류 쪼가리'에 지나지 않는다" 등등. 하지만 이런 철학적 반론의 이면에는 갈등에 빠져 갈피를 못 잡는 개인의 감정이 자리 잡고 있으며, 이런 감정은 저마다 결혼과 가정생활에서 겪은 여러 가지 부정적 경험에서 비롯된 것이다.

결혼에 대해 갈등하는 사회 이 시대의 문화는 결혼과 애증 관계에 있다. 머빈 캐드월러더(Mervyn Cadwallader)는 결혼이 "비열한 제도"라고 주장했다. 머빈은 이렇게 말했다. "결혼은 … 자연스러운 애정, 자유롭게 주고 기쁘게 받는 사랑에 종식을 고한다. 아름다운 연애는 지루한 결혼 생활로 변질되고, 결국 두 사람의 관계는 서로를 옭죄고 서로를 좀먹어 들어가고 서로를 괴롭히며 파괴하기에 이른다. … 두 당사자에게 평생 비현실적인 노력을 강요하는 취소할 수 없는 계약이라는 개념만으로도 지극히 터무니없다."[4] 그러면서도 캐드월러더는 자신이 바람직한 결혼 생활을 위해 노력을 계속하고 있으며(그는 결혼을 세 번 했다) 대다수 사람도 여전히 그렇게 노력할 것이라고 인정한다. 하지만 결혼이라는 개념만으로도 터무니없다면, 우리는 왜 계속 노력하는가? 지금까지 결혼을 두고 우리 시대 사회만큼 깊이 갈등한 사회도 아마 없었을 것이다.

❍ 위의 결혼에 대한 각 반론들은 얼마나 정당한가? 많은 사람이 왜 결혼에 관해 그렇게 믿는다고 생각하는가? 또 한편으로, 그럼에도 여전히 결혼하고 싶어 하는 이들이 왜 그렇게 많다고 생각하는가?

함께 붙드는 기도의 끈 결혼을 대하는 내 마음 자세가 결혼 생활의 어려움에 지나치게 영향받지 않고 성경의 약속과 교훈에 더 푹 잠기기를 기도하라.

우리가 《팀 켈러, 결혼을 말하다》를 쓴 가장 큰 이유는 결혼한 사람과 결혼하지 않은 사람 모두에게 성경이 가르치는 결혼관을 제시하고 싶어서다. 결혼한 사람은 결혼 생활을 망칠 수도 있는 잘못된 관점을 바로잡을 수 있고, 결혼하지 않은 사람에게는 결혼에 지나친 기대를 품거나 반대로 아예 결혼 따위는 염두에 두지 않는 해로운 태도를 버리는 데 도움이 될 것이다. 아울러 어떤 사람을 배우자감으로 고려해야 하는지 좀 더 바람직한 개념을 갖게 해 줄 것이다.

결혼으로는 충분하지 않다 C. S. 루이스는 《순전한 기독교》(Mere Christianity, 홍성사 역간)에서 우리가 맨 처음 "사랑에 빠질" 때 "우리 안에서 생겨나는 갈망은 … 사실상 그 어떤 결혼 생활도 … 충족시킬 수 없는 갈망"이라고 말한다. 그리고 여기서 말하는 결혼 생활은 "실패한 결혼"이 아니라 "세상에 있음직한 최상의 결혼"을 말하는 것이라고 덧붙인다. 루이스의 말이 옳다면, 그리고 우리가 그의 말이 옳다고 믿는다면, 이 인간 실존의 현실에 어떻게 대처하느냐에 따라 내 결혼 생활뿐만 아니라 평생의 행로가 결정될 것이다. 내게는 세 가지 선택안이 있다. 첫째는 배우자를 탓하면서 다른 사람을 찾아나서는 것이다. 둘째는 냉소적인 태도로 결혼에 환멸을 느끼는 것이다. 마지막으로 "이 세상 그 어떤 경험으로도 충족시킬 수 없는 어떤 갈망이 내 안에 있음을 깨달을 때 이에 대한 가장 개연성 있는 설명은, 내가 다른 세상을 위해 창조되었다는 것이다."[5]

◑ C. S. 루이스의 세 번째 선택안을 명확히 이해하고 이를 받아들인다 할 때, 내 결혼 생활이 힘겨운 상황에서 이 선택은 결혼을 대하는 내 자세에 어떤 영향을 끼치겠는가? 현재 미혼으로서 배우자감을 고르는 중이라면 이 선택이 결혼을 대하는 내 자세에 어떤 영향을 끼치겠는가?

함께 붙드는 기도의 끈 세 번째 선택안을 받아들여서 결혼을 대하는 낭만적 혹은 냉소적 태도를 피하고 하나님을 다른 무엇보다도 사랑하는 법을 배울 수 있게 해 달라고 기도하라.

결혼은 청동기 시대 말에 재산권을 규정하는 방식의 하나에서 출발해 서서히 발전한 것이 아니다. 창세기 창조 기사의 절정 부분에서 하나님께서는 여자와 남자를 불러 이 둘을 결혼으로 연합시키신다. 성경은 창세기의 결혼식(아담과 하와)으로 시작해서 요한계시록의 결혼식(그리스도와 교회)으로 끝난다. 결혼은 하나님의 아이디어다.

결혼을 위해 창조되다 하나님께서는 몇 가지 일을 위해 우리를 창조하셨다. 하나님께서는 하나님을 예배하게 하려고 우리를 지으셨다(출 20:2-3). 하나님께서는 노동을 위해 즉 창조하고 계발하게 하려고 우리를 지으셨다(창 2:15). 역사는 인간이 이런 일들을 소홀히 하거나 회피하려 하면 비참한 결과에 이른다는 것을 보여 준다. 또한 하나님께서는 우리를 자신의 형상으로 창조하실 때 남자와 여자로 만드셨고(창 1:27) 결혼이라는 선물을 주셨다(창 2:21-25). 이는 누구나 다 결혼하지는 않지만(고전 7장), 인류 전체는 결혼 없이는 살 수 없다는 뜻이다. 또한 이는 우리의 성적(性的) 행동이 '하나님을 반영하고 이미 지화하고 하나님의 방식과 일에 참여하거나' 혹은 '이를 거부하거나' 둘 중 하나라는 뜻이다. 우리는 결혼을 내 입맛에 맞게 만들 수 없다. 그보다는 하나님께서 우리를 결혼에 적합한 존재로 만드셨다.

◑ 현대 문화는 결혼을 이어받은 그대로 따라야 하는 제도로 보지 않고 우리가 원하는 대로 설계 가능하다고 보는 최초의 문화다. 나는 이런 오늘날의 결혼관에 얼마나 영향을 받았는가? 이런 결혼관은 내가 결혼 생활을 해 나가는 방식에 어떠한 영향을 끼쳤는가?

함께 붙드는 기도의 끈 우리 사회를 위해 기도하라. 우리가 망쳐 버린 결혼 제도가 우리 자신에게 해를 끼치는 일이 없게 해 달라고 기도하라. 또한 결혼을 하나님이 주시는 선물로 받을 수 있게 해 달라고 기도하라.

결혼 제도를 하나님께서 만드셨다면, 결혼 생활을 시작하는 이들은 하나님께서 이 제도를 만드신 목적을 마땅히 알고 또한 이를 따르려 노력해야 하지 않겠는가. 사실 삶의 다른 많은 측면에서는 많이들 그렇게 한다. 자동차를 한 대 산다고 생각해 보자. 내 능력으로 만들어 낼 수 없는 수준의 기계이니 분명 사용자 매뉴얼을 늘 옆에 두고 설계자의 설명에 따르면서 자동차를 관리하고 유지해 나갈 것이다. 그 지침을 무시했다가는 화를 입을 것이 뻔하다.

하나님께서 규칙을 정하시다 결혼 제도는 수백 년 동안 서서히 발전해 왔으며 그래서 어떤 식으로든 이 제도를 우리가 원하는 대로 만들어 나갈 수 있다고 주장하는 이들이 많다. 하지만 하나님께서 창조하시는 것은 하나님께서 통제하신다. 바로 성경에 결혼 생활을 영위하는 방법이 담겨 있다. 성경은 결혼 생활의 의미를 왜곡하는 수많은 문화들을 모두 비판한다. 창세기는 고대의 일부다처제와 거기 따르는 불행, 특히 여자들이 겪는 불행을 시종일관 꼬집는다. 그런데 성경에서 말하는 결혼의 성격, 즉 결혼이 언약에 바탕을 두고 구속력을 지닌다는 개념은 결혼을 단순히 개인 간에 성사된 거래로 맺어진 잠정적인 관계로 보는 오늘날의 개념에도 이의를 제기한다. 성경이 명하는 대로 자신보다 배우자를 더 사랑하고 섬김으로써 하나님을 존귀하게 여길 때 비로소 역사의 흐름 속에서 왜곡되어 온 결혼의 통념을 넘어설 수 있다.

❶ 곤란한 문제는 최대한 피하려 하고 인간관계를 좀체 오래 이어 가지 못하는 이 시대 관계의 특징과, 상호관계가 결핍된 경우가 많은 전통적 결혼관을 생각해 보라. 이 같은 양상은 이기적인 마음 없이 상대를 섬긴다는 성경적 사랑 개념을 어떻게 훼손시키는가?

함께 붙드는 기도의 끈 내 결혼 생활에서 이런 문화적 우상숭배 행위를 전부 배격할 수 있게 해 달라고 기도하라.

결혼에 관해 바람직한 관점을 갖기란 그리 쉬운 일이 아니다. 어쩔 수 없이 저마다 자신의 경험이라는 왜곡된 렌즈를 통해 결혼을 보기 때문이다. 부모가 근사하게 결혼 생활을 이어 온 안정적인 집안에서 자라난 사람에게는 결혼이 좀 '수월해 보일' 것이다. 그러다 막상 본인이 결혼해 보니 변치 않는 부부 사이를 엮어 나가기가 얼마나 어려운 일인지 알고 크게 충격을 받을 수 있다. 그런가 하면 어렸을 때든 어른이 되어서든 행복하지 않은 결혼 생활이나 부모의 이혼을 경험한 사람은 결혼관이 지나치게 위축되거나 비관적일 수 있다. 부부 사이에는 문제가 생길 수밖에 없다고 생각하고 있다가 정말 문제가 생기면 기다렸다는 듯 "거 봐, 그러면 그렇지!" 하면서 포기해 버린다.

과거에서 자유로워지다 우리가 왜곡된 결혼관을 갖게 되는 한 출처는 바로 우리가 발을 딛고 사는 이 시대의 문화다. 가정환경도 왜곡된 결혼관의 또 다른 출처다. 부모의 결혼 생활을 보면서 '결혼이란 저런 것이구나'라고 최종 결론을 내리는 일은 얼마든지 있을 수 있다. 하지만 이는 분명 잘못이다. 이는 의사를 한두 명 정도 만나 보고 의사라는 직업 전체를 보는 시각을 결정짓는 것만큼이나 말이 안 된다. 그러지 말고 결혼이 어떤 것인지 즉 약간의 기쁜 일과 수없는 힘든 일의 연속인 바로 그 결혼을 직접 경험해 보되, 하나님께서 결혼을 어떻게 보시는지 제대로 알려 줄 수 있는 것은 성경뿐이라는 사실에 주목하라. 성경에 담긴 결혼에 관한 지혜와 약속이 내 과거에서 나를 자유롭게 해 줄 수 있다.

❶ 부모에게서 본 결혼 생활과 별개로 도대체 결혼이 무엇인지 전혀 몰랐다면, 앞으로 어떤 결혼관을 갖겠는가? 부모나 혹은 나를 양육한 분들의 결혼 생활은 내 결혼관을 어떻게 구체화시켰는가?

함께 붙드는 기도의 끈 부모님이나 나를 키워 주신 분들의 결혼 생활에서 교훈을 얻게 해 주심을 하나님께 감사하라. 그리고 하나님의 말씀에서 얻는 지식으로 부족한 것을 보완하고 채워 달라고 구하라.

결혼에 관해 어떤 종류의 경험을 했든 그 경험 탓에 실제로 결혼 생활을 잘 해낼 수 있는 소양이 제대로 자라지 못할 수 있다. 그렇다면 결혼에 관한 포괄적 시각은 어디에서 얻을 수 있을까? 방법론을 제시하는 좋은 책들이 시중에 많이 나와 있고, 이 책들이 여러모로 도움을 줄 수 있다. 그런데 결혼 생활을 안내하는 매뉴얼들은 대개 몇 해만 지나도 시대에 뒤떨어져 보인다. 이에 비해 성경에는 오랜 세월에 걸쳐 다양한 문화권의 수많은 사람이 검증한 가르침이 있다. 결혼을 다룬 다른 어떤 자료에서 그 같은 가르침을 얻겠는가?

성경 전체에서 배우라 올바른 결혼관을 가지려면 성경을 봐야 한다고 하는데, 구체적으로 성경 어디를 봐야 할까? 창세기 2장, 고린도전서 7장, 에베소서 5장처럼 결혼에 관해 직접적으로 말하는 부분에서도 성경은 우리에게 결혼에 관한 정보만을 주지는 않는다. 예를 들어, 잠언은 결혼 생활뿐만 아니라 인생 전반에 필요한 지혜를 얻는 데 아주 유용하다. 왜냐하면 돈, 감정, 혀의 올바른 사용과 오용, 성, 의사 결정 같은 주제, 그리고 교만과 분노와 시기, 게으름, 식탐, 탐욕, 정욕 같은 치명적인 죄를 길게 논하기 때문이다. 회개와 용서와 화해를 다루는 여러 성경 본문도 보라(예를 들면 마 18:15-35; 엡 4:25-32). 결혼 생활을 성숙하게 잘 영위하려면, 성경 전체에서 이끌어 낸 이 모든 주제를 잘 알고 몸에 익혀야 한다.

● 결혼 생활을 잘하기 위해 먼저 성경 전체를 파악해야 한다면, 지금보다 성경을 더 잘 알기 위해 어떤 계획을 세울 수 있겠는가? 결혼 생활에 필요한 지혜를 얻는다는 구체적 목표를 갖고 성경의 어느 한 책(특히 잠언이나 에베소서 같은)을 읽어 나가는 방법을 고려해 보라.

함께 볼드는 기도의 끈 성경을 전체적으로 아는 데 그치지 않고, 성과 사랑과 결혼 영역에서 내가 생각하고 행동하는 방식이 성경의 가르침에 따라 형성될 수 있도록 도와주시기를 하나님께 구하라.

성경에 따르면, 하나님께서 결혼 제도를 만드신 것은 그리스도 안에서 우리를 향한 하나님의 구원의 사랑을 나타내고, 우리의 성품을 단련시키며, 자녀를 낳아 양육할 수 있는 안정된 인간 공동체를 세우시기 위해서였다. 또한 서로를 보완하는 두 이성(異性)이 평생에 걸쳐 연합을 지켜 나감으로써 이 모든 일을 이뤄 나가게 하고자 하셨다.

행복은 부산물 우리는 결혼을 개인이 행복해지는 수단으로 보는 개인주의 문화에서 살고 있다. 성경은 부부간의 사랑이 우리와 그리스도의 연합이 어떤 연합인지를 보여 주는 하나의 형상이라고 말하며, 이 연합이 가능한 건 오로지 그리스도께서 우리를 위해 자기 영광을 비우셨기 때문이고(빌 2:1-11) 이에 우리가 스스로를 낮춰 회개하며 그리스도를 섬기기 때문이다. 결혼은 하나님의 구원의 사랑을 반영할 수 있고 우리의 성품을 하나님의 형상으로 빚어낼 수 있다. 이 과정 가운데서 큰 행복을 얻을 수 있으며, 이 행복은 그리스도와 내 배우자에게 희생적 사랑을 바침으로써 얻는 부산물이다.

◑ 오늘 본문에서 하나님께서 결혼 제도를 창조하신 네 가지 이유를 열거했다. 각 이유는 나머지 이유들과 어떤 식으로 조화를 이루는가? 각 이유는 똑같이 다 중요한가?

함께 붙드는 기도의 끈 결혼 생활이 어떤 식으로 내 성품을 강화시킬 수 있는지 알려 달라고 하나님께 구하라. 그 방식들에 대해 하나님께 감사하라. 설령 그것이 매우 까다롭고 어려운 방식일지라도 말이다.

> 결혼에 관한 성경의 가르침은 … 특정 문화나 어느 한 시대의 관점을 반영하지 않는다. 성경의 가르침은 개인의 자유가 행복에 이르는 유일한 길이라고 하는 현대 서구 문화의 내러티브에 이의를 제기한다. 그와 동시에 성경은 결혼하지 않은 성인을 아직 다 큰 어른이 아니라고 보는 전통 문화의 시각에 대해서도 비판적이다.

왼쪽도 아니고 오른쪽도 아닌 진보적 서구 문화는 결혼을 본래 개인의 자유와 양립할 수 없는 것으로 보면서 계속해서 의문을 제기한다. 이 문화는 결혼이 부부 모두에게 행복과 충족감을 안겨 주는 동안에만 지속 가능한 낭만적이고 정서적인 관계로 해체되는 경우에 한해 결혼을 받아들인다. 반면, 비서구 문화권의 전통 사회는 독신에 의심의 시선을 보낸다. 이들 사회는 결혼의 가치를 설정해 두고는 오래도록 결혼하지 않고 사는 성인을 결함 있는 사람으로 여긴다. 기독교의 입장은 양극단을 달리는 이 스펙트럼에 들어맞지 않는다. 우리의 첫째가는 정체성은 그리스도 안에 있으며, 우리의 가장 중요한 가족 구성원은 그리스도 안에서 형제자매로 맺어진 사람들이다(막 3:31-35). 이 같은 사실은 하나님께서 우리 각 사람을 부르시는 대로, 결혼을 통해 서로에게 자신을 내주든지, 아니면 독신을 유지하든지 자유로이 택할 수 있게 한다.

❶ 결혼에 관한 진보적 입장과 전통적 입장, 이 두 가지 문화적 입장 가운데 나는 어느 쪽에 영향을 받아 왔는가? 그 입장은 결혼에 접근하는 내 태도에 어떤 영향을 끼쳤는가?

함께 붙드는 기도의 끈 우리 교회가 부부와 싱글들을 똑같이 환영하고 지지하는 교회가 되게 해 달라고 하나님께 구하라. 또는 내가 그런 교회를 찾을 수 있도록 도와주시기를 하나님께 구하라.

성경 기자들의 가르침은 당대의 문화적 신념들에 끊임없이 이의를 제기했는데, 그 신념들은 단순히 해묵은 풍속과 관습의 산물이 아니었다. 그러므로 우리는 성경의 결혼관을 일차원적 퇴행이나 문화적으로 낙후된 입장이라고 치부할 수 없다.

편승이 아니라 전복 고대 근동 문화는 일부다처제를 지지했다. 하지만 창세기는 배우자를 여러 명 두는 결혼이 얼마나 비참한지 여실히 드러낸다. 로마 문화는 여자는 남편 외에 그 누구와도 성관계를 가질 수 없다고 명령하면서 남자는 다른 많은 여성과 자유로이 성관계를 가질 수 있게 했다. 신약 성경은 그 이중 잣대를 없애고 부부간 성관계에 상호 동의(합의) 개념을 소개했다(고전 7:2-5). 성경이 성과 결혼에 관해 하는 말은 당대의 인간 문화를 기반으로 해서 나오지 않았다. 성경은 하나님께서 원하시는 결혼이 어떤 결혼인지를 신적 권위로 계시함으로써 모든 인간 문화를 비판한다.

◑ 성경의 가르침은 모든 문화를 향해 전복적 태도를 취한다. 그렇다면 이 가르침은 성과 연애와 결혼에 관한 우리 시대 문화의 지배적 신념을 어떤 식으로 비판하고 약화시키는가?

함께 붙드는 기도의 끈 우리 시대 문화와 우리 내면의 감정과 감수성이 성과 결혼에 관한 성경의 가르침에 비록 저항할지라도, 이 가르침을 하나님의 지혜로운 말씀으로 받아들일 수 있게 도와주시기를 하나님께 구하라.

개인적 두려움이나 낭만적 시선, 자신의 특별한 경험, 혹은 편협한 문화적 관점이 아니라 성경의 렌즈를 통해 결혼을 바라보지 않는 한, 장차 마주할 결혼과 관련된 일들에 분별력 있는 결정을 내리기 어려울 것이다.

두려워하지도 말고 속지도 말라 오늘날 많은 사람이 두려워하는 것은, 결혼 생활에 필요한 자기 훈련이 사실상 인간의 한계를 벗어난다는 점이다. 또 어떤 이들은 누구에게나 자기를 기다리는 소울메이트(soulmate)가 있으며 그 사람을 잘 찾아서 결혼만 하면 모든 일이 순조로울 것이라고 믿는다. 이처럼 우리 시대 문화는 우리만큼이나 모순적이다. 책이나 영화, 혹은 토크쇼에 출연하는 전문가들은 완벽한 연애를 하면 모든 문제가 다 해결될 것이라 믿게 만든다. 한편, 문화적으로 영향력 있는 어떤 목소리들은 아무에게도 의존하지 않는 독립적 자세를 포기해서는 안 된다고 말한다. 하지만 낭만적 사랑이나 개인적 자유보다 하나님의 사랑에 의지해서 최고의 결혼을 누리리라 기대한다면 우리는 결혼에 관해 지나치게 낙관적이지도 않고 지나치게 비관적이지도 않을 것이다. 그럴 때 비로소 결혼을 있는 그대로, 하나님에게서 오는 좋은 선물로 보게 될 테니 말이다. 결혼은 인간으로서 만족스런 삶을 사는 데 절대적으로 필요한 것도 아니고, 한편 도저히 이룰 수 없는 꿈도 아니다.

◑ 결혼을 지나치게 낭만적으로 생각해서 기를 쓰고 결혼하고 싶은가, 아니면 결혼을 너무 두려워하며 비관적으로 생각하는가? 그렇게 생각하는 이유가 무엇인가? 이 같은 태도는 지금까지 내가 누군가에게 구애를 하고 결혼을 하는 데 어떤 영향을 끼쳤는가?

함께 붙드는 기도의 끈 아우구스티누스(Augustinus)의 말을 기억하라. "주님 안에서 안식을 찾을 때까지 우리 마음은 쉬지 못할 것입니다." 내가 하나님 안에서 만족을 찾고 그리하여 하나님만 주실 수 있는 것을 결혼에서 찾지 않도록 도와주시기를 주님께 구하라.

결혼은 분명 멋지지만 힘든 일이다. 결혼은 가슴 벅찬 환희요 의지가 되는 동시에 피와 땀과 눈물, 창피스러운 패배와 진을 빼는 승리이기도 하다. 내가 아는 한, 몇 주를 넘긴 결혼치고 동화 속 이야기가 현실이 되었다고 할 만한 사람은 없다. 그러므로 에베소서 5장에서 바울이 전한 그 유명한 결혼 강설에서 많은 부부에게 딱 들어맞는 구절은 오직 31-32절뿐이라고 해도 놀라울 것이 없다. "그 둘이 한 육체가 될지니 이 비밀(mystery, NIV)이 크도다." 서로를 이해하려 애쓰느라 길고 힘든 하루를 보낸 뒤 쓰러지듯 잠자리에 누워 그저 이렇게 탄식할 때도 있다. "하나부터 열까지 도무지 모르겠어(mystery)!" 어떤 때 결혼은 풀리지 않는 퍼즐 같기도 하고, 미로 안에서 길을 잃은 듯 느껴지는 날도 있다.

힘들기도 하고 멋지기도 하다 결혼에 관해서는 다음 두 가지 진실이 있다. 즉, 결혼은 대단히 힘들고, 그러면서도 비슷한 예를 찾을 수 없을 만큼 멋지다. 모순처럼 들리지만, 모순이 아니다. 최고의 운동선수, 음악가, 학자, 혹은 작가가 되는 데는 끝이 없어 보이는 혹독한 훈련과 연습의 시간이 필요하다는 점을 생각해 보라. 그 길고 고된 산고의 시간을 견뎌 낸 사람에게는 아름다움을 창조해 낼 수 있는 능력과 안목, 기량이 주어진다. 결혼 생활은 참 힘들다. 하지만 그 고단함과 어려움을 감내할 만큼 분명 멋진 일이다.

❶ 결혼과 관련해 가장 힘든 일들은 무엇인가? 가장 멋진 일들은 무엇인가? 힘든 일은 어떻게 해서 멋진 일로 귀결되는가?

함께 붙드는 기도의 끈 고통스러운 시간 속에서도 배우자를 지혜롭고 적절하게 사랑할 수 있는 사람으로 성숙할 수 있도록 도와주시기를 하나님께 구하라.

결혼보다 더 위대하거나 중요한 인간관계는 없다. 성경에 보면 하나님께서 친히 최초 결혼식의 주례를 맡으셨다(창 2:22-25). 남자는 여자를 처음 보는 순간 "드디어!"라고 탄성을 내지르고는 시를 쏟아 냈다. 본문 구절 구절마다 결혼이 하나님과의 관계 다음으로 뜻깊은 관계라고 선언한다. 그리고 그것이 바로 하나님을 아는 것과 마찬가지로 배우자를 알고 사랑하기가 힘들고 고통스럽지만 보람 있고 경이로운 이유다.

독립의 자유, 사랑의 자유 성경은 우리와 하나님의 관계를 결혼에 비유하는데, 여기에는 그럴 만한 이유가 있다. 그리스도께서는 이 땅에 오셔서 우리 대신 죽기 위해 자신의 영광과 권세를 잃으셨다. 우리는 사랑으로 그리스도와 연합하기 위해 우리의 자기 결정권을 포기해야 한다. 마찬가지로 부부는 서로 사랑하고 섬길 자유를 더 깊이 알기 위해 자신의 자유와 독립성을 포기한다. 우리가 그리스도 안에서 일단 구원받으면, 그리스도를 아는 지식과 그분을 향한 사랑은 주로 실패와 회개와 용서를 통해 커진다. 실패는 배움과 성숙에 이르는 길이다. 부부 또한 실패하고 회개하며 서로 용서할 때 자신들의 사랑이 깊어지는 것을 경험한다.

◑ 하나님과 우리의 관계는 또 어떤 식으로 부부 관계에 비유할 수 있을까? 이런 비유의 의미를 알면 하나님과의 관계와 배우자와의 관계에 각각 어떻게 도움이 되는가?

함께 붙드는 기도의 끈 두 사람 사이에서 나누는 사랑의 자유를 알기 위해 독립의 자유를 기꺼이 포기할 수 있도록 도와 달라고 하나님께 구하라.

우리 시대 문화에는 결혼에 대한 경계심과 비관적 시각이 팽배하며, 청년 세대가 특히 그
렇다. 이들은 결혼 생활이 바람직할 가능성이 그다지 높지 않다고 생각하며, 설령 결혼
생활이 안정적일지라도 언젠가는 부부가 성적으로 서로를 싫증내는 날이 오리라는 소름
끼치는 생각들을 한다.

중매결혼? 어떤 나라에는 아직도 중매결혼 관습이 남아 있다. 내 배우자를
내가 아닌 다른 사람이 골라 주는 것이다. 그런 결혼은 사실 그 사회의 다른
유형의 결혼에 비해 이혼율이 낮다.[6] 그런 결혼의 전제는, 처음에 아무 감정
도 느껴지지 않던 사람일지라도 함께 살다 보면 점차 사랑하게 되리라는 것
이다. 우리 할머니도 중매결혼을 하셨는데, 자신의 결혼 이야기를 들려주시
며 상대를 사랑하려고 두 사람이 함께 애쓰기만 한다면 자연스레 사랑의 감
정이 뒤따른다고 하셨다. 성경은 중매결혼을 두둔하지 않지만, 그렇다고 해
서 남녀 사이에 반드시 성적으로 강렬하게 끌려야만 결혼할 수 있다고도 하
지 않는다. 현대인은 흔히 압도적이고 열정적인 감정이 있어야 결혼을 시작
할 수 있으며, 그런 감정은 완전히 우리의 의지에 반할 수 있다고 생각한다.
그러니 당연히 결혼을 두려워할 만하다.

◑ 성경은 짝을 찾을 수 있는 어느 한 가지 방법을 규정하지는 않는다. 중매결
혼의 약점은 무엇인가? 중매결혼의 이점은 무엇인가?

함께 불드는 기도의 끈 그리스도인 커플들이 강렬한 성적 끌림보다 상대의 '성
품'과 그 사람이 가진 '영혼을 향한 긍휼함'을 더 중히 볼 수 있도록 도와주시
기를 하나님께 구하라.

광범위하게 퍼져 있는 몇 가지 믿음이 이 관행[동거]에 동력을 제공한다. 하나는 결혼 생활은 십중팔구 불행하다는 억측이다. … 결혼 전에 함께 살아 보면 결혼과 관련해 바람직한 선택을 할 가능성이 높아진다고 많은 사람이 주장한다. 결혼 생활로 뛰어들기 전 상대와 내가 과연 잘 맞는 짝인지 확인하는 데 도움이 된다는 것이다. … 하지만 이런 믿음과 가설의 문제는 그 하나하나가 거의 완전히 틀렸다는 것이다. … "결혼 전에 동거한 사람들은 결혼 후 파경에 이를 가능성이 더 높다는 사실을 보여 주는 적잖은 증거가 있다."

같이 살아 보고 결정하겠다고?   자신들의 로맨틱한 감정이 지속될는지, 자신들이 과연 서로 잘 맞는 짝인지 확인하기 위해서는 결혼 전에 함께 살아 보는 것이 상식이라고 생각하는 커플들이 많다. 그러나 대다수 연구 결과를 보면 동거 중인 커플이 결혼할 경우 이혼 가능성이 더 높으며, 동거 커플은 대체적으로 기혼자들에 비해 불안정과 불만족을 훨씬 더 많이 겪는다. 이유가 무엇인가? 헌신적 신뢰야말로 사랑으로 맺어진 관계의 핵심인데 동거에는 이런 신뢰가 없기 때문이다. "당신을 사랑하기는 하지만 결혼하고 싶지는 않아"라는 말은 모순이다. "당신에게서 뭔가를 받고 싶기는 한데, 내 인생 전부를 당신한테 맡길 만큼 사랑하지는 않아"라는 것이 이 말에 담긴 속뜻이다.

◑ 동거 경험이 훗날, 심지어 동거한 상대와 결혼한 경우에도 문제의 소지가 되는 이유는 무엇인가? '반드시 결혼하고 나서야 함께 사는' 선택에 따르는 이점은 무엇인가?

함께 붙드는 기도의 끈   결혼을 두려워하지 않게 해 달라고 하나님께 구하라. 결혼이 덧없는 열정이나 편의보다 훨씬 많은 것을 줄 수 있음을 믿도록 사람들에게 힘을 북돋아 주라.

은퇴 시점을 기준으로 했을 때, 결혼 생활을 꾸준히 지속해 온 사람들은 결혼한 적이 없거나 이혼 후 재혼하지 않은 사람들에 비해 재산이 75퍼센트 더 많았다. … 결혼한 사람들은 신체적으로나 정신적으로 훨씬 건강하며 … 결혼 생활은 실의나 질병, 그 밖의 어려움들을 헤쳐 나가는 데 도움이 되는 고성능 '충격 흡수 장치'를 제공한다. … 연구 결과를 보면, 친구나 다른 가족에 비해 부부가 보다 더 높은 수준의 책임감과 절제력을 발휘할 수 있도록 서로를 지탱시켜 주는 것을 알 수 있다. … 결혼한 사람들은 서로를 위해 당장의 욕구 충족을 뒤로한 채 저금하고 투자를 한다. 결혼만큼 참으로 사람의 성품을 성숙시키는 일도 없다.

변할 수 있게 하는 힘 결혼은 다른 어떤 인간관계로는 불가능한 방식으로 우리를 바람직하게 정련하고 변화시킨다. 몇 가지 이유는 앞에서 이미 언급했다. 결혼은 괴로울 때 버틸 수 있게 해 주고, 책임지고 행실을 바꿀 수 있게 해 주며, 충동적으로 행동하기보다 길게 생각하는 법을 배워야겠다는 동기를 제공한다. 변화의 가장 큰 계기는 아마도 내 잘못을 배우자가 다른 어떤 사람보다, 심지어 내 부모나 형제자매보다도 더 잘 알아차린다는 (그리고 체감한다는) 점일 것이다. 우리는 배우자의 눈을 통해 자신을 전보다 더 정확히 알아 간다. 자신을 정확히 알면 변화가 가능해진다. 단, 사랑으로 서로에게 진실을 말하는 법을 익힐 경우에 말이다. 부부 사이에 진실한 대화가 오가지 않는다면 자기 모습을 전보다 더 왜곡되게 이해할 가능성이 있다.

❶ 부부 사이에 사랑 없이 진실을 말할 때 각자의 자아 인식은 어떻게 왜곡되는가? 반대로 사랑하되 진실을 감추면 각자의 자아 인식이 어떻게 왜곡되는가?

함께 붙드는 기도의 끈 사랑으로 서로에게 진실을 말할 수 있도록 도와주시기를 하나님께 구하라. 특히, 하기 힘든 이야기를 할 때 그래도 상대가 이를 받아들일 수 있도록 정중하고 지혜롭게 이야기할 수 있게 해 달라고 구하라.

결혼한 사람들 중에는 결혼 생활이 '매우 행복하다'고 말하는 이들의 비율이 높은 편이며 (약 61-62퍼센트) 지난 10년 동안 이 수치는 거의 줄어들지 않았다. 오랜 기간에 걸친 추적 연구 조사 결과는 더 놀랍다. 지금 현재 결혼 생활이 불행하다고 말하는 이들도 만약 이혼 하지 않고 결혼 상태를 유지하면 그중 3분의 2 정도는 5년 안에 행복해진다는 사실이다. …〔한 연구자는 이렇게 말했다.〕"이혼의 이로움이 실제보다 과장되게 알려져 왔다."

최후의 방책 죄로 가득한 이 땅에서 이혼은 옳을 수도 있다고 성경은 인정한 다(마 19:8). 그리고 아무도 간음한 자나 배우자를 버린 자, 배우자를 학대한 자 를 변호해서는 안 된다. 내게 죄를 짓는데도 가만히 내버려 두는 것은 사랑이 아니다. 그렇다 해도 이혼은 최후의 방책이어야 한다고 성경은 암시한다. 우 리는 결혼 생활에 문제가 생기면 잘못이 주로 자신이 아니라 상대방에게 있다 고 쉽게 믿어 버린다. 만일 우리가 화해하려는 노력을 거부하면, 그러니까 자 신의 흠을 깨달은 뒤 그 흠을 딛고 성숙해지는 대신 너무 빨리 그 결혼 생활에 서 달아나 버리고 말면, 새로운 실패의 씨앗을 품고 다음번 결혼으로 들어가는 것뿐일 수 있다. 장기간에 걸친 연구 결과들과 주변 사람들의 경험도 성경이 말하는 이 지혜를 확인해 준다.[7]

❍ 자신의(혹은 다른 어떤 사람의) 결혼 생활에서 해결하기 힘든 문제점으로 보이 는 것이 있는가? 어떤 것인가? 내가, 혹은 우리 부부가 이 문제점을 헤쳐 나가 는 데 도움이 될 만한 것은 무엇인가?

함께 붙드는 기도의 끈 내가 배우자를 인내할 수 있게 해 달라고, 내 결함과 죄를 더 분명히 파악할 수 있게 해 달라고 하나님께 구하라. 부부 사이에 어 떤 문제가 생기든 내 역할을 깨닫는 것이 그 문제를 극복하는 데 반드시 필 요하다.

결혼 생활을 꾸준히 유지한 사람은 싱글이나 이혼 상태, 혹은 동거 중인 사람에 비해 삶에 대한 만족도가 훨씬 높다는 사실을 보여 주는 연구 증거가 지난 20년 동안 압도적으로 쏟아져 나왔다. 아울러 이 연구들은 대다수 사람이 결혼 생활에서 행복을 느끼며, 행복하지 않더라도 이혼하지 않는 사람은 결국 행복해진다는 사실을 보여 준다.

결혼의 유익   현재 미국에는 한 번도 결혼해 본 적이 없는 성인 비율이 어느 때보다 높으며, 결혼한 적 없는 성인 가운데 앞으로 결혼하고 싶다는 사람도 과거에 비해 적다.[8] 지난 10년간 대다수 유럽 국가의 혼인율 또한 극적으로 떨어졌는데, 이는 청년층이 친밀한 관계를 원하면서도 독립성을 중시하기 때문이다.[9] 하지만 지금과 같은 문화적 조건에서도 대다수 결혼은 행복하며 결혼한 사람들은 결혼하지 않은 사람들에 비해 훨씬 만족한 삶을 산다. 이는 청년층의 직관에 반하는 현실이지만, 우리로서는 놀라울 것이 없다. 결혼이 대다수 사람에게 유익한 이유는, 결혼이 인간의 안정적인 삶을 위해 하나님께서 만드신 제도이기 때문이다. 이는 언제까지 변치 않는 사실일 것이다.

◑ 위 연구 결과들을 보고 놀랐는가? 결혼 생활은 왜 사람들에게 그렇게 만족감을 주는가?

함께 붙드는 기도의 끈   역사를 주관하시는 하나님께서 사랑의 권능을 행하시사 이 사회적 상황을 바꿔 주시기를 기도하라. 결혼에 무관심하고 심지어 두려워하기까지 하는 우리 시대 사람들의 마음을 만지시고 변화시켜 달라고 구하라.

> 결혼하여 가정을 꾸린 부모 밑에서 자란 아이들은 그렇지 못한 아이들에 비해 두세 배 더
> 긍정적인 삶을 산다. 따라서 결혼한다는 것과 결혼한 부모 밑에서 자란다는 것은 우리 행
> 복의 크기를 부풀리는 엄청난 힘이 된다는 결론에 아무도 이의를 제기하지 못할 것이다.

결혼의 대체 불가능성　한 설문 조사에서 다음 두 가지 중 어느 것이 자신의 입장에 가까운지 사람들에게 물었다. "1. 사람들이 결혼해서 자녀를 낳는 것을 우선순위로 삼으면 사회가 더 좋아질 것이다. 2. 사람들이 결혼과 자녀 아닌 다른 것을 우선순위로 삼으면 사회가 풍요로워질 것이다." 2014년 20대 응답자 3분의 2가 2번을 선택했다.[10] 하지만 어떤 사회도 결혼하여 가정을 꾸린 두 부모 집안 외에 아이들을 건강한 성인으로 키울 수 있는 더 좋은 방법을 생각해 내지 못했다.[11] 물론 이는 성경이 오래전에 이미 다 한 이야기다. 즉, 결혼은 커플이 완성되는 일이기만 한 것이 아니라 새 생명을 양육하기 위한 새롭고 지속적인 공동체를 만들어 내는 일이기도 하다.

❶ 대다수 청년이 두 번째 진술에 동의하는데, 그 이유가 뭐라고 생각하는가? 이런 생각의 이면에는 어떤 믿음이 자리 잡고 있는가? 이 입장에 공감하는가?

함께 불드는 기도의 끈　인간의 역사를 주관하시는 하나님께서 사랑의 권능을 행하시사 다음 세대의 행복과 안녕을 위해 각 가정을 튼튼히 세워 주시기를 구하라.

역설적이게도 결혼에 관한 비관적 사고방식은 새로운 형태의 비현실적 이상주의에서 생
겨난 것일 수 있다. 이 이상주의는 결혼의 목적을 바라보는 오늘날의 문화적 시각에 큰
폭의 중대한 변화가 일어난 데서 비롯되었다. … 지난날 "서로 사랑하고 자손을 낳으며
보호받기 위해 계약(서약)을 바탕으로 영구히 연합한다는 결혼의 이상은 점차 물러가고
각자의 욕구를 충족시키기 위한 '한시적인 성적 연합'으로써의 결혼이라는 새로운 현실이
대두하고 있다."

현대적 의미의 결혼이 주는 압박감 과거에는 결혼의 본질을 약속으로 보았
다. 결혼 생활에는 긴장하는 순간도 있고, 실망스런 일도 있을 것이다. 그런
모든 순간에 우리의 감정은 신뢰할 수 없을지라도 대신 계약(서약)이라는 것이
있었다. 소설 속 주인공 제인 에어는 맹세와 약속에 대한 옛 시대의 시각을
보여 준다. "나 편할 대로 약속을 어겨도 된다면 약속이라는 게 도대체 무슨
가치가 있겠어요? … 나는 (그 약속에) 꿋꿋이 발을 딛고 있어요."[12] 하지만 우리
시대의 결혼은 조건부이고, 상호 욕구 충족에 바탕을 둔다. 그래서 남편은 남
편대로 아내는 아내대로 계속 매력을 유지해야 하고 상대가 맞춰 주기 쉬운
사람이 되어야 한다는 엄청난 부담을 느끼게 된다. 세월이 흐르는데도 계속
그렇게 할 수 있는 사람이 어디 있겠는가? 따라서 추측컨대 자유분방한 현대
적 결혼 모형은 저절로 붕괴될 수도 있다.

◑ 위 두 가지 견해 가운데 어느 쪽이 결혼의 본질에 관한 내 믿음에 더 가까
운가? 좀 더 구속력 있는 과거의 견해가 사실상 어떻게 우리를 더 자유롭게
할 수 있는지 이야기해 보라.

함께 불드는 기도의 끈 하나님을 섬기면 우리가 오히려 자유로워지는 것처럼,
결혼 서약과 약속도 진정한 해방을 경험하는 길임을 깨달을 수 있도록 도와
주시기를 하나님께 구하라.

〔과거 서구의 결혼관은〕결혼의 목적을 남편과 아내가 평생 서로 헌신하고 사랑하는 하나의 틀을 만드는 것이라고 보았다. 결혼은 남편과 아내가 두 사람의 관계를 위해 자신의 사사로운 충동과 이익을 억제하도록 돕는 엄숙한 결속이다. … 결혼은 두 남녀가 구속력 있는 동반자 관계를 맺게 함으로써 성품을 빚어내며 … 오로지 결혼만이 아이들이 잘 자랄 수 있는 사회적 안정감을 제공한다.

결혼과 그리스도의 형상 결혼은 독특한 방식으로 사람의 성품을 빚어낸다. 우선 세상에 내 배우자만큼 내 죄를 잘 알아보는 사람은 없기 때문이다. 배우자는 나를 어느 때보다도 확실하게 비춰 볼 수 있는 거울이다. 물론 내가 그 거울을 들여다볼 용기만 있다면 말이다. 두 번째 이유는 결혼이 부모 노릇을 할 때보다 더 많이 의지적이고 자발적인 자기희생의 기회를 제공한다는 것이다(자녀를 위한 희생은 대개 의지적으로 선택하지 않아도 저절로 되기 마련이다). 결혼 생활은 하루에도 몇 번씩 짜증보다는 너그러움으로, 교만보다는 겸손으로 배우자를 대해야 하는 상황을 연출한다. 그리스도를 닮은 모습으로 성숙해 갈 수 있는 기회가 매일같이 사방에서 찾아온다. 물론 그 기회를 활용할 용기가 필요하다.

◑ 결혼이 독특한 방식으로 우리의 성품을 빚어 가는 또 다른 어떤 이유가 있을까? 그 이유가 특히 어떤 식으로 도움이 되었는가?

함께 붙드는 기도의 끈 결혼을 통해 나를 그리스도의 형상으로 빚어 가 달라고 하나님께 구하라.

〔새로운 관점에서〕 결혼의 개념이 정서적이고 성적인 만족을 얻고 자아를 실현하는 것으로 재정의되었다. … 〔그래서〕 결혼한 사람은 자신을 위해 결혼한 것이지 하나님이나 사회에 대한 책임을 이행하려고 결혼한 것이 아닌 것이다. … 〔이렇게〕 사유화된 결혼은 결혼의 공적인 측면을 없애 버리고, 하나님의 성품을 반영하고 인격을 함양하며 자녀 양육하기와 같은 '더 폭넓은 유익'이 아니라 개인의 욕구를 충족하는 것으로 결혼의 목적을 재규정했다. 이런 새로운 결혼관은 서서히, 그러나 확실하게 서구 문화의 옛 결혼관을 대체해 왔다.

결혼과 사회정의 이 시대 젊은이들은 공공선(public good)을 증진시키는 일에 진지하게 몰두한다. 사회정의를 실현하고, 사회를 개선하며, 세상을 모든 사람이 좀 더 살기 좋은 곳으로 만들려고 힘쓴다. 그런 젊은이들이 결혼을 개인의 행복을 엄격히 제한하는 것으로 본다는 것은 역설적이다. 과거 사람들은 결혼하여 자녀를 낳으면서 이것이 사회에 엄청나게 공헌하는 일이라 여기는 엄중한 인식들이 있었다. 과거의 결혼관과 달리 결혼을 개인의 행복에 관한 일로 보는 오늘날의 결혼관 때문에 우리는 늘 열정적 사랑에 빠져 있어야 한다는 크나큰 부담을 느낀다. 이제 결혼을 단지 내가 선택할 수 있는 하나의 생활양식이 아니라, 하나의 공적인 제도로 폭넓게 다시 생각해야 할 때다.

◑ 내 결혼을 공공선으로 생각하는가? 결혼은 어떻게 공공선의 역할을 하는가?

함께 불드는 기도의 끈 우리나라 사람들의 결혼 생활을 건강하고 견고하게 해 주셔서 이 사회와 국가가 강건하게 되기를 하나님께 구하라.

〔많은 사람이 결혼은〕 완벽한 소울메이트, 즉 나하고 아주 '잘 맞는' 사람과 해야 한다고 말한다. 그런데 이는 도대체 무슨 뜻인가? ⋯ 첫 번째 〔요소〕는 신체적 매력과 강렬한 성적 끌림이다. ⋯ "일주일에 겨우 한 번 정도가 점차 일상이 되었어요. 어쩌면 그 이하일 수도 있고요. 변화도 없었고 정신적으로나 정서적으로 뿌듯한 느낌도 없었지요. 긴박감이나 긴장감이 있어야 섹스가 황홀해질 텐데, 그런 느낌이 없었어요. 누군가에게 강렬한 인상을 주고 싶다거나 누군가를 유혹하고 싶다는 그런 느낌 말이에요."

오랜 결혼 생활 동안의 잠자리 섹스가 그토록 황홀하려면 '누군가에게 강렬한 인상을 주고 싶다거나 누군가를 유혹하고 싶다는 욕구'가 있어야 한다고 많은 사람이 말한다. 이는 긴 결혼 생활 동안에도 잠자리가 얼마든지 훌륭할 수 있다는 개념을 배제한 설명이다. 결혼해서 20년 동안 함께 살아온 사람에게 어떻게 강렬한 인상을 줄 수 있겠는가? 내가 어떤 상태든 나와 함께하겠다고 약속한 사람을 유혹하는 일이 과연 가능한가? 두 사람 다 몸이 늙어 어쩔 수 없이 매력을 잃어 가는데 피차 어떻게 강렬한 인상을 주거나 유혹을 한단 말인가? 그러나 실상 더 깊이 있게 누군가에게 강렬한 인상을 주는 것은 내 몸이 아니라 내 성품이고, 누군가를 더 깊이 유혹하는 것 역시 내 몸이 아니라 내가 그 사람을 기뻐하는 모습이다. 이런 요소가 있으면 세월이 흘러도 성적 욕구는 사라지지 않을 것이며 오히려 왕성해진다. 그리고 이런 요소는 이른바 '속궁합' 같은 것과는 일절 상관없다.

❍ '강렬한 성적 끌림'(sexual chemistry)이라는 표현을 어떻게 생각하는가? 이는 어떤 면에서 부부 생활에 도움이 되는가? 어떤 면에서 도움이 되지 않는가?

함께 붙드는 기도의 끈 세월이 흘러도 배우자와의 관계에서 로맨틱한 면을 유지할 방법을 보여 달라고 하나님께 구하라.

하지만 설문 조사에서 남성들은 성적 매력을 (소울메이트를 고르는) 첫 번째 요소로 꼽지 않았다. … "(상대 남자인) 자신을 이리저리 변화시키려 하는 여성에게 분노를 표현하는 남성이 적지 않았다. … 연분이라는 것은 다름 아니라 '자신의 삶에 잘 맞춰 주는' 여성을 만나는 것이라고 말하는 남성도 있었다. 한 남성은 '정말로 천생연분이라면 결혼한다고 달라질 필요 없이 내가 살아온 대로 쭉 살면 된다'고 말했다."

성경이 가르치는 결혼의 현실성   결혼을 공공선으로 보면 결혼이 사람을 변화시키리라 기대할 수 있다. 그런데 결혼을 단지 사적이고 개별적인 행복과 관련된 일로 여기다 보니, 자연히 배우자가 자신에게 어떤 큰 변화를 요구해서는 안 된다고 주장하는 이들이 많다. 그러나 어떤 사람과 한 공간에서 살을 맞대고 산다는 것은 다른 말로 그 사람의 독립적 삶을 침해하는 것이며, 그래서 어떤 부부든 결혼 생활을 유지하려면 자제력과 자기 연단뿐 아니라 자기 일상에 엄청난 변화를 가져올 수밖에 없다. 자녀를 키울 때도 비슷한 수준의 변화를 겪어야 한다. 그러므로 달라지기를 요구하지 말라는 점에서도 이 시대의 결혼관은 현실과 부합하지 않고 성경이 말하는 결혼관 및 그 결혼을 위한 처방에도 들어맞지 않는다.

◗ 결혼은 내게 어떤 변화를 요구했는가? 배우자가 지금도 내게 바라는 변화가 있다면?

함께 볼드는 기도의 끈   결혼 생활이 내게 요구하는 변화에 좀 더 열린 마음을 갖고 실제로 그 변화를 이룰 수 있게 해 달라고 하나님께 구하라.

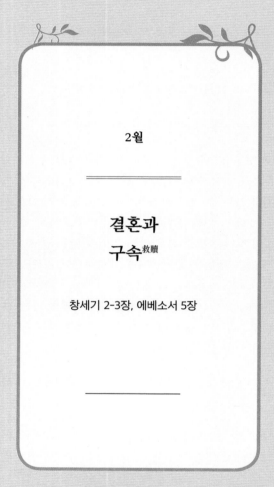

2월

═══════════

결혼과
구속救贖

창세기 2-3장, 에베소서 5장

─────────────

The Meaning of

Marriage:

A Couple's Devotional

▽ **2월 1일**

창세기 1장 27절; 2장 18절 하나님이 자기 형상 곧 하나님의 형상대로 사람을 창조하시되 남자와 여자를 창조하시고 … 여호와 하나님이 이르시되 사람이 혼자 사는 것이 좋지 아니하니 내가 그를 위하여 돕는 배필을 지으리라 하시니라.

대체 불가능성 인간은 언제나 두 가지 형태로, 즉 남자와 여자로 존재해 왔다. 이는 "돕는 배필"(히브리어로 '에제르')이라는 말에서 볼 수 있다. 이 말은 여자에게는 남자가 가지고 있지 않은 보완하고 보충하는 능력이 있다는 뜻이며, 그 반대도 마찬가지다. 아담이 '혼자 있는 상태'를 해결해 주는 새로운 연합체는 어떤 동물이나 남자를 하나 더 늘리는 게 아니라 여자를 만듦으로써 생겨난다. 남자는 남자대로, 여자는 여자대로 상대방이 복제할 수 없는 능력과 독특한 아름다움을 갖고 있으며, 그래서 우리는 서로를 필요로 한다. 완전히 남자 혹은 여자로만 구성된 사회나 교회가 있다면 그곳은 불모(不毛)의 사회나 교회일 것이며, 그런 결혼 또한 성립이 불가하다. 결혼은 인간이 지닌 탁월함을 하나도 빼놓지 않고 다 포괄한다는 것이 역사적 기독교의 입장이며, 그 탁월함은 남성과 여성 둘 다 있을 때에만 유효하다.

❶ 남자와 여자의 차이는 부부마다 다 다르게 나타난다. 내 결혼 생활에서는 그 차이가 어떻게 드러나는가?

한마음으로 드리는 기도 주님, 우리가 남자나 여자 특유의 죄를 묵인하지 않도록, 또는 남자와 여자의 다른 점에 분개하거나 그 다른 점을 알아보지 못하는 일이 없도록 우리를 도와주옵소서. 아멘.

> **창세기 2장 20-23절** 아담이 돕는 배필(suitable helper, NIV)이 없으므로 여호와 하나님이 아담을 깊이 잠들게 하시니 잠들매 그가 그 갈빗대 하나를 취하고 살로 대신 채우시고 여호와 하나님이 아담에게서 취하신 그 갈빗대로 여자를 만드시고 그를 아담에게로 이끌어 오시니 아담이 이르되 이는 내 뼈 중의 뼈요 살 중의 살이라 이것을 남자에게서 취하였은즉 여자라 부르리라 하니라.

서로 다름 하나님께서는 아담의 옆구리에서 갈빗대 하나를 취하신다. 이는 여자가 남자와 동일한 특성뿐만 아니라 이제 남자에게서 사라진 어떤 특성을 소유하리라는 뜻이다. 그래서 하나님께서는 여자를 히브리어로 '케네그도'(NIV는 'suitable'로 번역했다)라는 말로 묘사하시는데, 이 단어는 '같으면서도 정반대인'이라는 뜻이다. 남자와 여자는 같기도 하고 같지 않기도 하며, 동등하되 심히 다르다. 그러므로 결혼은 서로를 보완하는 동반 관계, 차이를 극복하고 이뤄진 연합체다. 에베소서 5장에서는 남편과 아내의 관계를 그리스도와 교회의 연합에 비유하는데, 이 말씀은 서로 아주 다른 양측이 이루어 낸 연합은 힘들게 얻는 것이라는 사실을 보여 준다. 우리는 남자와 여자의 차이가 멋지기도 하고 다루기 어렵기도 하다는 사실에 놀라지 말아야 한다.

◑ 남자와 여자의 차이는 어떤 면에서 내 결혼 생활을 힘들게 했는가? 또 어떤 면에서 내 결혼 생활을 풍성하게 만들었는가?

한마음으로 드리는 기도 주 예수님, 천국과 주님의 영광을 버리고 인간인 우리와 연합하기를 기뻐하신 것을 찬양합니다. 우리가 서로 조화를 이루고 서로 의지하며 살려면 어떻게 해야 하는지 가르쳐 주옵소서. 아멘.

창세기 2장 25절 아담과 그의 아내 두 사람이 벌거벗었으나 부끄러워하지 아니하니라.

─────────────────────────────────

투명성 결혼은 사랑을 위한 것일 뿐만 아니라 진실을 위한 것이기도 하다. 아담과 하와는 완벽한 관계를 누렸다. '벌거벗었으나 부끄러워하지 않는 상태'는 서로에게 모든 것을 투명하게 내보이고 다칠지도 모를 가능성까지 완전히 드러낸다는 뜻이었다. 이 두 사람은 아무것도 감출 것이 없었다. 두 사람의 관계에는 "탐욕, 불신, 혹은 불명예가 뒤섞인 부분"이 전혀 없었다.[1] 두 사람의 관계에는 "죄책감으로 차단되지 않고 정욕으로 어지럽지 않으며 수치심의 훼방을 받지도 않는 솔직함과 조화"가 있었다.[2] 지금 우리는 죄인이기 때문에 상대에게 완벽히 솔직하고 상대를 완벽히 긍정한다는 이상적인 상황은 불가능하다. 하지만 복음은 우리가 그런 이상을 향해 나아가는 데 필요한 도구를(엡 4:15) 우리 손에 쥐어 준다. 내적인 안도감과 충만한 사랑이 바로 그것이다.

◑ 솔직하고 투명하려면 진실함과 사랑이 필요하다. 왜 그래야 하는지 배우자와 함께 이야기를 나눠 보라. 나는 진실을 말하는데 배우자가 나를 완전히 신뢰하지 않으면 어떤 일이 생기는가? 진실하게 말해서 배우자가 내 메시지를 원래 의도대로 받아들이는 일이 과연 가능한가?

한마음으로 드리는 기도 주님, 주님께서는 자청하여 우리에게 해를 당하기 쉬운 존재가 되셨는데 우리는 주님을 거부했습니다. 그런데도 주님께서는 우리를 사랑하셨고 우리 눈을 열어 주사 주님을 사랑하게 하셨습니다. 우리가 서로를 더할 나위 없이 사랑하기 위해 주님처럼 사랑의 모험을 할 수 있도록 도와주옵소서. 아멘.

창세기 3장 16-17, 19절 또 여자에게 이르시되 내가 네게 임신하는 고통을 크게 더하리니 네가 수고하고 자식을 낳을 것이며 너는 남편을 원하고 남편은 너를 다스릴 것이니라 하시고 아담에게 이르시되 … 땅은 너로 말미암아 저주를 받고 너는 네 평생에 수고하여야 그 소산을 먹으리라 … 네가 흙으로 돌아갈 때까지 얼굴에 땀을 흘려야 먹을 것을 먹으리니 네가 그것에서 취함을 입었음이라 너는 흙이니 흙으로 돌아갈 것이니라 하시니라.

겸손 아담과 하와가 범죄하자 저주가 내렸다. 인간의 가정은 생식 기능과 경제 기능 면에서 극심한 혼란이 생겼다. 오늘 성경 본문을 두고 정확히 무슨 의미인지 많은 이들이 여러 의견을 냈지만, 여기서는 죄가 여자와 남자에게 각각 다르게 영향을 끼친다는 점에 주목해 보자. 이는 성별의 차이가 강점은 물론 약점에서도 뚜렷이 나타난다는 또 하나의 암시다. 여자와 남자의 우상이 다르고 여자와 남자가 좌절하는 지점도 다르다는 것이 여기서 드러난다. 우리 책꽂이에는 멋진 결혼 생활을 영위해 나가는 방법을 다룬 책들이 가득 꽂혀 있지만, 오늘의 성경 본문은 우리에게 겸손하라고 가르친다. 그리스도인 부부의 결혼 생활에도 얼마든지 집착, 두려움, 죄책감, 중독, 억압 같은 문제가 나타날 수 있으며, 이를 피할 길은 딱히 없다. 하지만 우리에게 왜 그런 감정과 정서가 있는지 우리는 그 이유를 알 수 있고, 이를 극복하려고 노력할 수 있다.

❶ 오늘 본문 말씀에서 왜 여자의 경우에는 자녀 및 남편과의 관계를 언급하고, 남자의 경우에는 일과의 관계를 언급한다고 생각하는가? 이는 남자와 여자의 특징적 죄에 관해 무엇을 말해 주는가?

한마음으로 드리는 기도 주님, 우리가 결혼 생활을 하면서 희망 없는 냉소주의나 대책 없는 낭만주의에 빠지지 않도록 도와주옵소서. 아멘.

에베소서 5장 31-32절 그러므로 사람이 부모를 떠나 그의 아내와 합하여 그 둘이 한 육체가 될지니 이 비밀이 크도다 나는 그리스도와 교회에 대하여 말하노라.

화해 결혼 생활을 통해 하나님께서는 우리가 구원받았다는 강력한 증표를 주신다. 그리스도의 사랑의 헌신과 그분을 향한 우리의 순복은 하나님과 인간을 다시 화해시키고, 서로 멀어져 있던 서로 다른 두 사람이 언약을 바탕으로 다시 하나가 되게 한다. 부부가 서로에게 자기를 내줄 때 서로 멀어지게 하는 죄의 영향력을 극복할 수 있다. 또 아주 다른 두 존재, 즉 남자와 여자가 하나 됨을 이룰 때 결혼은 복음을 거울처럼 비춘다. 그래서 성관계는 단순한 육체적 욕구가 아니다. 부부 사이의 성행위는 우리와 그리스도의 연합을 보여 주는 하나의 표이고, 그래서 하나님께서 세상을 회복시키시는 일에 하나님과 함께 참여하는 것이라고까지 할 수 있다. "그 뜻의 비밀을 우리에게 알리신 것이요 그의 기뻐하심을 따라 그리스도 안에서 때가 찬 경륜을 위하여 예정하신 것이니 하늘에 있는 것이나 땅에 있는 것이 다 그리스도 안에서 통일되게 하려 하심이라"(엡 1:9-10).

◑ 혹시 마음과 다르게 배우자와의 사이가 점점 멀어지고 있는가? 그 멀어진 거리를 무엇으로 메울 수 있을까? 어떻게 하면 그 거리를 잘 메울 수 있겠는가?

한마음으로 드리는 기도 아버지, 우리 사이가 멀어지고 서로 서름서름할 때, 우리와 화해하기 위해 예수님께서 겸손히 자신을 내주신 것을 기억하게 하옵소서. 그렇게 하는 것 말고 다른 해법은 없다는 것을 깨닫게 도와주옵소서. 아멘.

에베소서 5장 31-32절 그러므로 사람이 부모를 떠나 그의 아내와 합하여 그 둘이 한 육체가 될지니 이 비밀이 크도다 나는 그리스도와 교회에 대하여 말하노라.

배타성 오로지 그리스도께만 평생 헌신하는 것 말고는 그리스도를 알 다른 방법이 없다. 그리스도께서는 우리와 화해하고 우리와 연합하기 위해 말 그대로 모든 것을 포기하셨다. 그래서 그리스도가 우리의 유일한 구주요 주님이시지 않는 한 우리가 그리스도를 알 수 있는 다른 길은 전혀 없다. 십계명의 처음 두 계명은 그 점을 확실히 한다. 이는 우리가 배우자에게 성적(性的)으로 성실해야 한다는 뜻임이 분명하다. 그리고 더 나아가 출세나 심지어 자녀가 우리 마음의 첫 번째 자리를 놓고 배우자와 경쟁한다면 그 결혼은 순탄할 수 없다는 뜻이다. 온 삶을 다해 오로지 그리스도께만 헌신해야 우리는 그리스도와 관계를 맺고 그 관계를 지켜 갈 수 있다. 이는 배우자와의 사이에서도 마찬가지다.

❶ 내 삶의 첫 번째 자리를 놓고 지금 아내가(남편이) 무엇과 경쟁하고 있는지 아내(남편)에게 솔직히 말해 달라고 해 보라.

한마음으로 드리는 기도 주 예수님, 우리를 주님께서 하나님 아버지와의 동등함을 기꺼이 포기하실 만큼 사랑하시는 존재로 대해 주심에 감사드립니다(빌 2:4-11). 우리 부부간에도 이런 사랑이 나타나게 하옵소서. 아멘.

에베소서 5장 31-32절 그러므로 사람이 부모를 떠나 그의 아내와 합하여 그 둘이 한 육체가 될지니 이 비밀이 크도다 나는 그리스도와 교회에 대하여 말하노라.

변화 그리스도 안에 있는 구원은 우리를 변화시킨다. 세상의 주인이요 구원자이신 분과 친밀한 관계를 맺고 유지하면서 지금 모습 그대로일 수 있는 사람은 없다. 우리는 우리의 도덕적 노력이 아니라 믿음으로써 구원받지만, 그럼에도 "행함(변화되어서 사랑과 거룩함이 있는 삶)이 없는 믿음은 그 자체가 죽은 것"(약 2:17)이다. 말로만 믿는다고 할 뿐 변화되지 않는다면, 이는 그 믿음이 잘못되었음을 입증하는 것이다. 마찬가지로 누군가와 결혼한 뒤 그 사람의 필요나 부족한 부분을 더 잘 섬기기 위해 내가 크게 변하기를 거부한다면, 사랑한다고 말할지는 모르나 실은 사랑하지 않는 것이다. 건강한 결혼 생활 속에서 우리는 내게 흠결이 있음에도 다른 사람들이 나를 사랑한다는 것을 알게 된다. 그러고 나면 사람들을 더 사랑하기 위해 자신이 변하기로 결심하게 된다. 에베소서 5장과 창세기의 연관성이 이 사실을 우리에게 보여 준다. 복음은 결혼이 무엇인지를 설명하고, 결혼은 복음이 무엇인지를 설명한다.

◑ 결혼이 우리와 그리스도와의 관계에 관해 또 어떤 식으로 가르침을 주는지 생각해 보라. 반대로 우리와 그리스도와의 관계는 결혼에 관해 어떤 식으로 가르침을 주는지도 생각해 보라.

한마음으로 드리는 기도 (각자 기도하라.) 주님, 주님의 사랑이나 제 배우자의 사랑과 필요에 충분히 부응할 수 있을 만큼 제 성품을 변화시키지 못했음을 고백합니다. 변하고자 하는 마음이 더 간절해지게 해 주시고, 나아가 변할 수 있는 힘을 주옵소서. 아멘.

조사에 응한 대다수 남성은 여성과의 관계 때문에 자신들의 자유가 조금이라도 침해당해서는 안 된다는 완강한 입장을 보였다. 보고서는 다음과 같이 결론 내렸다. "동거는 남자가 일상적으로 여자 친구의 가사 봉사와 성적 봉사를 받아 가면서 … 좀 더 독립적인 삶을 즐기고 더 나은 파트너를 계속 물색할 수 있는 여건을 제공한다."

동거 문제 고대 로마에서 남편들은 다른 여자와의 성관계가 아주 당연했으나 아내들은 절대 다른 남자와 성관계를 해서는 안 되었다. 기독교는 그런 이중 잣대를 종식시켰다. 어떤 이들은 동거를 선호하는 이 시대의 현상이 남자들에게 로마 시대와 비슷한 특권을 준다고 주장한다. 여자는 일반적으로 남자에 비해 자신의 독립성을 유보하고 결혼하고 싶어 하는 욕구가 강하다. 그래서 어떤 사회든 결혼하지 않고 함께 사는 것을 사회적으로 용인하는 곳은 여자보다 남자에게 이익이 되는 쪽으로 문화가 기울어져 있다.[3] 커플이 결혼보다 동거를 택할 때 실권을 쥐는 쪽은 늘 남자다. 어떤 결정을 내릴 때 여자는 합의해서 의사를 결정하자고 감히 강하게 고집하지 못하며, 남자는 거리낌 없이 여자를 다른 동거 후보들과 끊임없이 비교하며 저울질한다. 이 시대에도 역시 여성들에게는 기독교의 성 윤리가 더 낫지 않은가?

❶ 동거는 여자보다 남자에게 더 유리한가? 어떻게 생각하는가?

함께 붙드는 기도의 끈 사회의 유익은 물론 우리 자녀들의 유익을 위해 우리 문화에서 결혼 제도가 더 공고해지기를 기도하라.

결혼을 바라보는 전통적 견해 하나는, 결혼이 남자를 '개화시킨다'는 것이었다. 남자는 여자에 비해 제멋대로이며, 상호 의사소통과 지지, 팀워크가 필요한 관계를 형성하려는 의지도 여자보다 약하고 그럴 만한 자질도 부족하다고 여겨져 왔다. 그래서 남자를 아주 확실히 '변화'시키는 것, 결혼이 남자들에게 하나의 '학교'가 되어 서로 의지하는 새로운 관계를 세워 나가는 법을 배우게 하는 것이 결혼의 전통적 목적 가운데 하나였다.

성차性差 여자를 통해 남자가 여자에게 '개화'될 필요가 있다는 말은 부당한 말이지만, 현실적으로 성별에 따른 차이는 있다. 여자들은 시종일관 자신을 상냥하고 친절하고 감수성이 예민하다고 보는 반면, 남자들은 자신을 자기주장이 강하고 새로운 개념에 개방적이라고 여긴다. 이런 차이는 시대와 문화를 넘어 이어진다.[4] 이는 무슨 뜻인가? 남자와 여자는 서로를 필요로 한다는 뜻이다. 위와 같은 장점들은 저마다 거기 고착된 약점과 함께 발현된다. 문화가 다르면 남녀 간의 성 차이도 다른 모양으로 나타날 수 있기에 성경은 이 차이를 명확하게 무엇 무엇이다 하고 규정하지는 않지만, 결혼에서 성의 상이성을 강조하는 성경의 주장은 바로 그 차이를 전제로 하는 주장이다. 그래서 특히 부부 사이에서 남자와 여자는 서로의 말을 경청해야 하고, 서로에게 변화를 요구해야 하며, 서로의 요구에 주의를 기울여야 한다.

◑ 결혼은 부부가 서로를 친밀하게 의지할 것을 요구하며, 어떤 이들은 그 부분에서 아내가 남편보다 훨씬 능숙한 솜씨를 가지고 결혼 생활에 돌입한다고 주장한다. 동의하는가?

함께 붙드는 기도의 끈 결혼 생활에서 성차가 갈등의 근원이 아닌 성장의 토대가 되게 해 달라고 기도하라.

〔어떤 학자가〕 전통적으로 결혼은 남자가 진정으로 남자다워지는 장(場)이었다고 주장했다. "대부분의 서구 역사에서 남자다움을 나타내는 최고이자 가장 값진 특성은 자제력이었다. … 과식이나 과음, 과도한 수면이나 성관계에 탐닉하는 남자는 '자기를 다스리지' 못하는 남자로, 나라는 말할 것도 없고 자기 집안도 다스릴 자격이 없는 사람으로 간주되었다. … 한때는 성적 기량보다는 성적 자제력이 남자다움의 척도였다."

남자의 자제력 어느 모로 보나 남자는 선천적으로 여자에 비해 더 공격적인 경향이 있기에, 남자들이 자신의 분노와 성적 욕구를 제어하고자 몸부림치는 것은 크게 놀랄 일도 아니다. 결혼은 남자들에게 분노와 성적 욕구를 스스로 제어하기를 요구할 뿐만 아니라 제어할 수 있도록 실질적인 도움을 주기도 한다. 부모가 다 있는 집안에서 자란 남자는 결혼 생활 중에 바람을 피울 가능성이 낮다.[5] 전통적으로 이런 종류의 자제력이 남성다움의 본질로 여겨졌다. 지도자라고 불리면서 자신조차 다스리지 못하는 사람들은 재앙이다. 충동을 이기지 못하고 자신의 약속과 서약을 저버리는 남자를 아내는 신뢰하고 존경할 수 없을 것이다. '진짜 남자'는 자기를 충분히 제어할 수 있을 만큼 강한 남자다.

❍ 남편에 대한 아내의 사랑과 존경은 어떤 면에서 남자의 자제력에 비례하는가?

함께 붙드는 기도의 끈 남자라면, 내 삶의 어떤 영역에서 자제력이 요구되는지 생각해 보고 그 일을 위해 기도하라. 여자라면, 남편이 자제력 면에서 성장할 수 있기를 기도하라.

내게 많은 변화를 요구하지 않는 배우자를 찾는다는 건 개인적으로 문제가 크게 없어 '손이 많이 안 가는' 배우자를 찾는다는 뜻이기도 하다. … 이는 행복하고 건강하며 재미있고 삶에 만족하는, 그야말로 이상적인 사람을 찾는다는 말이다. 역사를 통틀어 한 사회가 이처럼 이상적인 기준으로 배우자를 찾는 사람들로 가득했던 적은 없었다.

학교 졸업? 최근 "밀레니얼 세대(Millennials; 1980년에서 2000년에 태어난 사람들을 가리키는 말-옮긴이)는 결혼을 어떻게 재정의하는가?"를 설명하는 기사를 읽었다.[6] 기사에 따르면, 전통적으로 사람들은 기꺼이 결혼 서약을 먼저 하고 그 서약에 담긴 뜻은 나중에 "파악했다"고 한다. 이는 서로의 장점과 단점, 일생의 소명과 사명을 발견하되 결혼 전에 각자 발견하는 것이 아니라 결혼 후에 함께 찾아간다는 뜻이다. 오늘날 젊은이들은 과거에 비해 결혼을 늦게 하며, 그래서 배우자처럼 자신의 인생에서 합법적 권한을 부여받은 사람의 의견이나 조언 없이 모두들 이미 혼자서 자기가 어떤 사람이 되고 싶은지를 생각하고 결정한다. 이어서 이들은 경제적, 심리적, 사회적으로 완성된 사람, 자신들이 이미 혼자 설정한 정체성과 삶의 경로를 그저 지지해 주는 결혼 상대자를 원한다. 이러한 '완성품끼리의 동반자 관계'는 동종의 유대 같은 것을 만들어 내지 않는다. 이것이 비현실적 기대라는 것은 말할 필요도 없다. 우리는 결혼 후에도 계속 변한다.

◑ 어떤 이들은 오늘날 결혼이 '학교 졸업'과 비슷한 반면 과거 시대 결혼은 고등학교나 대학에 다니는 것과 비슷했다고 말한다. 동의하는가? 내 배우자는 내가 지금의 나로 빚어지는 데 어떻게 도움을 주었는가?

함께 붙드는 기도의 끈 나도 이 세대도 결혼을 두려워하지 않고 신뢰와 사랑으로 배우자에게 자신을 바칠 수 있게 해 달라고 하나님께 구하라.

구시대의 결혼관은 인습적이고 억압적으로 여겨지는 반면 '나 중심 결혼'이라는 새로운 결혼관은 매우 자유분방해 보인다. 하지만 혼인율을 가파르게 떨어뜨리고, 결혼과 관련해 숨 막힐 듯한 절망감을 갖게 만든 것은 바로 그 새로운 결혼관이다. 나 중심 결혼을 원만하게 유지하려면 두 사람 모두 심리적으로 완벽에 가까울 정도로 안정되고 행복한 개인이며, 정서적 결핍이나 성품상 결함이 거의 없어서 서로 간에 수고로이 애쓸 일이 없어야 한다. 그런데 현실에는 그런 사람이 거의 없다. 결혼을 자아실현으로 보는 새로운 개념을 추구하다 보면, 결혼에 너무 많은 것을 바라나 실제로는 바라는 만큼 충분히 얻지 못하는 수렁에 빠지게 된다.

결혼을 미루지 말아야 할 이유 한 심리학자는 정체성이 확립되고 내가 어떤 사람인지 알게 될 때까지 결혼을 미루는 것이 좀 더 지혜로운 길이라고 말한다.[7] 두 사람이 너무 어려서 결혼을 못할 수도 있지만, 이는 상대의 유익을 위해 자신의 이기적 욕구를 서로에게 복종시킬 수 있을 만큼 인격이 성숙하지 못했기 때문이다. 그 정도 인격을 갖추려면 겸손, 아량, 자제심, 내면의 안정이 필요하다. 하지만 결혼 전에 '자아 발견하기'를 기다린다는 것은 자기를 알게 되는 것이 자신의 가장 깊은 욕구가 무엇인지 발견하는 외로운 과정임을 가정하는 행위다. 그런데 사실은 그렇지 않다. 우리가 자기 마음속을 들여다보면, 서로 모순되는 내면의 욕구가 보인다. 우리 안에서 나쁜 것과 좋은 것, 좋은 것과 가장 좋은 것을 분별해 내려면 친밀한 동반 관계가 필요하다.

◑ 예수께서는 우리의 참자아를 발견하기 위해서는 우리 자신을 '잃고' 예수를 섬겨야 한다고 말씀하셨다. 그것이 바로 그리스도 안에서 내 진짜 정체성을 찾는 최고의 길이다. 결혼에 이와 비슷한 점이 있지 않은가? 배우자를 섬길 때 나를 발견할 수 있지 않은가?

함께 붙드는 기도의 끈 결혼 생활을 통해 내 장점과 단점, 은사와 소명에 어떤 것이 있는지 더 많이 가르쳐 달라고 하나님께 구하라.

이들은 결혼을 부족한 남녀가 힘을 모아 안정감과 사랑과 위로가 넘치는 공간을 창조해 내는 일이라고 보지 않는다. 크리스토퍼 래쉬(Christopher Lasch)는 그런 공간을 가리켜 "비정한 세상의 안식처"라고 한다. … 자기 부인(self-denial)이 아니라 자기실현에 기반을 둔 결혼에는 내가 그다지 혹은 전혀 신경 쓰지 않아도 되는 상대, 즉 내 필요를 채워 주기만 할 뿐 내게는 거의 아무런 요구를 하지 않는 상대가 반드시 있어야 한다. 한마디로 현대인은 결혼 상대에게 너무 많은 것을 요구한다.

결혼 서약은 어떻게 도움이 되는가 과거의 결혼은 바람일 뿐만 아니라 의무이기도 했다. 부족한 두 사람(세상에 다른 어떤 부류의 인간은 없다)이 결혼하면 두 사람 다 포기하고 싶을 만큼 힘든 때가 당연히 있을 것이라고들 생각했다. 결혼 서약은 그래서 존재했다. 결혼 서약은 '율리시스의 계약'이었다. 그리스 신화에서 율리시스는 자신의 배가 사이렌섬에 다가가면 사이렌의 노래에 홀려 자신이 합리적 사고를 할 수 없으리라는 것을 알았다. 그래서 율리시스는 선원들을 시켜 돛대에 자신의 몸을 묶게 한 후 (선원들은 밀랍으로 귀를 막아 노래를 듣지 못하게 하고는) 섬을 통과해 제정신을 찾을 때까지 자신의 헛소리를 무시하라고 지시했다. 결혼 서약은 결혼 생활 중 갈등이 생길 때 바로 그런 역할을 한다. 결혼 서약은 결혼 생활에 자신을 묶어 두어, 생각이 혼란스러운 시기에 그 시간을 잘 견디고 통과할 수 있게 하는 방법이다.

❶ 율리시스 이야기는 결혼 서약의 비유로서 어떤 면에서 도움이 되는가? 어떤 면에서 결혼에는 적용되지 않는가? 자신의 결혼 서약을 기억하는가?

함께 붙드는 기도의 끈 결혼 생활에 부담을 줄 수 있는 분노, 자기 연민, 낙심이 들이닥칠 때 신속히 '제정신을 찾을 수 있게' 해 달라고 하나님께 구하라.

완벽한 짝을 꿈꾸는 사람보다 사실상 결혼 같은 것은 아예 안 하려는 사람이 더 많다. 아마도 본인들은 이를 인정하지 못할 테지만 말이다. 무엇보다 현대 문화가 개인의 자유, 자율성, 성취에 최고의 가치를 부여하고 있으며, 누군가를 사랑하면 이 세 가지를 다 잃을 수밖에 없다는 것을 생각이 있는 사람이라면 내심 다 안다. … 하지만 결혼하고 싶지 않다는 속내를 세상 사람들에게 드러내기도, 자기 스스로 인정하기도 힘들다. 그래서 자연히 결혼 상대자가 될 법한 사람들에게서 자꾸 흠을 찾는다. … 그러면 계속 결혼을 멀리할 수 있기 때문이다.

자유 결혼이라는 법적 계약을 맺으면 "평생 그 관계를 지속해야 한다는 요구 조건"이 생겨난다고 많은 이들이 불평한다. 하지만 오늘날에는 "그런 식의 강제력에 순응하기 싫어하고" 자신의 자유를 위태롭게 하는 결혼 증서 없이 그냥 같이 살고 싶어 하는 이들이 많다. 이들은 자신들의 관계를 사회의 소유가 아니라 "자기 소유"로, "사랑과 헌신을 바탕으로 했기에 법에 따른 외적 확인은 필요하지 않은" 관계로 여긴다.[8] 그러나 법적 서약은 사랑을 외적으로 '확인'하려는 것이 아니라 그 사랑을 깊고 강하게 하려는 것이다. 좋을 때나 나쁠 때나 변함없이 내 옆에 있기로 엄숙히 약속한 어떤 사람이 있음을 알면 세상에 이보다 더 나를 자유롭게 해 주는 것이 없다.

◑ 현대인들의 자유 개념은 결혼의 이상과 어떻게 충돌하는가?

함께 올드는 기도의 끈 《성공회 기도서》(The Book of Common Prayer)의 '평화를 위한 기도'에서는 하나님을 섬기는 것이 "완전한 자유"라고 말한다. 결혼 생활에서 섬김의 자유를 경험할 수 있게 도와주시기를 하나님께 구하라.

〔특히 남성들의 경우〕음란물이 넘치는 미디어 문화도 장차 자신의 소울메이트의 외모가 어떠해야 한다는 비현실적 기대를 부추기는 한 원인일 수 있다. MTV와 인터넷, 텔레비전에서 방영하는 여성 속옷 패션쇼에 등장하는 젊은 여성들의 섹시한 이미지에 영향을 받은 남자들은 언젠가는 소울메이트의 자질과 성적 매력을 겸비한 여자를 만나리라는 환상에 젖어 현재 여자 친구와의 결혼을 자꾸 미룰 수 있다.

외모 VS 성품 1858년, 링컨과 더글러스가 미 상원 선거에 출마해 서로 격론을 벌이자 미국 전역의 신문들은 이들의 논쟁을 시시콜콜 기사로 다뤘다.[9] 하지만 그때 링컨이나 더글러스가 미국 어떤 도시의 중심가에 모습을 드러냈다 해도 이들을 알아보는 이는 없었을 것이다. 사진이 존재하기는 했지만 널리 유포할 수는 없는 시기였다. 공적으로 중요한 것은 이들의 외모가 아니라 이들이 가진 생각이었다. 오늘날 우리는 문자 기반 문화에서 이미지 기반 문화로 이동해 왔으며, 이 문화에서는 외양과 그 외양이 주는 인상을 매우 중요시한다. 다른 것보다도 이는 음란물이 전에 없이 번성한다는 의미다. 또한 나이든 사람과 뚱뚱한 사람(특히 여성)은 그런 자신을 쉬이 혐오하게 된다는 뜻이기도 하다. 아름다움이 우상이 되며, 이런 현상은 결혼한 부부나 결혼하고자 하는 사람들에게 압박을 가한다. 하지만 성경은 외모 아닌 다른 것에 강조점을 둔다. 바로 믿음과 성품이다.

◑ 미모를 우상시하는 풍조는 결혼하고자 하는 사람들의 판단을 어떻게 왜곡시키는가? 이 풍조는 결혼해서 사는 사람들의 관계에 어떤 식으로 해를 입히는가?

함께 붙드는 기도의 끈 베드로전서 3장 3-4절을 묵상하라. "너희의 단장은 머리를 꾸미고 금을 차고 아름다운 옷을 입는 외모로 하지 말고 오직 마음에 숨은 사람을 온유하고 안정한 심령의 썩지 아니할 것으로 하라 이는 하나님 앞에 값진 것이니라."

여자들도 이 시대의 소비 문화에 영향을 받아 왔다. 오늘날에는 남자와 여자 모두 결혼을 자기 성품을 빚어 가고 공동체를 만들어 가는 통로가 아니라 개인적인 삶의 목표를 이루는 수단으로 바라본다. 그러니 너나없이 '자신의 정서적, 성적, 영적 욕구를 채워 줄' 결혼 상대를 찾는다. 그리고 이는 언젠가는 내게 딱 맞는 사람을 만날 수 있다는 극단적 이상주의를 낳지만 이 이상주의는 결국 매우 실망스러운 결과로 이어지고 만다. 결혼을 자꾸 뒤로 미루면서 꽤 괜찮은 배우자감을 그저 '마음에 쏙 들지는 않는다'는 이유로 지나쳐 버리는 이들이 수두룩한 까닭이 바로 여기에 있다.

고착화된 사고 VS 유연한 사고 "여성들은 그 어느 때보다 많은 선택권을 누려 왔다. 여성들은 장기간 자신의 이력 쌓기에 집중하는 편을 선택하고 있으며 난자 냉동 기술이나 그 밖의 테크놀로지를 활용해 '시간을 번다'"고 한 심리학자는 말한다.[10] 또한 이 학자는, 여성들이 이제 자신을 변화시키려 하는 사람이 아니라 이미 존재하는 자신의 모습을 그대로 인정해 줄 사람을 찾는다고 한다. 그런데 사실 나이가 들어 갈수록 우리는 태도나 사고방식이 점점 굳어 버려서 어떤 모양이든 만들 수 있는 '젖어 있는 시멘트 반죽' 같은 유연한 성질을 점점 잃어 간다. 배우자의 눈을 통해 자신을 보면 자신이 생각보다 더 훌륭하기도 하고 더 나쁘기도 하다는 사실을 발견하게 된다. 그러면 자신이 처한 현실을 부정하거나 그 현실을 보지 못하는 상태에서 벗어날 수 있게 된다. 부부 사이가 바람직하면 그 남편과 아내는 스스로 달라지고 싶어지게 마련이다. 그러니 달라지기 힘든 나이가 될 때까지 결혼을 미룰 이유가 어디 있는가?

◑ 태도나 사고방식이 고착화될 때까지 결혼을 미루는 것이 어떤 면에서 근시안적 행동인지 몇 가지를 나열하라.

함께 붙드는 기도의 끈 배우자가 나와 결혼 생활을 하면서 자신을 더 잘 파악할 수 있도록 도우라. 지나치게 비판적이지 않되 비판해야 할 때 비판하지 못하는 일이 없게 하시며, 모든 것을 사랑으로 할 수 있게 해 달라고 하나님께 구하라.

C. S. 루이스가 이 점을 생생하게 그려 낸다. "무엇이든 사랑하라. 그러면 마음이 괴로울 것이며 자칫 마음을 다칠 수도 있다. 마음을 온전하게 유지하고 싶으면 아무에게도, 심지어 동물에게도 마음을 주지 말라. 취미 생활이나 사소한 호사로 마음을 조심스럽게 감싸 두라. 그 어떤 관계에도 얽혀 들지 말라. 이기심이라는 궤짝, 아니 관 속에 마음을 안전하게 가둬 두라. 하지만 그 궤짝, 안전하고 어둡고 움직일 수 없고 공기조차 안 통하는 그 궤짝 속에서 마음은 변질될 것이다. 그 무엇에도 마음을 다칠 일은 없겠지만, 대신 그 마음은 그 무엇으로도 꺾을 수 없고, 뚫고 들어갈 수도, 구제할 수도 없는 상태가 될 것이다. 사랑으로 인한 비극을 피할, 아니 어쨌든 그런 비극을 당할 가능성을 막고자 할 때 달리 택할 길은 저주받아 지옥에 가는 것뿐이다."[11]

이기심이라는 궤짝 오늘 본문의 루이스의 말은 사랑이 초래하는 진퇴양난의 상황을 보여 준다. 누군가를 사랑하면 분명 실망하게 되고 심지어 상처도 받는다. 이 사실이 오늘날 젊은이들을 괴롭히며 결혼을 경계하게 만든다. 하지만 그런 일을 피하려고 택하는 대안에도 그에 못지않은 여러 위험성이 있다. 사랑의 반대는 증오가 아니라 두려움이다(요일 4:18). 사랑은 자기를 열어 보이는 일이기 때문이다. 사랑은 다른 누군가의 유익에 나를 바치는 일이며, 이렇게 하다 보면 나는 상처받고 다치기 일쑤다. 누군가와의 관계에서 상처받지 않도록 나를 보호하는 길은 그 관계에서 한 발 물러나는 것뿐이다. 하지만 그런 식의 자기 방어적 태도는 누군가를 사랑할 수 있는 내 능력을 가둬 두는 관(棺)이다. 이 관은 나를 무감하고 외롭게 만든다. 그렇게 관계에서 발을 빼는 일은 부부 사이에서도 일어날 수 있다. 하지만 이는 어떤 대가를 치르더라도 피해야 할 일이다.

❶ 루이스가 생생하게 묘사한 상황이 실제 삶에서 벌어지는 것을 본 적이 있는가? 비극을 겪지 않는 것보다 비극을 겪는 것이 어째서 더 나은가?

함께 붙드는 기도의 끈 요한일서 4장 18절을 묵상하라. "온전한 사랑이 두려움을 내쫓나니." 하나님께서 그분의 온전한 사랑을 넉넉히 부어 주셔서 누군가와의 관계에서 느끼는 내 두려움과 불안이 사라지게 해 달라고 구하라.

▼ 2월 18일

〔사람들은〕 거듭 말한다. "사랑이 이렇게 힘들 리가 없어요. 사랑은 자연스럽게 생겨나야 하는 거잖아요." 이에 나도 늘 다음과 같은 식으로 대꾸한다. "왜 그렇게 생각합니까? 프로야구선수가 되고자 하는 사람이 '빠른 공 쳐 내기가 그렇게 어렵지는 않을 거야'라고 할까요? 당대 최고의 소설을 쓰고 싶어 하는 사람이 '그럴듯한 인물을 만들어 내고 흥미로운 서사를 구상하기는 그다지 어렵지 않을 거야'라고 할까요?" 그러면 상대방은 뻔한 말로 반박한다. "이건 야구나 문학 이야기가 아니잖아요. 이건 사랑 문제라고요. 두 사람이 서로 어울리는 짝이면, 두 사람이 정말 소울메이트라면 사랑은 그냥 저절로 솟아나야지요."

결혼 생활에 재능 있는 사람은 없다 야구나 소설 창작을 결혼에 비유하는 위 예화는 좀 과장이기는 하다. 야구나 소설 쓰기 같은 일은 연습과 노력이 필요하지만 타고난 재능도 있어야 하는 일이다. 운동선수나 작가로서 보통 사람들에 비해 훨씬 비범한 이들이 있다. 그러나 이런 비범함은 결혼에는 해당되지 않는 이야기다. 어릴 때부터 눈에 띄는 천부적 능력을 보이는 운동선수들처럼 결혼 생활에 재능을 보이는 사람은 없다. 결혼 생활이 어려운 것은 우리의 사람됨, 특히 우리의 이기심 때문이다. 제아무리 천생연분이라 해도 이 연분이 결혼 생활의 어려움을 없애 주지는 않는다. 타인에게는 이 이기심을 감출 수 있고, 심지어 자기에게도 어느 정도 숨길 수 있다. 하지만 결혼 생활을 시작하면 나와 배우자 모두 이 이기심을 분명히 보게 된다. 당연히 부족할 수밖에 없는 결혼 생활의 재능을 극복하려면 엄청난 노력이 필요하다.

❶ 부부 사이에 어떤 갈등이 생겼을 때 그 갈등의 원인이 사실은 내 이기심인데 배우자를 탓한 적이 있지 않은가?

함께 붙드는 기도의 끈 내 이기심이 어느 정도인지 솔직히 인정할 수 있게 해 달라고 하나님께 구하라. 스스로를 합리화하는 태도에서 나를 구해 달라고 하나님께 구하라.

스탠리 하우어워스(Stanley Hauerwas)는 다음과 같은 주장으로 유명하다. "결혼과 가정을 주로 개인적 성취를 위한 제도로써 내가 온전해지고 행복해지는 데 꼭 필요하다고 여기는 자기실현 윤리야말로 결혼 생활을 망친다. 〔이러한 자기실현 윤리는〕 세상 어딘가에 내게 꼭 들어맞는 결혼 상대가 있으며, 꼼꼼히 찾아보면 그 사람을 만나리라는 전제가 깔려 있는 가설이다. 마음속 확신을 바탕으로 하는 이 가설은 결혼의 결정적 일면을 간과한다. 즉, 우리가 예외 없이 그릇된 상대와 결혼한다는 사실을 헤아리지 못하고 있다."[12]

우리는 죄인과 결혼한다   스탠리 하우어워스가 내놓은 "우리는 예외 없이 그릇된 상대와 결혼한다"는 유명한 발언에 자연스레 관심이 쏠린다. 그의 말은 두 사람의 기질이나 문화나 나이 혹은 다른 어떤 면이 너무 안 맞기 때문에 도저히 결혼할 수 없는 경우는 있을 수 없다는 뜻이 아니다. 그는 다만 올바른 상대를 고르기만 하면 결혼 생활에서 격심한 갈등을 겪는 일은 없으리라는 근거 없는 통념을 몰아내려는 것뿐이다. '인간은 다 죄인'이라는 성경의 기록이 맞다면 누가 누구를 만나든 죄인과 죄인이 만나는 것이므로 두 사람이 아무 노력 없이 더불어 잘 지내기란 불가능하다. "뜨겁게 달아오른 부지깽이 같은 것은 굳이 없어도 돼." 장 폴 사르트르(Jean-Paul Sartre)의 작품에 등장하는 어떤 인물이 한 말이다. "타인이 지옥이니까."[13] 죄인인 사람들은 늘 서로를 화나게 하고 서로를 탓한다.

◑ 죄를 어떻게 정의하겠는가? 죄가 어떤 식으로 모든 인간관계를 복잡하게 만들고 상처를 주는지 생각해 보라.

함께 붙드는 기도의 끈   배우자와 정말로 기질이 다른 데서 비롯되는 갈등(이는 받아들여야 한다)과 내 성품의 결함 때문에 생기는 갈등(이는 받아들여서는 안 된다)을 분별할 수 있는 지혜를 달라고 하나님께 구하라.

[하우어워스는 우리가 늘 그릇된 상대와 결혼한다는 자신의 말이 무슨 뜻인지 계속해서 설명한다.]
"나와 결혼하는 사람이 어떤 사람인지 우리는 절대 알 수 없다. 그저 안다고 생각할 뿐이다. 애초에 나와 꼭 맞는 사람과 결혼한다 해도 시간이 좀 지나면 그 사람은 처음과는 다른 사람이 된다. 결혼 생활을 영위한다는 것은(이는 엄청난 일이다) 지금의 우리가 결혼 생활을 시작할 때의 우리와 동일한 사람이 아니라는 뜻이다. 중요한 건 ··· 나와 결혼한 그 낯선 사람을 사랑하고 보살피는 법을 배우는 일이다."[14]

우리는 계속해서 달라지는 인간과 결혼한다 이것이 바로 '서로 딱 들어맞는 결혼 상대는 절대 있을 수 없는' 두 번째 이유다. 첫 번째 이유는 죄고, 두 번째 이유는 변화다. 결혼 생활을 시작하면 '서로를 알게 될 때까지' 참고 기다려야 한다고 많이들 충고하지만, 서로를 아는 것조차도 늘 유동적이다. 결혼 자체가 우리를 철저히 변화시켜, 우리 안에 있는 최고의 모습과 최악의 모습을 밖으로 끄집어낸다. 나이 들어 가는 몸, 출산과 양육, 일과 직업 등 이 모든 것이 내가 어떤 사람인지를 변화시키며, 이는 곧 부부 사이가 계속해서 재조정된다는 뜻이다. 따라서 우리에게 필요한 것은 절대 달라지지 않는 완벽한 짝이 아니라(그런 사람은 존재하지 않는다) 지혜, 잘못을 뉘우칠 수 있는 능력, 결혼식 때 한 약속을 계속 성실히 지키는 자세다.

◑ 결혼 생활을 하면서 나는 어떻게 달라졌는가? 그 변화를 어떤 식으로 잘 헤쳐 왔는가?

함께 붙드는 기도의 끈 서로에게서 나타나는 변화를 인정하고 받아들일 수 있게 해 달라고, 그와 동시에 여전히 서로에게 변함없이 헌신할 수 있게 해 달라고 하나님께 구하라.

나이 차이가 많이 나거나 서로 다른 언어를 쓰고 있으면 충분히 결혼을 망설일 만하다. … 정말이지 누가 봐도 결혼해서는 안 될 사람도 있다. 하지만 그런 경우를 제외하더라도 사람은 다른 누군가와 딱 맞아떨어지는 상대가 될 수 없다. … 결혼해서 오래 살다 보면 결혼할 때의 그 사람이 아닌, 낯선 남과 다를 바 없어진 배우자를 사랑하는 법을 깨우쳐야 하는 시기가 온다. … 이 여정을 따라가다 보면 마침내 견고하고 다정하며 기쁨 넘치는 결혼 생활에 이를 수도 있다. 하지만 그렇다 해도 이는 나와 완벽하게 들어맞는 사람과 결혼한 덕분은 아니다.

우리는 고통받는 인간과 결혼한다 배우자가 낯선 사람처럼 느껴지는 몇 가지 상황이 있다. 시련과 압박감 때문에 성품상의 약점이 드러나는 경우도 그중 하나다. 병원에서 스트레스 테스트를 하면 그제야 심장 기능의 불규칙성이 드러나는 것처럼 말이다. 이 세상에 사는 사람치고 고통 없는 사람은 없다. 내 배우자에게도 나쁜 일이 일어날 것이며, 그때 배우자가 생각 외로 미숙하고 약하고 지혜롭지 못한 모습을 보이면 누구나 크게 실망하기 마련이다. 이때 기억해야 할 것이 바로 복음이다. 하나님께서 나를 밑바닥까지 보고 계시며 지금의 내 눈에는 보이지 않는 내 온갖 흠결을 다 알고 계시지만 그래도 나를 사랑하신다는 사실을 떠올려야 한다. 그리스도 안에서 하나님께서 나를 사랑하시는 것처럼 배우자를 사랑하라.

◑ 배우자가 '낯선 사람처럼 느껴질' 수 있는 또 다른 경우로는 어떤 것들이 있는가? 그런 상황이 벌어졌을 때 그 상황을 어떻게 처리했는가?

함께 붙드는 기도의 끈 하나님께서 나를 이 모습 그대로 사랑하신다는 사실을 깊이 깨닫고 새겨 그것이 내게 능력이 되어 배우자의 이런저런 흠결에도 불구하고 배우자를 사랑할 수 있게 해 달라고 하나님께 구하라.

결혼 상대로 서로 딱 맞아떨어지는 두 사람이 있을 수 없는 첫 번째 이유는 … 결혼은 사람을 뿌리 깊이 바꿔 놓는다는 점이다. 하지만 또 다른 이유도 있다. 결혼 생활에 들어가는 두 사람은 죄 때문에 영적으로 망가진 상태이며, 다른 무엇보다도 이는 우리가 "인쿠르바투스 인 세"(incurvatus in se), 즉 자기중심적 삶을 산다는 뜻이다. 작가 드니 드 루주몽(Denis de Rougemont)의 말처럼, "예민하고 이기적이며 성숙하지 못한 사람이 사랑에 빠진다고 해서 왜 갑자기 천사가 되어야 하는가?"[15]

우리는 이기적인 인간과 결혼한다 1　행복한 결혼 생활의 가장 큰 장애물은 아마 두 사람 모두의 자기중심적 태도일 것이다. 하지만 두 사람이 이 문제의 현실 혹은 이 문제의 엄중함을 부인한다면 어떤 조치도 취할 수 없다. 조나단 에드워즈(Jonathan Edwards)는 자기중심적인 사람의 몇 가지 특징을 열거한다. 자기중심적인 사람은 독단적이고 자기 신념의 모든 항목 하나하나를 언제나 확신한다. 자기중심적인 사람은 남의 흠을 잘 잡고, 자기 연민에 쉽게 빠지며, 절대 만족할 줄을 모른다. 이런 사람들은 늘 칭찬받기를 바라고 쉽게 삐진다. 이들은 자기 이야기를 많이 하고 남의 이야기는 잘 듣지 않는 경향이 있다. 그리스도인은 자기를 잘 살펴야 하는데(고후 13:5), 이는 자책하기 위해서가 아니라 하나님의 오래 참으심과 은혜를 깊이 인식하고, 또한 우리가 성품 면에서 더욱 그리스도를 닮도록 구체적 행동을 취해 나가기 위해서다.

◑ 자기중심적 태도에는 위에 나열한 특징들이 있다. 내게는 각각 어느 정도나 해당되는지 솔직하게 평가해 보라. 이 문제를 해결하려면 어떤 일을 해야 할까?

함께 붙드는 기도의 끈　다른 사람에게서 사랑과 인정을 얻어 내려는 끊임없는 노력을 버리고, 그리스도 중심의 삶을 살면서 나를 향한 그분의 사랑 안에서 안식할 수 있게 해 달라고 하나님께 구하라.

그래서 바람직한 결혼 생활을 꾸려 나가기란 운동선수나 예술가가 탁월한 솜씨를 발휘하는 일보다 한층 더 힘들고 고통스럽다. 다듬어지지 않은, 타고난 그대로의 재능만으로는 프로야구선수가 될 수 없고 위대한 작품을 쓰는 작가가 될 수 없다. 힘든 훈련을 견뎌야 하고 엄청난 양의 습작을 거듭해야 한다. 하물며 우리 인간의 본성에 심각한 내적 결함이 있다는 사실을 감안할 때 그런 인간이 타인과 더불어 사랑하며 원만하게 사는 일이 어찌 쉬울 수가 있겠는가? 실제로 운동 실력이나 예술적 능력은 대가의 경지에 이르렀으면서도 결혼에는 비참하게 실패하는 이들이 많다.

우리는 이기적인 인간과 결혼한다 2 어제 묵상에서 우리는 타락한 인간 본성의 한가운데에 자기중심적 태도가 자리 잡고 있으며 이 문제가 행복한 결혼 생활을 해친다고 말했다. 조나단 에드워즈는 자기중심적인 사람의 특징을 몇 가지 더 언급한다. 자기중심적인 사람은 제멋대로여서 늘 자기 방식만을 고집한다. 이들은 칭찬과 격려에 인색하며, 남을 쉽게 깔보는 경향이 있다. 이들은 자기 잘못을 인정하는 데 더디고, 회개를 해도 이로써 마음의 안정을 얻는 것이 아니라 정신적 외상을 입는다. 결국 이들은 타인과의 갈등을 지나치게 즐기든지, 아니면 타인과 맞서기를 아예 거부하든지 둘 중 하나다(두 경우 모두 타인의 유익보다는 자기의 이익을 더 많이 생각한 결과다). 자기중심적 태도가 강한 사람일수록 자신이 자기중심적이라는 사실을 깨닫지 못한다. 자기중심적 태도가 약할수록 자신의 자기중심성을 더 많이 의식한다.

◐ 자기중심적 태도에는 위에 나열한 특징들이 있다. 내게는 각각 어느 정도나 해당되는지 솔직하게 평가해 보라. 이 문제를 해결하려면 어떤 일을 해야 할까?

함께 붙드는 기도의 끈 내 죄를 짚어 주심으로써 나를 더 확실히 알게 해 주실 뿐만 아니라, 나를 위한 하나님의 사랑도 알려 주심으로써 내가 회개하고 변화해 기쁨과 안정을 누릴 수 있게 해 달라고 하나님께 구하라.

▼ **2월 24일**

어니스트 베커(Ernest Becker)는 현대 문화가 이른바 '종말론적 사랑'에 대한 욕망을 빚어 냈다고 주장했다. 과거에 우리는 결혼해서 가정을 꾸리면 서로 사랑과 지지를 받으며 안 정을 누릴 것으로 기대했다. 그리고 삶의 의미, 장래에 대한 소망, 도덕의 척도, 자기 정체 성 같은 것을 구할 때 하나님과 내세를 바라보았다. 그런데 오늘날의 문화는 아무도 그런 일들을 확신할 수 없으며 심지어 그런 것들이 실제로 존재하는지조차 알 수 없다고 가르 친다. 그래서 무언가가 그 틈새를 메워야 하는데, 흔히 로맨틱한 사랑이 그 역할을 한다 고 베커는 주장했다. 한때 하나님을 믿는 믿음에서 얻던 것을 이제 우리는 섹스와 로맨스 에서 얻으려고 한다는 것이다.

결혼은 하나님을 대신할 수 없다 어니스트 베커와 아우구스티누스는 진짜 하 나님이 아니라 다른 무엇이 우리 인생 최고의 사랑과 소망이 되면 그것이 일 종의 가짜 신(pseudo-god)의 위치로 격상되리라고 경고했다. 그래서 하나님이 우리 삶에서 멀어지면 우리는 성, 로맨틱한 연애, 결혼에 몰두하면서 이런 일 들을 초월적이고 만족스러운 경험으로 삼고자 한다. 당연히 현대인들은 이렇 게 생각한다. 결혼하지 않았다고 해서 성생활을 삼갈 것이라는 생각은 비합 리적이라고 말이다. 완벽한 소울메이트를 찾아다니느라 결혼을 뒤로 미루는 것도 이상할 것이 없다. 이제 우리는 섹스와 로맨스가 우리에게 초월적 경험 을 안겨 주기를 기대한다. 그런 경험을 제공하려고 섹스와 로맨스를 창조하 신 것이 아닌데 말이다. 원래 결혼은 우리를 만족시킬 목적으로 만들어진 것 이 아니었으며, 그럴 만한 능력도 없다.

◑ 결혼을 이렇게 우상화하는 데 따르는 바람직하지 못한 결과는 무엇인가? 결혼하지 않은 사람들에게는 어떤 결과가 따르는가? 결혼한 사람들에게는? 내 삶에는 구체적으로 어떤 결과가 나타났는가?

함께 붙드는 기도의 끈 하나님과의 교제가 너무 미미하여 나를 위한 하나님의 사랑이 추상적으로 느껴지고, 그래서 결혼을 포함해 다른 일에 몰두하면서 거기에서 행복을 찾으려 한다는 사실을 하나님께 인정하라.

70

〔어니스트 베커는 이렇게 말한다.〕 "사랑을 나누는 상대가 내 삶을 충족시킬 신과 같은 이상 (理想)이 되고 만다. 영적이고 윤리적인 모든 요구가 이제 한 개인에게 집중된다. … 한마 디로 사랑의 대상이 곧 하나님이 되어 버렸다. … 하나님의 감독을 받는 위대한 신앙 공 동체의 세계관이 소멸한 순간, 인간이 하나님의 자리를 향해 손을 뻗었다. … 사랑하는 상대를 하나님의 위치로 격상시키면서 결국 우리는 무엇을 기대하는 걸까? 바로 구속(救 贖)이다."[16]

배우자는 나를 구속救贖할 수 없다 우리 삶에 하나님이 없으면 우리는 다른 어 떤 것을 구속의 원천으로 삼을 것이며, 그런 종류의 '하나님 놀이'에 가장 흔히 동원되는 하나님 후보가 바로 연애 상대나 배우자다. 베커는 이를 일컫는 말 로 "구속"(redemption)이라는 단어를 쓰는데, 그가 과장한 것인가? 과장이 아니 다. 실제로 나는 어떠어떠한 삶을 살아야 하는데 그렇게 살지 못했다거나 나 는 이러이러한 사람이어야 하는데 현실은 그런 사람이 아니라고 하는 인식을 누구나 다 갖고 있다. 그래서 배우자를 바라보면서 내가 정말 사랑할 만한 가 치가 있는 존재임을 나와 세상을 향해 확신시켜 주기를 기대한다. 그렇게 되 면 배우자는 내 존재를 항상 긍정해 주는 사람이어야 한다는 엄청난 부담을 갖게 될 뿐만 아니라, 내 존재 자체를 규정할 수 있는 너무 큰 권세를 손에 쥐 게 된다. 하지만 그런 일은 오직 하나님께만 속한 일이다.

◑ 현대 문화에서 우리는 또 어떤 식으로 배우자에게 일종의 구속을 기대하 기 쉬운가? 방식 면에서 남자와 여자가 좀 다르다고 생각하는가?

함께 불드는 기도의 끈 요한복음 19장 30절을 묵상하라. 예수님께서는 죽으시 면서 "다 이루었다"고 말씀하셨다. 그리스도 안에서 완전하게 이뤄진 구속에 감사하고, 그 구원 안에 안식하며 다른 어떤 사람이나 다른 어떤 것에서 그 이 상의 구원을 찾는 일이 없도록 도와주시기를 하나님께 구하라.

콩깍지가 벗겨지고 꿀 떨어지는 시기가 지나는 것은 지난 수 세기 동안 반복되어 온 일이다. … 하지만 현대인들이 결혼 생활에서 겪는 환멸의 깊이는 과거의 양상과는 좀 다르며, 따라서 결혼이 붕괴되는 속도도 과거와 현저히 다르다. 이 시대의 무언가가 결혼의 이런 자연스러운 경험을 증폭시켜서 아주 유해한 것으로 여기게 만들었다. 그것은 바로 한 사람의 진정한 소울메이트를 만나기만 하면 내 모든 문제가 다 치유되리라는 환상이다. 그런 환상을 품으면 사랑하는 사람을 하나님으로 삼게 된다. 하지만 그런 기대에 부응할 수 있는 사람은 세상에 존재하지 않는다.

힘든가, 감당할 만한가 우리(팀) 외할머니는 19세기 끝 무렵에 태어난 분이신데, 막상 결혼을 해 보니 가족이나 친구들 말을 듣고 기대했던 것 이상으로 수지맞는 일이었다고 하셨다. 하나님에게서 멀어진 문화가 지배하는 오늘날, 결혼이란 자기 가치를 높이는 아주 수지맞는 사업이어야 한다는 강압적 기대가 점점 커져 왔다. 부부가 서로에게서 매력을 잃는 것은 결혼 생활이 예상했던 것보다 힘들기 때문이다. 예나 지금이나 문화는 그릇된 기대를 심어 주었다. 사실 결혼은 하나님과 동행하는 것하고 비슷하다. 혼란스럽고 힘들 때가 많지만 거기 따르는 보람에 비하면 그 고통은 무한히 작아 보인다.

◑ 결혼 생활에서 꿀 떨어지는 시기가 끝나는 어떤 계기나 때가 있다는 것이 과연 사실일까? 정말 그렇다면 그런 계기나 사건으로 어떤 것이 있었는가? 그 일은 결국 성장하는 계기가 되었는가, 그렇지 못했는가?

함께 볼드는 기도의 끈 하나님 안에 안식하고 소망하게 하사 삶의 모든 영역에서 어수룩함이나 냉소주의를 피하게 해 달라고 하나님께 구하라.

오늘날 결혼 제도 없이도 사회가 존속할 수 있다고 진지하고도 일관성 있게 주장하는 논의는 거의 없다. 일부일처제를 비판하는 사람도 우리가 사실상 결혼 없이는 살 수 없다는 것을 적어도 실용적인 차원에서는 인정해야 할 것이다. 실증적 연구 결과가 점점 늘어나고 있다는 것도 그렇게 말할 수 있는 한 가지 이유다. … 결혼, 그것도 전통적이고 배타성을 띤 일부일처제 결혼이 성인은 물론 어린아이들과 사회 전반에까지 온갖 종류의 엄청난 유익을 끼친다는 증거가 계속해서 쌓이고 있다.

역설 오늘 본문에서 살펴보았다시피 오늘날의 청년들은 결혼을 늦게 하기도 하고 아예 결혼을 안 하는 경우도 허다하다. 20대 미국인의 3분의 2가 자신들처럼 결혼해서 자녀를 갖는 일에 우선순위를 두지 않으면 사회가 한층 풍요로워질 것이라고 밝혔다.[17] 이는 과거 모든 세대와 비교해 볼 때 눈에 띄게 달라진 태도다. 또한 이는 전통적 결혼이 성인과 어린아이 모두에게 엄청난 유익을 끼친다는 모든 실증적 연구 결과를 반박한다. 그렇다면 청년들은 왜 과학과 전통을 공공연히 무시하는 결혼관을 갖게 된 걸까? 그 대답은 아마 우리가 지금까지 탐구해 온 역설과 관계있을 것이다. 즉, 신앙이 쇠퇴함에 따라 우리 삶에 생겨난 공허함 때문에 사람들은 너무 지나칠 만큼 결혼을 필요로 하며 그런 만큼 결혼을 필요 이상으로 두려워한다는 것이다.

◑ 일반적 결혼관이 상당 부분 잘못되었다면, 우리는 과연 그 결혼관이 달라지는 것을 볼 수 있을까?

함께 붙드는 기도의 끈 몸담은 사회를 위해 기도하라. 사람들의 마음을 만지시사 과도한 두려움 때문에 결혼이 주는 풍성함과 기쁨을 놓치는 일이 없게 해 달라고 하나님께 구하라.

우리가 결혼에 대해 느끼는 깊은 갈망이 있다. 하와를 본 순간 아담이 "드디어!"라고 외친 것에서 그 갈망을 엿볼 수 있다. 바로 결혼이라는 울타리에 갇힌다는 것은 무언가 말로 다 표현할 수 없는 보물이라는 지울 수 없는 인식이다. 그리고 그것은 옳은 생각이었다. 문제는 결혼 자체에 있지 않다. 창세기 1장과 2장에 따르면, 인간은 결혼을 위해 만들어졌고 결혼은 인간을 위해 만들어졌다. 창세기 3장은 인간 삶의 다른 모든 측면이 그러하듯 결혼 또한 죄 때문에 망가졌다고 말한다.

달콤 씁쓸함   결혼에는 단순화할 수 없는 달콤 씁쓸함이 있다. 결혼이 다른 어떤 인간관계로는 불가능한 방식으로 우리를 충족시키고, 깊이 있게 해 주고, 풍요롭게 해 줄 능력이 있다는 것을 우리는 직관적으로 안다. 성경은 결혼이 하나님께서 창안하신 것, 즉 하나님의 성품과 구원하시는 사랑을 반영하려고 직접 만드신 제도라고 말함으로써 우리가 결혼에 갖는 이 강력한 감각을 설명한다. 하지만 행복하기 그지없는 결혼 생활을 하는 사람도 지나온 시간을 돌아보면서 배우자를 더 많이 사랑할 기회를 놓쳤다거나 사랑하고자 하는 열망을 표현하지 못한 여러 순간들을 아쉬워할 수 있다. 그런 사람들에게 위로가 되는 놀라운 사실이 있다. 영원한 나라에 들어가면 그런 달콤 씁쓸함이 마침내 끝난다는 것이다. "천국은 사랑의 세상"으로서, 여기 이 땅에서는 방해받고 약해진 우리의 사랑 능력이 그곳에서 완전히 치유될 것이기 때문이다.[18] 그 확실한 소망에 의지하라.

❍ 장래에는 완전한 사랑을 하게 되리라는 사실을 아는 것이 현재의 결혼 생활에 어떤 도움이 되는가? 어째서 이것이 결혼 생활을 제대로 하지 못했다는 후회를 덜어 주는가? 어째서 이것이 혹시 결혼 생활에 실패하지나 않을까 하는 두려움을 줄여 주는가?

함께 붙드는 기도의 끈   내 마음에 그리스도인이 장래에 대해 품는 소망을 심어 주셔서 결혼 생활에 부족함이 있을 때 힘을 얻게 해 주시고 힘들어도 계속 노력할 마음을 갖게 해 달라고 하나님께 구하라.

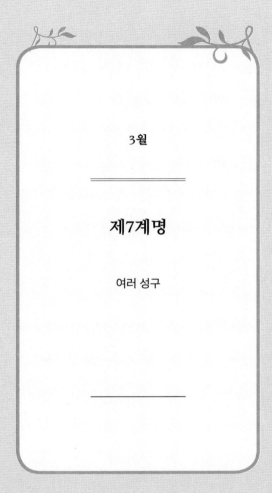

3월

제7계명

여러 성구

출애굽기 20장 3, 14절 너는 나 외에는 다른 신들을 네게 두지 말라 … 간음하지 말라.

하나님께 짓는 죄 성경은 배우자에게 간음죄를 저지르는 것은 영적 간음 이라고, 즉 하나님께 불성실한 것이라고 말한다(시 51:4). 토머스 왓슨(Thomas Watson)은, 간음은 삼위일체의 세 위격 모두를 욕보이는 일이라고 말한다. 간 음은 내게 있는 모든 것을 주신 성부께 배은망덕을 저지르는 것이요, 나를 죄 에서 구원하시려고 죽으신 성자의 공로를 멸시하는 것이며, 성령의 전(殿)인 내 몸을 더럽히는 일이기 때문이다(고전 6:19).[1] 이번 주에 이렇게 심히 불쾌한 주제를 묵상하는 이유가 무엇인가? 첫째, 간음이라는 잘못된 행동 이면에 있 는 이유를 알면 하나님과 우리 마음에 관해 훨씬 많은 것이 드러나기 때문이 다. 둘째, 간음을 저지른 후 결혼 생활을 회복하는 경우도 있지만, 사후약방문 보다는 예방이 더 유익하기 때문이다.

❶ 간음은 어려운 주제인 만큼 이를 경계할 수 있는 방법을 생각해 보라.

한마음으로 드리는 기도 주님, 성경은 우리 길을 정결하게 지켜 달라고 하는 간구로 가득하지요. 저도 지금 그 기도를 드립니다. 배우자에게 늘 충실하려 면 제가 어떻게 생각하고 처신해야 하는지 가르쳐 주옵소서. 아멘.

아모스 2장 6-7절 여호와께서 이와 같이 말씀하시되 이스라엘의 서너 가지 죄로 말미암아 내가 그 벌을 돌이키지 아니하리니 이는 그들이 은을 받고 의인을 팔며 신 한 켤레를 받고 가난한 자를 팔며 힘없는 자의 머리를 티끌 먼지 속에 발로 밟고 연약한 자의 길을 굽게 하며 아버지와 아들이 한 젊은 여인에게 다녀서 내 거룩한 이름을 더럽히며.

불의의 죄 자유사상을 지닌 진보주의자들은 성규범을 유동적인 것, 엄격하게 강요해서는 안 되는 것으로 여기는 한편, 인종 문제와 경제 정의 문제는 매우 걱정한다. 반면, 전통적이고 보수적인 사람들은 성도덕에 관해 엄격하고 심지어 고상한 척하기까지 하지만, 가난한 사람에게는 별 관심이 없고 빈곤 문제에도 별말을 하지 않는 경우가 흔하다. 성경의 도덕관은 그런 환원주의적 범주 안에 없다. 하나님께서는 가난한 사람을 무시하는 행위와 혼외 성관계를 동일한 수준의 죄로 여기신다(암 2:7 참조). 이유가 뭔가? 두 행위 모두 하나님의 '거룩한 이름을 더럽히기' 때문이다. 두 행위 모두 하나님을 불쾌하고 슬프시게 한다. 왜냐하면 하나님은 정의로우며 동시에 정결한 한 분이시고, 우리 또한 그와 같기를 요구하시기 때문이다(레 11:44; 벧전 1:16). 앞으로 살펴보겠지만, 두 가지 죄 모두 타인을 착취하는 불의한 행동이다.

❍ 오늘날 대다수 사상학파와 정당들이 사회적 도덕이나 개인의 성 윤리 어느 한쪽에만 신경을 쓸 뿐 두 가지 모두에 관심을 갖지 않는 이유가 뭐라고 생각하는가?

한마음으로 드리는 기도 주님, 우리의 도덕의식과 양심이 이 시대의 인기 있는 사상이나 변해 가는 문화적 조류가 아니라, 주님 말씀 따라 성령의 감화 아래 빚어지게 하옵소서. 아멘.

잠언 2장 16, 18-19절 지혜가 또 너를 음녀에게서, 말로 호리는 이방 계집에게서 구원하리니 … 그의 집은 사망으로, 그의 길은 스올로 기울어졌나니 누구든지 그에게로 가는 자는 돌아오지 못하며 또 생명 길을 얻지 못하느니라.

간음과 사망 오늘 본문은 간음이 '호리는 말'과 함께 시작될 수 있다고 말한다. 호리는 말이라고 번역한 히브리어는 상대방의 비위를 맞추는 말이라는 뜻이다. 간음을 범하기 전 우리는 먼저 매력적인 사람의 관심을 받으며 자아가 한껏 고양되는 것에 탐닉한다. 그러나 간음을 범하는 사람은 "〔사망의〕 영역으로 들어서서, 이 땅을 떠나기도 전에 이미 자신이 죽음의 나라에 속한 사람임을 깨닫는다."² 죽음은 돌이킬 수 없는 파멸 상태이며, 간음은 단순히 내 결혼을 산산조각 내기만 하는 게 아니라 자신을 자녀와 친구와 가족으로부터 멀어져 고립되게 만든다. 또한 내 기쁨과 평안과 자존감을 소멸시키고, 대개의 경우 법적인 면에서나 대인 관계 면에서 엄청난 갈등을 초래한다. 그리고 이 모든 상황이 합쳐져서 실로 인생이 완전히 무너져 내리게 한다.

◑ '귀에 감기는 말'에 홀려 거기에 귀 기울일 때 또 다른 어떤 나쁜 일이 생길 수 있을까?

한마음으로 드리는 기도 주님, 우리는 살아 있는 동안에도 얼마든지 여러 가지 면에서 죽음의 땅으로 들어갈 수 있으며 죽음에 이르는 길은 언제나 주님을 불신하고 주님께 불순종하는 데서 시작됩니다. 우리가 생명의 길로만 갈 수 있게 지켜 주옵소서. 아멘.

잠언 6장 23-25절 대저 명령은 등불이요 법은 빛이요 훈계의 책망은 곧 생명의 길이라 이것이 너를 지켜 악한 여인에게, 이방 여인의 혀로 호리는 말에 빠지지 않게 하리라 네 마음에 그의 아름다움을 탐하지 말며 그 눈꺼풀에 홀리지 말라.

간음과 빈 마음 25절은 "네 마음에 그의 아름다움을 탐하지 말며"라고 경고한다. 탐한다는 것은 빈 배를 음식으로 채우기를 갈망하듯 무언가를 갈망하는 것이다. 그렇다면 탐하는 마음이란 누군가의 아름다움이 내 축 처진 자존감에 기운을 북돋아 주리라고 상상하는 것이다. 자아가 빈 배 같을 경우 우리는 저항 한 번 제대로 하지 못하고 '사로잡힐' 것이다. 하지만 이 성경 말씀은 우리가 마음속에 일어나는 일을 제어할 수 있음을 전제로 한다. 탐하는 마음은 손에 넣기를 갈구하나 사랑은 주기를 바라는 것이라고 자신에게 말하라. 탐하는 마음은 나를 위해 행하는 어떤 일이다. 그 어떤 일이 내 사기를 높여 주니 말이다. 하지만 사랑은 나 아닌 다른 누군가를 섬기고자 하는 소원이다. 간음을 저지르고 싶은 유혹을 느낀다면 내 마음에 하나님께로 가서 채워야 할 공허함이 있는 것이다. 단순히 금욕적으로 자기를 제어하는 것으로는 충분치 않다.

◑ 위 사실에 비추어 볼 때, 음란물은 어떤 힘으로 우리 마음을 끌어당기는가? 그 힘에 저항하려면 어떻게 해야 하는가?

한마음으로 드리는 기도 "주님께서는 주님을 위해 우리를 만드셨으니, 주님 안에서 안식을 찾을 때까지 우리 마음은 쉬지 못할 것입니다"(아우구스티누스의《고백록》1:1 참조). 주님의 사랑 안에 안식하게 하사 우리가 다른 그 무엇의 아름다움을 탐하는 일이 없게 하옵소서. 아멘.

잠언 6장 32-33절 여인과 간음하는 자는 무지한 자라 이것을 행하는 자는 자기의 영혼을 망하게 하며 상함과 능욕을 받고 부끄러움을 씻을 수 없게 되나니.

자신에게 짓는 죄 다윗과(시 51:4) 요셉[4월 4일] 모두 간음죄는 무엇보다 하나님께 짓는 죄라고 말한다. 하나님께서는 간음을 금하신다. 또한 결혼한 사람의 경우 간음은 배우자에게 불법, 심지어 폭력을 행하는 것이다.[5월 3일] 게다가 오늘의 본문은 간음이 자기에게 짓는 죄이기도 하다는 사실을 지적한다. 성행위는 자신을 누군가에게 전적으로 주는 하나의 방식, 헌신의 장치다. 배우자와도 성관계를 하고 다른 누군가와도 성관계를 한다면 이는 내 헌신 능력을 소멸시키는 행위다. 거짓말하며 약속을 어기는 사람들은 그렇게 함으로써 '타인을 신뢰하고 자신을 타인에게 맡기는 능력'을 파괴한다. 그 결과 외로움과 그 무엇으로도 지울 수 없는 수치감이 남는다. 우리 창조주 하나님의 율법을 범하는 일은 곧 하나님께서 만드신 우리의 본성을 범하는 것이다.

◑ 거짓말을 많이 하는 사람일수록 남의 말을 잘 믿지 않는다는 말이 있다. 왜 그렇게 될까? 거짓말을 하는 사람은 남의 거짓말에 잘 속는 경향이 있다는 말도 있다. 동의하는가?

한마음으로 드리는 기도 주님, 주님의 법을 어기는 일은 우리 자신을 망치기도 한다는 사실을 기억하게 하옵소서. 주님의 말씀을 어기면 우리 자신이 더럽혀진다는 사실을 기억하게 하옵소서. 죄는 무엇보다도 주님의 거룩하고 선한 마음을 슬프고 아프게 하는 것임을 기억할 수 있도록 도와주옵소서. 어리석은 일을 그치도록 도와주옵소서. 아멘.

신명기 22장 22절 어떤 남자가 유부녀와 동침한 것이 드러나거든 그 동침한 남자와 그 여자를 둘 다 죽여 이스라엘 중에 악을 제할지니라.

간음과 평등 오늘 본문 말씀은 현대인에게 끔찍할 만큼 가혹하게 들릴 텐데, 성적 부도덕이 사회적 징벌을 받지 않고 도덕적 권고와 교회의 치리 대상이 된 것은 신약 시대 이후라는 점을 유념해야 한다(고전 5:1 이하). 하지만 이 본문은 많은 것을 드러내 보여 준다. 구약 시대에 도둑질을 하면 죽음이 아니라 배상이라는 처벌을 받았다. 그러므로 오늘 본문에서 우리는 다른 고대 문화에서와 달리 이스라엘에서는 남편이 아내를 재산으로 소유하지 않았다는 사실을 분명히 알 수 있다. 그뿐만 아니라 간음을 저지른 남자와 여자가 똑같이 처벌받는 것으로 보아 이중 잣대를 적용하지 않았음도 알 수 있다. 그래서 시대에 역행하는 것 같은 이 본문에서 우리는 하나님께서 결혼을 이해하는 한 가지 방식을 보여 주고 계심을 알 수 있는데, 이 결혼에서는 남자와 여자가 동등할 뿐만 아니라 둘 다 동등하고 엄숙하게 약속을 지켜야 할 의무를 진다.

◑ 어떤 면에서 우리 시대에도 여전히 남편과 아내에게 이중 잣대를 적용하는지 생각해 보라. 그 잣대가 내 결혼 생활에도 영향을 끼치는가? 그에 대해 내가 할 수 있는 일은 무엇인가?

한마음으로 드리는 기도 주님, 제 목적을 위해 다른 사람을 조종하고 이용하려는 타고난 성향에서 저를 지켜 주옵소서. 우리의 마음을 새롭게 하사(롬 12:2) 가장 깊은 존중과 사랑으로 서로를 대할 수 있게 하옵소서. 아멘.

마태복음 5장 27-28절 또 간음하지 말라 하였다는 것을 너희가 들었으나 나는 너희에게 이르노니 음욕을 품고 여자를 보는 자마다 마음에 이미 간음하였느니라.

간음과 신실함 성적으로 빗나가는 남편들은 흔히 같은 경우의 아내들에 비해 관대한 처분을 받는다. "남편은 아내에 대해 유일한 성적 소유권을 갖는다"는 믿음이 그런 이중 잣대가 만들어진 배경이다.³ 구약 성경은 그런 견해를 약화시켰으며, 예수님께서는 이를 완전히 무효화하셨다. 예수님께서는 남자가 아내 아닌 다른 여자와 성관계를 하고 싶은 욕구를 스스로에게 허용한다면 이미 아내에게 한 서약을 깨고 '마음으로' 간음한 것이라고 말씀하신다. 간음을 주로 남자의 재산을 도둑질한 문제로 보는 문화를 향해 예수님께서는 간음이 단지 도둑질이 아니라 심각한 배신이며, 배우자와 하나님을 향한 신실함 결여의 문제라고 주장하셨다.

◑ 고대에는 간음을 도둑질로 여겼다. 오늘날은 간음을 별문제 아닌 것으로 치부한다. 이유가 뭔가? 오늘날 간음을 보는 대중적 시각을 형성하는 데 배경이 된 믿음은 무엇인가?

한마음으로 드리는 기도 주님, 어떻게 해서든 우리가 늘 신실함을 지키게 도와주셔서 우리가 주님과 서로에게 한 약속을 온전히 지킬 수 있게 하옵소서. 아멘.

우리가 결혼에 대해 느끼는 깊은 갈망이 있다. 하와를 본 순간 아담이 "드디어!"라고 외친 것에서 그 갈망을 엿볼 수 있다. 바로 결혼이라는 울타리에 갇힌다는 것은 무언가 말로 다 표현할 수 없는 보물이라는 지울 수 없는 인식이다. 그리고 그것은 옳은 생각이었다. 문제는 결혼 자체에 있지 않다. 창세기 1장과 2장에 따르면, 인간은 결혼을 위해 만들어졌고 결혼은 인간을 위해 만들어졌다. 창세기 3장은 인간 삶의 다른 모든 측면이 그러하듯 결혼 또한 죄 때문에 망가졌다고 말한다.

바람직한 결혼의 핵심 결혼에 더 가까이 다가가고 싶어 하는 사람들, 반대로 결혼을 회피하고 싶어 하는 많은 사람들이 느끼는 감정은 이해할 만하다. 사랑으로 연합하고 싶어 하는 갈망은 강력하다. 그래서 상처받을 수도 있다는 두려움은 우리의 가장 취약한 속마음이다. 갈망하면서도 두려워하는 이 상반된 감정을 해결하는 방법은 상호 회개다. 마르틴 루터(Martin Luther)는 이렇게 말했다. "인생은 온통 회개할 일뿐." 루터의 말은 저마다 자신을 미워해야 한다는 뜻이 아니라, 그리스도께서 우리 죄를 대속하셨으므로 아버지께서 우리를 기쁘게 맞이하신다는 사실을 알고 우리가 하나님과 타인을 향해 거리낌 없이, 자주 그리고 즐겁게 회개할 수 있다는 뜻이다. 회개야말로 인생의 핵심, 특히 결혼의 핵심이다. 두 사람이 서로 회개할 수 있다면, 기꺼이 회개하고자 한다면 이들은 두려움 없이 서로에게 자신을 의탁하며 결혼 생활을 이어 갈 수 있을 것이다.

◑ 내가 회개하면 배우자가 기꺼이 나를 맞아 줄 것으로 확신하는가? 각각 답변하고 서로 이야기해 보라.

함께 붙드는 기도의 끈 회개하려면 내가 죄인임을 아는 데서 오는 겸손과 하나님의 무조건적 사랑을 믿는 데서 오는 확신이 필요하다. 내 안에 이 겸손과 확신을 견고히 해 주셔서 기쁘게 즉각 회개할 수 있게 해 달라고 하나님께 구하라.

우리의 결혼관이 지나치게 낭만적이거나 이상적이라면 이는 인간의 삶에 미치는 죄의 영향을 과소평가하는 것이다. 반면 결혼관이 너무 비관적이고 냉소적이라면 결혼의 기원이 하나님께 있음을 모르기 때문이다. 우리 시대 문화가 그러하듯 이 두 가지 결혼관을 하나로 뒤섞어 그럭저럭 유지해 나간다면 결혼을 보는 왜곡된 시각 탓에 이중 부담을 지는 셈이다. 하지만 문제는 결혼 제도가 아니라 우리 자신에게 있다.

결혼은 섬이 아니다　그리스도인은 '시대정신'에 휘말리지 않으려 무던히 애를 쓰며, 어느 시대든 시대정신은 하나님의 영과 사이가 좋지 않다. 비교적 공공연하게 일어나는 부도덕과 착취는 아주 쉽게 피할 수 있다. 하지만 좀 더 교묘하게 뒤틀린 모습들이 광고, 자기 개발 프로그램, 영화, 텔레비전과 잡지, 토크쇼를 비롯해 다른 수많은 통로를 통해 조금씩 우리 안으로 스며든다. 무엇보다 자기 느낌을 믿으며 모든 속박에서 자유로워지는 것이 바람직한 삶이라는 이 이질적 관점 가운데서 호흡하며 사노라면, 이것이 우리 삶의 모든 부분에 영향을 끼치며, 가장 큰 영향을 받는 영역이 다름 아닌 결혼이다. 이에 대한 대책은 "함께하는 삶"이다.[4] 이는 개인적으로, 그리고 다른 이들과 함께 규칙적으로 성경을 읽고 기도한다는 뜻이다. 이는 사귐을 통해 서로 책임을 져 주고 분별력을 발휘한다는 뜻이다. 이런 삶을 살려면 그리스도인의 결혼을 보호해 줄 그리스도인 마을이 있어야 한다.

❍ 성경의 가르침에 반대되는 문화적 신념이 결혼에 관한 내 생각에 어떤 식으로 영향을 끼칠지 말할 수 있겠는가? 이 문제와 관련해 그리스도인 공동체 안에서 내게 도움을 줄 수 있는 사람은 누구인가?

함께 올드는 기도의 끈　내가 다른 그리스도인들과 더 견실한 교제를 나누지 못하는 이유가 무엇인지 깨우쳐 주시기를 하나님께 구하라. 그 이유가 분주함, 두려움, 교만이든, 혹은 다른 무엇이든지 이런 것들을 다 털어 낼 수 있게 도와주시기를 하나님께 구하라.

바울은 결혼이 '크나큰 신비(mystery, NIV)'라고 단언했다. … 여기서 바울이 사용한 헬라어 단어 '미스테리온'의 사전적 의미에는 '비밀'(secret)이라는 개념도 있다(개역개정은 "비밀"로 번역-편집자). 성경에서 이 단어는 내부자들만 아는 모종의 내밀한 지식이 아니라 하나님 께서 성령을 통해 드러내시는 뜻밖의 기이한 진리를 뜻하는 말로 쓰인다. 다른 본문에서 바울은 복음에 담긴 하나님의 구원의 목적을 드러내는 또 다른 계시를 가리키는 말로 이 단어를 쓴다. 그런데 에베소서 5장에서 바울은 이렇게 풍성한 의미를 지닌 단어를 놀랍게 도 결혼에 적용하고 있다.

결혼에는 깊이가 있다 결혼은 단지 사회적, 정치적 편의를 위해 고안해 낸 인간의 제도가 아니다. 결혼은 하나님의 은혜를 전달하는 수단으로써 우리의 결핍("사람이 혼자 사는 것이 좋지 아니하니")을 채워 줄 뿐만 아니라, 그와 동시에 자기 백성을 향한 하나님의 열렬한 사랑을 나타내 보여 준다. 기이한 일들이 다 그렇듯 결혼에도 겹겹의 층이 있어서 우리는 이것을 하나씩 파고 들어가야 한다. 결혼에는 나를 내게 보여 주고 내 가장 깊은 상처를 치유하며 내 성품을 변화시킬 수 있는 고유하고 독특한 힘이 있다. 배우자와 갈등이 생겨 모든 것을 포기하고 싶은 마음이 든다면 이는 배우자에게 약점(그리고 내 약점)이 있다 해도 결혼에는 고유의 힘이 있음을 망각한 것이다. 결혼 자체가 문제를 해결할 시간을 주어야 한다.

◑ 너무 화가 나서 그냥 집을 뛰쳐나가 그길로 결혼을 끝내고 싶었던 적이 있는가?(나는 그런 적 있다) 그때 무엇이 나를 말렸는가? 안팎의 악이 나를 부추겨 무언가 끔찍한 말이나 행동을 하게 만든다는 것을 깨달았는가? 안팎의 악이 앞으로 그런 공격을 해 올 때 어떻게 하면 나를 보호할 수 있겠는가?

함께 붙드는 기도의 끈 결혼이라는 넘치게 풍요로운 선물을 인간에게, 그리고 내게 주신 것에 하나님께 감사하라. 또한 결혼이 내 안에서 그 모든 고유의 일을 다 해낼 수 있을 만큼 내가 결혼을 넉넉히 견뎌 나갈 수 있게 해 달라고 하나님께 구하라.

그렇다면 결혼의 비밀은 무엇일까? 바울은 앞서 에베소서 5장 25절에서 "남편들아 아내 사랑하기를 그리스도께서 교회를 사랑하시고 그 교회를 위하여 자신을 주심같이 하라"라고 한 말을 가리켜 '그리스도와 교회를 두고 말한 것'이라고 곧 덧붙인다(32절). 간단히 말해, "비밀"은 단순히 결혼 자체의 현실을 말하는 것이 아니다. 이는 예수님께서 우리를 자신과 연합시키려고 하신 일이 곧 남편이 아내를 위해 해야 할 일이라는 메시지다.

당대 문화에서 결혼을 해방시키라 결혼은 단순히 법적 혜택이 따르는 성적 관계가 아니라 그보다 훨씬 큰 의미를 갖는다. 성경은 우리가 언젠가 그리스도의 신부로서 그분과 함께 누릴 완전한 연합을 미리 맛볼 수 있는 곳이 바로 결혼이라고 말한다. 결혼은 실로 심오한 신비다. 로마 세계에서 성적 관계는 사회 질서(남자가 여자를 지배하고 부자가 가난한 자를 착취하는)에 따라 결정되었다.[5] 오늘날의 성 또한 비용과 편익을 기반으로 맺어진 관계를 통해 자기를 실현한다는 시장 지향적 현대 문화의 의제에 최적화되었다. 원래 기독교의 성 혁명은 성을 사회 질서가 아니라, 구속하시는 하나님의 방식 및 하나님과의 교제와 연결하려는 것이었다. 그래서 결혼은 그리스도께서 무조건적으로 자기를 내주심을 보여 주는 푯말이자 그런 자기 헌신에 참여하는 일이 된다.

◑ 내 결혼 생활은 신자가 장차 누릴 영광의 섬광을 어떤 식으로 드러내는가?

함께 붙드는 기도의 끈 결혼이 어떤 식으로 천국과 장래의 영광에 더욱 합당하게 나를 준비시키는지 생각해 보라. 결혼을 통해 나를 그렇게 준비시키심에 대해 하나님께 감사하고 그분을 찬양하라.

〔예수님께서는〕기꺼이 십자가로 가셔서 우리 죗값을 치르사 우리의 죄책과 정죄를 없애 주셨고, 그리하여 우리가 그리스도와 연합하며(롬 6:5) 그리스도의 성품을 입을 수 있게 하셨다(벧후 1:4). 그리스도께서는 자신의 영광과 권세를 포기하고 종이 되셨다. 자기 이익은 내려놓으시고 대신 우리의 필요와 이익을 구하셨다(롬 15:1-3). 예수님의 희생적 섬김으로 우리는 그분과 깊이 연합할 수 있었고 그분 또한 우리와 깊이 연합하셨다. 바울은 이것이야말로 결혼이 무엇인지 이해하는 것을 넘어 그 결혼을 삶으로 살아 내는 열쇠라고 보았다.

진정한 남자다움 어떤 작가가 말하기를, 남자다움의 본질은 생명이 자라고 번성할 수 있도록 누군가를 희생적으로 보호하는 태도라고 했다. 우선, 남자가 남편이 되기 위해서는 만족스러웠던 그간의 독립적 삶을 희생해야 한다. 그런 다음 자존심을 상당 부분 희생하면서 아내를 존중하고 아내의 말을 경청하며 아내를 섬겨야 한다. 이는 남자의 성향과 행동 양식에 반하는 일이기 때문에 이렇게 하려면 스스로를 낮출 수 있는 용기가 필요하다. 그리스도께서는 신부, 교회, "두 번째 아담의 하와"를 얻고자 희생하시며,[6] 이 신부가 세상 안에 그리스도의 열매를 맺는다. 신부를 구원하고 보호하기 위해 예수님께서는 수고와 희생을 아끼지 않으셨다. 예수님은 모든 남편이 본받아야 할 모델이자 영웅이심이 분명하다.

❍ 남편들이여, 아내가 그리스도 안에서 성숙하도록 어떤 식으로 불편을 감수하는가? 아내들이여, 더 훌륭한 그리스도의 신부요 더 나은 아내가 되기 위해 남편의 희생을 고맙게 여기며 그 희생을 잘 활용하는가?

함께 붙드는 기도의 끈 예수는 결코 약한 분이 아니었지만(돈 바꿔 주는 자들을 성전에서 내쫓으시는 모습을 보라-요 2:13-19), 모든 종들 중 가장 온유한 종이셨다(마 11:28-29). 남편이라면 예수님의 이런 면모를 가질 수 있기를 기도하라. 하나님께서 우리 교회와 내가 속한 공동체에 그리스도를 닮은 남편들을 더 많이 빚어 주시기를 기도하라.

빌립보서 2장에서 바울은 하나님의 아들께서 아버지와의 동등함을 이기적으로 이용하지 않으셨으며, 아들의 위대함은 기꺼이 아버지의 종이 되고자 하셨다는 점에서 드러났다고 말한다. 예수께서는 십자가로 가셨다. 하지만 아버지께서 그분을 죽음에서 일으키셨다. "이는 하나님이 어떤 분이신지를 보여 준다. … 성부, 성자, 성령께서는 저마다의 목적을 이루기 위해 서로를 교묘히 조종하지 않으신다. … 다양성이 일체성을 억압하거나 일체성이 다양성을 억압하는 일은 없다. 세 분 하나님은 하나의 실체이시며, 하나의 실체는 또한 세 위격이시다."[7]

삼위일체와 결혼　삼위일체의 내적 사역은 언제나 큰 경외와 놀라움의 원천이며, 우리는 예배를 통해 그 사역 앞에 고개 숙여 절한다. 성자께서 땅으로 보냄받아 그곳에서 성부께 순종하고, 성부께서 성자를 사랑하시고 영화롭게 하시며, 성령께서 우리의 구원을 조화롭게 조정하시면서 성부와 성자의 사역을 조명하시는 광경을 우리는 성경에서 그저 희미하게만 감지할 수 있다(성경에서 이 사실이 가장 일관성 있게 묘사된 부분인 요한복음 16-17장을 공부하라). 하지만 그렇게 어렴풋한 광경을 통해서도 신성 중심에 있는 다음과 같은 바람을 볼 수 있다. 즉, 삼위 하나님은 서로를 높이 들고자 하고, 서로의 의견을 존중하며, 서로에게 경의를 표하고, "춤"이라는 말로 표현해도 지나치지 않을 완벽한 조화와 기쁨 속에서 일하시고자 한다는 것이다.[8]

◑ 상대를 높여 찬양하고 귀하게 여기고자 하는 바람이 신성의 중심에 있다면, 내 결혼은 지금 그 사실을 어느 정도나 반영하고 있는가?

함께 붙드는 기도의 끈　배우자를 높이고 좀 더 존중과 존경을 보일 수 있는 구체적인 방법 몇 가지를 생각해 보라. 그러고 나서 그 방법을 실행에 옮길 수 있는 능력을 달라고 마음을 모아 하나님께 기도하라.

〔바울은〕 결혼을 가장 처음 언급하는 창세기 2장 본문을 예수님과 교회에 연결했다. 한 주석가의 말처럼 "바울은 하나님께서 최초의 결혼을 계획하셨을 때 이미 그리스도와 교회를 염두에 두고 계셨음을 깨달았다. 그리스도와 구속받은 그분의 백성 사이의 관계를 영원한 하나의 실물로 생생히 그려 보이는 것, 이것이 결혼에서 하나님께서 추구하시는 큰 목적 가운데 하나다!" … 예수님의 복음과 결혼이 서로를 설명한다는 것, 그리고 결혼 제도를 만드셨을 때 하나님께서 이미 예수님의 구원 사역을 염두에 두고 계셨다는 것, 이것은 참으로 큰 비밀이다.

세상을 보수하기   하나님께서 역사 속에서 창조하시고 성취하신 모든 일은 단 하나의 목적을 향해 진행되어 왔다. 바로 하나님 백성의 구속과 성화다. 종 된 지도자, 혹은 돕는 배필이라는 역할을 맡을 때 남편과 아내는 우주를 회복하는 거대한 춤의 행렬 속으로 사로잡혀 들어간다.[3월 13일 9] 결혼의 요구 조건 덕분에 우리는 예수님과 같은 종의 마음을 점점 더 갖게 된다. 이는 예수님께서 권세와 특권을 포기하고 타인을 섬기는 본성을 가지셨기 때문이다.[10] 그래서 결혼은 두 가지 차원으로 작용한다. 넓게는, 결혼은 우리를 타인을 섬기고 세상을 바꿔 나갈 수 있는 사람으로 만든다. 또한 좁게는, 단 한 사람 배우자를 사랑하고 섬기라고 가르친다. 그 가르침을 따르다 보면 우리는 아름다운 존재, "영광스럽고 티 없는"(엡 5:27 참조) 존재가 될 수 있다.

❍ 결혼의 여러 측면 가운데 하나님께서 자기 백성과 맺는 관계에 관해 무언가 보여 주는 측면들을 나열하라. 적어도 열 가지 정도 예를 들어 보라. 사실은 열 가지보다 훨씬 더 많다.

함께 불드는 기도의 끈   우리를 사랑하사 우리를 있는 모습 그대로 놔두지 않으시고 일깨우셔서 하나님을 위해, 우리를 위해, 그리고 우리를 에워싼 모든 것들을 위해 점점 변화를 이뤄 나가도록 이끄시는 하나님께 감사하라.

하나님께서 결혼 제도를 만드실 때 예수님의 구원의 복음을 염두에 두셨다면, 그리스도 안에서 자기를 내주시는 하나님의 사랑의 패턴에 근접한 수준까지 '작용하는' 것은 오로지 결혼뿐이다. 바울은 결혼이 억압적이고 자유를 제한한다는 반론에 답변할 뿐만 아니라 결혼이 우리에게 엄청난 것을 요구한다는 인식을 본격적으로 다룬다. 할 일이 너무 많아서 어디서부터 시작해야 할지 모를 수도 있다. 바로 여기서 시작하라고 바울은 말한다. 즉, 예수님 안에서 하나님께서 내게 해 주신 일을 배우자에게 하라. 그러면 나머지 일은 저절로 진행되리라는 것이다. … 예수님의 복음과 결혼 제도는 서로를 설명해 준다.

순종에 따르는 자유 '해야 할 일과 하지 말아야 할 일'이라는 렌즈로 바라보면, 결혼에 따르는 갖가지 의무가 억압으로 보일 수 있다. 하지만 이 의무를 일련의 수칙에 따르는 것이 아니라 하나님께 순종을 바치는 기쁨으로 보면 억압에서 자유로워진다. 누군가와 처음 사랑에 빠질 때 우리는 그 사람을 기쁘게 할 방법을 찾고 싶어 안달한다. 행동거지를 바꾸기도 하고 어떤 일을 포기하기도 하는데, 이는 다 사랑하는 사람에게 기쁨을 줌으로써 나도 기쁨을 누리기 위해서다. 우리는 이런 변화를 희생으로 여기지 않지만, 사실 이는 엄연히 희생이다. 예수님과 예수님께서 우리를 위해 하신 모든 일을 생각해 보라. 먼저 예수님을 위해 내 삶을 바꾸고, 그런 다음 서로를 위해 삶을 바꿔 보라. 희생과 순종이 있으면 기쁨으로 맥박 치는 우주적 춤에 동참하게 될 것이다. 천상의 모든 권세가 예수님의 발자취를 따르는 부부들을 보고 기뻐하리라!

◑ 내키지 않아도 결혼 생활을 위해 내가 변해야 할 부분은 무엇인가? 오늘날 사람들이 생각하는 헌신 개념은 내가 그런 변화를 이루는 데 어떻게 도움을 줄 수 있는가?

함께 붙드는 기도의 끈 히브리서 12장 2절을 읽고 예수께서 "그 앞에 있는 기쁨", 곧 아버지를 기쁘시게 하고 우리를 구원하시는 기쁨을 위해 우리 대신 십자가의 고통을 어떻게 견디셨는지 묵상하라. '그리스도께서 나를 구원하심'을 기뻐하는 마음으로 배우자를 섬기게 해 달라고 하나님께 구하라.

우리는 전통적 결혼관과 현대적 결혼관이 우리에게 제시하는 듯한 양분법적 선택을 반대해야 한다. 결혼의 목적은 가족의 유익을 위해 내 이익을 부인하는 것인가, 아니면 내 자아실현을 위해 내 이익을 강력히 주장하는 것인가? 기독교의 가르침은 성취와 희생 가운데 어느 한쪽을 선택하라고 하지 않으며, 그보다는 상호 희생을 통해 상호 성취하는 길을 제시한다.

하나님을 위해 하는 일 내 구주와 내 배우자를 얼마나 사랑하는지에만 마음을 집중하면 순종이 기쁨이 될 수 있다. 하지만 이 세상에서 섬김, 회개, 용서의 법칙에 순종하기는 여전히 힘들고 큰 희생을 치러야 하는 일이다. 그러므로 서로를 위해 값비싼 희생을 치를 때는 이 희생이 근본적으로 하나님께 바치는 제물임을 늘 기억하라(롬 12:1-2). 사실은 그러고 싶지 않은데도 불구하고 배우자를 위해 무언가를 포기하고 있다면, 내 눈 앞에 있는 실수투성이 인간은 그냥 보아 넘기고 하나님을 바라보라. 내 배우자 자체는 내가 지금 주는 것을 받을 자격이 없을지도 모르지만 하나님은 늘 자격이 있으시다.

❶ 결혼 생활과 배우자를 위해 최근 내가 변한 점을 꼽아 보라. 그 변화가 억울하지는 않은지 솔직하게 평가하라. 이를 평가할 때 이 책에서 제시하는 개념이 어떻게 도움이 될 수 있는가?

함께 붙드는 기도의 끈 로마서 12장 1-2절을 읽고, 하나님이 어떤 분이신지에 경의를 표하고 하나님께서 하신 일에 감사하며 내 온 삶을 하나님께 산 제물로 드린다는 것이 무슨 의미인지 묵상하라. 가족을 위해 한 내 희생을 하나님께 드리는 제물로 볼 수 있게 해 달라고 하나님께 청하라.

하지만 나를 그리스도께 복종시키는 것이 가장 안전한 길이다. 그분께서 우리를 위해 기꺼이 음부까지 가셨다 돌아오셨음을 이미 보여 주셨기 때문이다. 이 사실은 사랑으로 순종하다가 나를 잃지는 않을까 하는 두려움을 말끔히 몰아내 준다.

정체성과 결혼 에베소서 5장 21-22절은 아내가 남편에게 복종하고 또한 부부가 서로에게 복종하기를 말하는 구절로 유명하다. 이 구절은 이 책에서 나중에 다룰 텐데, 어쨌든 결혼이 사랑을 위해 자유를 잃는다는 의미인 것만은 아주 분명하다. 현대인은 이를 정체성이 약화되는 것, 심지어 정체성을 잃는 것으로 여긴다. 하지만 하나님의 계획에 순종했어도 삼위일체의 두 번째 위격이신 예수님께는 아무 손해가 없었으며, 오히려 다른 모든 이름 위에 높아지는 결과를 낳았다. 그리고 예수님께서는 참된 자신을 발견하기 위해서는 '자신을 잃으라'고 제자들에게 명하셨으며(마 10:39), 제자들은 말씀대로 했다. 마찬가지로 부부 사이의 복종과 섬김은 깊고 헌신적이고 진실을 말하는 사랑의 관계로 들어가는 관문이다. 그리고 그렇게 복종하고 섬김으로써 우리는 억압이 아니라 언제나 자유를 누린다.

❶ 남자들이여, 당신의 지도자 직분이 당신에게 희생을 요구할 때 예수님께 훨씬 가까워지는 것을 경험해 보았는가? 여자들이여, 전적으로 평등하다는 것을 알면서도 섬김을 위해 그 평등성을 옆으로 밀어 놓을 때 예수님께 훨씬 가까워지는 것을 경험해 보았는가?

함께 붙드는 기도의 끈 예수님께서 우리를 섬기기 위해 어떻게 자신의 권세와 특권을 내려놓으셨는지 생각하며 그분께 감사하라. 이 모든 것은 우리를 구원하기 위해서였다. 예수님께 혹은 또 다른 누구에게 복종하기를 두려워하는 내 마음을 시인하고, 예수님께서 보이신 사랑의 모범을 좇을 수 있게 해 달라고 청하라.

결혼 체험은 복음이 얼마나 아름답고 깊이 있는지 내게 드러내 보여 준다. 결혼 덕분에 나는 복음을 더욱더 깊이 의지하게 될 것이다. 다른 한편, 복음을 더 폭넓게 이해하게 되면서 세월이 갈수록 부부 사이의 연합이 점점 더 깊어지는 것을 체험할 것이다.

하나님의 주권 서구 사회 청년들은 결혼에 대해 지극히 모순되는 감정을 갖고 있으며, 이들은 과거 어느 세대보다 더욱 결혼과 출산을 거부한다.[11] 싱글들은 사실 경외감으로, 또한 두려움을 가지고 결혼이라는 고귀한 소명에 접근해야 한다. 예수님께서는 내가 미혼이든 기혼이든 내 미래를 아시고 다스리신다. 또한 내가 예수님을 신뢰하는 한 내게 일어나는 일치고 나를 예수님께로 더 가까이 이끌어 가지 않는 일은 없다. 결혼한 사람들도 동일한 위안을 붙들고 예수님과 가까워질 수 있다. 예수님께서 내 삶을 다스리시며, 설령 완벽하지 못한 결혼일지라도 이를 예수님께 바치면 하나님께서 원래 계획하신 내 삶에 거룩함을 향해 그 결혼이 일할 것이다. 예수님께서는 만사를 합력해 선을 이루신다(롬 8:32). 우리의 때는 그분의 손안에 있다(시 31:15).

◑ 내 삶에서 하나님께 가장 절실하게 드려져야 할 영역은 무엇인가? 내 삶의 어느 부분에 두려움이 깃들어 있는지 알면 그 영역을 발견할 수 있다. 내가 무엇을 두려워하는지 기도하면서 찾아보고, 그 두려움을 하나님께 맡기라.

함께 붙드는 기도의 끈 마음에 다음 세 가지를 일깨워 달라고 하나님께 구하라. 첫째, 내 삶을 주관하는 것은 내가 아니다. 오직 하나님만이 내 삶을 주관하신다. 둘째, 하나님은 내가 나를 사랑하는 것보다 훨씬 더 많이 나를 사랑하신다. 셋째, 나보다 무한히 더 지혜로우신 하나님이 내게 무엇이 최선인지 더 잘 아신다.

결혼이 그토록 고통스러우면서도 다른 한편으로 경이로운 것은 결혼이 복음을 반영하기 때문이다. 복음은 고통스러운 동시에 경이롭다. 복음이란 이런 것이다. 즉, 우리는 우리의 뻔뻔한 착각 이상으로 원래 죄도 흠결도 많지만, 그와 동시에 우리가 감히 소망하는 것 이상으로 예수 그리스도 안에서 사랑받고 용납된다. 오직 이런 관계만이 우리를 진정으로 변화시킬 수 있다.

화해와 관계 회복 흠 많고 죄 많은 우리 본성 때문에 우리는 하나님을 멀리하게 되었다. 우리 편에서 그 어떤 노력을 한다 해도 손상된 관계를 회복하거나, 하나님의 진노를 가라앉히거나, 상한 곳을 치유하거나, 우리가 자초한 죄의 종 된 상태의 족쇄에서 풀려날 수 없을 터였다. 하나님께서는 공의와 사랑 중에서 하나를 선택하신 것이 아니라 우리가 마땅히 받아야 할 징벌을 스스로 감당하심으로써 우리에게 놀라운 사랑을 보여 주셨다. 그리스도를 믿는 믿음으로 우리가 일단 이 사실을 의지하면 우리의 여러 인간관계, 특히 부부 사이가 변화된다. 그리스도 안에서 새롭게 누리는 안전 덕분에 우리는 서로에게 그와 비슷한 사랑을 줄 수 있다. 서로 자신의 흠결과 죄를 드러내 놓고 이야기하면서도 서로를 용서할 수 있는 것이다. 서로 대립하고 회개하고 용서하는 일은 매번 우리에게 고통을 안기지만, 이런 과정을 통해 우리는 더 깊은 지혜와 사랑, 그리고 마침내는 서로를 기뻐하는 단계에 이르게 된다.

◑ 누군가와의 관계에서 상대방이 내게 잘못을 저질렀을 때 나는 주로 어떻게 반응하는가? 상대방이 먼저 움직임을 보일 때까지 기다리는가? 아니면 이 관계를 회복하는 데 필요하다면 먼저 나서서 어떤 조치든 다 취하는가? 하나님의 은혜의 복음은 어떤 식으로 그 일을 더 수월하게 해 주는가?

함께 붙드는 기도의 끈 용서를 베풀 수 있는 마음을 주시고 용서의 기술을 가르쳐 달라고 하나님께 구하라.

진실이 빠진 사랑은 감상(感想)이다. 이 사랑은 우리에게 힘을 북돋우고 지지해 주지만 우리의 결함은 계속 부정하게 만든다. 사랑이 빠진 진실은 가혹하다. 이 사랑은 우리에게 정보를 주기는 하지만 사실상 우리가 들을 수 없는 방식으로 준다. 그리스도 안에서 우리를 구원하시는 하나님의 사랑은, 우리 실상에 대한 진실을 가차 없이 말하는 동시에 그런 우리를 향한 철저하고도 무조건적인 헌신을 보여 준다.

잠시 아프더라도 하나님께서 우리와 맺으시는 관계는 원래 우리의 결혼이 어떠해야 하는지를 보여 주는 모형이기에, '사랑으로 진실 말하기'는 설령 에베소서 4장 15절에서 이것을 우리에게 명령하지 않았다 해도 우리의 목표가 될 터였다. 모진 비난은 거기 아무리 진실이 담겼어도 절대 사람을 변화시키지 못한다. 배우자가 어떤 행동을 하든 감상적으로, 혹은 두려워서 무조건 지지한다면 이는 일종의 은밀한 학대. 어떤 사람의 잘못을 보고 그 잘못이 그 사람은 물론 주변 사람들에게 얼마나 아픔을 주는지 잘 알면서도 아무 말도 하지 않는 것은 사랑이 아니다. 결혼은 최소한 바람직한 친구 관계가 되어야 하며, 바람직한 우정에서는 "철이 철을 날카롭게 하는 것같이 사람이 그의 친구의 얼굴을 빛나게"(잠 27:17) 한다. 그리고 "친구의 아픈 책망은 충직으로 말미암는 것이나 원수의 잦은 입맞춤은 거짓에서 난 것"(잠 27:6)이다.

❶ 커플들이여, 진실이 상처를 주리라는 것을 알면서도 사랑하는 사람을 사랑으로 도울 용기가 있는가? 진실을 훼손하지 않으면서 가능한 한 부드럽게 의사소통할 수 있는 수단으로는 어떤 것이 있는가?

함께 붙드는 기도의 끈 내 기질을 고려할 때 에베소서 4장 15절에서 말하는 어느 면이 내게 더 힘든지, 즉 진실하기가 더 힘든지 아니면 사랑으로 온유하기가 더 힘든지 묵상하라. 그러고 나서 내 약한 부분을 강하게 해 달라고 하나님께 구하라.

복음은 우리 마음을 하나님의 사랑으로 가득 채워서, 배우자가 내게 당연히 주어야 할 사랑을 주지 못할 때 그 상황에 잘 대처할 수 있게 한다. 이렇게 되면 배우자의 죄와 흠결을 밑바닥까지 보고 그 죄와 흠결을 이야기하면서도 여전히 배우자를 사랑하고 용납할 수 있다. 그리고 복음의 능력에 힘입어 배우자 또한 나와 똑같이 진실하고 헌신적인 사랑을 경험할 경우, 때가 되면 내가 겪은 것과 똑같이 변화될 수 있다.

하나님의 사랑으로 충만할 때   수입이 극적으로 늘면, 기부금 액수도 극적으로 늘 수 있다(당연히 그래야 한다). 마찬가지로 남편과 아내는 저마다 그리스도께서 희생하심으로 우리 삶에 부어지는 하나님의 사랑으로 차고 넘쳐야 한다 (롬 5:3-4). 오직 그때에야 우리는 서로를 제대로 대할 수 있으니, 배우자가 죄악 된 행실로 나를 아프게 하거나 자신을 해치는 때에 사랑으로 진실을 말해 줄 수 있다. 우리가 사랑할 수 있음은 하나님이 그분의 사랑을 무한히 부어 우리를 채우시기 때문이다. 배우자가 내게 중요한 사람이기는 하지만, 배우자가 내 사랑, 의미, 안전의 유일한 혹은 궁극적인 근원은 아니다. 이를 알면 결혼 생활에서 무언가 '옳지 않은' 일이 일어나도 겁먹지 않게 된다.

❶ 배우자가 우울해하거나 마음 아파하거나 몸이 아프면 겁나고 화가 나는가? 이는 예수님이 아닌 배우자가 내 반석이요, 내 구원자이기를 기대하기 때문 아닌가? 이런 태도를 바꾸기 위해 내가 할 수 있는 일은 무엇인가?

함께 불드는 기도의 끈   로마서 5장 3-4절을 읽고, 하나님의 사랑이 우리 마음에 부어지는 것을 체험할 때 어떻게 인내와 성품이 자라는지 묵상하라. 성령으로 충만하게 하셔서 내 삶에 이런 열매가 맺게 해 달라고 하나님께 구하라.

"그리스도를 경외함으로 피차 복종하라"(엡 5:21). … [바울은] 이제부터 결혼에 관해 하려는 말들은 전부 남편과 아내 양쪽이 하나님의 영으로 충만한 상태임을 전제로 한다고 선언한다. 성령의 권능으로 남을 섬기는 법을 익혀야만 결혼 생활의 난제를 마주할 힘을 갖출수 있다.

언약의 주인이자 종이신 예수   결혼은 투자 대비 수익이 좋아야만 유지되는 상거래 관계가 아니다. 부부가 저마다 명령받은 역할에 순복할 때, 이들은 그리스도를 높이 공경하는 마음에서 그렇게 하는 것이지 다른 어떤 사람이 강요해서가 아니다. 아무것도 안 하고 가만히 있고 싶지만 그럴 때일수록 섬기는 지도자 역할을 받아들이는 남편, 좀 더 단정적으로 자기주장을 내세우고 싶지만 그럴수록 돕는 배필의 역할에 순종하는 아내는 그리스도의 영광을 위해 그렇게 해야 한다. 그리고 결국 각 역할은 우리가 배우자를 사랑하고 세워갈 때 언약의 주인이자 종이신 예수를 본받고 싶은 마음에서 나오는 것이다.

◑ 남편들이여, 아내와의 관계에서 그리고 가정에서 수동적이지 않은가? 그점 때문에 아내가 불만이지는 않은가? 아내에게 물어보았는가? 아내들이여, 남편과의 관계에서나 가정에서 자신의 역할에 불만인가? 어떤 점에 불만을 느끼는가? 하나님을 영화롭게 하는 하나의 방식으로 이 문제를 하나님께 아뢰는가, 아니면 자신의 역할을 그저 문화가 내게 지운 짐으로 받아들이는가? 자신이 어떤 점에 좌절하는지 남편에게 이야기했는가?

함께 붙드는 기도의 끈   빌립보서 2장 7절을 읽고, 그리스도께서 내게 그러하셨듯 나도 배우자를 위해 "종의 형체"를 가질 수 있게 도와주시기를 하나님께 청하라.

결국 그리스도의 사랑이야말로 노래가 되는 결혼 생활을 세워 나가는 탄탄한 기초석이다. 그리스도께로 돌이키는 사람들 중에는 그분의 사랑이 마치 파도처럼 자신의 딱딱한 마음 밭으로 곧장 밀려드는 경험을 하는 이들이 있다. 또 어떤 이들은 그리스도의 사랑이 마치 부드러운 빗방울이나 심지어 안개처럼 부드럽게 서서히 내려앉는 것을 느낀다. 어떤 경우든, 우리 마음은 그리스도의 사랑으로 촉촉이 젖은 땅처럼 되며, 그 땅에서는 인간의 사랑이 온갖 모양으로 자랄 수 있다.

역동적 생각 조지 허버트(George Herbert)는 자신의 시 "사랑 III"에서 어떤 지친 남자가 여관에 도착하는 광경을 묘사한다.[12] "사랑"이 여관 주인인데, 남자는 자신의 "죄책과 죄" 때문에 "수치심"으로 그곳을 떠나야겠다고 생각한다. 하지만 사랑은 말한다. "모르는가, 누가 죄를 짊어졌는지?" 사랑은 물론 예수님이시다. 십자가를 가리키며 죄책을 침묵시킨 예수님께서는 남자에게 다시 권한다. "'여기 앉으라.' 사랑이 말한다. '그리고 내 살을 먹으라.' 그래서 나는 앉아서 먹었다." 철학자 시몬 베유(Simone Weil)는 불가지론자였으나 이 시를 묵상하던 중 예수의 사랑이 아주 현실적으로 다가오는 체험을 했고, 마침내 "그리스도께서 내려와 나를 차지하셨다"고 고백했다.[13] 바로 이런 식이다. 성령께서 우리가 읽는 구절이나 본문, 우리가 하는 생각이 역동적으로 힘을 갖게 만드실 때까지 우리는 그리스도의 사랑을 묵상하고, 기도하며, 읽는 것이다. 우리가 그리스도의 사랑을 알 때 타인을 향한 사랑이 힘 있게 자라날 수 있다.

❍ 성경이나 경건 생활 지침서를 빠르게 읽는 것과 성경에 기록된 복음의 여러 약속들을 오래 사려 깊게 묵상하는 것은 전혀 별개의 일이다. 어떻게 하면 두 번째에 더 많은 시간을 할애할 수 있겠는가?

함께 붙드는 기도의 끈 시편 1편을 읽고 "주야로" 묵상하기의 중요성에 대해 묵상하라. 말씀과 기도 훈련을 통해 하나님을 아는 지식과 하나님 체험이 피상적 단계에서 벗어날 수 있게 해 달라고 하나님께 구하라.

그러므로 예수님의 지위와 성품, 사역의 의미를 신자들에게 펼쳐 보이되 그 의미의 영광, 즉 그 무한한 중요성과 아름다움이 우리 마음과 생각에 절실히 와닿도록 펼쳐 보이는 것이 성령님께서 하시는 일이다. … 성령님의 사역은 예수님에 관한 진리를 우리의 생각에 확실히 이해시키고 우리 마음에 현실로 와닿게 하는 것이다. 그 진리가 너무 현실적이어서 우리를 위로하고 우리에게 능력을 주며 우리의 중심을 변화시킬 만큼 말이다.

성경 읽기   성령님께서는 어떤 방식을 통해 예수님을 우리에게 실제적인 분으로 만드시는가? 특별한 음성을 들려주시는가? 아니다. 특별한 계시는 사도들 시대에 끝이 났다. 특별한 인도는 보기 드물다. 그러면 우리는 어떻게 하나님의 사랑을 경험적으로 알 수 있는가?(롬 5:3-4) 성령님께서는 아주 평범한 방법, 심지어 좀 진부하다고 여길 수 있는 방법으로 이 일을 하신다. 성령님께서는 우리가 기도하며 성경을 공부할 때 그 성경 말씀을 조명해 주시는 방식으로 이 일을 하신다(시 119편 참조).[14] 배우자를 사랑하기 위해 우리 마음에 예수님의 사랑이 필요하다면,[3월 21, 26일] 그 사랑을 알기 위해 성경이 필요하다면, 이때 성경은 그리스도인의 결혼의 중심이 된다. 성경을 읽으라. 혼자서도 읽고, 함께 읽고, 규칙적으로 읽고, 집중하여 읽고, 기도하는 마음으로 읽으라.

◑ 어떻게 하면 성경이 내 삶에서 더 큰 역할을 할 수 있을까? 어떻게 하면 성경이 내 결혼 생활에서 더 큰 역할을 할 수 있을까? 머리를 맞대고 최선의 방법을 생각해 보라.

함께 붙드는 기도의 끈   시편 119편 43-48, 130-135절을 읽고 성경이 한 사람의 삶에 얼마나 깊은 영향력을 끼칠 수 있는지 묵상하라. 그러고 나서 살면서 자유, 용기, 확신, 지혜, 분별력을 주시기를, 날마다 내 일상에 임하시는 하나님의 임재를 느끼게 해 주시기를 주님께 청하라.

"너희의 마음으로 주께 노래하며 찬송하며 범사에 우리 주 예수 그리스도의 이름으로 항상 아버지 하나님께 감사하며"(엡 5:19-20). 이 노래의 대상은 (언제라도 변할 수 있는) 순조로운 생활환경이 아니라 (변할 수 없는) 예수님의 진리와 은혜이므로, 마음에서 우러나오는 이 노래는 어려운 때를 만나도 사그라들지 않는다.

매일 감사　앤 보스캠프(Ann Voskamp)는 자신의 책《나의 감사연습, 하나님의 임재연습》(One Thousand Gifts, 사랑플러스 역간)에서 선물을 받은 날마다 이를 기록해 두고 각 선물에 감사를 표하기 시작하면서 어떤 변화가 일어났는지를 이야기한다. 이렇게 하면 실망스러운 환경이 아니라 하나님의 선하심에 초점을 맞출 수 있게 된다. 나(캐시)도 몇 년 전부터 이런 목록을 만들기 시작했는데, 내 감사 목록은 "우리 아이들에게 깨끗한 물을 줄 수 있어서 감사하다"는 아주 단순한 말로 시작한다. 세상에는 안타깝게도 어쩔 수 없이 자기 아이에게 깨끗한 물을 줄 수 없는 부모가 많다. 내가 우리 아이들에게 깨끗한 물을 줄 수 있는 건 내가 그렇게 할 수 있는 지역에서 태어나 산 것뿐이다. 이 모든 것이 다 하나님이 주신 선물이다. 그동안 당연시해 온 것들을 감사히 여기자 이 같은 자세는 그 순간부터 내 일상에 새로운 음악을 쏘아 올려 주었다.

◑ 배우자에 관해 감사한 일들을 써 나가고 있는가? 아직 쓰지 않고 있다면 오늘부터라도 시작해 보라.

함께 붙드는 기도의 끈　내 삶에서 당연시해 온 아주 흔한 일들, 그러나 하나님께 감사할 수 있는 일들의 목록을 만들라. 그런 다음 그 일들에 하나님께 직접 감사드리라.

여기서 묘사하는 결혼은 자신의 가치와 목적을 확신하지 못한 채 상대방의 품에서 의의와 의미를 찾으려고 하는 자신감 없는 두 사람의 풍경이 아니다. 진공 상태인 두 개의 공간을 서로 합쳐 놓으면 서로를 빨아들이는 끌음과 함께 더 크고 강력한 진공 상태가 만들어질 뿐이다. 바울은 남편과 아내가 각각 인생의 큰 문제, 즉 하나님께서 왜 나를 지으셨으며 그리스도 안에서 나는 어떤 존재인가 하는 문제를 이미 해결했음을 전제로 한다.

그리스도 안에서의 정체성 사람은 누구나 무언가를 위해 살아야 한다. 모든 사람은 기본적으로 무언가에 자기 존재의 의미와 의의를 둔다. 그 무언가가 출세인 사람은 배우자와 가족에게 별로 관심을 쏟지 않는다. 그 무언가가 배우자인 사람은 배우자가 늘 자신을 완벽하게 지지해 주기를 요구한다. 타인의 사랑에 삶의 의미를 두는 사람은 결국 그 타인을 으스러뜨리고 말 것이다. 누군가의 기대에 담긴 무게를 온전히 다 감당할 수 있는 사람은 없기 때문이다. 그러나 그리스도 안에서 정체성을 찾는 우리는 하나님의 자녀요 은혜를 유업으로 받은 자들로서 우리가 지닌 충만함을 바탕으로 사랑과 지지를 주고받을 수 있다.

◑ 배우자를 내 삶의 우상으로, 내 모든 행복을 짊어진 존재로 만들지는 않았는가? 그렇게 해서 결혼 생활이 더 행복해졌는가, 아니면 배우자에게 어떤 문제가 있을 때 그 문제로 고민하고 해결하느라 오로지 내게만 관심을 쏟아 주지 않는다는 이유로 그때마다 화를 내는가?

함께 붙드는 기도의 끈 다른 어떤 것보다도 그리스도와 그분의 사랑 안에 확고히 정체성을 둔다는 것은 끝없는 싸움이다. 그 싸움에서 계속 이기며 앞으로 나아가는 데 필요한 인내와 지혜를 달라고 하나님께 구하라.

101

물론 쉬지 않고 하나님을 기뻐하는 삶을 사는 사람은 없다. 그런 삶은 저절로 이뤄지지도 않고 끝없이 이어지지도 않는다. 그렇게 살 수 있는 사람이 있다면 바울이 〔에베소서 5장〕 18절에서 "오직 성령으로 충만함을 받으라"라는 명령을 할 필요가 없었을 것이다. 우리는 영적으로 연료가 거의 바닥난 상태에서 달릴 때가 종종 있지만, 그럴지라도 주유소가 어디 있는지, 아니 더 중요하게는 연료를 채울 곳이 있기는 한 건지 분명히 알아야 한다.

영적 자극 아담이 혼자 있는 것이 좋지 않았던 것처럼, 나 혼자 영적으로 성숙하기란 불가능하다. 옆에서 타이르고 도발하고 자극해서 영적 자기만족에서 벗어나게 해 줄 타인이 필요하다(히 3:13; 10:24-25). 그러므로 성령 안에서 새로워질 수 있도록 서로 돕는 것이 부부가 서로에게 해 줄 수 있는 가장 중요한 사랑의 행위다. 이는 잔소리(끊임없이 설교하기)나 질질 끌고 가기(싫다는 사람을 교회가 후원하는 행사마다 억지로 데리고 가기)로는 좀처럼 이룰 수 없다. 최근 우리 부부는 여든일곱 살의 여성에게서 편지 한 통을 받았다. 여사는 자기 남편이 세상을 떠나기 몇 년 앞서 그리스도인이 되었다고 하면서, 그렇게 되기까지 자신이 수십 년 동안 남편을 위해 조용히 기도했다고 했다. 우리가 아는 이들 중에는 조금 집요한 (그러면서도 정중한) 대화를 통해 배우자가 영적 성숙에 이르도록 도운 사람도 있다. 우리가 하지 말아야 할 단 한 가지 행동이라면, 아무것도 하지 않고 가만히 있는 것이다.

◑ 배우자가 어떤 문제로 분투할 때 나는 어떻게 반응하는가? 불쌍히 여기는가, 아니면 화를 내는가? 서로를 위해 기도하는가, 아니면 길게 잔소리를 늘어놓는가?

함께 볼드는 기도의 끈 사무엘상 12장 23절을 읽고, 기도를 태만히 하는 것은 죄일 수 있다는 말씀을 묵상하라. 배우자에게 지금 필요한 것, 그중에서도 내가 기도해 줄 수 있는 것을 세 가지만 말해 달라고 하라. 듣고 나서 적어도 일주일에 한 번 이상 그 세 가지를 놓고 기도하라.

온갖 일들을 다 시도해 본 뒤 비로소 그리스도인들은 알게 된다. 예수 그리스도의 사역을 통해 하나님의 사랑을 확신하며 온 마음으로 하나님을 예배하는 일을 연료 삼아 자신의 영혼이 계속 '달려야' 한다는 것을 말이다. 우리 마음의 실린더를 점화시키는 것이 바로 그 일이다. 이를 알지 못하면 좋은 배우자가 되는 데 필요한 자원을 구비할 수 없다. 하나 님만이 하실 수 있는 방식으로 배우자가 내 연료통을 채워 주기를 기대한다면 이는 불가 능한 일을 요구하는 것이다.

올바른 목표 어떤 일이 불가능하다고 해서 그 일을 금세 놓아 버리지는 않는 다. (하나님과는 거리를 둔 채) 내 모든 욕구를 배우자가 채워 나를 행복하게 해 주 기를 바란다면 이는 이뤄질 수 없는 헛된 기대다. 우리는 입에 발린 말로 하 나님을 믿는다고 하면서 실제로는 하나님이 아니라 배우자가 나를 행복하게 해 주기를 기대하기 쉽다. C. S. 루이스는 그리스도인의 삶의 기본 원리를 다 음과 같이 요약했다. "하늘을 목표로 하라. 그러면 땅을 덤으로 얻을 것이다. 땅을 목표로 하라. 그러면 아무것도 얻지 못할 것이다." 행복은 거룩함에 필 연적으로 따라오는 부산물이지만, (내가 아니라) 하나님을 기쁘시게 하는 것이 주된 목표여야 한다. 이 원리는 부부 사이에도 적용할 수 있다. 우리가 하나 님께 신실하기를 목표로 하면 결혼 생활에도 만족할 수 있다. 하지만 거꾸로 결혼 생활에서만 행복을 찾으려고 하면 아무것도 얻지 못할 것이다.

❶ 나는 삶의 의미, 목적, 행복에 대한 욕구를 실제로 어디서 채움받으려고 하 는가? 하나님 안에서 이 욕구가 채워지기를 기대하는가, 아니면 배우자나 자 녀와의 관계에서 채우려 하는가? 하나님을 신뢰하는 마음이 더 깊어지기 위 해 지금 내가 달라져야 할 점은 무엇인가?

함께 붙드는 기도의 끈 마태복음 5장 6절을 읽고, 우리가 복보다 의에 굶주릴 때 복을 체험하게 된다는 예수님의 말씀을 묵상하라. 그렇게 할 수 있도록 도 우시기를 하나님께 구하라.

〔에베소서 5장〕 22-24절에서 바울은 아내는 남편에게 복종하라고 논란의 여지가 있는 말을 한다. 그러나 곧이어 바울은 남편이 아내를 사랑하되 그리스도께서 교회를 사랑하시고 "그 교회를 위하여 자신을 주심같이"(25절) 하라고 말한다. 자기 이익을 포기하라고 하는 말로써는 오히려 아내들에게 한 말보다 더 강력한 호소다. … 남편과 아내는 서로에게 광범위한 방식으로 서로를 위해 희생하라고 부름받는다. 남편이든 아내든 자신이 아니라 상대방을 위해 살라는 것이다.

큰 틀 안에서 자유롭게   두 사람이 함께 춤을 추려면 서로 상대방을 지탱해 주고 돋보이게 해 주는 안무(按舞)가 필요하다. 여러 사람이 함께 노래하려면 모두가 멜로디만 노래하는 것보다는 화음이 들어가는 것이 더 좋다. 생명을 주는 것(life-giving)이 결혼의 주된 목표라면(자녀를 낳아서든, 부부가 거룩함을 향해 성장해서든, 하나님의 형상을 지닌 타인을 돌보아서든), 부부 각자가 다양한 역할을 맡아 수행해야 한다. 문화와 기질은 사람마다 다르며, 따라서 성경은 남편과 아내가 어떤 일은 해도 되고 어떤 일은 해서는 안 된다고 시시콜콜 규정하지 않는다. 성경은 구체적인 결혼 생활을 통해 자유롭게 자기 역할들을 알아 가도록 허용하지만, 그럼에도 각자에게 맡겨진 고유 역할은 있다.

➊ 남편들이여, 아내에게서 창조적 가능성을 발견해 내고 그 능력을 북돋아 주려고 노력하는가? 전혀 예상치 못한 면에서 아내가 탁월한 능력을 보이지는 않는가? 아내가 자신의 은사를 개발할 수 있도록 어떻게 도움을 주었는가? 아내들이여, 하나님께서 주신 은사를 최대한 활용하려 노력하지 않고 수동적 자세로 살고 있지는 않은가? 혹은 하나님께서 내가 어떤 식으로 결혼 생활과 교회와 세상에 기여하기를 원하시는지에 집중하지 않고 모든 일을 한꺼번에 해 버리려고 하지는 않는가?

함께 붙드는 기도의 끈   서로의 장점과 약점을 두 사람 모두가 알게 해 주시고, 어떻게 하면 부부 사이에서 내가 채택한 역할로 서로의 장점을 활용하고 약점은 경계할 수 있는지 알려 달라고 하나님께 구하라.

그리스도인은 서로에게 종노릇해야 한다(갈 5:13). 말 그대로 노예가 되는 것이다. … 왜냐하면 그리스도께서 친히 종이 되사 자기 목숨을 대가로 치르시면서까지 우리의 필요를 채워 주셨기 때문이다. … 종은 다른 어떤 사람의 욕구를 자신의 욕구보다 앞세운다. 모든 신자는 서로를 바로 그런 식으로 대하며 어울려 살아야 한다. 모든 신자가 그런 식으로 서로를 섬겨야 한다면, 하물며 남편과 아내는 서로를 향해 얼마나 더 열심히, 뜻을 다해 이런 자세를 보여야 하겠는가?

서로 다른 은사 몸 된 교회의 은사가 서로 조화롭게 발휘되어야 한다는 바울의 설명(고전 12:12-30)은 결혼 생활을 하는 사람들에게 아주 중요하다. 결혼은 그리스도의 몸인 교회의 축소판이다. 먼저 바울은 사람마다 타고난 은사가 다르다고 주장한다. 우리는 서로 교환 가능한 존재가 아니다. 또한 바울은 '더 약하게 보이지만 도리어 요긴한' 은사와 능력이 있다고 주장한다(고전 12:22). 그러므로 세상이 "덜 귀히 여기는 그것들을" 그리스도의 몸 안에서 우리는 '더욱 귀한 것들로 입혀 준다'(23절). 이 모든 내용은 결혼에도 적용이 가능하다. 아내가 남편의 리더십을 따라야 한다는 개념을 많은 사람이 못마땅해한다. 하지만 그리스도께서 완전한 하나님이시면서도 아버지께 복종하셨다는 사실을 알면 '평등', '머리 됨', '복종' 같은 단어가 우리의 모든 상상을 뛰어넘는 의미로 다가온다.

◑ 배우자가 부름받은 역할을 귀히 여기는가? 몸 된 교회 안에서 서로 다른 할 일을 받았을지라도 우리가 그리스도 안에서 동등하다고(갈 3:28) 믿는가?

함께 붙드는 기도의 끈 기꺼이 자신의 영광을 버리고 종이 되신 예수님께 감사하라. 어떤 경우든 권력을 포기하고 남을 섬기는 것은 모욕적이라고 하는 세상의 가르침에 전심으로 저항할 수 있게(롬 12:2) 도와주시기를 주님께 청하라.

바울이 남편이 아내의 '머리'라고 말하는데, 그렇다고 갈라디아서 5장 13절 말씀을 좇아 남편이 아내의 그리스도인 형제이자 종이기도 하다는 사실을 부인하는 것은 아니다. 남편과 아내는 서로를 섬겨야 하고, 서로를 위해 '자기를 포기'해야 한다. 이렇게 한다고 해서 인간관계 안에서 모든 권위를 행사하는 일이 불가능해지지는 않으며 다만 권위를 행사하는 태도가 근본적으로 달라진다.

권위의 변화 초기 그리스도인들은 인종, 사회적 계층, 성별, 민족 구별 없이 모든 사람을 다 환영함으로써 세상을 놀라게 했다. 빌레몬서에서 바울은 한 그리스도인에게 말하기를, 종을 그리스도 안에서 형제로 대접해야 한다고 했다. 종의 노역 기간이 아직 끝나지 않았을지라도 말이다. 당시처럼 계층 구별과 신분제가 중요하던 시절에 이는 매우 급진적인 발언이었다. 역사가들은 복음의 이 원리가 서구 세계의 강력한 노예제도를 얼마나 침식해 들어갔는지를 주목했다. 신약 성경은 인간의 제도와 인간관계에 존재하는 권위를 제거하지 않는다. 예를 들어, 교회에는 여전히 장로들이 있지만, 이들은 권세를 휘두르는 이들이 아니다(벧전 5:3). 이기적 목적을 위해 행사하는 권위는 사랑과 정반대편에 있다. 하지만 사랑으로 행사하는 권위는 죄가 이 세상에 들어올 때 온갖 인간관계와 결혼에 내려진 저주를 변화시킨다.

◑ 남자들과 여자들이여, 기혼자들과 미혼자들이여, 서로를 어떻게 형제와 자매로 섬기겠는가? 서로를 섬기고자 할 때 사랑으로 진실을 말해야 한다면, 사랑을 동기 삼아 그렇게 할 수 있는가?

함께 올드는 기도의 끈 사실상 우리는 누구나 다 타인에게 다양한 방식으로 모종의 권위를 행사한다. 오직 사랑과 겸손으로 권위를 행사할 수 있게 해 달라고 하나님께 구하라.

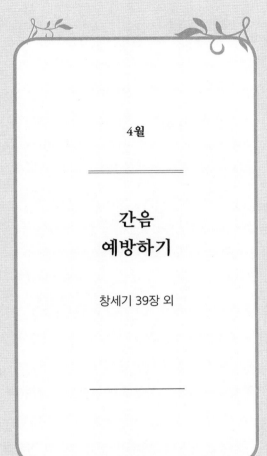

4월

간음
예방하기

창세기 39장 외

The Meaning of

Marriage:

A Couple's Devotional

▼ 4월 1일

잠언 6장 27-29절 사람이 불을 품에 품고서야 어찌 그의 옷이 타지 아니하겠으며 사람이 숯불을 밟고서야 어찌 그의 발이 데지 아니하겠느냐 남의 아내와 통간하는 자도 이와 같을 것이라 그를 만지는 자마다 벌을 면하지 못하리라.

간음의 피해 간음은 하나님과 배우자, 그리고 자신을 욕보이는 행위임을 앞에서 살펴보았다. 이것이 바로 간음의 피해가 그토록 막대한 이유다. 난로 안에서 타는 불은 몸을 따뜻하게 해 주고 음식을 조리할 수 있게 해 주어 생명을 유지하도록 돕는다. 하지만 불이 품 안에서 타오르면 그것은 곧 죽음이다. 왜인가? 난로는 본래 불이 있을 곳이지만 사람의 품과 옷은 그렇지 않기 때문이다. 이렇게 성은 결혼을 위해 만들어졌으며(즉, 성이 있어야 할 자리는 결혼), 혼외 성관계는 모든 것을 태워 못 쓰게 만들어 버린다. 하나님께서는 결혼을 위해 성을 만드셨으며, 결혼 울타리 밖에서 이루어지는 성관계는 우주의 이치를 거스르는 행동이다. 품 안에서 타오르는 불은 굳이 징벌이 필요하지 않다. 그 불 자체가 징벌이다. 그것이 바로 오늘 본문의 29절 말씀이 말 그대로 진리인 이유다. 간음은 설령 남에게는 들키지 않는다 해도 나를 덫에 걸리게 할 것이다.[1]

◑ 그 자체가 스스로에게 징벌인 것이 또 있다면 그게 무엇이겠는지 생각해 보라. 내 결혼 생활에도 그 자체가 징벌인 것이 있지는 않은가?

한마음으로 드리는 기도 주님, 잘못된 행동을 하고 싶은 마음이 들 때마다 그 행동의 결과를 피할 길이 없으며 잘못을 하고도 무사할 사람은 없다는 사실을 기억하게 하옵소서. 주님의 은혜에 감사드립니다. 아멘.

창세기 39장 6-7, 10-12절 요셉은 용모가 빼어나고 아름다웠더라 그 후에 그의 주인의 아내가 요셉에게 눈짓하다가 동침하기를 청하니 … 여인이 날마다 요셉에게 청하였으나 요셉이 듣지 아니하여 동침하지 아니할뿐더러 함께 있지도 아니하니라 그러할 때에 요셉이 그의 일을 하러 그 집에 들어갔더니 그 집 사람들은 하나도 거기에 없었더라 그 여인이 그의 옷을 잡고 이르되 나와 동침하자 그러나 요셉이 자기의 옷을 그 여인의 손에 버려두고 밖으로 나가매.

유혹 물리치기 요셉 이야기에서 성경이 간음을 물리치는 방법을 어떻게 가르치는지 알 수 있다. 요셉의 주인의 아내는 요셉을 지치게 만들려고 "날마다" 요셉을 꼬드기다 급기야 요셉의 옷자락을 잡았다(창 39:12). 유혹은 보통 점진적이다. 어떤 사람이 나를 그냥 꽉 붙들면서 유혹이 시작되는 경우는 거의 없다. 유혹은 "내가 이 정도는 해도 되지. 사는 게 온통 스트레스뿐이잖아"라고 말하는 자기 연민이나 분노의 태도와 더불어 시작된다. 은밀한 환상, 정신적 불륜, 음란물 등을 접하면서 점점 양심이 무뎌지고, 그래서 결국 아무 고민 없이 더 큰 죄와 부정행위를 저지르고 마는 경우도 있다. 유혹은 여러 해 동안 수작을 걸면서 우리의 경계심을 무너뜨리고, 그러다가 실제로 우리를 잡아챈다.

◑ 비교적 중대한 성적 죄를 지을 만큼 어떤 면에서 경계심이 풀어진 적이 있는가? 어떻게 하면 유혹의 점진성을 경계할 수 있겠는가?

한마음으로 드리는 기도 주님, 욥처럼 저도 '제 눈과 약속하여'(욥 31:1), 배우자와 주님 외에는 아무에게도 애정 어린 시선을 보내지 않기를 원합니다. 아멘.

창세기 39장 6-9절 요셉은 용모가 빼어나고 아름다웠더라 그 후에 그의 주인의 아내가 요셉에게 눈짓하다가 동침하기를 청하니 요셉이 거절하며 자기 주인의 아내에게 이르되 내 주인이 집안의 모든 소유를 간섭하지 아니하고 다 내 손에 위탁하였으니 이 집에는 나보다 큰 이가 없으며 주인이 아무것도 내게 금하지 아니하였어도 금한 것은 당신뿐이니 당신은 그의 아내임이라 그런즉 내가 어찌 이 큰 악을 행하여 하나님께 죄를 지으리이까.

자기합리화 요셉은 보디발 집의 종이고, 주인 보디발의 아내는 요셉과 동침하고 싶어 한다. 요셉은 여인의 제안을 듣고 좀 더 거절하기 쉽도록 이 제안을 해석하는 쪽을 택한다. 여인은 자신의 제안을 가리켜 "동침"이라고 하지만 요셉은 이를 "큰 악"이라고 한다. 다른 사람 같으면 그동안 주인의 집에서 성실하게 종노릇했고 또 어느 정도 자유도 있으니 이를 빌미로 못 이기는 척 유혹에 넘어갔을지 모르나, 요셉은 자신의 성공을 감사와 자제심의 근거로 삼는다(9절). 이렇게 볼 때 나를 유혹하는 것은 상황 자체가 아니라 그 상황에 대해 내가 나 자신에게 하는 말임을 알 수 있다.

◑ 요셉이 유혹을 물리친 이 특별한 방식이 옳았음을 내 경험에서 어떻게 확인했는가? 이 방식에서 개인적으로 무엇을 배웠는가?

한마음으로 드리는 기도 주 예수님, 주님은 겟세마네 동산에서 유혹을 물리치사 주님의 약속을 지키시고 우리에게 계속 신실하셨습니다. 이제 저를 강하게 하사 제가 모든 약속을, 무엇보다 배우자에게 한 약속을 지킬 수 있게 하옵소서. 아멘.

창세기 39장 9절 그런즉 내가 어찌 이 큰 악을 행하여 하나님께 죄를 지으리이까.

하나님 중심 마침내 요셉은 이 죄가 "하나님께" 짓는 죄라고 말한다(창 39:9). 요셉은 죄란 단순히 율법을 범하는 것만이 아니라 하나님을 모욕하는 것이기도 하다고 생각했다. "음, 저 여자와 동침하면 발각될지도 몰라"라고만 생각했다면 여인의 유혹을 결코 뿌리치지 못했을 것이다. 대신 요셉은 이렇게 말했다. "이는 내 주님의 영광과 주님의 마음을 짓밟는 짓입니다." 이는 완전히 색다른 사고방식이었다. 죄는 언제나 가면을 쓰고 내 마음에 모습을 드러낸다. 죄의 정체를 알려면 가면을 벗겨야 한다. 주인을 향한 요셉의 충성심은 하나님을 향한 사랑과 하나님께 진 빚에 깊이 뿌리를 두고 있었다. 요셉의 충성심은 이 유혹의 광풍을 견디고 살아남을 만큼 깊이 닻을 내리고 있었다.

◑ 요셉이 유혹을 물리친 이 특별한 방식이 옳았음을 내 경험에서 어떻게 확인했는가? 이 방식에서 개인적으로 무엇을 배웠는가?

한마음으로 드리는 기도 주님, 죄는 바로 주님을 마음을 찌르는 일인데 죄는 그것을 인정하지 않으려 합니다. 제가 유혹을 당할 때 언제나 죄의 실체를 있는 그대로 보게 하시고, 주님을 위해 그 죄에 저항할 수 있게 하옵소서. 아멘.

111

> **창세기 39장 10-12절** 여인이 날마다 요셉에게 청하였으나 요셉이 듣지 아니하여 동침하지 아니할뿐더러 함께 있지도 아니하니라 그러할 때에 요셉이 그의 일을 하러 그 집에 들어갔더니 그 집 사람들은 하나도 거기에 없었더라 그 여인이 그의 옷을 잡고 이르되 나와 동침하자 그러나 요셉이 자기의 옷을 그 여인의 손에 버려두고 밖으로 나가매.

환경을 관리하라 유혹을 이기기 위해 요셉이 어떻게 자신의 생각을 제어하는지 살펴보았다. 그러나 주인의 아내가 끈질기게 졸라 대며 요셉의 의지를 꺾으려 하자 요셉은 그 여자와 '함께 있지도 않았다'고 한다(창 39:10). 여자가 날마다 요셉에게 말을 걸었다는 것은 요셉이 이 여자를 완전히 피할 수 있는 형편이 아니었다는 뜻이지만, 그래도 그는 여자와 단둘이 있는 상황을 피하려고 애썼다. 이렇게 요셉은 자기 내면을 제어하는 데만 의지하지 않았다. 그는 마음이 솔깃해질 만한 외적 상황을 피했다. 이는 겸손하고도 현실적인 대책이다. 외부 환경을 바꾸려 애쓰는 것은 죄의 가면을 벗기고 마음속 생각을 바꾸려 애쓰는 것만큼이나 꼭 필요한 일이다. 이 두 가지를 꼭 다 해야만 한다.

◐ 요셉이 유혹을 물리친 이 특별한 방식이 옳았음을 내 경험에서 어떻게 확인했는가? 이 방식에서 개인적으로 무엇을 배웠는가?

한마음으로 드리는 기도 주님, 유혹을 가볍게 생각하고 "내가 잘 처리할 수 있어"라고 말하기가 얼마나 쉬운지요. 하지만 주님이 아니면 저는 아무것도 할 수 없습니다. 제 부족함과 연약함을 인정하고 전적으로 주님만 의지하게 하옵소서. 아멘.

창세기 39장 11-12절 그러할 때에 요셉이 그의 일을 하러 그 집에 들어갔더니 그 집 사람들은 하나도 거기에 없었더라 그 여인이 그의 옷을 잡고 이르되 나와 동침하자 그러나 요셉이 자기의 옷을 그 여인의 손에 버려두고 밖으로 나가매.

유혹에서 달아나라 때로 유혹은 강력한 정면 공격과 함께 찾아온다. 요셉에게도 그런 일이 있어났는데, 그때 요셉은 이를 피해 달아났다(딤후 2:22; 벧후 1:4 참조). 요셉은 그 자리에 머물면서 유혹을 상대로 이러쿵저러쿵 이야기하려 하지 않는다. 하와처럼 그 열매가 얼마나 멋져 보이는지 생각하지 않는다(창 3:6; 수 7:21 참조). 마르틴 루터는 이렇게 말했다고 한다. "새가 내 머리 위로 날아가는 것은 어쩔 수 없지만 내 머리에 둥지를 트는 것은 막을 수 있다." 다시 말해, 내게 유혹이 찾아오는 것은 막을 수 없지만, 어떤 대화든 그 유혹과 대화를 나누는 일은 아예 거부할 수 있다. '할까 말까? 했을 때 이로운 점은 무엇이고 해로운 점은 무엇일까?'라고 생각조차도 하지 말라. 그래서는 안 된다. 유혹을 피할 수 없을 때는? 당장 달아나라!

◑ 요셉이 유혹을 물리친 이 특별한 방식이 옳았음을 내 경험에서 어떻게 확인했는가? 이 방식에서 개인적으로 무엇을 배웠는가?

한마음으로 드리는 기도 주님, 우리는 은혜로 구원받으며, 주님께서는 우리의 죄에도 불구하고 우리를 사랑하십니다. 하지만 그것이 우리 죄가 주님을 슬프게 만들지 않는다는 뜻은 아니겠지요. 더 이상 제가 죄와 상관하지 않도록 도와주옵소서. 아멘.

히브리서 3장 12-13절 형제들아 너희는 삼가 혹 너희 중에 누가 믿지 아니하는 악한 마음을 품고 살아 계신 하나님에게서 떨어질까 조심할 것이요 오직 오늘이라 일컫는 동안에 매일 피차 권면하여 너희 중에 누구든지 죄의 유혹으로 완고하게 되지 않도록 하라.

서로 지켜봐 주는 관계 맺기 성적 유혹을 경계하는 방법 하나는 그리스도인 공동체다. 여기에는 실제로 세 가지 방법이 있을 수 있다. 첫째, 동료 그리스도인 가운데 한두 사람과 사적인 이야기도 나눌 수 있을 만큼 깊이 있는 일대일 관계를 반드시 유지하라. 이 관계에서는 돈과 시간 사용 문제, 성 문제 등에 관해 서로 책임을 져 줄 필요가 있다. 둘째, 어떻게 해야 그리스도인다운 삶을 살 수 있는지 서로 의논하고 씨름할 수 있는 친밀한 소그룹을 만들어 활동하라. 셋째, 지역교회의 일원으로서 예배에 규칙적으로 참석하라. 설령 그 교회가 내 취향과 잘 맞지 않는다 하더라도 말이다. 각 방법을 하나하나 실천할 때마다 책임지고 서로의 행실을 바로잡아 주는 고유 장치가 생겨난다.

➊ 이미 이런 사람이 있는가? 그렇다면 감사하라! 아직 이런 관계를 맺지 못했다면 주변에 적당한 사람이 있는가? 이 일을 진행하기 위해 내가 할 수 있는 일은 무엇인가?

한마음으로 드리는 기도 주님, 저를 격려해 주시고 힘을 북돋아 주시기를 구합니다. 자주 주님께서는 제 주위 신앙 친구들을 통해 이런 제 기도에 응답해 주셨지요. 여러 관계와 여러 친구들과의 우정을 건강하게 쌓아 가게 해 주셔서 은혜 안에 성장하게 하시고 더욱더 그리스도를 닮아 가게 해 주옵소서. 아멘.

부부가 함께 단 하루를 보내더라도 매 순간 어느 쪽이 만족을 얻고 어느 쪽이 자기 생각을 포기하느냐 하는 문제는 생길 수 있다. 그럴 때는 세 가지 선택의 길이 있다. 기쁨으로 상대를 섬길 수도 있고, 냉랭하게 혹은 분노하면서 섬길 수도 있으며, 이기적으로 내 입장을 고집할 수도 있다. 두 사람이 거의 언제나 첫 번째 방식으로 서로에게 대응해야 결혼 생활이 원만할 수 있다. 하지만 그게 사실 얼마나 힘든 노릇인지!

당신을 위한 내 삶 루터의 말처럼 우리는 "우리 자신에게 몰입한다." 우리는 자기도취적이고 이기적이며 자신의 욕구와 욕망에 사로잡혀 있다. 날마다 나는 지옥행 행동 동기("네 삶이 내 삶을 섬겨야 한다") 아니면 천국행 행동 동기("내 삶이 네 삶을 섬겨야 한다")로 응수할 수 있는 상황을 마주한다. 어느 한쪽을 선택할 때마다 나는 외적으로든 내적으로든 사소하지만 의미심장한 방식으로 내 정신을 형성해 나간다. 어떤 식으로든 자기도취적 태도에서 한 걸음 물러나려면 모종의 고통, 타인을 위해 자기를 죽이는 자세가 필요하다. 이런 태도가 습관이 되면, 삶이 달라지고 결혼 생활이 달라지고 친구 사이가 달라지며 문화가 달라진다.

◑ 다른 사람에게 베풀기 위해 자신의 욕망에서 한 걸음 물러서려 노력해 본 적이 있는가? 시간이 흐르면서 이런 노력이 부부 사이에 균형을 이루어 내는가, 아니면 부부 중 어느 한쪽이(혹은 두 사람 모두가!) 늘 나만 희생한다는 기분이 드는가? 이 문제를 배우자와 솔직하게 의논해 보라.

함께 붙드는 기도의 끈 빌립보서 2장 5-11절, 특히 "너희 안에 이 마음을 품으라 곧 그리스도 예수의 마음이니"라는 5절 말씀을 묵상하라. 그리고 이 마음을 달라고 하나님께 구하라.

> 나[팀]는 섬김받기를 원하지 않았다. 무언가를 선물로 요구해서 받아 내야 하는 위치에 있고 싶지 않았다. … 나는 섬기고 싶었다. 그래야 내가 상황을 주관한다는 기분이 들기 때문이다. 당시 나는 언제나 높은 도덕적 기준을 갖고 있었다. 하지만 그런 종류의 섬김은 섬김이 아니라 조작일 뿐이다. 아내에게 나를 섬길 기회를 주지 않음으로써 결과적으로 나는 아내를 섬기지 못했다. 그리고 이 모든 일의 밑바닥에는 내 교만이 자리 잡고 있었다.

교만 언젠가 휴가 때 일이다. 아내(캐시)가 아이들은 자신이 돌볼 테니 친구 데이비드와 함께 서점에 갔다 오라고 했다. 에너지 넘치는 남자아이 셋을 몇 시간 동안 혼자 돌보겠다니 아내로서는 크게 호의를 베푼 것이었지만, 나는 아내를 초주검 만들고 싶지 않다는 핑계로 그 제안을 거절했다. 그러나 나중에 나는 깨달았다. 나는 스스로 가장 큰 희생을 감수하는 사람의 위치에 있기를 좋아한다는 것을 말이다. 교만 때문에 나는 선물을 받아들이지 못했고, 아내가 내게 선물 주는 기쁨을 누리지 못하게 했다. 우리는 상대의 친절에 대해서도 이렇게 내 이기적 동기를 풀어 내기가 얼마나 쉬운지! 회개야말로 삶의 모든 영역의 열쇠이며, 무엇보다도 결혼 영역에서 특히 더 그렇다. 기쁘게 회개하는 것, "내가 또 그랬네"라고 인정하며 회개하는 것이 바로 성숙하고 지혜로운 결혼의 특징이다.

◑ 욕심 없어 보이는 행동 이면에 어떻게 이기적 동기가 숨어 있을 수 있는지 그 양상들을 생각해 보라. 내 결혼 생활에 그런 사례가 있지는 않은가?

함께 붙드는 기도의 끈 시편 139편 23-24절을 묵상하라. 하나님을 위해, 그리고 내 배우자를 위해 내 마음을 더 잘 알 수 있게 해 달라고 하나님께 구하라.

아내가 나(팀)를 섬기려 했을 때 내가 이를 달갑잖아 한 것은 결국 은혜를 바탕으로 살아가기를 거부한 것이었다. 나는 모든 것을 내 힘으로 얻고 싶어 했다. … 그리고 남들에게는 분에 넘치는 선물을 주고 싶어 했다. 그래야 나를 아량 있는 사람으로 여기며 만족감을 누릴 수 있을 테니 말이다. 하지만 나는 아무에게도 섬김을 받으려 하지 않았다. 우리가 그리스도를 믿는 믿음을 통해 오직 하나님의 은혜로만 산다는 복음의 기본 명제를 머리로는 받아들였지만 내 마음은 여전히 그런 식으로 움직였다.

영적 각성을 위한 내 공로가 아니라 그리스도를 믿는 믿음으로 의롭다 여김을 받는다는 지식에 근거하여 살려면 부단한 노력이 필요하다. 산 제사(롬 12:1-2)를 드리려면 쉼 없이 제단을 쌓아야 한다는 어려움이 있다. 우리의 교만, 자기를 입증하려는 욕구, 그리스도 아닌 다른 것에서 정체성을 찾으려는 욕망을 날마다 제물로 바쳐야 한다. 결혼은 내 죄를 노출시키는 완벽한 장치다. 내 결함 때문에 배우자와의 사이에 불화가 생기기 때문이다. 이렇게 되면 그 결함을 무시해 버리고 싶어도 그러지 못하고 그 문제에 초점을 맞출 수밖에 없다. 이럴 때는 그 갈등에 관해 속으로 투덜대기보다 오히려 감사하라. 이 갈등은 영적으로 각성하게 하는 약일 수 있으니 말이다. 내 흠결이 보일 때마다 회개하고 달라지기를 결단하라.

◑ 그리스도께서 내 삶에 널리 흩뿌려 주신 은혜를 죄악으로 가득 찬 내 마음이 어떻게 무효로 만들려고 하는지 그 패턴을 다섯 가지만 나열해 보라. 그러한 내 행동 패턴을 인식하고 이를 근절할 수 있도록 친절하고 다정하게 도와달라고 배우자에게 부탁하라. 이렇게 하려면 용기와 겸손이 필요하다.

함께 붙드는 기도의 끈 잠언 27장 17절을 읽고 어떻게 하면 친구가 서로를 "날카롭게" 해 줄 수 있는지 묵상하라. 그리고 배우자와 부딪힐 때 낙심하고 기분 나빠하기보다 영적으로 날카로워지기를 구하고, 이에 필요한 것은 무엇이든 다 달라고 하나님께 청하라.

복음의 메시지는 … 우리가 정말 자기중심적인 죄인이라고 가르친다. … 그러나 복음은 상상할 수 없을 만큼 큰 사랑과 지지로 우리를 감싼다. 이는 우리가 쉼 없이 섬기고 수고하여 자기 가치를 입증하지 않아도 된다는 뜻이다. 또한 안락함이나 칭찬 또는 보상을 조금 빼앗긴다 해도 그다지 마음 쓰지 않는다는 뜻이다. 이제 우리는 자꾸 기록하고 셈하지 않는다. 아낌없이 주고 거리낌 없이 받을 수 있다.

과거, 현재, 미래   은혜로 주어지는 구원은 즉각적이다. 하나님 앞에 서기 위해 내 공로가 아닌 그리스도를 신뢰하기 시작하는 순간 우리는 의롭다 여김을 받고 죄 사함을 받는다. 하지만 그 구원에 따르는 치유를 맛보며 사는 것은 평생에 걸친 일이다. 우리는 죄의 형벌에서 구원받았다. 우리는 죄의 권세에서 구원받고 있다. 그리고 천국에서 우리는 죄의 존재에서 구원받을 것이다. 그 사이, 구원받은 뒤 아직 영화에 이르기 전의 내 삶에서 죄의 계속적 권세에 함께 맞서 나갈 배우자를 고르라. 얼굴이 예쁘다거나 앞으로 큰돈을 벌 가능성이 있다거나 하는 조건은 내 마음속 죄를 직시하고 깨닫는 데 전혀 도움이 안 된다. 내가 원래 어떤 사람이어야 하는지 알아보는 사람, 그렇게 되기까지의 과정에 한 부분이 되어 줄 수 있을 만큼 나를 사랑하는 사람을 고르라.

❍ 배우자가 달라져 나를 기쁘게 해 주기를 바라는 것과 배우자가 달라져 하나님을 기쁘시게 할 수 있도록 돕는 것은 전혀 다른 일이다. 각자의 삶에 깊이 자리한 죄악 된 습관과 유혹에 맞서 이를 이겨 낼 수 있도록 어떻게 서로를 돕고 있는가?

함께 붙드는 기도의 끈   하나님께서는 내 배우자가 어떤 사람이 되기를 원하시는가? 이를 내가 알 수 있도록 영적 분별력과 시각을 구하라. 또한 지혜와 은혜를 주셔서 배우자가 그 일에 진보를 이루도록 내가 잘 돕게 해 달라고 주님께 구하라.

부부가 종의 마음으로 서로를 섬기는 것을 방해하는 주된 장애물은 … 죄에 물든 마음의 철저한 자기중심성이다. 수많은 부부들이 자기중심적 태도 때문에 고민하며, 모든 부부에게 항상 존재하는 원수다. 부부가 결혼 생활을 시작할 때 그 한복판에 예외 없이 이 암덩어리가 자리를 잡고 있으며, 이 문제를 반드시 처리해야 한다.

나에 대해 죽기   결혼 생활에서 자기도취와 자기중심적 태도에서 벗어나려할 때 우리가 내딛는 한 걸음 한 걸음이 다 고통이다. 원한다면 '자아에 대해 죽기'라고 말해도 좋다. 성경은 우리의 옛 본성이 십자가에 못 박혀야 한다고말하는데(갈 5:24), 이는 서서히 진행되는 고통스러운 죽음이다. 그리스도 안에산다는 것은 우리 자신의 죄악 된 욕망에 대해 죽는 것이다. 이 시대 문화에서는 희생을 그다지 귀하게 여기지 않는다. 하지만 희생이야말로 개인적 성장과 결혼 생활의 성숙 등 모든 성장을 이끌어 내는 열쇠다. 결혼 생활이 길어질수록 서로 마찰이 더 심해지는 것 같은 기분이 들 때가 있다. 이는 처음에 서로에게 심취했을 때의 얇고 약한 껍질이 닳아 없어지는 것일 뿐이고, 오래도록 이어져 온 쟁점에 느끼는 짜증이 표면으로 드러나는 것일 뿐이다. 그러고 나면 마침내 진짜 노력을 시작할 수 있다.

◑ 결혼 생활을 해 오는 동안 걸핏하면 반복되어서 서로 다투며 생채기를 내게 만드는 문제가 있는가? 그 문제를 복음으로 어떻게 다룰 수 있을까?

함께 붙드는 기도의 끈   빌립보서 4장 5절을 묵상하라. "너희 관용을 모든 사람에게 알게 하라 주께서 가까우시니라." 배우자와 대화할 때, 특히 배우자와 의견이 다를 때 더 부드럽고 상냥하게 말할 수 있게 해 달라고 주님께 구하라.

데이너 애덤 샤피로(Dana Adam Shapiro)가 이혼한 부부들을 대상으로 조사한 결과를 보면 부부 사이를 무너뜨리는 핵심 문제는 바로 자기중심적 태도다. … 부부는 상대방의 자기중심적 태도에 똑같이 자기중심적 태도로 응수했다. 이유가 무엇인가? 자기중심적 태도의 특성은 자신의 자기중심적 태도는 보지 못하면서 상대의 자기중심적 태도에는 지나치게 예민하게 반응하고 불쾌해하며 노여워한다는 것이다. 그 결과, 부부 사이가 점점 나빠져 아무것도 남지 않으며, 결국 두 사람은 바닥으로 곤두박질쳐 자기 연민과 분노와 절망에 빠지고 만다.

정죄함이 없나니! 로마서 8장 13절은 '우리 삶을 주관하시는 하나님의 주권에 대해 우리가 평생토록 품는' 적개심을 죽이는 것에 관해 말한다. 그런 고통스런 과정은 그리스도 예수 안에 있는 사람에게는 이제 결코 정죄함이 없다는 1절 말씀을 배경으로 진행되어야 한다. 우리의 죄가 정죄당하지 않되 성령의 도우심으로 그렇게 되리라는 것을 알면 우리 마음의 악과 대면할 용기가 생긴다. 그리스도인 부부라면 배우자에게 서로 비슷한 무언가를 주어야 한다. 우리는 우리의 죄와 실패가 동정과 용서와 도움을 만나게 되리라는 것을 알아야 한다. 이 사실이 우리에게 정직할 수 있는 용기, 우리가 이뤄야 할 변화와 씨름할 수 있는 용기를 준다.

◑ '정죄함이 없다'는 은혜 한복판에서 나는 배우자를 비난하는 일에 얼마나 열을 올리고 있는가?

함께 불드는 기도의 끈 로마서 8장 1절을 묵상하고 다음 질문에 답변하라. "이 말씀을 더욱 깊이 믿는다면 나는 어떻게 달라질까?" 그런 다음 그 변화를 내 삶에서 실현해 달라고 하나님께 청하라.

▽ **4월 14일**

성령께서 복음을 우리 마음에 새겨 주시면, 이 복음 덕분에 행복한 나는 넉넉히 겸손해지
고, 이 겸손은 상대방과의 관계에서 내가 원하는 만큼 만족을 누리지 못할지라도 상대를
너그러이 대할 수 있는 내적 충만감을 준다. 성령의 도우심이 없으면, 즉 내 영혼의 저장
고가 주님의 영광과 사랑으로 계속해서 다시 채워지지 않으면, 원망이나 원한을 품지 않
고 … 내 이익보다 타인의 이익을 앞세우기란 사실상 불가능하다.

내가 잘되는 것이 아니라 결혼이 잘되도록 부부간의 불화를 어느 한쪽이 다른
한쪽에게 늘 지는 '제로섬'(zero sum) 게임으로 생각해서는 안 된다. 작가 주디스
바이올스트(Judith Viorst)는 거의 60년 동안 결혼 생활을 유지해 온 비결이 무엇
이냐는 질문에 이렇게 대답했다. "결혼은 제3의 존재 같다. 부부 싸움을 할 때
양보를 한다면 이는 상대방에게 하는 것이 아니라 결혼에 하는 것이다. 이는
싸움에 지는 것과는 다르다. 우리 부부가 소중히 여기고 매우 세심히 신경 쓴
것은 제3의 존재였다."² 자기 개인이 잘되려고 결혼하는 이들이 많다. 그렇다
보니 상대의 욕구를 위해 자신이 희생한다 싶으면 곧 헤어질 태세를 갖춘다.
하지만 그리스도인의 결혼의 목표는 결혼 자체가 잘되는 것이다. 부부간의
건강한 유대는 하나님께 영광이 되며 두 사람 모두를 만족시키기 때문이다.

◑ 결혼을 "제3의 존재"로 생각하면 어째서 희생과 양보가 좀 더 쉬워지는지
서로 이야기해 보라.

함께 붙드는 기도의 끈 부부 사이에서 내가 양보해야 했던 경우를 생각하면서
그 일에 분노하지 않게 도와주시기를 하나님께 청하라. 결혼 자체를 기뻐하
고, 배우자의 장점을 기뻐할 수 있도록 도와주시기를 청하라.

사실 은행에 잔고가 좀 있어야 남에게 베풀 여유가 생긴다. 마찬가지로 내 사랑과 의미의 근원이 배우자뿐일 경우, 언제든 배우자가 나를 실망시키면 이는 그저 슬픈 일이 아니라 심리적 재앙으로 다가올 것이다. 하지만 성령께서 내 삶 가운데서 역사하고 계심을 알면, 내 마음의 은행에 사랑이 넉넉하기에 애정이나 친절을 그다지 많이 얻지 못할 때에도 배우자에게 너그러울 수 있다.

사랑의 경제학 나(캐시)는 남편의 생각과 사고방식을 이 개념으로 처음 접했다. 팀은 대학 시절 기독교 학생 신문에 "사랑의 경제학"이라는 글을 썼다. 그 글에 내가 감명받았음은 말할 필요도 없다. 그 글에서 팀은 결혼에 관해서가 아니라 전반적인 인간관계를 말했는데, 그럼에도 이 원리는 우리 관계의 각 단계를(안면이 있는 단계에서 시작해, 친구 관계로 발전하고, 이어서 결혼에 이르는) 이해하는 데 도움이 되었다. 우리는 이 첫 번째이자 기본 강령 위에 우리가 함께하는 모든 날들을 쌓아 갔다. 즉, 먼저 하나님께서 우리를 충만케 하시면, 그때 우리는 하나님께서만 주실 수 있는 것을 가엾고 가난하고 죄인인 인간에게 바라기보다 오히려 다른 사람들에게 베풀 수 있다는 것이다. "우리 잔이 넘쳐야"(시 23:5) 다른 사람에게 우리 자신을 아낌없이 내줄 수 있다.

◑ 이 원리는 오늘날 우리 부부 관계가 어느 지점에 있는지 깨닫는 데 어떻게 도움이 되는가?

함께 붙드는 기도의 끈 요한일서 4장 19-20절을 읽고, 하나님에게서 사랑을 받고 타인에게 사랑을 주는 것이 어떤 관계인지 묵상하라. 하나님께서 나를 사랑하신 것처럼 타인을 사랑하지 않은 것을 회개하는 시간을 가지라.

결혼이 안겨 줄 수 있는 깊은 행복은 성령의 권능에 힘입어 타인을 희생적으로 섬기는 삶 너머에 있다. 즉, 예수께서 내게 해 주신 일에 화답해, 꾸준한 자세로 배우자의 행복을 내 행복보다 앞세운 후에야 내 행복을 발견할 수 있다.

희생 너머에 우리가 부활을 약속받기는 했지만, 이는 십자가 너머에 있다. 시편 34편 19-20절을 보면 마치 하나님께서 자기 자녀에게는 나쁜 일이 전혀 일어나지 않으리라고 꽤 광범위한 약속을 주시는 것 같다. "의인은 고난이 많으나 여호와께서 그의 모든 고난에서 건지시는도다"(19절). "그의 모든 뼈를 보호하심이여 그중에서 하나도 꺾이지 아니하도다"(20절). 사도들은 20절이 예수님께 적용되는 말씀이라고 올바로 해석했다. 십자가에 달리실 때 예수님의 뼈가 상하지 않았으니 말이다. 그러나 하나님께서 약속하신 구원은 죽음과 희생 너머에 있지 그 전에 주어지는 것이 아님을 명심하라. 우리의 자기도취적 태도를 내려놓는 것 하나하나가 다 작은 십자가형이다. 그 희생의 결과로 생명과 회복을 약속하셨지 그 희생을 하지 않아도 된다는 뜻으로 약속하신 것이 아니다.

❶ 남편들과 아내들이여, 최근에 배우자를 위해 어떤 희생을 했는가? 내가 희생하고 있음을 배우자가 알았는가? 배우자가 이를 안 것은 내가 한 희생을 내가 과장해서 떠들었기 때문인가, 아니면 말없이 내 이기적 욕망을 죽였기 때문인가?

함께 올드는 기도의 끈 자기희생, 자제, 인내 너머에서만 찾을 수 있는 더 깊은 사랑, 자유, 행복을 기다릴 수 있는 인내심을 하나님께 구하라.

"내 욕구나 필요보다 배우자의 행복을 먼저 생각한다고 쳐요. 그럼 나는 거기서 대체 뭘 얻는 거죠?"라고 묻는 이들도 있을 것이다. 대답은 행복이다. 내가 얻는 것은 바로 그것이다. … 내게 해가 되지 않을 행복. 이는 기쁨을 주는 데서 오는, 희생을 치르고 상대를 사랑하는 데서 오는 기쁨이다. 오늘날의 '나 중심 결혼' 문화는 내가 얻는 것보다 배우자의 유익을 먼저 생각하라는 이 말을 억압적인 제안으로 해석한다.

행복은 희생에서 자라난다 우리 부부가 《팀 켈러, 결혼을 말하다》를 펴낸 이후로도 사람들은 다른 어떤 사람을 위해 자신의 이득과 욕망을 희생한다는 개념을 여전히 싫어했다. 그런데 이 사실에는 우리 사회의 중심에서 찾아볼 수 있는 큰 역설이 자리 잡고 있다. 우리는 확고한 사랑 관계에서 오는 행복과 자유를 원하지만, 이 행복과 자유를 손에 넣기 위해서는 개인의 자율성을 상당 부분 포기해야 한다. 하지만 우리는 절대 그렇게 하려고 하지 않는다. 말하자면 우리는 "음식이 도리어 먹을 수 없는 것이 되고 집이 도리어 살 수 없는 곳이 되는" 그런 문화를 창조했다. "실로 그 문화에는 우리를 구원할 방법이 없다. 마지막 카드까지 써 버렸다."[3] 유일한 대안은 성경이 하는 말, 즉 나를 발견하기 위해서는 하나님과 타인을 섬김으로써 '나를 잃어야' 한다는 말(마 10:39)을 신뢰하는 것이다.

◑ 내 친구와 이웃들은 우리 부부가 서로를 대하는 태도에서 뭔가 다른 점을 발견할 수 있을까? 우리 부부도 다른 모든 사람처럼 '나는 나를 위해 존재한다'는 결혼 생활을 하고 있지는 않은가?

함께 붙드는 기도의 끈 로마서 12장 10절, 잠언 11장 25절을 읽고 이타적 섬김이 우리 삶에 새로이 기운을 북돋아 준다는 사실을 묵상하라. 그리고 우리 부부가 결혼 생활에서 이 생기를 실감하게 해 달라고 하나님께 구하라.

예수님께서는 말씀하신다. "누구든지 제 목숨을 구원하고자 하면 잃을 것이요 누구든지 나를 위하여 제 목숨을 잃으면 찾으리라"(마 16:25). 예수님의 말씀은 "네가 나를 찾기보다 행복을 더 추구한다면 나도 얻지 못하고 행복도 얻지 못할 것이다. 네가 행복하려고 애쓰기보다 나를 더 많이 섬긴다면 나도 얻고 행복도 얻을 것이다"라는 뜻이다. 바울은 이 원리를 결혼에 적용한다.

확실한 기쁨과 오래가는 보화　그리스도인들이 세상과 서로 잘 어울릴 수 없는 이유는, 우리에게는 우리를 위해 자기 목숨을 버리셨고 또 우리를 부르사 각자의 십자가를 지고(이 십자가는 성미 까다로운 시어머니나 고압적인 시아버지가 아니라 우리 자신의 이기심이다) 죽음과 희생에 이르기까지 자신을 따르라고 하신 구주가 계시기 때문이다. 이것이 복음의 좋은 소식이다. 우리가 애써서 하나님의 사랑과 용납을 얻어 내지 않아도 예수께서 이러한 삶과 죽음으로 자신의 상급을 얻어 그것을 우리에게 물려주신 것이다. 기쁨과 감사로 이 구주를 따른다는 것은 이 세상의 하찮은 승리, 사소한 즐거움, 덧없는 행복은 사실 건드리기만 해도 끊어지는 거미줄임이 드러나리라는 의미다.

> 세상은 비웃거나 가엾게 여기라지요 / 나는 주의 이름을 기뻐할 것입니다
> 세상 사람의 즐거움은 희미해지고 / 그가 뽐내는 허세와 허식도 시들해지나
> 확실한 기쁨과 오래가는 보화는 / 시온의 자녀들만 안다네.[4]

❶ 하나님의 자녀로 살아간다는 "확실한 기쁨"과 "오래가는 보화"를 아는가? 이는 내 결혼 생활에서 어떤 모습으로 드러나는가?

함께 붇드는 기도의 끈　결혼 생활은 물론 내가 하는 모든 일에서 "한 번뿐인 인생, 속히 지나가리라. 오직 그리스도를 위해 한 일만이 영원하리라"[5]라는 사실을 잊지 않게 해 달라고 주님께 청하라.

자신의 행복을 좇기보다 서로를 섬기려 해 보라. 분명 새롭고 더 깊은 행복을 맛보게 될 것이다. 수많은 부부가 이 놀랍고도 예기치 못한 현실을 발견했다. 어떻게 그럴 수 있을까? 결혼은 '하나님께서 만드신 제도'이기 때문이다. 결혼은 하나님께서 제정하신 제도인데, 자기를 내주는 사랑이 하나님의 본질적 속성이다. 그래서 결혼은 하나님의 본성, 특히 예수 그리스도께서 성품과 사역으로 보여 주신 본성을 드러낸다.

섬기고 베풀라 인간은 하나님의 형상을 따라 창조되었다. 이는 하나님이 보여 주시는 그분의 몇 가지 특성, 즉 거룩함, 자기희생, 풍성한 창조성, 긍휼함, 공평함, 용서 등을 우리가 공유한다는 의미다. 우리 본성의 이런 부분을 버린다는 것은 우리 자신을 미워하는 것이요 우주와의 접합부에서 삐져나오는 것이며, 생명을 주는 모든 것과 불화하는 것이다. 섬기기보다 섬김받기를 원하면 "인자가 온 것은 섬김을 받으려 함이 아니라 도리어 섬기려 하고 자기 목숨을 많은 사람의 대속물로 주려 함이니라"(마 20:28)라고 제자들에게 분명히 말씀하신 우리 구주에게서 멀어진다.

◑ 예수님의 성품과 사역에 계시된 하나님의 관대함에 놀라 할 말을 잃었는가? 내 배우자는 자신의 복락과 행복을 위한 내 관대함과 희생에 놀라 늘 할 말을 잃는가?

함께 볼드는 기도의 끈 배우자가 내게 빚졌다고 생각되는 것을 계산하거나 아니면 내가 배우자에게 빚을 진 듯 자꾸 계산하지 않도록 도와주시기를 주님께 청하라. 자신과 배우자에게 주님의 너그러운 마음을 나눠 달라고 청하라.

더 큰 단일체의 일부가 되려면 … 내 독립성을 포기해야 한다. … 바울은 자기 개인의 유익보다 전체의 유익을 우선으로 여기고 전체를 섬기기 위해 자기 권리를 부인하는 이 능력이 우리의 본능에 속하는 일은 아니라고 말한다. 사실 이는 아주 부자연스러운 일이지만, 이것이 바로 결혼 생활의 토대다. 억압적으로 들리겠지만 부부 관계는 바로 그런 식으로 돌아간다.

상호 의존성 오늘날 온라인 인간관계에 더 많이 투자하면 할수록 실제로 얼굴을 마주하고 관계를 유지하는 데 필요한 기량을 습득하기는 더욱 힘들어진다. 디지털 세상에서는 굳이 설명이나 사과할 필요도 없이, 심지어 관계를 무너뜨린 문제가 무엇인지 인지할 필요도 없이 어떤 사람과의 친구 관계를 끊을 수도 있고 그 사람을 스토킹할 수도 있다. 이는 결혼 생활을 한층 더 힘들게 만든다. 개인의 자율성을 포기하는 것이 거의 결혼의 정의라고 할 수 있으니 말이다. 결혼 서약의 가장 기본적 내용은 "좋을 때나 나쁠 때나, 부유할 때나 가난할 때나, 병들 때나 건강할 때나 사랑하며, 하나님의 거룩한 규례에 따라 죽음이 우리를 갈라놓을 때까지 사랑하고 소중히 여긴다. 내가 이것을 당신에게 맹세한다"는 것이다. 이 서약으로써 나는 내 독립성을 상호 의존성과 교환하는 것이며, 이 상호 의존성은 우리의 본능적 이기심과 정반대되는 개념이다.

◑ 결혼해 부부로 살려면 서로 독립성을 포기해야 하는데, 룸메이트나 형제자매, 부모, 친구와의 사이에서 이를 준비할 수 있게 해 주는 관계를 맺고 있는가? 의사 결정을 하기 전에 서로 의논하는 일을 얼마나 잘하고 있는가?

함께 붙드는 기도의 끈 시편 22편 25절에서는 고난받는 종(예수님)이 자신의 서약을 지키는 것을 말한다. 이를 묵상하라. 우리를 구원하시겠다는 약속을 신실하게 지키시는 주님께 감사하라. 배우자를 사랑하겠다는 결혼 서약에 나도 그처럼 신실할 수 있게 해 달라고 주님께 구하라.

성취감은 상대를 위해 섬기는 수고 가까이가 아니라 저 너머에 있다. 이는 삶의 보편적 원리다. 〔C. S. 루이스의 말처럼〕 사회생활에서도 내가 지금 어떤 사람으로 보일까 하는 생각을 더는 하지 않을 때에야 비로소 남에게 좋은 인상을 남길 수 있다. … 이 원리가 머리 끝에서부터 발끝까지 우리 삶의 모든 면을 관통한다. 나를 버리라. 그러면 진짜 나를 찾을 것이다. 목숨을 잃으면 목숨을 구하게 될 것이다. … 버리지 못한 채 움켜쥔 것을 진정으로 소유하는 경우는 없다.[6]

문화적 모순 이 메시지는 우리 시대 문화의 영화, 텔레비전, 자기 개발 서적, 기타 모든 메시지와 정면으로 상충된다. 이 시대는 나(Me)에게만 신경 쓰고 내 길을 방해할 수 있는 사람들의 바람과 욕구는 다 무시하는 것이 성공에 이르는 유일한 길이라고 말한다. 내게만 집중할 때 빚어지는 최종 결과는, 사랑도, 지속적 우정도, 내 관점에 도전을 던지는 다른 어떤 관점도 없이 오직 나만 남는다는 것이다. 출산율 급락은 이런 태도와 직접적으로 관련이 있다. 우리가 사는 이 시대는 그 어떤 인간관계도 우리를 얽매는 의무가 되어서는 안 된다고 말한다. 물론 자녀 양육은 예외다. 부모와 자녀 사이는 무엇으로도 끊을 수 없으니 말이다.[7] 자녀는 협상의 대상이 될 수 없다. 내가 아무리 바빠도, 아무리 스트레스가 심해도 아이들의 욕구는 언제나 최우선 순위다. 부모가 희생한 경험이 부족하면 자녀는 충격을 받을 수도 있다. 결혼도 마찬가지다.

❍ '목숨을 잃으라'는 말이 자기를 학대하라는 말로 들리는가? "이를〔내 목숨을〕 내게서 빼앗는 자가 있는 것이 아니라 내가 스스로 버리노라"라는 예수님의 말씀이 이 상황을 명쾌히 설명해 주지 않는가?

함께 붙드는 기도의 끈 십자가에서 죽으실 때, 그리고 우리가 주님을 배척하는 것을 보셨을 때도 우리 곁에 머물며 우리를 사랑하신 주님께 감사하라. 모든 인간관계에서, 특히 부부 사이에서 나도 그와 같은 신실함을 보일 수 있게 해 달라고 주님께 구하라.

우리는 자신에게 몰두하는 태도를 좀체 깨닫지 못한다. 언제나, 늘 그렇다. 아픔과 상처라도 있으면 자기중심적 태도는 훨씬 다루기 힘들어진다. 상처 있는 사람에게 이기적 행실을 지적하면 이렇게 말한다. "네, 어쩌면 그럴지도 몰라요. 하지만 상처를 안고 산다는 게 어떤 건지 당신은 잘 몰라요." 상처로 자신의 모든 행실을 정당화한다.

───────────────────────────────────────

과거의 상처와 현재의 행실　자기에게만 몰두하는 태도는 죄 된 이기심과 온 세상을 나와 내 욕구와 필요 중심으로 돌게 만들려는 욕망에서 나온다. 하지만 자기밖에 모르는 사람들을 향해 그냥 "그러지 말라!"고 말하는 것이 늘 옳지는 않다. 육체적, 성적 학대, 혹은 극심한 정서적 학대를 겪은 사람들은 단순히 그러지 말자는 의지만으로는 태도를 바꾸기 어려울 수 있다. 이들은 복합적 두려움, 왜곡된 믿음, 그릇된 죄책감 때문에 바람직하지 못한 관계와 행실의 덫에 걸려 빠져나오지 못하는 것일 수도 있다. 이런 사람들은 우리가 진실을 말해 주고 더불어 사랑으로 너그럽게 기다려 주어야 한다. 그렇지만 과거에 입은 상처를 현재의 무책임한 행동을 하는 핑계로 삼아서는 안 될 것이다. 어쨌든 그 어디에서도, 어떤 경우에도 학대를 용인해서는 안 된다. 상처를 주고받는 일 없이 서로를 돕기 위해서는 주님의 지혜가 얼마나 절실한지!(약 1:5)

❍ 극도의 정서적 학대 피해자는 주변에서 도와주지 않으면 자신을 학대한 사람에게 대항하지 못할 수도 있다. 혹시 학대를 겪었는가? 그런 경험이 초래한 어떤 증상이 여전히 남아 있지는 않은가? 그렇다면 이제 이 문제에 어떤 조취를 취할 수 있겠는가?

함께 붙드는 기도의 끈　과거에 내가 겪은 일 가운데 자꾸 분노하게 만들고 두려워하게 만들고 혹은 슬픔에 잠기게 만들면서 지금까지 나를 지배하는 어떤 상처가 있지는 않은지 알려 달라고 주님께 청하라. 이런 상처를 치유할 수 있는 은혜의 수단을 달라고 주님께 청하라.

사람들이 자기중심적인 이유가 단지 건전한 자존감이 부족한 탓이라는 주장이 있다. 〔그 주장은〕그러니 … 자신에게 좀 너그러워지고, 타인이 아니라 자신을 위해 살라고 사람들에게 조언한다. 〔하지만 거기에는〕자기중심적 태도가 타고나는 것이 아니며 단지 모종의 학대의 산물이라는 전제가 깔려 있다. 세상의 주요 종교치고 그 어떤 종교도 사실상 그렇게 가르치지 않건만, 이것이 많은 사람에게 인기 있는 평균적 견해가 되었다. 하지만 상황을 이렇게 보는 시각은 전혀 통하지 않는다. 부부 사이에는 하루하루의 지극히 일상적인 삶에서도 자기를 부인하는 자세가 어쩔 수 없이 필요하다.

무한히 소중한 존재　자기중심적인 사람들(이는 곧 우리 모두를 말한다)은 자존감이 낮고, 이를 치유하려면 더 자기중심적이 되어야 한다는 주장은 아무리 좋게 보아도 기이하다. 낮은 자존감은 이러나저러나 자신에게 집중하는, 자신의 문제점과 부족한 점 때문에 괴로워하는 하나의 방식이다. 지금 학대를 당하고 있다면 가해자의 행동을 당장 중지시켜야 한다.⁴ᵂ²²ᵎ 하지만 그것만으로는 치료책이 되지 않는다. 내가 이런저런 것을 얼마나 잘하고 재주가 많은지 다른 사람들이 내게 말해 주는 것 역시 방법이 아니다. 예수님의 무조건적 사랑의 품, 우리의 모든 눈물과 슬픔을 우리 자신보다 더 잘 아시는 그분의 품만이 우리를 우리에게 필요한 것들로 넉넉히 채워 줄 수 있다. 예수님께서는 우리를 대신해 죽으실 정도로 우리를 사랑하셨다. 우리는 예수님께 무한히 소중한 존재들이다.

❶ 나는 배우자에게 어떤 방식으로 그리스도의 사랑을 전달하는가? 배우자가 슬프거나 외롭거나 아파하거나 과거에 사로잡혀 있을 때, 내 사랑은 그리스도의 사랑과 더불어 배우자가 치유되는 데 얼마나 도움이 되는가?

함께 불드는 기도의 끈　하나님의 사랑, 하나님의 구원, 하나님의 축복, 장래의 영광에 대한 하나님의 약속이 내게 풍성히 주어졌음을 확고히 인식하여, 부부가 서로 사랑할 때 날마다 일상적으로 치러야 할 희생 때문에 내가 빈곤해졌다거나 자존심이 깎였다는 느낌이 들지 않게 해 달라고 하나님께 구하라.

그리스도인의 접근 방식은 상황 분석을 달리함에서 출발한다. 우리는 사람들이 얼마나 심하게 상처를 입었든, 결과적으로 인간의 마음에 나타나는 자기에게 몰두하는 성향은 학대가 낳은 것이 아니라 다만 학대로 더욱 확대되고 구체화된 것이라고 믿는다. … 그렇다고 해서 상처 입은 사람들에게 특별히 친절을 베풀고 부드럽게 대해 주며 인정해 주고 인내해 줄 필요가 없다는 말은 아니다. 다만 그것이 전부는 아니라는 뜻이다.

수많은 원인들 내게 죄를 짓는 사람들 때문에 내가 피해를 입을 수 있기는 하지만, 그럼에도 죄로 오염되지 않은 영적 상태로 인생을 시작하는 사람은 아무도 없다. 시편 14편 2-3절과 58편 3절은 우리가 태어나자마자 죄와 이기심과 거짓말 쪽으로 향하는 성향이 있음을 일깨워 준다. 그러나 몸의 영양 상태가 안 좋고 잠이 부족하고 스트레스가 심하면 감염병이 악화될 수 있는 것과 마찬가지로, 죄 된 본성은 가혹한 대접, 고립, 무시, 가난, 그리고 그 밖의 내외적 요인 때문에 불이 붙을 수 있다. 영적 질환의 사회적 원인을 이야기할 때, 그리스도인은 그리스도 안에서 주어지는 새로운 탄생, 새로운 마음, 죄 사함이 필요하다는 시각을 잃지 않고 또한 연민을 갖고 이야기해야 한다. 그런 문제들을 사회적 영향(진보 정치가 설정하는 기본 상태)이나 개인적 무책임(보수 정치가 설정하는 기본 상태) 탓으로만 돌려서는 안 된다.

❍ 사회 병폐가 배우자를 비롯해 내 주변 사람들에게 어떤 상처를 입혔는가? 그들 앞에 당신의 영혼을 사랑하시는 분이라고 그리스도를 소개하는 한편, 모든 상황을 악화시키는 사회적 조건을 완화시키기 위해 나는 어떤 노력을 하고 있는가?

함께 붙드는 기도의 끈 나와 내 주변 사람들의 흠결과 죄 문제를 대할 때 내가 누군가에게 죄를 짓기도 하고 누군가가 내게 죄를 짓기도 한다는 사실을 아는 데서 오는 균형감을 잃지 않도록 지혜와 도움을 주시기를 하나님께 구하라.

열등감에 젖어 제 역할을 못하는 사람이나 우월감에 젖은 오만한 사람이나 모두 자기밖에 모르고 … 자신이 남들에게 어떻게 보이며 어떤 대접을 받는지에만 집착한다. 자칫 열등감 있는 사람을 돕는답시고 오히려 우월감만 갖게 만들어 바람직한 삶을 사는 데 필요한 것을 구비해 주지 못하기 쉽다. … 자신의 자기중심적 태도는 자신에게 상처를 준 사람들 때문에 생긴 것이 아니라 다만 그 사람들 때문에 악화된 것일 뿐이라고 모두에게 일깨워 주어야 한다. … 그리고 모두 그 문제를 해결하고자 무언가 행동을 취해야 한다. 안 그러면 영원히 비참하게 살 수밖에 없을 것이다.

마음속에 품은 죄 C. S. 루이스는 자신의 소설 《천국과 지옥의 이혼》(*The Great Divorce*, 홍성사 역간)에서 지옥에 사는 사람들이 버스를 타고 천국 여행을 가는 광경을 상상한다. 이 사람들은 죄를 회개하면 천국에 머물 수 있지만, 그중 단 한 사람만 천국에 남고 모두 지옥으로 돌아가기로 한다. 대다수가 자기중심적 삶에 너무 깊이 빠진 나머지 천국과 관련된 그 어떤 것도 원하지 않는 상태가 되었던 것이다. 이야기 속 한 장면에서, "불만스러워지기 시작한" 한 여자는 그 마음을 계속 품은 채 불평불만으로 가득한 삶을 살아왔고 결국 이 여자의 삶은 "불평 그 자체"가 되었다. 삶이 영원히 계속된다면(실제로 그러하다), 마음속에 품은 죄나 "네 삶으로 나를 섬겨야 한다"는 자세는 정말로 나를 영원히 비참하게 만들 것이다. 자기에게 몰두하는 행위, 예를 들어 내면으로 고개를 돌려 자꾸 적개심을 키우고, 타인을 좀처럼 용서하지 않는다거나 원한을 풀지 않으며, 모든 인간관계를 일종의 거래로 여기는 행위는 그 사람의 영혼을 갉아먹는다. 사소하게 시작된 일일지라도 길게 가면 지독한 괴물이 될 수 있다.

❶ 내 자기중심성에 어떤 식으로 이의를 제기하겠는가? 나를 하나님께 온전히 드리기 위해, 내가 섬기는 그 어떤 우상에게서든 돌아설 수 있는가?

함께 붙드는 기도의 끈 시편 73편 16-17절을 묵상한 뒤, 희미해진 내 이상, 왜곡된 생각, 타고난 자기중심적 태도, 자기합리화 경향을 강화시키는 부정(否定) 방어기제에서 나를 구해 달라고 하나님께 구하라. 이런 현실을 명쾌히 볼 수 있게 도와주시기를 구하라.

보통 세 가지 증상이 나타난다. 첫째, 이 멋진 사람이 얼마나 이기적인지를 깨닫는다. 둘째, 그 멋진 사람도 나와 비슷한 생각을 하고 있으며 그래서 나를 향해 이기적인 사람이라는 말을 하기 시작한다는 것을 깨닫는다. 셋째, 내가 이기적이라는 것을 일부 인정하기는 하지만 배우자의 이기심이 내 이기심보다 더 문제라고 결론 내린다. 내 삶이 힘들었고 무수한 상처를 입어 왔다고 느끼는 경우 특히 더 그렇다.

흠결에도 불구하고 사랑받는 나 오늘 본문과 같은 증상을 일컬어 흔히 "허니문은 끝났다"고 냉소적인 말들을 한다. 황홀한 사랑이라는 콩깍지가 눈에서 벗겨지고 나와 결혼한 사람이 죄인이라는 사실을 두 사람 다 알아차리는 것이다. 예수님께서 지적하셨다시피 상대방 눈의 티끌이 내 눈의 들보보다 언제나 더 커 보인다(마 7:3-5). 소울메이트만 만났어도, 상대를 지혜롭게만 선택했어도 틀림없이 이런 일은 일어나지 않았을 것이다? 언제나 그렇기는 하지만, 우리는 과거 세대에 비해 이런 경우에 대비할 준비를 잘하지 못했다. 두 가지 해법이 있다. 첫째, 자신이 어떤지를 돌아보고 배우자가 보기에 나는 함께 살기 참 힘든 사람이라는 점을 기억하라. 둘째, 내 흠결과 죄에도 불구하고 나를 사랑하신 주님을 바라보라.

◑ 배우자를 변화시키고자 할 때 나는 배우자의 어떤 '티끌'에 초점을 맞추는가? 내 삶에서 빼내야 할 '들보'를 꼽아 보라.

함께 붙드는 기도의 끈 배우자의 죄와 실패에도 불구하고 그 사람을 꾸준히 용서하고 사랑할 수 있기 위해 내게 필요한 두 가지 시각(내 죄를 볼 수 있는 시각, 그리고 그런 나를 향한 하나님의 무한한 사랑을 볼 수 있는 시각)을 하나님께 구하라.

내 자기중심적 태도보다 내가 과거에 상처받은 적이 있다는 사실이 더 근본적 문제라 생각할 수도 있고, 그래서 배우자가 이런 내 문제를 알고 나를 보살펴 주지 않는 한 결혼 생활이 제대로 굴러가지 않을 것이라 작정할 수도 있다. 물론 배우자는 아마 그렇게 해 주지 않을 것이다. 특히 배우자가 나에 대해 거의 똑같은 생각을 하는 경우에는 더욱 그렇다. 둘 사이의 정서적 거리는 점점 더 멀어진다. … 남편도 아내도 상대를 위해 달라지려 하지 않는다. 네가 장군하면 나는 멍군하겠다는 거래만 있을 뿐이다.

내가 더 상처받았다? 우리 부부의 신혼 시절, 두 사람 중 한 명이 이따금 거친 말이나 행동을 할 때가 있었다. 상대가 그 사실을 지적하면 "오늘 하루 내가 얼마나 힘들었는지 아느냐"고 대꾸하곤 했다. 그러면 상대는 이 변명을 그대로 받아들이기보다는 "나는 더 힘들었다"고 응수했다. 나중에 우리는 이것을 '내가 더 엉망 게임'이라고 불렀다. 이 게임에서 '이긴 사람'은 시무룩해 있어도 괜찮았고 책임을 소홀히 하거나 두 사람 사이에서 반드시 해야 할 일을 등한시해도 괜찮았던 반면, '진 사람'은 자신의 욕구를 잠시 보류하고 상대를 돌봐야 했다. 우리는 많은 시간을 허비한 후에야 이것이 사실은 가혹한 게임 혹은 경쟁이라는 것을 깨달았다. 덕분에 우리가 이런 게임을 다시 하게 되었을 때 초기 단계에서 이를 알아차리고, 이것이 얼마나 한심한 행동인지 깨달아 다음 단계로 나가는 데 도움이 되었다. 대개는.

❶ 이런 '게임'이 낯설지 않은가? 각자의 급박한 욕구에도 불구하고 남편과 아내 두 사람 모두 상대를 돌보는 사람이 되기로 한다면 어떻겠는가? 배우자와의 사이에서 이런 종류의 다른 어떤 '게임'을 하고 있지는 않은가?

함께 붙드는 기도의 끈 부부 사이에서 자기를 합리화하는 어떤 '게임'을 벌이고 있지는 않은지 분별하고 자각할 수 있게 해 달라고 하나님께 구하라. 또한 그리스도 안에서 내가 옳다 여김을 받았다는 사실에 안식하여 이런 게임을 중지할 수 있게 해 달라고 구하라.

이런 휴전 상태로 아슬아슬하게 이어 가는 결혼 생활에 내놓을 수 있는 대안은 … 배우자의 이기적 태도보다 내 이기적 태도를 더 심각하게 여기는 것이다. 어째서인가? 내 이기적 본성에 철저히 접근해서 이를 온전히 책임을 질 수 있는 사람은 나뿐이기 때문이다. 그러므로 남편과 아내는 자신의 이기적 태도를 더는 변명하지 말고 보이는 대로 뿌리 뽑아야 하며, 상대가 어떻게 하는지 상관하지 말고 그렇게 해야 한다. 남편과 아내가 저마다 "내 자기중심적 태도를 우리 결혼 생활의 최대 문제점으로 여기겠다"고 말한다면, 참으로 근사한 결혼 생활을 해 나갈 수 있으리라 기대해도 좋다.

내가 달라져야 한다 '나를 바꿀 수 있는 사람은 나뿐'이라는 자명한 이치야말로 모든 기혼자에게 소망을 주는 개념이며, 힘든 결혼 생활을 이어 가는 사람에게는 특히 더 그렇다. 아무리 잘못을 지적하고, 고함치고, 망신을 주고, 말다툼을 해도 상대는 달라지지 않는다. 하지만 하나님의 도움으로 내가 달라지기 시작하면, 최소한 삶이 견딜 만해지기는 할 것이다. 그리고 최선의 경우 배우자 역시 달라지기로 마음먹을 수 있다. 어떤 사람은 사랑으로 진실을 말하는 방향으로 달라져야 할 것이고, 어떤 사람은 이제 말은 그치고 대신 행동으로 사랑하는 법을 배우라.

❍ 훈계와 잔소리를 전략 삼아 상대를 변화시키려는 경향이 있지는 않은가? 그보다 나은 출발점은 무엇이겠는가?

함께 붙드는 기도의 끈 전도서 3장 7절을 읽고 "찢을 때가 있고 꿰맬 때가 있으며 잠잠할 때가 있고 말할 때가 있다"는 사실을 묵상하라. 그런 다음 두 가지 중 어느 하나를 해야 하는 순간이 올 때, 그 차이를 알아서 바로 선택할 수 있도록 도와주시기를 하나님께 청하라.

부부 중 어느 한쪽만 〔자신의 자기중심적 태도를 고쳐 보고자〕 할 수도 있다. … 대개의 경우 상대방에게서 즉각적 반응이 그다지 많이 나오지는 않을 것이다. 하지만 시간이 지나면서 계속해서 달라지는 내 태도와 행동을 보면 상대방의 마음도 차츰 부드러워질 것이다. … 내 쪽에서 이제 상대방을 이러쿵저러쿵 비난하지 않기 때문에 상대방도 자기 잘못을 인정하기가 한결 쉬워진다.

생색내지 말고 배우자를 위해 자신의 습관과 버릇을 희생하기로 결심할 경우 크게 생색을 내며 남들이 알게 하는 일이 없도록 하라. 그냥 달라지라! 내가 달라지려는 것은 청중(배우자)의 환호를 받기 위해서가 아니라 내 구주 예수, 곧 내가 달라지는 것을 보고 알며 이를 도우시는 분을 기쁘게 하기 위해서다.

◑ 논쟁하거나 다투지도 말고, 내가 어떤 점에서 달라지는 것을 보고 싶은지 배우자에게 알려 달라고 해 목록을 만들라.

함께 붙드는 기도의 끈 갈라디아서 1장 10절과 로마서 2장 29절을 묵상하라. 내가 하나님께 지지받고 환호받기를 원하게 해 주셔서 더는 사람에게서 받는 지지와 환호에 매이지 않게 해 달라고 구하라.

하나님께서는 내가 나 자신을 부인함으로써 진짜 나를 발견하기를, 나 자신을 잃음으로써 진짜 나를 발견하기를 바라신다. 그런데 성령의 도우심 없이, 또 그리스도께서 나를 위해 해 주신 모든 일을 믿지 않은 채로 그렇게 하려고 할 경우 내 권리와 욕망을 포기하는 일은 괴롭고 힘들기만 할 것이다. 하지만 그리스도 안에서 성령과 함께라면 이는 우리를 참으로 자유롭게 하는 일이 된다.

변화의 원동력 예수님께서 내게 동기를 부여해 주시고 원동력이 되어 주시지 않는 한 달라지고자 하는 욕구는 곧 분노로 변하고 말 것이다. 이는 배우자가 내 노력을 알아차리지 못하는 데 분노한 것일 수도 있고(내가 정말로 달라졌다는 게 입증되려면 시간이 좀 걸린다), 배우자가 전혀 신경 안 쓰는 것처럼 보여서 분노한 것일 수도 있다. 하지만 궁극적으로 그리스도의 사랑은, 사랑으로 그분께 응답하지 않을 수 없게 만든다. 내가 그리스도께 속해 있으면 그리스도 안에서의 성장이 보장된다. 그렇지 않을 경우, 너무 잦은 싸움과 변화에 대한 소망 없음은 두 사람은 기진맥진하게 만들어 결혼을 어이없이 끝내게 한다. '너희 안에서 착한 일을 시작하신 이가 그리스도 예수의 날까지 이루신다'는 그분의 약속을(빌 1:6) 매일 기억하라.

◑ 내가 달라지고자 하는 건 내 구주를 기쁘시게 하기 위해서인가? 아니면 부부 사이에서 도덕적으로 우위를 차지해 배우자를 조종하기 위해서인가?

함께 붙드는 기도의 끈 우리 부부의 미래와 내 결혼 생활의 미래를 위해 기쁜 소망을 얻을 때까지 빌립보서 1장 6절을 묵상하라.

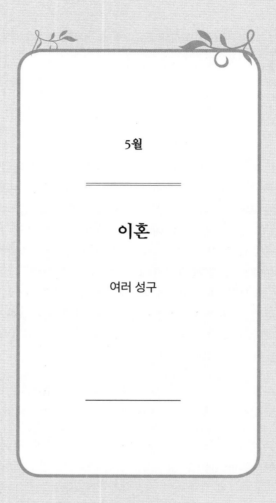

5월

이혼

여러 성구

창세기 2장 24절; 4장 19절 이러므로 남자가 부모를 떠나 그의 아내와 합하여 둘이 한 몸을 이룰지로다 … 라멕이 두 아내를 맞이하였으니 하나의 이름은 아다요 하나의 이름은 씰라였더라.

일부일처제 결혼의 목적은 즐거우면서도 깊이 있는 동반자(친구) 관계를 맺고, 서로 간의 차이를 넘어 하나 됨을 이루고, 자녀를 낳는 것이며, 이 모든 일은 그리스도의 희생을 통한 구원의 한 증표 역할을 하는 배타적 언약을 통해 이뤄진다. 이 같은 배경을 알아야 성경에서 금하는 여러 가지 일들, 예를 들어 일부다처제와 간음, 부당한 이혼, 동성애, 혼외 성관계 등을 이해할 수 있다. 구약 성경을 읽고는 성경이 일부다처제를 지지한다고 생각하는 이들이 많다. 하지만 창세기는 하나님께서 아담에게는 하와만을, 하와에게는 아담만을 주시는 이야기로 시작한다. 두 사람은 하나가 된다. 다른 사람이 끼어들 여지가 없다. 성경에서 최초로 두 아내를 취하는 남자로 등장하는 라멕은 폭력적인 사람이다(창 4:23). 또한 창세기에서 일부다처제가 등장하는 경우마다 불행한 결과를 낳는다. 예수님께서도 마태복음 19장 4-8절에서 말씀하시기를, 애초에 하나님의 의도는 "둘이 한 몸"이 되는 것이었다고 하신다. 성경이 전하는 메시지는 분명하다. 일부일처제는 서구에서 생겨난 개념이 아니다. 이는 성경의 가르침이다.

❍ 창세기의 아브라함과 야곱 이야기, 사무엘상의 한나 이야기를 생각해 보라. 일부다처제는 성경이 말하는 결혼의 목적을 어떤 식으로 거스르는가?

한마음으로 드리는 기도 주님, 배우자 아닌 다른 사람에게 마음을 주어 배우자와의 친밀한 관계, 우정, 신뢰를 깨뜨리지 않도록 저를 지켜 주옵소서. 아멘.

말라기 2장 13-14절 너희가 이런 일도 행하나니 곧 눈물과 울음과 탄식으로 여호와의 제단을 가리게 하는도다 그러므로 여호와께서 다시는 너희의 봉헌물을 돌아보지도 아니하시며 그것을 너희 손에서 기꺼이 받지도 아니하시거늘 너희는 이르기를 어찌 됨이니이까 하는도다 이는 너와 네가 어려서 맞이한 아내 사이에 여호와께서 증인이 되시기 때문이라 그는 네 짝이요 너와 서약한 아내로되 네가 그에게 거짓을 행하였도다.

증인 되신 여호와 하나님이 결혼 제도를 만드시면서 세운 목적을 훼손하는 한 가지가 있는데, 바로 불필요한 이혼이다. 이스라엘 주변 나라에서 결혼은 관리의 입회 아래 두 사람이 맺는 법적 계약이었다.[1] 그러나 이스라엘 백성은 결혼을 증인 되신 여호와와 맺는 언약으로 이해했다. 남편과 아내는 먼저 언약의 하나님께 저마다 충성을 서약했고, 이 "수직적" 약속은 남편과 아내가 맺는 수평적 약속을 훨씬 더 구속력 있게 만들어 주었다. 그리하여 고대(古代)에서는 보기 드문 부부 관계가 만들어졌다. "남자들이 절친한 친구 사이를 가리킬 때 사용한 … 동반자(companion; 마음 맞는 벗)라는 말이 … 여기서는 아내에게만 쓰인다."[2] 하나님과의 언약 덕분에 부부의 유대는 더 긴밀해졌고, 그래서 이 유대를 깨는 것은 매우 비통한 일이 되었다.

❶ 더 깊은 헌신과 신뢰가 있으면 어째서 더 긴밀한 우애가 가능해지는가?

한마음으로 드리는 기도 주님, 우리의 친구이신 주님께서는 우리를 위해 목숨을 내놓으셨습니다(요 15:13). 주님께서 저를 사랑하셨듯이 저도 배우자를 사랑할 때 제 이기적 관심사와 위로가 되는 일들과 제 여러 가지 목표들을 기꺼이 다 내려놓을 수 있게 도와주옵소서. 아멘.

말라기 2장 15-16절 그에게는 영이 충만하였으나 오직 하나를 만들지 아니하셨느냐 어찌하여 하나만 만드셨느냐 이는 경건한 자손을 얻고자 하심이라 그러므로 네 심령을 삼가 지켜 어려서 맞이한 아내에게 거짓을 행하지 말지니라 이스라엘의 하나님 여호와가 이르노니 나는 이혼하는 것과 옷으로 학대를 가리는 자를 미워하노라 만군의 여호와의 말이니라 그러므로 너희 심령을 삼가 지켜 거짓을 행하지 말지니라.

불의 이혼 문제가 그토록 막중한 첫 번째 이유는, 이혼이 하나님과의 언약을 깨기 때문이다. 두 번째, 결혼의 목적 가운데 하나는 "경건한 자손", 즉 자라서 여호와를 알고 섬기며 즐거워하는 자녀를 낳는 것이다. 이혼 가정의 자녀는 심리적·사회적으로 부정적 결과가 생길 가능성이 두세 배 정도 높으며, 이 사실 자체가 이혼을 피해야 할 하나의 이유다.[3] 세 번째, 이혼은 상대방에게 불의를 저지르는 것이기 때문이다. 오늘 본문 말씀을 문자 그대로 해석하면 이혼은 "피로 네 의복을 뒤덮는다"로, 결혼 약속을 깨는 것을 배우자에게 폭력을 행사하는 것과 동일하게 보았다. 예외가 있기는 하지만(뒤에 이어지는 묵상을 보라), 결혼은 원래 평생 가야 했다.[4] 하나님을 위해, 자녀를 위해, 그리고 배우자를 위해 평생 결혼을 유지해야 한다.

◑ 위와 같이 말하면 "자녀를 위해 그냥 한 집에만 산다"는 말을 지지하는 것처럼 보인다. 그렇다면 '이혼하지 않고 한 집에만 살기' 중에서도 어떤 종류는 좋고 어떤 종류는 나쁜가?

한마음으로 드리는 기도 주님, 제가 처음부터 끝까지 주님께 아주 모자란 영적 배우자임에도 불구하고 저를 참아 주시고 제게 충실하심에 감사드립니다. 아멘.

> **마태복음 19장 4-9절** 예수께서 대답하여 이르시되 사람을 지으신 이가 본래 그들을 남자와 여자로 지으시고 말씀하시기를 그러므로 사람이 그 부모를 떠나서 아내에게 합하여 그 둘이 한 몸이 될지니라 하신 것을 읽지 못하였느냐 그런즉 이제 둘이 아니요 한 몸이니 그러므로 하나님이 짝지어 주신 것을 사람이 나누지 못할지니라 하시니 여짜오되 그러면 어찌하여 모세는 이혼 증서를 주어서 버리라 명하였나이까 예수께서 이르시되 모세가 너희 마음의 완악함 때문에 아내 버림을 허락하였거니와 본래는 그렇지 아니하니라 내가 너희에게 말하노니 누구든지 음행한 이유 외에 아내를 버리고 다른 데 장가드는 자는 간음함이니라.

이혼을 허용하시는 첫 번째 상황 성경은 이혼이 허용되는 몇 가지 조건을 언급한다. 예수님께서는 하나님께서 결혼을 이 땅에서 영원히 지속되는 것으로 제정하셨다고 하시면서도 모세의 이혼법을 인정하신다. "(인간) 마음의 완악함"이 이혼을 정당화할 수밖에 없게끔 만들었기 때문이다. 이혼을 허용하시는 첫 번째 상황은 간음이다. 하나님께서는 성을 언약적 행위로 정하셨다. 성이란 한 사람의 삶 전체를 누군가에게 준다는 의미인 동시에 그 주는 행위를 강화하는 하나의 방식이다. 그러므로 배우자 아닌 다른 누군가와 성관계를 갖는다는 것은 그 사람과 "한 몸"이 되는 것이다(고전 6:16 참조). 이는 배우자와 이룬 "한 몸"의 연합을 깨뜨리는 행위로써, 내가 이런 일을 저지를 경우 내 배우자는 자유로이 나와 이혼하고 다른 사람과 다시 결혼할 수 있다.[5] 간음을 대하는 그런 엄정한 입장은 오늘날 시각으로는 별스러워 보인다. 하지만 오히려 예수님 당시에는 이혼이 지금보다 쉬웠으며, 그래서 당시 이 가르침은 지금 우리가 생각하는 것보다 더 급진적인 가르침이었다.

◑ 결혼한 친구가 과거에 잠시 동안 저지른 외도를 고백하면서 "그냥 잠깐의 허튼짓이었고 아무 의미도 없는 행동이었다"고 한다면 어떻게 대답하겠는가?

한마음으로 드리는 기도 주님, 성과 간음의 엄숙한 본질을 기억함으로써 제 눈과 생각을 지킬 수 있도록 도와주옵소서. 아멘.

고린도전서 7장 12-15절 만일 어떤 형제에게 믿지 아니하는 아내가 있어 남편과 함께 살기를 좋아하거든 그를 버리지 말며 어떤 여자에게 믿지 아니하는 남편이 있어 아내와 함께 살기를 좋아하거든 그 남편을 버리지 말라 믿지 아니하는 남편이 아내로 말미암아 거룩하게 되고 믿지 아니하는 아내가 남편으로 말미암아 거룩하게 되나니 그렇지 아니하면 너희 자녀도 깨끗하지 못하니라 그러나 이제 거룩하니라 혹 믿지 아니하는 자가 갈리거든 갈리게 하라 형제나 자매나 이런 일에 구애될 것이 없느니라 그러나 하나님은 화평 중에서 너희를 부르셨느니라.

이혼을 허용하시는 두 번째 상황　오늘 본문 말씀은 성경이 이혼을 허용하는 두 가지 상황 가운데 두 번째다. 바울은 말하기를, 그리스도인이 비그리스도인과 결혼한 상태일지라도 이혼하지 말라고 한다(고전 7:12-13). 그러나 곧이어 바울은 만약 배우자가 떠나겠다고 고집하면 어떻게 할 것이냐고 묻는다. 남겨진 사람은 이혼하고 재혼할 수 있는가? 대답은 '그렇다'이다. 이런 사람들은 자유이며 '구애될 것이 없다.' "고의적 유기"는 역사적으로도 이혼할 만한 이유로들 여겼다.[6] 배우자를 육체적으로 학대하는 것도 헤어지자는 의사 표시로 볼 수 있으며, 따라서 이혼의 근거가 된다고 많은 사람이 결론 내려 왔다.[7] 이혼을 고려하는 사람치고 아무 이유도 없이 그런 생각을 하는 사람은 없겠지만, 사려 깊은 신자에게 사정을 이야기하고 바람직한 조언을 구함으로써 자신의 생각이 옳은지 확인해야 한다.

◑ 이혼이 허용되는 이런 근거는 간음만큼 확실히 규정하기가 쉽지 않다. 어떤 행동이 배우자를 '떠나는 것'이나 '유기하는 것'으로 여겨질 수도 있고 그렇지 않을 수도 있는 애매한 상황을 생각해 보라. 이것을 혼자 결론짓지 않는 것이 왜 중요한지 그 이유를 알겠는가?

한마음으로 드리는 기도　주님, 이혼 문제는 너무도 어렵습니다. 우리에게 큰 지혜와 분별력이 꼭 필요해요. 우리가 속한 교회가 이혼을 생각하거나 이혼을 겪는 사람들에게 무관심하거나 이들을 배척하는 곳이 아니라 이들이 지혜와 사랑과 도움을 얻는 곳이 되게 하옵소서. 아멘.

예레미야 3장 6, 8절 요시야왕 때에 여호와께서 또 내게 이르시되 너는 배역한 이스라엘이 행한 바를 보았느냐 그가 모든 높은 산에 오르며 모든 푸른 나무 아래로 가서 거기서 행음하였도다 … 내게 배역한 이스라엘이 간음을 행하였으므로 내가 그를 내쫓고 그에게 이혼서까지 주었으되 그의 반역한 자매 유다가 두려워하지 아니하고 자기도 가서 행음함을 내가 보았노라.

이혼과 구원   원래 결혼은 영원해야 하는 것이기에 그만큼 이혼은 아주 중대한 결정이다. 이혼한 사람들이 자신들의 명예에 영원히 씻지 못할 상처를 입었다고 여기는 것도 바로 이런 이유에서다. 하지만 오늘 본문에서 하나님께서는 자신도 이혼했다고 대담하게 말씀하신다. 이혼한 사람을 상대하지 않으려는 독선적인 사람은 하나님도 피해야 마땅하다. 이혼에 이른 책임이 내게 있을 경우에는 어떻게 되느냐고 질문할 수 있다. 성경 어느 구절에서도 이혼을 용서받을 수 없는 죄라고 말하지 않는다. 또한 악한 상황에서도 역사하실 수 있는 하나님의 구원의 능력을 과소평가하지 말라. 하나님께서는 다윗과 밧세바의 아들 솔로몬을 통해 예수 그리스도가 이 세상에 오시게 했다. 부정한 정사(情事)로 시작되어 급기야 살인으로까지 이어진 관계를 통해서 말이다. 이는 마치 하나님께서 이렇게 말씀하시는 것과 같다. "나는 가장 곤란하고 어려운 경우에서도 선한 결과를 이끌어 내기를 좋아한다."

❍ 이혼을 대하는 성경의 태도가 이혼을 가볍게 여기는 서구 문화와 이혼을 영원한 수치로 여기는 전통 문화의 관점과 어떻게 다른지 생각해 보라. 성경은 어떻게 그렇게 색다르고 균형 잡힌 태도를 가질 수 있을까?

한마음으로 드리는 기도   주님, 주님은 거룩하며 동시에 자비로운 분이십니다. 될 수 있으면 이혼하지 않도록 우리를 강력히 경계시키시나 동시에 이혼의 아픔을 겪은 사람들을 온유하게 대해 주시는 주님을 찬양합니다. 아멘.

호세아 3장 1-3절 여호와께서 내게 이르시되 이스라엘 자손이 다른 신을 섬기고 건포도 과자를 즐길지라도 여호와가 그들을 사랑하나니 너는 또 가서 타인의 사랑을 받아 음녀 가 된 그 여자를 사랑하라 하시기로 내가 은 열다섯 개와 보리 한 호멜 반으로 나를 위하 여 그를 사고 그에게 이르기를 너는 많은 날 동안 나와 함께 지내고 음행하지 말며 다른 남자를 따르지 말라 나도 네게 그리하리라 하였노라.

최후의 수단 하나님께서는 호세아 선지자에게 고멜과 결혼하라고 말씀하신 다. 호세아에게 불성실한 여인 고멜은(호 1:2) 급기야 다른 남자의 성 노예가 되기까지 하지만, 하나님께서는 고멜을 포기하지 말라고 호세아에게 명하시 며, 그래서 호세아는 고멜을 소유한 남자에게 돈을 주고 그녀를 되산다. 그리 고 고멜을 집으로 데려와 결혼을 회복하고자 한다. 이를 보아 알 수 있듯이 하 나님께서는 배우자가 간음을 저지른 경우에도 이혼을 명하시지 않는다. 이 는 결혼이 회복 불가능한 수준으로까지 망가진 것처럼 보일지라도 때로는 회 복되는 경우가 있음을 뜻한다. 어제 묵상과 오늘 묵상을 종합해 볼 때 성경의 암시가 이보다 더 미묘할 수는 없다. 온 힘을 다해 결혼을 지키려 애쓰되, 비 록 지킬 수 없게 되더라도 내 삶이 영원히 틀어졌다고는 생각하지 말라는 것 이다.

◑ 온 힘을 다해 상황을 지키려 애쓰되, 결국 지킬 수 없을 때에라도 마음의 평온을 잃지 말라. 삶의 어떤 다른 영역에 이 원리를 또 적용할 수 있겠는가?

한마음으로 드리는 기도 주님, 제가 끊임없이 다른 것에 마음을 두고 주님 아 닌 다른 것을 사랑함에도 계속 저를 사랑하심에 감사하나이다. 이런 행동이 영적 간음임을 깨닫게 하옵소서. '그럼에도 불구하고 저를 사랑하시는' 주님 께 감사하며 돌아갈 수 있도록 도와주옵소서. 아멘.

성령께서 불러일으키시는 이타적 마음은 … 나에게만 몰두해 있던 생각의 방향을 돌리게 만들고 그리스도 안에서 내 욕구가 채워지리라는 것을 깨달아 … 더는 배우자를 내 구주로 바라보지 않게 한다. … 그런 자세를 갖출 때 엄청난 해방감, 마치 악몽에서 깨어나는 것 같은 기분을 맛본다. 내가 얼마나 옹졸한 사람이었는지, 큰 그림에 비춰 볼 때 이런 문제가 얼마나 사소한지 깨닫게 된다. 자기가 얼마나 불행한가에 골몰하기를 그만두면 행복이 점차 커져 가는 것을 실감할 수 있다.

행복의 두 가지 개념　헬라어 '에우다이모니아'(문자적으로는 '좋은 영혼')는 대개 '행복'으로 번역된다. 하지만 학자들은 이 단어를 '인간다운 삶의 번창, 번영'이라고 번역하는 것이 더 낫다고 하는데, 왜냐하면 고대인들은 행복을 우리와는 다른 식으로 생각했기 때문이다. 고대인들이 생각하는 행복이란 내가 원하는 어떤 일을 하는 것이 아니라 내 삶을 현실에 맞춰 나가는 것이었다. 즉 내가 사는 곳에서 최선을 다하는 것이다. 송어는 공기 중에 있을 때보다 오직 물속에 있을 때 행복하고, 개똥지빠귀는 물속이 아니라 하늘을 날 때 행복한 것처럼 말이다. 결혼의 행복은 우리가 서로를 섬길 때에만 찾아온다. 마블 영화 마지막 편 〈어벤져스: 엔드 게임〉 후기에서 시나리오 작가 한 사람은, 초능력이 아니라 의무를 위해 희생하는 능력이 진짜 영웅의 자질이라고 했다.[8]

◑ 어떤 초능력을 가장 갖고 싶은가? 내 결혼 생활에서 영웅이 되고자 할 때 내가 무엇보다 희생해야 할 것은 무엇인가?

함께 붙드는 기도의 끈　내 결혼 생활의 어려움이 어떻게 해서 더 큰 행복으로 이어졌는지 생각해 보라. 그리고 그렇게 해 주심에 하나님께 감사하라.

무엇이 내게 가장 큰 동기를 부여해 주며 나를 움직이게 만드는가? 성공하고 싶은 열망인가? 무언가를 성취하고 싶은 마음인가? 부모에게 나를 입증해 보이고자 하는 욕구인가? 또래들에게서 관심받고자 하는 욕구인가? 내게 잘못을 저지른 어떤 사람들에 대한 분노가 내 삶을 이끄는 가장 큰 동력인가? 바울은 나를 위한 하나님의 사랑보다 이런 것들이 더 지배적으로 내게 영향을 끼친다면 이타적으로 누군가를 섬기는 자리에 서지 못할 것이라고 말한다.

새 출발 아이가 새 가정에 입양되면 옛 사고방식과 행동방식을 버리고 새 가정의 일원이 된다. 하나님의 가정에 입양된 우리는 그리스도 안에 있는 우리의 새 집으로 들어서기 전에 옛 짐을 버려야 한다. 과거에 좋아하던 것, 소망, 꿈, 두려움, 증오를 버려야 한다. 하나님께서 우리를 위해 예비하신 것이 무엇이든 우리가 뒤에 버려두고 온 것보다 더 좋으리라 믿고 빈손으로 들어가야 한다. C. S. 루이스는 우리가 마치 멋진 해변에서 휴가를 보낼 기회가 주어졌는데도 자신에게 익숙한 진흙 웅덩이에서 놀고 있는 어린아이를 닮았다는 유명한 말을 했다. 우리는 이미 알고 있는 것을 좋아하고 한 번도 못 본 것은 신뢰하지 않지만, 오직 하나님만 우리에게 영원하고 견실한 기쁨을 주실 수 있다.

◑ 나를 행복하게 해 줄 것 같아서 결혼 생활로 질질 끌고 들어왔으나 사실은 불행의 씨앗이었던 짐이 있다면 무엇인가? 두 사람 모두 답변해 보고 그 답변에 관해 의견을 나누라.

함께 붙드는 기도의 끈 고린도후서 5장 17절을 읽고 그리스도 안에서 우리가 새 피조물이며 옛것은 지나갔다는 사실을 묵상하라. 내가 집착하고 있는 낡은 사고, 느낌, 행동 패턴이 무엇인지, 그리고 그것이 내 결혼 생활에 어떤 피해를 입히고 있는지 알려 달라고 하나님께 청하라.

> 그 여자의 잘못은 남자의 애정을 통해 자기 가치를 찾으려 한 것이었다. … 그런데 카운슬러는 이런 그녀에게 자신을 긍정적으로 생각할 수 있는 한 가지 방법으로 직업을 구해 경력을 쌓고 인격적 독립을 추구할 것을 제안했다. … 그러자 그녀는 말했다. … "업무 분야에서 경력을 쌓고 출세를 좇다가 이번에도 실패하면 연애가 잘 안 되었을 때처럼 또 삶이 황폐해지지 않을까요? 이제는 그러지 않을 겁니다. 그리스도의 의 가운데서 안식할 수 있으니까요. … 그리고 나면 남자나 화려한 경력 앞에서 이렇게 고백할 수 있어요. '하나님 앞에서 나를 아름답게 만드는 것은 이런 것들이 아니라 예수님'이라고요."

내가 나에게 하는 말 자기를 제어하는 한 가지 비결은, 내 감정이 어떤 사건에 반응해서 생겨났다기보다는 그 사건을 보며 내가 나 자신에게 건넨 말 때문에 생겨났음을 깨닫는 것이다. 누군가와 사귀다 이별 통보를 받았을 때 스스로에게 "나는 비호감인가 봐"라고 말한다면, 이때 감정은 슬픔이다. 반면 "자기가 뭐라고 나한테 이러는 거야!"라고 말하면 이때는 슬픔이 아니라 분노가 생겨난다. 자신에게 경건한 혼잣말을 가르치라. 시편 기자는 자기 마음을 향해 이렇게 거듭 말한다. "내 영혼아 여호와를 송축하며 그의 모든 은택을 잊지 말지어다"(시 103:2).[9] 우리 마음을 향해 말하되 하나님의 진리를 말하지 않는다면, 우리 마음은 자꾸 우리를 불러 세워 희망이 없다고 말할 것이다. 하나님의 말씀을 깨닫고 기도로 하나님과 깊이 교제하는 법을 배움으로써, 하나님께서 소중히 여기시는 것을 당신도 소중히 여기라.

◑ 부부가 함께 기도하는가? 성경 공부 때 얻은 통찰을 배우자와 함께 나누는가? 그렇다면 이유는 무엇이고, 아니라면 그 이유는 무엇인가?

함께 붙드는 기도의 끈 마가복음 1장 35절을 읽고 이 말씀의 정황을 묵상하라. 사역이 절정에 이를 즈음 당대의 거센 요구에 봉착한 예수님께서는 이른 아침 일어나 기도로 시간을 보내셨다. 하나님의 아들께서는 기도 없이 하루를 살 수 있다고 생각하지 않으셨다. 요즘 내 기도 생활이 어떤 상태든, 그것을 놓고 하나님께 기도하라.

우리는 저마다 건강하지 못한 내적 자아를 가지고 결혼 생활을 시작한다. 많은 사람이 출세와 성공에 몰입함으로써 자기 회의(self-doubts)를 극복하려 한다. 이는 곧 배우자와 가정보다는 일을 우선하여 결혼 생활에 피해를 끼친다는 의미다. 어떤 이들은 아름답고 똑똑한 연애 상대에게서 끊임없이 애정과 지지를 얻으면 마침내 자신을 긍정적으로 생각할 수 있으리라고 기대한다. 그러나 이는 연인 관계를 일종의 구원으로 삼으려는 것이며, 세상 그 어떤 관계도 그런 기대에는 부응하지 못한다.

누구나 무언가를 예배한다 알렉산더 슈메만(Alexander Schmemann)은 가장 무신론적인 사람들일지라도 '호모 아도란스'(homo adorans), 즉 예배하는 존재들이라고 말했다.[10] 우리는 무언가를 경배해야 하고, 무언가에 우리 삶을 집중해야 하며, 무언가에 의미와 가치의 근거를 두어야 한다. 데이비드 포스터 월리스(David Foster Wallace)도 한 유명한 연설에서 다음과 같이 똑같은 주장을 한다. "돈과 물질을 경배하면 … 돈과 물질에서 인생의 진짜 의미를 얻어 내려고 하면, 결코 만족하지 못할 것이다." 그는 성적 아름다움, 권력, 예술적 업적이나 지적 성취도 이런 부적절한 예배 대상에 속한다고 말한다. 우리 시대 문화는 "네 나름의 진리를 삶으로 구현하라"고 말하지만, 이런 대체(代替) 신들은 "나를 산 채로 먹어 치울" 것이다. 월리스는 이렇게 결론 내린다. "정말로 중요한 자유에 속하는 것들은 … 대단치도 않고 남의 이목도 끌 수 없는 일상의 수많은 방식으로 타인에게 거듭거듭 참으로 마음을 쓰며 타인을 위해 희생할 수 있는 자세다. 이것이야말로 진짜 자유다."[11] 맞다. 진짜 하나님을 예배하는 자만이 진정한 자유를 누릴 수 있다.

❍ 부부 중 어느 한쪽이든 하나님 자리에 다른 가짜 신을 앉힌다면 바람직한 결혼 생활을 할 수 없을 것이다. 내게 우상이 될 법한 것들을 꼽아 보고 배우자와 이야기를 나눠 보라.

함께 붙드는 기도의 끈 요한일서 5장 21절을 묵상하고, 내 마음이 우상을 의지하지 않도록 지켜 달라고 하나님께 구하라.

> 하나님 크기만 하게 난 구멍은 오직 하나님만이 메우실 수 있다. 자신의 삶에서 하나님이 마땅히 차지하셔야 할 자리에 하나님을 모시지 않는 한 '배우자의 사랑이 충분치 않네, 나를 존중하지 않네, 나를 지지해 주지 않네' 하는 불평을 그칠 수 없을 것이다.

질서를 회복한 사랑 성 아우구스티누스는 죄를 "질서에서 벗어난 사랑"(disordered love)이라고 정의했다." 비겁함이라는 죄는 다른 누군가의 유익보다 내 안전을 더 사랑하는 것이다. 거짓말은 타인의 유익과 진실에 대한 권리보다 내 명성이나 이득을 더 사랑하는 것이다. 가정보다 내 출세와 성공을 더 사랑할 경우 가족에게 상처를 줄 뿐만 아니라 가족을 잃을 수도 있다. 그러나 궁극적 문제는 우리가 하나님 아닌 다른 무언가를 하나님보다 더 사랑한다는 것이다. 배우자를 하나님보다 더 사랑하면, 하나님만이 주실 수 있는 꾸준하고 완전하고 무조건적인 사랑을 배우자에게 기대하게 된다. 하나님을 배우자보다 더 사랑하지 않는다면 배우자를 위해 배우자를 사랑하는 것이 아니다. 그것은 내 욕구를 위해 배우자를 이용하는 것일 뿐이며, 따라서 이는 나를 위해 배우자를 사랑하는 것이다. 여기에는 오직 한 가지 해법만 있다. "내 마음이 세상보다 더 크신 하나님의 사랑에 다가갈 수" 있기 위해서 할 수 있는 건 다 하라.[12]

❍ 자기 검증을 하라. 내 사랑에 "질서를 벗어난" 사랑이 있지는 않은가? "'좋은 것'은 '가장 좋은 것'의 적이다"라는 말을 생각해 보라. 좋은(good) 일이라고 해서 다른 일들에 비해 유독 더 사랑하는 것이 있지는 않은가?

함께 볼드는 기도의 끈 "이 세상보다 더 크신" 주님의 면모를 곰곰이 생각해 보고, 머리만이 아니라 마음으로도 이 사실을 납득하게 해 달라고 하나님께 구하라.

우리가 예수님의 … 약속과 부르심, 그분의 훈계와 격려 … 속으로 깊이 들어가, 시간이 흐르면서 그것들이 우리의 생각을 사로잡아 우리 내면의 삶을 지배하면 … 어떻게 될까? … 남에게 비판받을 때도 절대 무너져 내리지 않을 것이다. 예수님께서 나를 사랑하시고 용납하신 사실이 '내 안에' 깊숙이 자리 잡고 있기 때문이다. 남을 비판할 일이 생겨도 온유하고 참을성 있는 자세로 대할 것이다. 예수님께서 사랑으로 나를 인내해 주시고 온유하게 대해 주신다는 인식이 내면세계 전체에 흠뻑 배어 있으니 말이다.

변화의 열쇠 그리스도인이 하나님의 은혜와 사랑을 넉넉히 알면 그 무엇에도 구애받지 않고 타인을 용서하고 사랑하며 변화하고 성숙할 것이라고들 한다. 어떻게 그렇게 될 수 있는가? 예수님이 '우리의 상상력을 사로잡아 주셔야' 한다. 우리 마음을 사로잡는 책이나 음악 혹은 영화의 경우에서 어떻게 그런 일이 생기는지 생각해 보라. 우리는 거듭거듭 그 책이나 음악, 영화를 다시 보거나 들으면서 감동을 음미한다. 길을 걸으면서도 그 책이나 음악, 영화를 떠올리며 콧노래로 따라 부르고 머릿속에 그려 본다. 다른 이들에게도 그 책을 읽어 보라고, 그 음악을 들어 보라고, 그 영화를 한 번 보라고 권한다. 내가 좋아하는 영화를 아직 한 번도 안 본 사람과 함께 다시 보노라면 그 영화의 매력을 새롭게 발견하게 된다. 이제 예수님에 관해 말하는 복음을 그렇게 음미하고 권해 보고 그분과 사랑에 빠져 보라. 방법은 개인 기도와 함께하는 기도, 성경 읽기, 그리고 찬양이다.

❂ 예수님은 어떻게 내 상상력을 사로잡으사 그분의 사랑이 내 내면세계에 깊이 배어들게 하시는가? 기도와 성경 읽기가 도움이 될 텐데 이 영역에서 내가 실제적으로 할 수 있는 일은 무엇인가? 구체적이어야 한다.

함께 붙드는 기도의 끈 이렇게 청하라. "주 예수님, 제게 살아 있는 선명한 현실이 되어 주옵소서."[13]

151

내가 어떤 사람과 '미친 듯이 사랑에 빠졌다'고 생각하지만, 사실은 내 요구를 잘 들어주고 내가 나 자신에게 느끼는 불안함과 의심까지도 어루만져 줄 수 있는 어떤 사람에게 그저 마음이 끌린 것일 뿐일 수 있다. 그런 종류의 관계에서는 섬기고 베풀기보다 요구하고 지배하기가 쉽다. 내 욕구라는 제단 위에 상대의 기쁨과 자유를 자꾸 제물로 바치는 행위를 피할 수 있는 유일한 길은 내 영혼을 궁극적으로 사랑해 주시는 분께로 돌이키는 것뿐이다. … 그분은 자원하여 십자가에서 자기를 제물로 바치셨다.

질서에서 벗어난 사랑 부부는 서로의 필요를 충족시켜 주어야 한다. 그렇다면 내가 배우자를 사랑하고 그 사람의 유익을 위해 힘쓰기보다 나를 확인하고 나에 관한 의심을 극복하려고 그 사람을 이용하고 있음을 알 수 있는 징후는 무엇인가? 한 가지 나쁜 징후는, 배우자가 힘든 시간을 보낸다거나 기분이 가라앉아 있거나 낙심한 상태를 용납하지 않는다는 것이다. 즉, 내게는 언제나 컨디션 최상이고 침착한 사람, 그래서 내게 집중할 수 있고 내게 일방적 애정을 과하게 요구하지 않는 사람이 필요하다. 또 한 가지 징후는 배우자가 나를 비판하는 말에 지나치게 망연자실하거나 반대로 하도 적대적인 반응을 보여 상대방이 그 모든 비판의 말을 다 취소하게 만드는 것이다. 왜 그렇게 하는 것일까? 배우자에게 칭찬만 듣고 인정만 받고 싶은 나머지 배우자가 건넨 비판의 말을 도저히 감당하지 못해서다.

◑ 배우자와의 관계에서 이런 징후가 보이지는 않는가? 만약 보인다면 어느 정도나 심하게 보이는가?

함께 붙드는 기도의 끈 나를 위한 희생적 사랑으로 내 상상력과 마음을 사로잡아 달라고[5월 13일] 그리스도께 청하라.

"서로 사랑하는 데 혼인 신고서가 왜 필요해? 그런 종이 쪼가리 같은 거 없어도 나는 당신을 사랑한다고! 그런 거 있어 봤자 복잡해지기만 해"라고 말했을 때 … 그 여자는 사랑이 본질적으로 어떤 특별한 종류의 감정이라고 보고 있었다. 여자의 말은 이런 뜻이었다. "나는 자기에게 로맨틱한 정열을 느껴. 서류 따위는 그런 감정을 고조시키는 데 전혀 도움이 안 되고 마음만 상하게 할 거야."

감정과 행동   사랑은 행동이지 감정이 아니라고 말하는 것은 극단적인 단순화다. 감정과 행동을 서로 대치되는 것으로 만들어서는 안 된다. 결혼 생활을 잘 해내려면 분명 서로에게 깊은 애정과 매력을 느껴야 한다. 그러나 자녀를 키우는 사람이라면 알 것이다. 사랑이란 고마워할 줄 모르는 작은 악당(처럼 보이는 녀석들)에게 별 애정이 느껴지지 않을 때도 이들의 요구를 들어준다는 의미라는 것을 말이다. 다시 말해 사랑의 본질 혹은 토대는 내가 그렇게 하고 싶은 기분이든 아니든 누군가의 유익을 위해 헌신적으로 애쓰는 것이다. 내가 딱히 좋아하지 않는 사람일지라도 그 사람을 위한 일을 하는 것은 더 큰 사랑의 행위임에 틀림없다. 결혼 서약이 사랑을 느끼겠다는 것이 아니라 어떤 일이 있어도 사랑하겠다는 것인 이유가 바로 그것이다.

◑ 어떤 이들은 혼인 신고서가 사랑을 키우기보다 오히려 사랑에 상처를 낸다고들 말한다. 그렇게 말하는 이유가 무엇인가? 사랑을 어떤 식으로 이해하기에 그런 식으로 말하는 것일까?

함께 불드는 기도의 끈   십자가에 달리신 채로 우리가 그분을 부인하고 배신하고 조롱하고 급기야 버리기까지 하는 것을 보셨을 때도 여전히 우리 곁에 머물러 주신 예수님께 감사하라. 그런 사랑을 날마다 우리에게 부어 주시는 주님께 감사하라.

성경은 사랑을 논할 때 내가 얼마나 많이 받고 싶어 하는가가 아니라 내가 누군가에게 나를 얼마나 기꺼이 주고 싶어 하는지로 사랑을 가늠한다. "나는 이 사람을 위해 얼마나 기꺼이 손해 볼 수 있는가? 내 자유를 얼마나 기꺼이 버릴 수 있는가? 내 소중한 시간, 감정, 자원을 이 사람에게 얼마나 기꺼이 쓸 수 있는가?" 결혼 서약은 이렇게 하는 데 도움이 될 뿐만 아니라 심지어 얼마나 이렇게 할 수 있는지를 테스트하기도 한다.

두 종류의 자유 현대인들이 이해하는 자유란 대략 다음과 같다. "다른 누군가의 자유를 해치거나 제한하지 않는 한 나는 내 선택대로 살 자유가 있어야 한다." 달리 말해, 내 독립 상태에 제한이 없으면 없을수록 나는 자유롭다는 것이다. 이것을 '소극적' 자유, 즉 '~으로부터의' 자유라고 부르자. 하지만 이 정의는 사랑하는 사람과의 관계에서 갖추어야 하는 것과 정면으로 상충한다. 관계가 밀접하면 할수록 나는 독립적이 아니라 그 사람과 더불어 결정을 내리고 행동을 취해야 한다. 그런데 소극적 자유를 포기하면 할수록 우리는 적극적 자유를, 모든 두려움과 자기 회의와 슬픔에서 우리를 해방시키는 사랑과 만족의 내적 충만함을 더 많이 경험할 수 있다. 높은 수준의 자유를 얻으려고 보다 낮은 수준의 자유를 포기하는 것이다.

◑ 오늘 본문에 소개한 세 가지 질문에 답변함으로써 자신과 자신의 결혼 생활을 검토해 보라.

함께 붙드는 기도의 끈 우리와의 관계를 얻기 위해 그리스도께서 얼마나 기꺼이 손해를 보셨는지 묵상하라. 그런 다음 내 배우자에게 그런 사랑을 돌려 줄 수 있게 도와주시기를 청하라.

많은 경우 어느 한쪽이 상대방에게 "당신을 사랑합니다만, 공연히 결혼을 해서 이 사랑을 망치지는 맙시다"라고 말한다면, 이는 사실 "내가 선택할 수도 있는 다른 모든 것들을 다 포기할 만큼 당신을 사랑하지는 않는다"는 뜻이다. … "당신을 사랑하는 데 혼인 신고서 같은 서류 쪼가리는 필요하지 않다"는 말은 "당신을 사랑하지만 결혼할 만큼은 아니다"라 는 말이다.

그저 서류 쪼가리일 뿐이라고? 《팀 켈러, 결혼을 말하다》를 읽은 어떤 여성이 한 팟캐스트 방송에서 위 본문의 마지막 줄은 부당한 말이라고 주장했다. 그 여성은 남자 친구와 함께 살고 있으며, 결혼할 생각은 없고, 자신들의 사랑이 법적 서류 한 장으로 강요당하는 사랑이 아니라 완전히 자유로운 뜻에 의한 사랑이기를 원한다고 했다. 이 여성의 경우에서도 나타나듯이 대부분 현대인들은 사랑을 주관적이고 감정적인 관점에서만 생각한다. 지금 이 순간 내가 당신을 원하고 당신에게 사랑을 느끼는 경우에만 당신을 사랑한다는 것이다. 그러나 결혼 서약을 한다는 것은 사실상 "나는 내 감정과 상황에 기복이 있을 때에도 여전히 나를 당신에게 묶어 놓을 수 있을 만큼 당신을 사랑한다"고 말하는 것이다. 누군가에게서 그런 약속의 말을 듣는다는 것은 배우자의 사랑에 든든히 발을 딛고 서 있음을 느끼게 된다는 것이며, 시시각각 달라지는 감정 변화를 염려하지 않아도 된다는 뜻이다.

◑ "'당신을 사랑하는 데 혼인 신고서 같은 서류 쪼가리는 필요하지 않다'는 말은 '당신을 사랑하지만 결혼할 만큼은 아니다'라는 말이다." 이 문장이 부당하다고 생각하는가? 그렇다면 그 이유는 무엇이고, 아니라면 그 이유는 무엇인가?

함께 붙드는 기도의 끈 우리를 구원하시고 사랑하시기 위해 예수님께서 어떻게 '그분이 선택하실 수도 있는 다른 모든 것들을 포기하셨는지' 생각해 보라 (빌 2:4 이하). 그렇게 해 주신 것에 예수님께 감사하라.

성경적인 사랑의 개념은 깊은 감정을 배제하지 않는다. 사실 서로를 향한 열정과 감정적 측면의 욕망이 빠진 결혼은 성경에서 말하는 결혼의 이상을 충족시키지 못한다. 성경은 로맨틱한 사랑과 사랑의 본질을 대립시키지 않으며, 여기서 사랑의 본질이란 상대의 유익을 위해 희생적으로 헌신하는 것을 말한다.

섬김의 사랑, 쾌감의 사랑 고대인들은 두 가지 종류의 사랑을 말했다. 먼저 '자비'(benevolence; 선행)의 사랑이 있다. 이는 어떤 사람의 유익을 위해 적극적으로 애쓰되 그 순간 그 사람에 대한 내 기분과 상관없이 그 사람을 위해 헌신하는 것이다. 두 번째로 '자기만족'(complacency)의 사랑이 있다. 이는 어떤 사람에게서 큰 기쁨과 즐거움을 얻는 것이다. 결혼식에서 섬김의 사랑(service-love)을 엄숙히 약속하는 것은 바로 쾌감의 사랑(pleasure-love)이 작용한 결과다.[14] 그러나 우리의 감정이 오르락내리락하기 때문에 부부를 여전히 가깝게 엮어 주고 쾌감의 사랑을 계속 새롭게 해 주는 것은 바로 섬김의 사랑이다. 예수님께서 우리에게 이웃을 사랑하라고 명하시기에(그리고 이 명령이 이웃을 늘 좋아해야 한다는 뜻은 아니기에), 아마 자비(선행)의 사랑이 성경적 사랑 개념의 중심에 가까울 것이다. 하지만 결혼에서는 행동과 감정이 상호 의존한다.

◑ 내 결혼을 볼 때, 이 원리가 사랑의 두 측면 사이에서 제 역할을 하는 것을 확인할 수 있는가?

함께 붙드는 기도의 끈 하나님께서 그리스도 안에서 우리를 사랑하시고 우리에게 필요한 것을 주실 뿐만 아니라 우리를 기뻐하기도 하신다는 사실(시 149:4)을 감사하라. 그 사실을 피부로 느껴 보라.

현대인들은 사랑을 아주 주관적 관점에서 생각해서, 사랑에 어떤 의무가 개입되면 이를 건강치 못한 사랑이라 여긴다. … 배우자와 둘이 동시에 로맨틱한 분위기에 젖어들어야만 사랑을 나눌 수 있다고 하면 성관계를 그렇게 자주 가질 수 없을 것이다. 이는 배우자의 기를 꺾고 성적 관심이 줄어들게 만들며, 결국 부부 사이의 잠자리는 갈수록 더 뜸해질 것이다. 서로 격한 열정을 느끼지 않는 한 절대 성관계를 갖지 않는다면, 서로 격한 열정을 느끼는 경우 또한 점점 줄어들 수밖에 없다.

선물로서의 성 어제 우리는 섬김의 사랑과 쾌감의 사랑이라는 사랑의 두 가지 측면을 이야기했다. 자녀를 키우는 일에서나 부부 사이에서나 이 두 가지 없이는 건강하며 애정 깊은 관계를 오래도록 유지하기 힘들다. 이 두 가지 사랑은 상호 의존한다. 청년기에는 사랑의 이 두 측면이 성적인 관계를 오랜 기간 유지하는 데도 꼭 필요하다는 것을 깨닫기 어렵다. 상대를 보며 성적 욕구가 끓어오르지 않으면 위선이라고들 생각하는데, 이유가 뭘까? 여러 가지 있음직한 이유 때문에 감정적으로나 육체적으로 성관계 욕구가 없음에도 배우자에게 진심으로 주는 선물로써 왜 기꺼이 나를 주지 못하는가? 때로 성은 사랑의 두 가지 측면 가운데 어느 한쪽에 더 가까울 수도 있지만, 그래도 이 두 가지 모두 진정한 사랑의 행위다.

◑ 배우자가 "특별히 잠자리를 하고 싶은 기분은 아니지만, 그래도 당신과 사랑을 나누고 싶어요. 여보, 우리 침실로 가요"라고 말한다면, 기분이 나쁘겠는가?

함께 올드는 기도의 끈 결혼 생활의 모든 측면에서 섬기는 자의 마음을 가질 수 있게 해 달라고 하나님께 구하라.

혼외 성관계에는 누군가에게 잘 보이고 싶거나 그 사람을 유혹하고자 하는 욕망이 수반된다. 이는 마치 사냥할 때 느끼는 스릴과 비슷하다. 잘 알지 못하는 사람을 유혹하려고 하는 순간에 엄습하는 아슬아슬한 기분, 불확실한 느낌, 그리고 정사(情事)를 서둘러 치르고픈 조급함으로 심장 박동이 빨라지고 감정이 요동한다. '근사한 섹스'란 이런 거라고 정의한다면, 결혼은 … 사실 그런 유형의 스릴을 다 억누른 셈이다. 그러나 이런 식으로 멋진 섹스를 정의한다면 어떤 경우에도 성적 열정을 오래 유지할 수 없다.

섹스의 동기   성행위는 흔히 다른 일, 예를 들어 보다 근본적인 우상 같은 것을 덮어 가리는 가면일 수 있다. 어떤 이들은 사람의 인정을 우상으로 삼는다. 이들은 "사람들이 나를 좋아해 주는 건 내가 가치 있는 인간이라서 그런 거야"라고 생각한다. 그래서 어떤 사람을 유혹해 성관계를 맺고는 그 사람에게서 인정받았다고 믿는다. 또 어떤 이들은 권력을 우상으로 삼는다. 이들은 "내가 사람들을 좌지우지할 수 있다면 내가 그만큼 가치 있는 사람임을 알게 될 것"이라고 생각한다. 누군가를 유혹해 성관계를 맺을 경우 이런 사람들은 정복감을 느끼고 권력을 손에 쥔 듯한 기분에 젖는다. 하지만 이 두 가지 모두 내 정서적 이익을 위해 상대를 이용하는 것이다. 그리고 여기서 성은 주는 것이기보다 취하는 것이 된다.

❶ 혼외 관계에서는 상대를 이런 목적으로 이용하는 것이 아주 정상이고, 어쩌면 피할 수 없는 일이기까지 하다. 하지만 부부 사이에서도 이런 일이 있을 수 있다면?

함께 붙드는 기도의 끈   자신을 내주신 하나님의 사랑을 배우자와의 친밀한 성생활에 반영할 수 있도록 도와주시기를 하나님께 구하라.

> 〔성관계에서 부부의 목표는〕서로의 취약한 부분을 다 보여 주고, 민낯으로 상대를 즐거워하
> 는 선물을 서로에게 주며, 서로에게 기쁨을 안기는 희열을 경험하는 것이다. … 이는 흔
> 히 … 사랑을 나눌 만한 '기분이 아닐' 때에도 사랑을 나눈다는 의미다. 부부가 상대에게
> 어떤 강렬한 인상을 남기기 위해서가 아니라 기쁨을 안기기 위해서 성관계를 한다면, 기
> 분은 즉석에서 달라질 수 있다. 행위 자체가 훌륭해 만족감에 푹 잠기게 하는 것이 최고
> 의 섹스가 아니라 기쁨으로 울고 싶게 만드는 것이 최고의 섹스다.

섹스와 퍼포먼스   상대에게 사랑을 전달하는 데는 어떤 식으로든 기술이 필
요하다. 우리는 사랑을 말로 표현하려고 온갖 애를 썼지만 어떻게 해도 기대
에 미치지 못한다고 느꼈다. 성적 사랑도 다르지 않다. 성관계를 할 때 우리
는 상대에게 쾌감을 주고 싶어 한다. 그런데 쾌감을 주려면 상대의 특별한 기
질도 알아야 하고 그 사람의 몸도 잘 알아야 한다. 하지만 현대 문화에서 섹
스는 두 사람만 은밀히 아는 익숙함이 아니라 하나의 퍼포먼스로 변모했다.
요즘 사람들은 처음이니까 다소 서툴고 그래서 서로 민망해하다가 점차 함께
성숙하고 함께 배워 갈 수 있다고 기대하지 않는다. 그보다 이들은 상대와 즉
각 '강렬한 성적 끌림'을 경험할 수 있는지를 알고 싶어 한다. 이들은 당장에
근사한 섹스를 즐길 수 있어야 한다고 생각하며, 이는 서로에게 엄청난 부담
이 된다. 결혼 언약 밖에서 섹스는 자신의 가장 취약한 부분을 드러내는 순간
에도 아무런 불안감 없이 안전하게 머물 수 있는 요람이 되지 못하고 시종 불
안한 우연의 만남이 된다.

◗ 혼전 성 경험에서 익힌 습관은 결혼 언약 안에서 경험하게 될 성을 준비시
켜 주지 못한다. 어째서 그럴까?

함께 붙드는 기도의 끈   퍼포먼스로써의 성을 강조하는 우리 시대 문화에서 보
호해 주시고, 자기를 주는 행위로써의 성이라는 성경의 시각 위에 설 수 있게
해 달라고 하나님께 구하라.

결혼을 단순히 하나의 사회적 거래로, 가족과 집안과 사회에 의무를 다하는 한 가지 방식으로 볼 수도 있다. 전통 사회에서는 가족을 인생의 궁극적 가치로 삼으며, 그래서 결혼이 가족의 이익에 도움이 되는 하나의 거래가 되었다. … 이에 비해 현대 서구 사회는 개인의 행복을 최고 가치로 여기며, 그래서 결혼은 낭만적 꿈을 실현하는 일이 된다.

양극단을 달리는 시대 자유주의자들은 개인의 돈을 대개 국가 소유로 보며, 빈곤을 엄격히 사회 구조의 책임으로 돌린다. 보수주의자들은 개인의 돈을 전적으로 그 사람 소유로 보며, 내가 가난한 것은 내 잘못일 뿐 다른 어느 누구의 문제도 아니라고 본다. 이에 비해 성경은 내 돈은 모두 하나님에게서 오며 하나님 소유라고 말한다. 이는 좌우파 가운데 어느 한쪽만을 좇는 세상 사람들의 선택에서 적당히 중간 지점을 택한 것이 아니다. 잠언은 불의와 억압 때문에도(잠 13:23), 게으름과 무책임(잠 24:33-34) 때문에도 사회가 가난해질 수 있다고 말한다. 마찬가지로 전통 사회는 개인의 욕구보다 가족의 이익을 절대화하며, 현대 사회는 개인의 선택을 최고 가치로 삼는다. 성경은 가족의 필요와 개인의 욕구 두 가지를 다 중시하지만, 둘 중 어느 것도 궁극적 가치는 아니다.

❍ 성경은 전통 문화와 현대 문화의 관심사를 어떤 식으로 설명하는가? 그와 동시에 성경의 결혼관에 비춰 볼 때 이 두 문화가 어떤 점에서 근본적으로 틀렸다고 비판하는가?

함께 붙드는 기도의 끈 우리나라 신앙인들이 세속의 정치적 대안보다 성경의 영향을 더 받을 수 있기를 기도하라.

성경은 개인이나 가족이 아니라 '하나님'을 최고선으로 보며, 이 같은 입장은 감정과 의무, 열정과 약속을 단단히 결속시킨 결혼관을 우리에게 제시한다. 성경적 결혼관의 핵심에는 언약이 자리 잡고 있다.

나는 누구인가 전통 사회는 결혼을 가문과 가족을 위해 이행하는 의무의 성취로 본다. 로맨틱한 사랑은 부차적인 문제요, 취사선택의 문제다. 이에 비해 현대 사회는 결혼을 한 개인으로서의 나를 충족시키는 경우에만(그리고 충족시킬 때까지만) 내가 선택하는 것으로 본다. 결혼이 의무라는 개념은 절충 가능하지만, 로맨틱한 사랑은 가장 중요한 사항이다. 결혼을 보는 이 두 가지 접근법은 한 사람의 정체성과 가치가 어떤 특정한 것에 뿌리를 둔다는 믿음으로 작동한다. '내가 속한 공동체가 규정하는 나'가 바로 나라는 것이 전통적 견해인 반면, 현대 사회는 '내가 말하는 나'가 바로 나라고 말한다. 그러나 기독교는 '하나님이 말씀하시는 나'가 바로 진짜 나이며, 내 자존감은 하나님의 사랑에 뿌리를 둔다고 말한다.

◗ 성경의 관점은 의무와 욕구를 어떻게 결합시키는가?

함께 붙드는 기도의 끈 예수님 안에서 의무와 욕구가 어떻게 어우러지는지 생각해 보라. 예수님께서는 사랑으로 우리를 구원하겠다고 약속하시며, 절대 의무감으로 깃발을 흔드시지 않는다. 내 곁에 있는 사람들을 사랑할 때 내 마음에서도 이런 것들이 적절히 어우러지게 해 달라고 예수님께 구하라.

소비자 관계는 늘 있어 왔다. 그런 관계는 내가 받아들일 수 있을 만한 가격으로 판매자가 내 필요를 맞춰 주는 한에서만 지속된다. … 〔왜냐하면 내〕 개인적 필요가 관계보다 더 중요하기 때문이다. … 언약 관계 또한 늘 있어 왔다. … 〔이 관계에서는〕 당장의 개인의 필요보다 관계를 우선으로 여긴다. … 우리 사회는 지금도 여전히 부모-자녀 관계를 언약적 관계로 여기지 〔거래에 따른〕 소비자 관계로 여기지는 않는다.

언약 관계의 모형인 부모-자녀 관계 이따금 내 자녀를 바라보면서 사랑으로 가슴이 터질 것 같은 느낌이 들 때가 있다. 그래서 아이를 키우는 일이 못내 고되거나 지루한 날들에도 아이를 위해 나를 바칠 수 있다. 오늘날 우리 문화는 결혼을 개인적으로 만족감이 있는 동안만 지속 가능한 일로 재정의하면서도 적어도 자녀만은 여전히 아무런 조건 없이 언제나 사랑하기를 요구한다. 언약적으로 자녀를 키우는 중에 우리는 그런 종류의 사랑이 어떻게 작동하는지 그 사랑의 안쪽을 들여다볼 수 있다. 자녀의 필요를 채워 주려고 '나를 돛대에 묶을 때'[2월 13일] 이 행동은 더 깊은 애정과 사랑으로 이어진다. 배우자에게도 그런 언약적 사랑을 베풀 수 있을 텐데 우리는 왜 이를 경험하지 못하는 것일까?

❶ 부모-자녀 관계 외에 이 시대 문화가 거래 관계로 변질시키지 않은 다른 어떤 종류의 관계가 있다면 무엇인가?

함께 붙드는 기도의 끈 우리에게 언약의 하나님이 되어 주신 하나님께 감사하라. 우리가 하나님께 충실하지 않을 때도 하나님께서는 신실하게 우리를 사랑하셨다.

〔오늘날〕소비자 모델은 이제 결혼을 포함해 역사적으로 언약적 관계로 여겨졌던 대다수 관계의 특징이 되었다. 〔우리는〕사람들이 적정한 가격으로 어떤 특정한 필요를 충족시켜 주는 한에서만 그들과의 관계를 유지한다. … 그 관계가 요구하는 사랑과 인정이 내가 그 관계에서 받는 사랑과 인정보다 더 클 경우 우리는 '손절'하고 관계를 끊는다. … 관계가 '상업화'되면 … 사회적 관계는 경제적 이익을 주고받는 관계로 축소되며, 그래서 '언약'이 라는 개념 자체가 우리 문화에서 사라져 가고 있다.

비용과 이득 거래 관계나 소비자 관계의 핵심은 비용과 이득 계산이다. 이 관계는 오로지 이윤에 기반을 두기 때문에 이득이 안 되면 냉정하게 폐기처 분할 수 있다. 이 관계는 각 당사자에게 비용 대비 이득이 높은 동안만 유지 된다. 하지만 성경은 결혼을 우리와 하나님과의 관계 같은 그런 관계로 제시 한다(엡 5:22 이하). 하나님께서 우리와의 관계를 비용과 이득 기반으로 유지하 셨다면 우리는 다 길을 잃고 어찌할 줄 몰라 할 것이다. 결혼 생활을 비용과 이득 기반으로 해 나간다면 절대 순조롭지 못할 것이다. 그런데 평생을 살다 보면 결혼이란 것이 결국 비용 대비 이득이 높다고 나는 본다. 심지어 힘든 결혼 생활도 나를 하나님 품으로 달려가게 하고 내 성품을 다스리게 해 주니 유익하며, 값을 따질 수 없는 여러 가지 영적 이득을 줄 수 있다.

◑ 결혼이 내게 준, 혹은 깨닫게 해 준 '값을 따질 수 없는' 유익이 무엇인지 꼽 아 보라.

함께 붙드는 기도의 끈 위에서 꼽아 본 유익들을 곰곰이 생각하며 하나님께 감사하라.

> 결혼 (언약)에는 수평적 측면과 수직적 측면 두 가지가 다 강하게 있다. 말라기 2장 14절
> 에서는 아내가 "네 짝이요 너와 서약한 아내"라고 한 남자에게 말한다(겔 16:8 참조). 잠언
> 2장 17절은 "젊은 시절의 짝을 버리며 그의 하나님의 언약을 잊어버린" 제멋대로인 아내
> 를 묘사한다. 남편과 아내 사이의 언약은 "하나님 앞에서" 맺은 언약이므로 … 배우자와
> 의 사이에서 신의를 저버리면 그와 동시에 하나님께 대한 신의도 저버리는 것이다.

가장 중요한 증인 전통적 결혼에서 양가 부모는 내가 속한 공동체를 대표하는 사람들로서, 그 결혼의 첫째가는 증인이다. 신부 아버지가 신부를 신랑에게 '넘겨준다.' 현대의 결혼은 그런 상징 체계에 저항하며, 신랑과 신부가 서로에게 자신을 주는 것으로 본다. 하지만 살펴본 것처럼,[5월 2일] 신랑과 신부를 서로에게 주실 뿐만 아니라(창 2:22) 가장 중요한 증인이기도 하신(말 2:14) 분은 주님이시다. 그러므로 그리스도인의 결혼은 더 깊고 결속력 있는 유대이며, 이 유대는 내가 속한 공동체도 배우자도 내가 남편으로서 혹은 아내로서 어떻게 행동하고 있는지에 관해 최종 판결권을 갖지 못하게 한다. 나는 하나님께 책임을 다하는 것이고, 공동체나 나보다 하나님은 훨씬 더 자비로우시다.

◑ 하나님을 내 결혼의 최종 재판관으로 생각하면 내 상황이 실제로 어떻게 달라지는가?

함께 붙드는 기도의 끈 하나님은 내 모든 죄와 흠결을 다 보시며, 동시에 "그리스도 안에"(고후 5:21) 있는 나를 완벽히 사랑하기도 하신다는 사실을 잊지 말라.

A자 구조로 지은 집을 상상해 보라. 집 양면이 지붕에서 만나 서로를 지탱해 준다. 그리고 아래쪽에서는 집의 기초가 양면을 떠받친다. 하나님과 함께, 하나님 앞에서 맺는 언약은 이렇게 남자와 여자가 서로 견고한 언약을 맺을 수 있게 힘을 북돋아 준다. 그러므로 결혼은 인간 사이에 맺어지는 가장 깊은 차원의 언약이다.

양방향 언약 A자 구조 물리학은 결혼을 설명할 때 좋은 재료가 된다. 집의 한쪽 면이 아무리 견고하고 튼튼해도 하부 콘크리트 기초판이 무게를 감당하지 못하면 그 집은 집 자체의 무게를 견디지 못한다. 집 한쪽 면이 땅으로 가라앉으면 나머지 한쪽 면을 지탱해 줄 수 없다. 그리스도인의 결혼에서도 남편과 아내는 먼저 주례 목사의 질문에 "네"라고 답변하여 하나님과 언약을 맺는다. 그것이 바로 이 결혼의 기초다. 그런 다음 상대방이 하나님께 엄숙히 서약하는 것을 듣고 두 사람은 저마다 상대에 대한 믿음을 굳게 다진다. 두 사람은 이제 서로를 의지할 수 있고 말 그대로 서로의 품에 자신을 맡길 수 있다. 언약의 이 두 측면은 부부 사이에 강력히 스며들어 두 사람의 관계를 견고하고 풍성하게 한다.

◐ 그리스도인의 결혼식에는 두 가지 언약이 내재되어 있다. 대다수 사람이 이를 안다고 생각하는가? 나는 결혼 언약의 두 가지 측면을 어떤 식으로 인식하는가?

함께 붙드는 기도의 끈 우리의 "반석"이요, 샘이신 하나님을 묵상하라(시 18:2; 마 7:24). 언제나 거기 계시면서 나를 지탱해 주시고 힘주시는 하나님께 감사하라.

165

언약이란 무엇인가? 언약은 현대 사회에서 사라져 가는 특별한 유대를 만들어 낸다. 이 유대는 단순히 법적인 비즈니스 관계보다 훨씬 더 친밀하고 인격적인 관계다. 그와 동시에 단순히 감정과 애정에 기초한 관계보다 훨씬 더 오래가고 구속력 있으며 무조건적인 관계다. 언약 관계는 법과 사랑이 절묘하게 어우러진 관계다.

법과 사랑이 어우러지다 그리스도인의 결혼 언약이 전통적인 법적 계약과도 다르고 오늘날의 거래 관계와도 다르다는 것을 다양한 방식으로 살펴보았다. 다른 점이 또 한 가지 있다. 법적 계약은 행동을 요구하지만 사랑을 만들어 내지는 못한다. 동거하는 커플은 구속력 있는 그 어떤 약속도 없이 사랑의 감정을 유지하려고 애쓴다. 하지만 맨 처음 하나님과 이스라엘 사이의 언약이 행동도 요구하고 친밀한 관계도 제시한 것처럼("너희를 내 백성으로 삼고 나는 너희의 하나님이 되리니"-출 6:7), 그리스도인의 결혼 언약도 서약으로 이어지는 사랑의 경이로운 어우러짐을 불러오고, 그런 다음 더 큰 사랑으로 이어지는 헌신을 낳는다. 어째서 그렇게 될 수 있는가? 이 언약이 사회의 승인이나 로맨틱한 사랑에 근거하지 않고 나를 향한 하나님의 은혜롭고 완전한 사랑에 바탕을 두기 때문이다.

◑ 결혼 서약을 이행할 수 있도록 내게 영감을 주고 동기를 부여해 주는 것은 주로 무엇인가? (1) 가족과 사회의 승인 (2) 배우자에게 사랑과 인정을 받고 싶은 욕구 (3) 나를 향한 하나님의 사랑에 부응하려는 마음. 세 가지 모두 훌륭한 동기지만, 어떻게 하면 세 번째와 같은 마음을 더 강하게 가질 수 있는가?

함께 붙드는 기도의 끈 그리스도 안에서 하나님이 단순히 신이 아니라 '내 하나님'이 되실 수 있다는 하나님의 제안에 담긴 놀라운 친밀함을 묵상하라.

〔오늘날 사람들이 보기에〕사랑은 자발적으로 생겨난 욕구에 응답하는 것이지 법적 맹세나 약속 때문에 생겨난 것이 아니라는 것은 상식이다. 하지만 성경의 관점은 근본적으로 다르다. 사랑에는 그 사랑을 사랑답게 만들어 주는 구속력 있는 의무의 틀이 필요하다. 언약 관계는 그저 '법적 관계임에도 불구하고 친밀한' 수준이 아니다. 이 관계는 '법적 관계이기 때문에 더욱 친밀한' 관계다.

오래가는 사랑　성경에서 언약은 말 그대로 사방에서 볼 수 있다. 모든 사랑 관계는 언약으로 강화될 필요가 있음이 당연시된다. 어째서인가? 언약이 사랑하는 기간을 늘려 주고 사랑의 깊이를 더해 주기 때문이다. 언약이 어떻게 사랑 관계가 지속되는 기간을 연장시키는지 생각해 보라. 사람의 감정은 온갖 물리적이고 감정적 이유 때문에 들쑥날쑥한다. 사랑하는 사람의 처신이 완벽하다 해도 말이다. 물론 그렇게 완벽한 사람도 없다. 우리가 사랑하는 모든 사람이 예외 없이 자기중심 쪽으로 마음이 기울어지는 죄인이다. 약속이 아니면 우리는 관계를 쉽게 포기하고 말 것이다. 불가피한 난관과 갈등을 헤쳐 나가려 하지 않을 것이다. 언약이 아니면 우리네 삶은 망가진 관계로 얼룩지고 말 것이다.

◑ 내 결혼 서약이 결혼 생활의 문제점들을 잘 헤쳐 나가려는 내 결단을 더 강화시킨 적이 있는지 생각해 보라.

함께 붙드는 기도의 끈　히브리서 13장 5-6절을 읽고 그리스도 안에서 나를 향한 하나님 사랑의 무한함을 묵상하라. 그리고 무한한 사랑을 주신 하나님께 감사하라.

"당신을 사랑하지만 우리가 꼭 결혼할 필요는 없어요"라고 말하는 사람은 사실 "내 자유를 저당 잡힐 만큼 당신을 사랑하지는 않아요"라고 말하는 것일 수 있다. 그러나 구속력 있는 언약 관계로 기꺼이 발을 들이면 사랑이 억눌리기는커녕 오히려 사랑이 깊고 풍성해지며 심지어 흘러서 넘치기까지 한다. 결혼 서약은 내 사랑이 실제로 결혼할 수 있을 만한 수준이라는 증거다. 그뿐만 아니라 이는 스스로 자기를 내주는 혁명적인 행위이기도 하다.

깊어 가는 사랑 언약은 사랑을 더 깊어지게 함으로써 사랑을 더 튼튼하고 강하게 만든다. 언약은 결혼 생활을 하는 우리를 지켜 주며, 그래서 우리는 이 세상에서 우리가 서로 사랑할 수 있는 능력을 "방해하는" 이런저런 일들에 맞서 더 나아질 수 있다.[15] 첫 번째 '방해물'은 우리에게 사랑을 적절히 표현할 능력이 없다는 것이다. 우리는 배우자가 가장 필요로 하는 형태로 사랑을 주지 못할 때가 많다. 배우자가 잔뜩 화가 나 있는 순간에 계획과 해법을 들이대며 '팩트로 감정에 답변하는' 실수를 저지를 수 있다. 다른 한편으로 우리는 상대를 향한 사랑의 크기와 무게를 제대로 표현하고 전달하는 일에 번번이 실패한다. 하지만 천국에서는 다르다. 그곳에서는 이런 문제가 없을 것이며, 이는 그곳에서 우리가 누릴 상상할 수 없는 기쁨의 한 부분이다. 하지만 이 땅에서는 포기하지 않고 결혼 생활을 계속해 나가는 가운데 이 능력이 점점 자라 갈 수 있다. 부부가 헤어지지만 않는다면 말이다.

◑ 위에서 말한 내 사랑 능력을 가로막는 '방해물'이 우리 부부 사이에서 강하게 모습을 드러낸 사례를 두세 가지만 생각해 보라. 이 부분을 어떻게 개선할 수 있을까?

함께 붙드는 기도의 끈 순간순간마다 우리에게 꼭 필요한 방식으로 늘 우리를 사랑하시는 하나님께 감사하라.

데이트할 때나 동거할 때는 매일같이 상대를 감동시키고 내게 매력을 느끼게 함으로써 자기 가치를 입증해야 한다. … 우리는 여전히 기본적으로 주고받는 소비자 관계를 맺고 있으며, 이는 곧 판촉과 마케팅을 뜻한다. 하지만 결혼이 지니는 법적 구속은 자신의 진짜 모습을 열어 보여 줄 수 있는 안전한 공간을 만들어 낸다. 더는 겉모습으로 자기를 치장하지 않고 얼마든지 자신의 약한 부분을 드러내 보일 수 있다. … 신체적인 면에서는 물론 다른 모든 면에서 겹겹이 두른 방어막을 마지막 한 겹까지 다 벗어 버리고 완전히 벌거벗은 채 서로를 마주할 수 있다.

겉모습 벗겨 내기 사랑을 보장받으려고 겉모습 뒤로 숨는 경향이 있는데, 이것이 바로 사랑을 가로막는 두 번째 '방해물'이다. 우리는 혹시나 자신의 진짜 모습이 드러날 경우 사랑받지 못하지는 않을까 두려워한다. 결혼은 서로가 더할 나위 없이 밀접해질 수밖에 없는 영역으로, 이 영역 안에서는 우리의 모든 흠결이 다 드러나며, 이런 일은 결혼이 아니고는 다른 어떤 것도 할 수 없다. 이와 동시에 결혼 서약으로 안전이 보장되기에 다른 상황에서라면 거부당할까 봐 보여 주지 못한 자신의 진짜 모습을 두려움 없이 내보일 수 있다. 내가 그렇게 솔직할 때 배우자가 사랑으로 반응해 준다면 이는 두 인간 사이에 있을 수 있는 가장 치유 효과 높은 경험일 수 있다. 자신을 이렇게 정직하게 내보이는 것은 결혼 서약이 우리의 사랑을 더 깊어지게 돕는 또 하나의 방식이다.

❍ 위에서 말한 내 사랑 능력을 가로막는 '방해물'이 우리 부부 사이에서 강하게 모습을 드러낸 사례를 두세 가지만 생각해 보라. 이 부분을 어떻게 개선할 수 있을까?

함께 붙드는 기도의 끈 우리의 모든 죄를 포함해 우리의 밑바닥까지 꿰뚫어 보시지만, 그럼에도 불구하고 우리를 사랑해 주시는 하나님께 감사하라.

6월

우리는 서로에게
어떤 존재인가

잠언 외

잠언 2장 16-17절 지혜가 또 너를 음녀에게서, 말로 호리는 이방 계집에게서 구원하리니 그는 젊은 시절의 짝을 버리며 그의 하나님의 언약을 잊어버린 자라.[1]

우정의 요소 오늘 본문에서 "짝"(partner)이라는 말은 가장 친한 친구를 뜻한다 (잠 16:28 참조). 이 책에서 우리는 부부 사이 우정이 얼마나 중요한지 자주 말했다. 잠언은 우정을 뿌리내리고 싹틔우게 하는 요소들을 하나하나 열거한다. 첫 번째 요소는 의도성이다. 부부는 '친밀'해야 하므로 얼굴과 얼굴을 맞대고 함께 있는 시간을 의도적으로 가져야 한다(잠 18:24). 두 번째 요소는 꾸준함이다. 친구는 상황이 안 좋을 때도 내 옆에 있어 주는 사람이다(잠 17:17). 세 번째 요소는 투명성이다. 진정한 친구는 취약한 부분을 서로에게 기꺼이 드러내 보인다(잠 27:5-6). 마지막 요소는 세심함이다. 잠언에서는 친구는 '마음이 상한 자에게 노래하지 않는다'(잠 25:20)고 조언한다. 우정이 깊어지는 방식에 관해서는 더 할 말이 많지만, 지금까지 말한 것이 기본이다.

❍ 괄호 안에 적어 둔 잠언 구절들을 찾아보면 네 가지 요소들을 좀 더 깊이 이해하는 데 도움이 된다. 이 네 가지 가운데 내 결혼 생활에 가장 시급하게 적용해야 할 요소는 무엇인가? 부부 사이 외에 다른 친구들과의 우정에 적용해야 할 요소는 무엇인가?

한마음으로 드리는 기도 주님, 우리를 친히 친구라 불러 주셔서 감사합니다(요 15:13-15). 우리를 위해 친구로서 주님의 마음과 삶을 열어 보여 주셔서 감사합니다. 주님께서 제게 진정한 친구가 되어 주셨듯이 저도 배우자에게, 또 다른 사람들에게 주님과 같은 친구가 되도록 도와주옵소서. 아멘.

잠언 6장 20절 내 아들아 네 아비의 명령을 지키며 네 어미의 법을 떠나지 말고.

평생 배우는 사람 구약학자 브루스 월키(Bruce Waltke)는 고대에는 대다수 여성이 교육을 받지 못했다고 지적한다. 오늘 본문 말씀에서 아내가 자녀를 가르치는데, 이는 지혜를 가르친다는 뜻이다. 지혜를 훈련받은 사람은 수많은 격언과 시를 외우고 있었다. 달리 말해, 오늘 본문 말씀에 등장하는 아내는 지식을 추구하는 일에서 남편과 동료였다. 성경의 이런 개념은 당시로서는 혁명적인 개념이었다. 하지만 남자와 여자가 차별 없이 교육을 받을 수 있는 오늘날에도, 이 말씀을 이어받아 부부가 함께 읽고 배워 다양한 화제에 관해 서로의 생각을 예리하게 다듬어 주는 경우는 그리 흔치 않다. 특히 이 말씀은 부부가 지혜의 궁극적 근원인 성경 자체를 함께 공부하라는 명령이기도 하다.

◑ 부부가 어떤 식으로 성경을 함께 읽는가? 이런 방법을 한번 시도해 보라. 같은 성경을 날마다 한 장씩 읽고 자신에게 도움이 되었거나 감동을 받았던 부분을 메모해 둔다. 그리고 그날 저녁 잠자리에 들기 전 그 부분을 함께 나누고 기도한다.

한마음으로 드리는 기도 주님, 우리가 부부로서 주님의 말씀을 함께 의지하며 배우는 학도가 되게 하옵소서. 주님, '주의 도를 우리에게 가르치소서 우리가 주의 진리에 행하오리니 일심으로 주의 이름을 경외하게 하옵소서'(시 86:11 참조). 아멘.

잠언 5장 19절; 31장 30절 그는 사랑스러운 암사슴 같고 아름다운 암노루 같으니 너는 그의 품을 항상 족하게 여기며 그의 사랑을 항상 연모하라 … 고운 것도 거짓되고 아름다운 것도 헛되나 오직 여호와를 경외하는 여자는 칭찬을 받을 것이라.

진정한 사랑스러움 배우자는 단순히 친구이기만 한 것이 아니라 연인이요 낭만적 파트너다. 배우자의 몸, 이를테면 그의 "품"(breast)의 생김새를 연모하고 성적으로 끌려야 한다. 하지만 잠언 31장 30절은 육체의 아름다움은 덧없고 쇠락하며 나이 들어 가차 없이 사라진다고 일깨워 준다. 하지만 성품의 아름다움을 깨닫는 데서 느끼는, 서로를 위해 희생하고 삶의 질곡을 함께 겪어 온 데서 오는 더 깊은 매력이 있다. 배우자의 정신(spirit)에서 느끼는 사랑스러움에 시선을 고정하면 할수록 성적 친밀함을 불러일으키는 욕구가 커질 것이다. 비록 육체적 매력은 세월이 지날수록 줄어들지라도 말이다.

◑ 위와 같은 '포괄적 매력'(comprehensive attraction)의 의미를 이해할 수 있겠는가, 아니면 상대방의 몸매, 체중, 체격만을 기준으로 호감도를 판단하는가?

한마음으로 드리는 기도 주님, 우리 두 사람이 상대방뿐만 아니라 자신을 바라볼 수 있도록 도우시고, 외적 아름다움이 아니라 '썩지 아니할 (아름다움인) 마음에 숨은 사람'에(벧전 3:3-4) 시선을 고정하게 하옵소서. 아멘.

> 잠언 31장 20, 26절 그는 곤고한 자에게 손을 펴며 궁핍한 자를 위하여 손을 내밀며 …
> 입을 열어 지혜를 베풀며 그의 혀로 인애의 법을 말하며.

교회가 되는 집 남편과 아내는 함께 사역하는 관계, 즉 서로에게 동역자여야 한다. 오늘 본문 말씀의 첫 번째 구절에서는 한 가정이 가난한 사람을 섬겨야 한다고 말한다. '손을 편다'는 말은 막연하게 사회에 관심을 갖는다는 뜻이 아니라 가난한 사람을 집으로 청한다거나 구체적으로 도움을 베푼다는 뜻이다. 두 번째 구절에서는 '말한다'는 뜻의 히브리어 단어가 쓰이는데, 이 단어는 어떤 주제를 공개적으로 이야기하고 길게 해설한다는 뜻이다.[2] 이 구절은 눈여겨볼 만한 광경을 묘사한다. 남편과 아내 두 사람 모두 자기 집을 사역 기관으로, 축소판 교회로 만들었으며, 여기서 사람들이 하나님의 말씀과 지혜를 배우며, 이웃들, 특히 가난하거나 힘없는 이웃들이 자신의 곤궁함에 맞게 실질적인 도움을 받는다.

◗ 나와 내 배우자는 친구이자 연인이고 동료일 뿐만 아니라(이번 주 묵상 나머지 부분을 보라) 함께 사역하는 동역자이기도 한가?

한마음으로 드리는 기도 주님, 우리 가정이 살아 있는 교회가 되게 하옵소서. 이곳에서 사람들이 주님을 발견하고, 주님 안에서 세워져 가며, 필요한 도움을 받을 수 있게 해 주옵소서. 이 일에 꿈을 품을 수 있게 해 주시고 실현 방법을 알 수 있는 지혜를 주옵소서. 아멘.

잠언 31장 11절 그런 자의 남편의 마음은 그를 믿나니 산업이 핍절하지 아니하겠으며.

비밀을 털어놓을 수 있는 사이 성경은 여호와 아닌 다른 어떤 사람이나 어떤 것을 신뢰하는 것을 끊임없이 정죄한다(시 118:8-9). 오늘 본문 구절이 놀라운 것은 바로 그래서다. 성경이 하나님 아닌 누군가에게 마음을 맡기는 것에 대해 이야기한 적은 여기 말고는 다른 어디에도 없다.³ 부부는 서로 비밀을 털어놓을 수 있는 사이여야 하고, 서로 친밀하고 서로 약점을 드러내 보일 수 있는 사이여야 하며, 최고 수준의 영적 신뢰를 누리는 사이여야 한다. 그런 관계는 쉽게 얻을 수 없다. 흠 많고 죄 많은 두 사람이 결혼하면 상대를 실망시킬 수밖에 없으며, 그래서 쉽사리 불신이 자랄 수 있다. 서로 간에 진실한 회개와 용서로 늘 친밀함을 새로이 유지해야만 설혹 실패한다 해도 극복하고 서로에 대한 더 깊은 신뢰로 이어질 수 있다. 예수님께서 우리에게 주신 바로 그런 은혜를 배우자에게 베풀 때에만 우리는 서로를 신뢰할 수 있을 것이다 (엡 4:32).

◑ 내가 배우자를 실망시켰거나 배우자가 나를 실망시킨 일을 떠올려 보라. 은혜로 신뢰를 회복하고 더 깊어지게 했는가?

한마음으로 드리는 기도 주님, 우리가 서로에게 실망을 안긴 적이 있다면 이를 용서할 수 있게 하셔서 서로에 대한 신뢰를 잃지 않게 도와주옵소서. 우리에게 은혜를 주셔서 서로에게 은혜를 보일 수 있게 하시고, 서로에 대한 신뢰가 자라고 또 자라게 하옵소서. 아멘.

▼ 6월 6일

> **잠언 31장 13-14, 16절** 그는 양털과 삼을 구하여 부지런히 손으로 일하며 상인의 배와 같아서 먼 데서 양식을 가져오며 … 밭을 살펴보고 사며 자기의 손으로 번 것을 가지고 포도원을 일구며.

공동 경영자 성경이 여성의 소명을 당시 주변 사회와 얼마나 대조적으로 판단하는지 이 말씀에서 또 한 번 확인할 수 있다. 당시 대다수 주변 사회는 아내를 단순히 남편의 소유물로 보았다. 성경은 남편에게 가정의 머리가 되라고 한다(엡 5:22-26). 하지만 머리가 된다는 것은 남편이 가정 운영에 관한 모든 결정을 도맡아야 한다는 뜻이 아니며, 남편만 돈을 벌어야 한다고 명령하는 것으로 정의할 수도 없다. 위 말씀은 아내를 밥벌이를 하는 사람으로, 또한 가정 경제에서 자산을 운용하는 사람으로 기록한다. 남편과 아내가 그 집안의 경제 번영에 저마다 어떻게 기여할 것인지는 각자의 은사와 역량에 달려 있다. 그러므로 부부는 친구, 동료, 연인, 동역자, 비밀을 털어놓을 수 있는 사이, 그리고 집안 경제 부분에서도 파트너다.

◗ 위 마지막 문장에 열거한 역할 중에서 내 결혼 생활에서 보강이 필요한 역할은 무엇인가?

한마음으로 드리는 기도 아버지여, 성부와 성자와 성령께서는 영원부터 서로를 영화롭게 하고 서로를 높여 오셨으나, 서로 다른 역할에 정통하십니다. 세 분이 하나이신 것처럼(요 17:22-23) 우리 부부도 하나로 만들어 주옵소서. 아멘.

176

신명기 24장 5절 사람이 새로이 아내를 맞이하였으면 그를 군대로 내보내지 말 것이요 아무 직무도 그에게 맡기지 말 것이며 그는 일 년 동안 한가하게 집에 있으면서 그가 맞이한 아내를 즐겁게 할지니라.

배우자에게 즐거움을 안겨 주는가 이번 주에는 성경 말씀에 따라서 부부가 서로에게 어떤 존재가 되어야 하는지를 살펴보고 있다. 오늘 본문에서는 이스라엘에서 남자가 결혼을 하면 군 복무나 그 외 다른 공무(公務)를 일 년 동안 면제받는 것을 법으로 정했다. 물론 이런 법을 만든 가장 현실적인 이유는 남자가 그 집안의 대를 이을 자녀를 생산할 기회도 가져 보지 못하고 죽는 일이 없도록 하기 위해서였다.[4] 하지만 이 법은 그보다 훨씬 더 많은 어떤 것을 염두에 두고 있다. 왜냐하면 맨 마지막에서 남편이 아내에게 '즐거움이 되기 위해' 일 년 동안 집에 머물러야 한다고 말하기 때문이다. 나는 내 배우자에게 기쁨의 원천인가, 아니면 기쁨을 갉아먹는 사람인가? 우리 부부는 서로에게 기쁨을 안겨 주는가?

◑ 우리 부부는 상대를 즐거워하고 상대에게 즐거움을 안겨 주고 있는가?

한마음으로 드리는 기도 주님, 주님께서 우리를 그저 막연히 돌보시는 것이 아니라 실제로 우리로 말미암아 '기쁨을 이기지 못하시고 우리로 말미암아 즐거이 부르며 기뻐하시는' 것처럼(습 3:17), 우리 부부의 마음을 움직여 주셔서 우리도 서로 그렇게 할 수 있게 해 주옵소서. 아멘.

▼ 6월 8일

> 결혼 서약은 … 사랑에 기회를 주고 안정감이 생기게 한다. 그래서 결혼 초 몇 달 몇 년간 심히 변덕스럽고 깨지기 쉬웠던 사랑의 감정이 시간이 지날수록 점점 더 강하고 깊어질 수 있다. 결혼 서약은 우리의 열정에 넓이와 깊이를 더해 준다. 상대가 나를 두고 떠날지 모른다는 두려움 없이 내 마음을 열어 보이고 내 연약함까지 진실하게 이야기하는 데 꼭 필요한 안정감을 주기 때문이다.

정제精製된 사랑 우리의 사랑을 방해하는 또 한 가지 사실은 우리가 상대방의 행복을 위해서가 아니라 내 행복을 위해서 그 사람을 사랑하는 경우가 아주 많다는 것이다. 조나단 에드워즈는 이렇게 말한다. "이 세상에 존재하는 사랑은 대부분 … 이기적인 동기에서 … 시작한다." 우리가 누군가를 사랑하는 이유는 이들이 내 필요를 충족시켜 주리라 여기기 때문이며, 만약 그렇지 못하면 화를 내며 이들에게 등을 돌린다. 그러나 결혼은 우리가 얼마나 자기중심적인지 깨닫게 만들며, 하나님의 도우심으로 우리는 상대의 행복에 내 행복을 쏟아붓는 법을 서서히 배워 갈 수 있고, 그리하여 내 기쁨이 상대의 기쁨이 되기보다 상대의 기쁨이 내 기쁨이 된다. 이렇게 되면 "사랑받는 사람의 〔행복이〕 크면 클수록 사랑하는 사람은 더 기쁘고 즐겁다."[5] 이런 종류의 사랑은 천국에서 완전히 실현되지만, 여기 이 땅에서 일부 맛보는 것만으로도 영광스러운 일이다.

◑ 위에서 말한 내 사랑 능력을 가로막는 '방해물'이 우리 부부 사이에서 강하게 모습을 드러낸 사례를 두세 가지만 생각해 보라. 이 부분을 어떻게 개선할 수 있을까?

함께 붙드는 기도의 끈 하나님께서 예수 그리스도 안에서 자기를 돌보지 않고 우리를 사랑하심에 감사하라. 그리스도께서는 우리의 기쁨을 위해 자기 영광을 포기하셨고 그렇게 하시는 것에 만족하셨다(사 53:11).

178

법과 사랑의 이러한 어우러짐은 우리의 가장 깊은 본능과 잘 들어맞는다. ⋯ 사랑에 빠진 사람들은 자기도 모르게 결혼 서약과 다름없는 말을 쏟아 낸다. "언제까지나 당신만을 사랑할 거야." 상대방이 나를 사랑한다면 그런 말을 듣고 싶어 하리라는 것을 우리는 직감으로 안다. 진짜 사랑은 본능적으로 영원성을 갈구한다고 성경은 말한다. ⋯ 그래서 서약과 약속이라는 '법'은 그 순간 우리의 가장 깊은 열정과 딱 어울린다. 또한 이는 우리 마음의 사랑이 필요로 하는 어떤 것이기도 하다.

영원하기를 갈망하다 사랑 노래의 가사를 잘 들여다보라. "언제나 당신과 함께하리. 당신이 어떤 길을 간다 해도 달라질 건 없어." "영원히 당신을 사랑할 거야." "하늘의 별들보다 더 오래 당신을 사랑해 왔지." "이제부터 당신을 사랑할 거야, 세상이 끝날 때까지."[6] 감상적인 가사들이지만 이런 가사가 존재하는 것은 로맨틱하고 성적인 사랑을 하면 바로 이런 기분이 되기 때문이다. 진짜 사랑은 독립을 원하지 않는다. 진짜 사랑은 영원을 바라며, 그래서 역설적으로 "죽음이 우리를 갈라놓을 때까지"라는 서약은 실제로 우리의 가장 깊은 열정을 대변해 주는 동시에 영원을 갈망하는 사랑을 끝까지 추구하는 데 필요한 힘을 북돋아 준다. 보통의 사랑이 가지는 가장 깊은 갈망은 영원을 바라는 그리스도인의 소망에서만 성취된다.

◐ 이 사랑 노래들은 혼외 성관계를 금지하는 성경의 명령이 옳은 이유를 어떻게 논증해 주는가?

함께 불드는 기도의 끈 그리스도 안에서 나를 향한 하나님의 사랑과 하나님을 향한 내 사랑이 말 그대로 영원하리라는 것에 하나님께 감사하라.

결혼 서약은 (주로) 현재의 사랑을 선언하는 말이 아니라 앞으로의 사랑을 서로 구속력 있게 약속하는 말이다. 결혼식이 단지 내가 지금 얼마나 상대에게 사랑을 느끼는지를 축하하는 의식이 되어서는 안 된다. 신랑 신부가 서로를 사랑한다는 것은 이미 전제된 사실이다. 결혼식은 하나님과 가족, 그리고 사회의 주요 제도 앞에 서서, 기복이 심한 내면의 감정이나 외부 환경에 휘둘리지 않고 앞으로 배우자를 사랑하고 배우자에게 충실하며 진실하겠다고 약속하는 의식이다.

사랑의 불꽃 지키기 1 결혼식에서 앞으로의 사랑을 약속한다는 것은 무슨 의미인가? 물론 이는 행동을 뜻한다. 우리는 성적인 면에서 배우자에게 충실해야 하고, 배우자를 섬기고 보호해야 하며, 그것도 친절하고 너그럽고 참을성 있는 태도로 그렇게 해야 한다. 하지만 사랑하겠다는 약속이 이렇게 행동에만 국한되는가? 감정은 어떻게 약속할 수 있는가? 물론 배우자에게서 느끼는 기쁨과 매력을 늘 어떤 특별한 수준으로 유지하겠다고 약속할 수는 없다. 감정은 어떤 의미에서 우리 뜻대로 좌우할 수 있는 것이 아니기 때문이다. 하지만 배우자를 향한 감정과 직접적으로 관계있는 네 가지 사항을 약속할 수는 있다. 첫째, 우리는 성생활에 충실하겠다고 약속할 수 있다(고전 7:2-5). 성관계는 일종의 '언약 갱신 의식'으로 치러질 수 있으며, 이 의식에서 두 사람은 상대방의 장점을 기억하며 서로에게 새롭게 자신을 준다. 이렇게 하면 로맨틱한 사랑이 계속 불타오를 수 있다.

◑ 배우자와의 성생활에 얼마나 사려 깊게 임하고 있는지 돌아보라.

함께 붙드는 기도의 끈 배우자와 잠자리를 할 때, 배우자가 나를 위해 해 준 모든 일, 배우자가 내게 주는 의미가 내 생각과 마음을 가득 채워 새롭게 나를 배우자에게 줄 수 있도록 도와주시기를 하나님께 구하라.

불행한 결혼 생활을 하는 부부도 이혼하지 않고 결혼 상태를 유지하면 3분의 2가 5년 안에 행복해진다. … 그 힘든 기간 동안 결혼을 유지할 수 있게 해 주는 것은 무엇인가? 결혼 서약이다. … 감정은 시들해지게 되어 있으며 그때〔결혼 서약이〕관계를 유지시켜 준다. 이와 대조적으로 소비자 관계는 살다 보면 필연적으로 겪기 마련인 시련을 좀체 견뎌내지 못한다.

사랑의 불꽃 지키기 2 부부 사이에 사랑의 감정을 지키고 키우는 직접적 결과를 낳는 것 세 가지가 또 있는데, 이에 대해서도 결혼식 때 약속할 수 있다. 첫째, 우리는 용서를 약속할 수 있으며, 용서받았음을 상대가 실감할 때까지 용서해야 한다. 상대의 잘못을 거듭 용서하고 또 용서하지 않으면 분노가 자라나며, 이 분노는 부부 사이 애정을 갉아먹는 주범 가운데 하나다. 둘째, 내가 잘못했을 때 즉각 진심으로 이를 인정하겠노라 약속할 수 있다. 잘못을 저지를 때마다 계속 겸손히 뉘우치지 않으면 일종의 자기 연민과 우월감이 자라나 애정을 갉아먹는다. 마지막으로 서로 칭찬하는 시간을 가지기로 약속할 수 있다. 성경은 그리스도인에게 상대의 재주를 칭찬하고 은사와 능력을 인정하라고 말한다(롬 12:3-6, 10). 하물며 그 상대가 배우자라면 얼마나 꾸준히 그렇게 해야겠는가! 하다 보면 알게 되겠지만 남을 칭찬하는 일은 하면 할수록 즐겁다.

◑ 애정과 사랑의 감정을 지키고 키우는 이 세 가지 행동을 나는 얼마나 잘 실천하고 있는지 돌아보라.

함께 붙드는 기도의 끈 내가 잘못을 저질렀을 때 배우자에게 이를 '즉각 진심으로' 인정할 수 있도록 특별히 도와주시기를 하나님께 청하라. 변명하거나 책임을 전가하는 태도를 피하고, 핑계 대는 일 없이 잘못을 뉘우칠 수 있도록 도와주시기를 주님께 청하라.

〔마태복음 19장에서〕 예수님은 아무 이유로나 이혼할 수 있다고 인정하지 않으신다. … 예수님은 결혼이 언약임을 확실히 하시며 … 〔이 언약이〕 매우 심각한 조건 아래서만 깨질 수 있는 강력한 새 연합을 만들어 낸다고 말씀하신다. 그러나 예수님은 계속해서 말씀하시기를, "너희 마음의 완악함" 때문에 이처럼 심각한 조건이 존재하는 것이라고 하신다. 이는 죄 때문에 인간의 마음이 심히 완악해져서 … 회개와 치유를 기대할 수 없을 만큼 치명적으로 언약을 거스르는 경우가 있다는 뜻이며, 그런 경우에는 이혼이 허용된다.

이혼: 현실주의 요한일서 5장 3절에서는 하나님의 계명이 "무거운 것이 아니라고" 말한다. 우리가 순전히 은혜로 구원받은 죄인임을 알면 순종하려는 우리 마음의 동기가 바뀐다. 단순히 '해야 한다'는 의무감에서 순종하는 것이 아니라 '하고 싶다'는 감사가 넘치는 기쁨으로 순종하게 된다. 더 나아가 하나님께서는 우리가 때로 하나님과 맺은 언약 및 서로와 맺은 언약을 범하리라는 것을 알고 계시며, 그래서 화해의 수단을 제공하시는데 이 수단은 좋은 결과를 낼 수도 있고 그렇지 않을 수도 있다(마 5:23-24; 18:15-17 참조). 마찬가지로 하나님께서는 어떤 이들이 결혼 언약을 깨는 경우가 있으리라는 것을 알고 계시며, 그래서 지혜와 자비로 이혼이라는 방책을 정하셨다. 어떤 결혼이 심히 훼손된 나머지 용서를 베풀었음에도 언약이라는 신뢰의 기반이 이 세상에서는 회복할 수 없을 만큼 무너지는 경우가 있다. 이 거룩하신 하나님은 얼마나 현실적이시고 분별력 있으신지!

◐ 어떤 면에서 하나님의 명령이 우리에게 큰 짐이 아닌가?

함께 붙드는 기도의 끈 내 마음을 알게 해 주시고 문제와 갈등이 곪아 터지게 버려두지 않고 이를 처리해 주셔서, 이혼의 고통을 피할 수 있게 해 달라고 하나님께 구하라.

예수께서 [마태복음 19장에서] 그런 심각한 언약 위반 행위로 지목하신 것은 간음뿐이다. 고린도전서 7장에서 바울은 [이혼의] 근거를 또 한 가지 덧붙이는데, 그것은 바로 배우자를 의도적으로 방기(放棄)하는 것이다. 이런 행위는 본질적으로 언약의 서약을 철저히 깨는 행위이며, 그래서 바울이 고린도전서 7장 15절에서 말하는 것처럼, 배우자에게 부당한 취급을 당한 사람은 '얽매일 것이 없다'(새번역). … 이혼이 쉬워서는 안 된다. 이혼이 첫 번째 방책이 되어서는 안 되고, 두 번째, 세 번째, 네 번째 방책이 되어서도 안 된다.

이혼: 균형 우리 하나님은 완벽하게 거룩한 동시에 무한히 자비로운 분이시다. 이혼 문제에 접근할 때에는 이 점을 염두에 두어야 한다. 하나님의 엄위하신 거룩함을 잊으면 첫 번째 증인 되신 하나님 앞에서 결혼 서약을 한다는 게 얼마나 엄숙한 일인지 명심하지 못하게 된다. 하나님께서는 이혼을 싫어한다고 말씀하신다(말 2:16). 우리도 그래야 한다. 경솔하게 이혼을 거론해서는 안 되며, 이혼은 최후의 방책이어야 한다. 하지만 우리가 하나님의 무한한 자비를 잊는다면, 그리고 인간의 죄성이 이혼을 정당화할 때가 있기 때문에 이혼 제도를 허락하셨다는 예수님의 가르침을 잊는다면, 우리는 하나님의 성품 및 이혼에 관한 성경의 가르침을 제대로 인식하지 못하게 된다.

◑ 하나님의 성품의 이 두 가지 측면 모두를 잘 이해하고 있는가? 아니면 어느 한 측면을 다른 측면에 비해 더 크게 받아들이는가?

함께 불드는 기도의 끈 '하나님은 주로 거룩하시다'라고 생각하는 율법주의나 '하나님은 오직 사랑이시다'라고 생각하는 상대주의를 피할 수 있게 해 달라고 구하라. 각 율법주의나 상대주의 사고에 길들여져 저지르는 특정한 죄를 막아 달라고 주님께 구하라.

예수님께서는 인간의 죄가 얼마나 깊은지 알고 계시며, 제어할 수 없을 만큼 완악한 마음으로 결혼 서약을 어긴 사람과 더불어 결혼한 이들에게 소망을 주신다. 이혼은 끔찍하게 어려운 일이고 또 당연히 그래야 하지만, 잘못은 상대방이 저질렀는데 그 배우자가 수치를 안고 살아서는 안 된다. 놀랍게도 하나님께서도 이혼을 겪었다고 말씀하신다(렘 3:8). 하나님은 이혼이 어떤 것인지 잘 아신다.

이혼을 겪은 사람에게 힘을 (우리 시대 문화처럼) 더는 하나님의 거룩하심을 알지도 느끼지도 못하는 문화에서 이혼은 너무도 흔한 일이고 이제는 큰일도 아니다. 이혼의 결과가 어떤지를 보여 주는 두려운 통계가 있기는 하지만 말이다. 그러나 하나님의 자비하심을 제대로 이해하지 못한 교회 안에서, 이혼한 사람들은 대개 상처와 수치를 안고 살아야 한다. 이혼을 겪고 아무렇지도 않게 세상으로 들어오는 사람은 거의 없다. 그래서 이들을 다방면에서 지원해야 하는데, 많은 교회가 이 지점에서 실패한다. 하나님께서는 이스라엘 백성과의 관계가 끊어지자 자신을 일컬어 이혼을 겪었다고 말씀하셨다(렘 3:8). 이혼한 사람은 친히 이혼을 겪으신 하나님께 기도로써 나아갈 수 있다. 그렇게 해도 된다고 말하는 다른 종교는 세상에 없다.

◐ 우리 교회는 이혼 문제를 어떻게 다루는가? 이혼한 사람들을 어떻게 대하는가?

함께 붙드는 기도의 끈 곤란한 일을 겪고 있을 때 찾아갈 수 있는 하나님, 사람들에게 거부당한다는 것, 심지어 십자가에서 죽기까지 거부당하는 일이 어떤 것인지 아시는 하나님이 되어 주심에 감사하라.

W. H. 오든(Auden)은 … 이렇게 말했다. "덧없는 감정이 본의 아니게 낳은 결과가 아니라 시간과 의지를 들여 빚어낸 것들이 다 그렇듯, 행복하든 불행하든 모든 결혼은 로맨스보다(제아무리 열정적인 로맨스라 할지라도) 훨씬 더 흥미롭다."

훨씬 더 흥미롭다 20세기의 탁월한 시인이자 작가 오든의 글에서 가져온 오늘 본문은 참으로 놀랍다. 하지만 이 말을 면밀히 따져 볼 필요가 있다. 어떤 이들은 상대에게서 성적 매력을 느끼는 한 동거가 법적 결혼보다 더 자연스러운 유형의 사랑이라고 주장한다. 하지만 오든은 혼외로 맺는 로맨틱한 관계를 결혼보다 덜 자연스러운 관계로 묘사한다. 혼외의 로맨틱한 관계는 강렬한 성적 끌림이 일어나는 것을 느끼고 끌려 들어가는 순간 거의 '우연히' 발생한다. 그래서 이 관계는 오래가지 않는다. 그러나 결혼은 언약과 헌신이 있는 의지의 행위이기에 시간이 흘러도 유지된다. 결혼은 겨우 몇 주 함께하는, 혹은 짧은 휴가 기간에만 함께하는 관계가 아니라 우리 삶의 모든 영역을 함께하는 일이다. 결혼이 '훨씬 더 흥미로운' 이유는 나 자신, 인간 본성, 그리고 삶 자체에 관해 훨씬 많은 것을 말해 주기 때문이다.

◑ 오든의 말에 동의하는가? 결혼이, 심지어 힘든 결혼일지라도 또 어떤 면에서 '훨씬 더 흥미로울' 수 있는지 생각해 보라.

함께 붇드는 기도의 끈 우리를 사랑하시고 구원하시기 위해 예수님께서 끝까지 참으신 사실을(히 12:1-3) 묵상하라. 배우자에게 충실하기 위해서만이 아니라 하나님께 충실하기 위해서도 긴 시간 영적으로 인내할 수 있게 해 달라고 하나님께 구하라.

약속이 우리에게 안정감 있는 정체성을 부여하고, 안정감 있는 정체성 없이는 안정적인 관계를 맺기가 불가능하다. 한나 아렌트(Hannah Arendt)는 이렇게 말했다. "약속을 이뤄 내야 할 의무에 매이지 않으면 우리는 정체성을 지킬 수 없을 것이다. 저마다 자기 외로 운 마음의 어둠 속에서 방향도 없이 모순과 애매모호함에 사로잡힌 채 무력하게 헤매는 운명을 맞을 것이다."

정체성을 구축하다 '정체성'이라는 말은 문자적으로 '동일성'(sameness)을 뜻한다. 나와 관련해 동일성이 없으면, 즉 상황과 관계가 바뀔 때마다 내가 완전히 다른 사람이 된다면 내게는 정체성이 없는 것이다. 정체성은 언제 어디서나 동일하게 존재하는 '핵심 나'이다. 우리 시대 문화는 자기 마음을 들여다보고 자기가 누구인지 발견하라고 말하지만, 사람의 마음은 모순된 욕망과 충동으로 가득 차 있다. 그러면 진짜 나는 어떤 사람인지 어떻게 알 수 있는가? 정체성은 발견되는 것이 아니라 구축해 가는 것이며, 자기 밖에서 진리를 발견하고 자신을 그 진리에 맞춰 감으로써 정체성이 구축된다. 믿음과 약속을 통해서 말이다. 결혼은 그렇게 할 수 있는 핵심 방식이다. 약속을 한다는 것은 "변하는 감정과 상황에도 불구하고 이것이 바로 나이고, 나는 언제까지 이렇게 할 것이고 이렇게 존재할 것"이라고 말하는 것이다.

◑ 결혼 서약 외에 약속이 정체성을 구축해 나가는 데 도움이 되는 다른 예들을 생각해 보라.

함께 붙드는 기도의 끈 요한복음 1장 12-13절을 묵상하라. 내게 진리를 보이시고 내가 그 진리에 진실할 수 있도록 도와주시기를, 그럼으로써 내가 하나님의 자녀, 곧 안전하고 영원히 참인 하나의 정체성을 갖게 해 달라고 하나님께 구하라.

〔루이스 스미즈는 이렇게 말했다.〕 "내 아내는 결혼식 이후 지금까지 최소한 다섯 남자와 함께 살았다. 다섯 남자 하나하나가 다 나였다. 나를 과거의 나와 이어 주는 연결 고리는 그때 내가 지녔던 이름에 대한 기억이었다. '나는 평생 당신 곁에 있을 남자입니다.' 그 이름을 벗어 버리면, 그 정체성을 잃으면, 우리는 우리 자신을 다시 찾기 어려울 것이다."

변화 속에서의 정체성 루이스 스미즈(Lewis Smedes)가 오늘 본문에서 한 말은 정체성이 세월과 함께 불가피하게 계속 변화한다는 점에 주목한다. 자기 나이를 인정하지 못하는 노인, 젊게 보이고 싶고 젊은 사람으로 대접받고 싶은 노인은 이 변화 과정을 받아들이려 하지 않는다. 직업을 바꿀 때, 다른 나라로 이민을 갈 때, 은퇴할 때, 혹은 손주가 생길 때, 나는 전과는 약간 다른 사람이 된다. 고통스러운 일, 예를 들어 사랑하는 사람이 죽는다거나 병으로 몸이 쇠약해지거나 하는 경험 또한 나를 다른 사람으로 만든다. 하지만 그 변화가 총체적 변화여서는 안 된다. 삶이 변화를 겪을 때 나를 안정시켜 주고 단단히 고정시켜 주는, 변하지 않는 핵심 정체성을 갖추어야 한다. 결혼 서약은 바로 그런 것 가운데 하나다. 결혼 서약은 내 여러 다른 '자아들'을 서로를 향한 사랑 안에 계속 묶어 놓아 주는 끈이 된다.

◑ 결혼한 지 여러 해 되었다면, 내 개인적 변화 가운데 내 결혼 생활이 견뎌 내야 했던 변화는 어떤 것이었는가? 갓 결혼했다면 앞으로 겪을 변화들을 생각해 보라.

함께 불드는 기도의 끈 시편 116편 17-18절을 묵상하라. 세례받을 때 한 서약과 결혼식 때 한 서약을 이행할 수 있게 도와주시기를 하나님께 청하라. 하나님이 약속을 지키는 분이신 것처럼 나도 그렇게 약속을 지키게 해 달라고 하나님께 구하라.

〔많은 사람이 주장하기를〕 전통적 결혼관 안에서 영속적 관계를 추구하다 보면 자유가 억압받는다고 한다. … 하지만 스미즈는 약속하는 것이야말로 자유에 이르는 수단이라고 설득력 있게 주장한다. 약속을 할 때, 나는 나를 신뢰하는 사람들을 위해 아무것에도 구애받지 않고 장차 거기 있을 수 있기 위해 당장 눈앞의 내 선택권을 제한하는 것이다. 내가 누군가에게 약속할 때, 내가 그 사람을 위해 그 사람과 함께 거기 있으리라는 것을 서로 안다. "나는 한 치 앞도 예측할 수 없는 밀림에 신뢰라는 작은 성소를 만들어 냈다."

지루함   우리는 큰 사랑에 빠져 있을 때 느끼는 그런 자유를 원한다. 그러나 배우자가 원하고 필요로 하는 특정한 방식으로 사랑을 주는 법, 갈등을 통해 줄어드는 게 아니라 오히려 커지는 사랑을 주는 법은 솔직히 결혼 생활이 다소 단조로울 때 오히려 서로에게 충실해지는 훈련을 함으로써 배울 수 있다. 한 유명 트럼펫 강사가 이렇게 말했다. "트럼펫 연주법을 배우는 지름길 같은 것은 없다. 필요한 것은 연습과 인내다. 그 과정이 지루하다는 것을 나도 안다. 그러나 음악을 통해 내 감정을 〔자유로이〕 표현할 수 있는 때가 결국은 온다. 그때가 되면 지루했던 시간을 다 잊을 만큼 큰 기쁨이 있다. 내가 할 일은 음계… 음계… 음계를 더 많이 연습하는 것뿐이다."[7] 바람직한 결혼도 그런 식으로 전개된다.

◑ 은유를 확장해 보겠다. 부부 사이가 서로에게 가장 큰 기쁨을 주는 관계가 되기 위해 내가 연습해야 할 다소 지루한 "음계"는 무엇인가?

함께 올드는 기도의 끈   로마서 15장 5절을 묵상하라. 하나님의 인내와 위로를 내게 주시어, 별 보상이 없을 때에도 참을성 있게, 그러나 기쁘게 배우자와 또 다른 사람들을 사랑할 수 있게 해 달라고 하나님께 구하라.

▽ 6월 19일

[스미즈는 이렇게 말한다.] "약속을 할 때 나는 당신과 함께하는 내 미래가 … 유전자나 … 부모에게 물려받은 심리 조건에 따라 나를 결정하는 손길에 갇히지 않는다는 것을 증명한다. … 세상 그 어떤 컴퓨터도 최선을 다해 돕겠노라고 약속한 적이 없다. … 약속은 오직 사람만이 할 수 있다. 그리고 사람은 약속을 할 때 가장 자유롭다.

약속하는 행위의 자유 루이스 스미즈가 하는 말의 요점은, 컴퓨터는 '프로그래밍'된 것에서 자유롭지 못하다는 것이다. 컴퓨터는 믿음을 바꾸거나 혹은 프로그래밍된 것에 반하는 선택을 할 수 없다. 인공지능 컴퓨터는 의식을 전개해 나갈 수는 있어도 '마음'을 장착하지는 못한다. 마음이란 현실에 관한 일련의 깊고 정선된 책임과 믿음으로서, 이것이 감정과 행동을 활성화시킨다. 예를 들어 결혼 서약 같은 약속을 할 때 나는 사실 자유를 포기하는 게 아니다. 오히려 정말 자유가 있음을 증명하는 것이다. 내가 만약 약속을 하지 못한다면 나는 인간이 아니라 사물에 더 가깝다 할 수 있다.

◑ 내가 할 수 있는 그 밖의 약속들 중 본능과 충동에 따라 움직이는 동물 상태에서 벗어나게 해 주는 약속, 혹은 과거에 볼모 잡혀 사는 사람이 되게 만드는 약속을 생각해 보라.

함께 붙드는 기도의 끈 시편 119편 45절을 읽고 하나님의 명령에 순종하면 할수록 어떻게 내가 더 자유로워지는지 묵상하라. 서약을 지키고 주님께 순종하는 데서 오는 자유를 알게 해 달라고 하나님께 구하라.

누군가와 처음 사랑에 빠지면 내가 그 사람을 사랑하는 거라고 생각하겠지만 사실은 그렇지 않다. 그 사람이 어떤 사람인지 나는 곧바로 알 수 없다. 상대를 알려면 시간이 걸린다. 실제로는 내가 그 사람을 보는 내 생각을 사랑하는 것이다. 그리고 나의 그 생각은 당연히 일차원적이고 오해가 뒤섞이기 쉽다. … 낭만적 기분에 그토록 도취되는 이유는 그 사람이 사실상 진짜 사람과 사랑에 빠진 것이 아니라 환상과 사랑에 빠져 있기 때문이다.

배우자의 숨겨진 모습　사람은 모두 하나님의 형상으로 창조되며, '하늘에 있는 존재보다 조금 못하게 만들어지고(우리말성경) 영화와 존귀로 관이 씌워진다'(시 8:5). 그런데 예수님께서는 어쩌다 가끔 이렇게 말씀하신다. "너희가 악할지라도"(눅 11:13). 예수님께서는 제자들을 앞에 놓고 인간이 다 악하며 끔찍한 일을 저지를 수 있다고 말씀하신다. 간단히 말해 인간은 무한히 복잡하고 모순적인 존재다. 어떤 사람을 볼 때 보통 우리는 죄인의 측면을 가장 먼저 보지는 않는다. 그래서 결혼 생활을 시작할 때 상대가 얼마나 선한 사람인지는 물론 얼마나 흠 많은 사람인지에 대해서도 피상적으로만 파악할 뿐이다. 결혼 서약이 있어야 나와 결혼하는 그 사람의 진면목을 사랑하는 법을 익히는 데 도움이 된다.

◑ 잠시 혼자 있는 시간을 가져 보라. 그리고 배우자에게서 발견한 장점과 단점을 관용과 아량의 자세로 상대방에게 이야기해 주는 시간을 가지라.

함께 붙드는 기도의 끈　내 악한 마음을 깨달아 가는 속도와 배우자의 악한 마음을 발견해 가는 속도가 비슷해서, 부부가 함께 서로에게 책임을 지되 겸손한 아량으로 그렇게 할 수 있도록 해 달라고 주님께 구하라.

내가 상대방을 모를 뿐만 아니라 사실 상대방도 나를 잘 모른다. 그동안 나는 (정말 말 그대로) 가장 보기 좋은 표정을 짓고 살아왔기 때문이다. 남에게 알려질까 부끄럽거나 두려운 면도 있지만, 타인에게 그런 내 흠결을 보여 주지 않는다. 물론 자신도 알지 못하는 자기 성품상의 어떤 부분을 마음에 둔 상대방에게 알려 준다는 것은 더더욱 있을 수 없는 일이다. 그런 부분은 결혼 생활을 하는 과정에서야 비로소 드러날 것이다.

감춰진 자아 어제 우리는 인간의 본성이 무한히 복잡하고 모순적이며, 그래서 결혼 상대자가 어떤 사람인지 알기까지는 시간이 걸린다는 사실을 살펴보았다. 그런데 배우자는 잘 몰라도 내가 누구인지는 훨씬 잘 안다고 하지만 사실 나는 나를 보는 눈도 없다. 자기를 실제보다 똑똑하다고 보는 것이 바보의 특징이며(잠 12:15), 우리는 모두 날 때부터 죄인이고 따라서 다 어리석다(잠 22:15). 부부 사이에 갈등이 생길 때 큰 유혹거리는, 내 흠결에 눈을 감아 버리고, 문제가 생기는 데 내가 일조했다는 사실도 모른 척하고 싶은 마음이 든다는 것이다. 그래서 우리에게는 결혼 언약이 필요하다. 나와 결혼한 사람의 진짜 모습을 사랑하는 법을 배우는 데 도움이 될 뿐만 아니라 배우자가 나를 사랑하는 데도 도움이 되기 때문이다.

◑ 잠시 혼자 있는 시간을 한 번 더 가져 보라. 그리고 배우자에게서 발견한 장점과 단점을 관용과 아량의 자세로 상대방에게 이야기해 주는 시간을 가지라.

함께 붙드는 기도의 끈 "하나님이여 나를 살피사 내 마음을 아시며 나를 시험하사 내 뜻을 아옵소서 내게 무슨 악한 행위가 있나 보시고 나를 영원한 길로 인도하옵소서"(시 139: 23-24).

누군가가 나를 아주 멋지고 아름답다고 생각해 줄 때 찾아오는 감정의 '정점'이 있는데, 이는 사랑에 빠지기 시작할 무렵 열정과 흥분이 활활 타오르게 만드는 연료 역할을 한다. 그런데 문제는 상대방이 사실 나를 잘 모르며, 따라서 적어도 아직은 사실상 나를 진짜 사랑하지는 않는다는 것이다(그리고 나 역시 마찬가지다). 〔감정의 정점이란〕 대개 자아가 충족되는 희열이 한순간 광풍처럼 몰아치는 것으로, 상대방이 나를 진정으로 알고 사랑하는 데서 오는 깊은 만족과는 거리가 멀다.

충분히 알지 못하다 에덴동산에서 아담과 하와는 원래 "벌거벗었으나 부끄러워하지 않았다." 두 사람이 벌거벗었다는 것은 이들이 서로를 완전히, 처음부터 끝까지 속속들이 볼 수 있었다는 뜻이다. 또한 두 사람이 부끄러워하지 않았다는 것은 이들이 서로에게 거부당하지 않고 완전히 사랑받고 받아들여졌다는 뜻이다. 이렇게 성경은 우리가 원래 어떤 상황에서 창조되었는지를 묘사한다. 즉 우리는 서로 완전히 알고 완전히 사랑받아야 할 사람들이었다. 그런데 이 존재 환경이 이제 두 가지 면에서 원래 상태에 미치지 못한다. 첫째, 상대에게 사랑을 받기는 하지만 그 사람이 내 모습을 있는 그대로 알지 못한다. 이렇게 되면 한순간 기분이 좋기는 하지만, 이는 곧 불안을 낳고 그래서 결국 자기를 감추고 부끄러워하게 된다. 내가 어떤 사람인지 알고 났을 때 상대가 나를 거부할 게 분명하다면, 지금 이 순간 받는 사랑을 향유하고 그 사랑 안에 안주할 수 없다.

◑ 연인에게 사랑은 받지만 그 사람이 내 죄와 허물을 완전히 다 알지 못해서 생기는 불리한 점은 무엇인가?

함께 볼드는 기도의 끈 요한일서 3장 19-20절을 읽고, 우리 마음이 우리를 정죄할 때 하나님은 우리 마음보다 크시다는 사실을 묵상하라. 하나님은 모든 것을 다 아시면서도 우리를 받아들여 주신다. 내게 그런 확신을 주시고, 그리하여 배우자에게 솔직할 수 있는 용기를 가지게 해 달라고 하나님께 구하라.

상대가 나를 제대로 모르는 상태에서도 나를 사랑한다는 사실이 위로가 되기도 한다. 하지만 이는 피상적 위로다. 상대가 나를 다 알게 되어 더 이상 나를 사랑하지 않는 상황은 우리가 가장 두려워하는 일이다. 그러나 상대가 나를 완전히 알고 진실로 사랑해 준다면, 이는 하나님께 사랑받는 것과 아주 비슷하다. 우리에게 가장 필요한 게 바로 이것이다. 이런 사랑을 나누면 우리는 가식에서 벗어날 수 있고, 스스로 의롭다 하는 자세를 버리고 겸손해지며, 인생이 우리 앞에 던져 놓는 그 어떤 역경도 헤쳐 나갈 수 있을 만큼 강해진다.

완전히 사랑받지 못하다   어제 우리는 상대가 나를 완전히 알고 완전히 사랑해 주기를 바란다는 사실을 살펴보았다. 결혼 생활에서 이것이 잘 안 되는 한 가지 양상은 '진실이 빠진 사랑' 때문이며, 이는 누군가를 사랑하지만 그 사람의 흠결은 잘 모르는 것을 말한다. 두 번째 양상은 나를 사랑하는 사람이 내 이기심, 어리석음, 흠을 비교적 깊이 알고 이에 환멸, 분노, 비난으로 대응하는 것이다. 이는 '사랑이 빠진 진실'이며, 불행히도 이는 자연스러운 반응이다. 오직 복음만이 부부가 서로를 밑바닥까지 보고도 여전히 용서하고 사랑하게 만들 수 있다. 그리고 그 시작은 예수님께서 우리를 완전히 다 보시고도 우리를 영원히 용서하시고 완전히 사랑하셨음을 기억하는 것이다.

◑ 나를 향한 예수님의 구원의 사랑을 아는 지식을 구체적으로 어떻게 활용해야 흠결 있는 배우자를 사랑하는 데 도움이 되겠는가?

함께 붙드는 기도의 끈   히브리서 4장 13절을 읽고 하나님 앞에서는 감출 수 있는 것이 없다는 말씀을 묵상하고, 요한복음 17장 23절을 읽고 아버지께서 예수님을 사랑하시듯 나를 사랑하신다는 사실을 묵상하라. 나를 완전히 아시고 그러면서도 나를 완벽히 사랑하시는 하나님께 감사하라.

> 내가 말하는 그런 부류의 사랑에도 열정이 없지는 않으며, 다만 열정의 종류가 다르다. … 아내 캐시가 처음 내 손을 잡았을 때, 마치 전기가 흐르는 것처럼 짜릿했다. … 그러나 이제 와서 그렇게 처음으로 흥분했던 순간을 돌아볼 때, 그 짜릿함은 아내를 향한 내 사랑이 그만큼 커서라기보다 아내가 나를 선택했다는 우쭐함에서 온 느낌이었음을 깨닫는다. … 오랜 시간을 함께 지나온 지금, 내가 아내의 손을 잡는 행위에는 세상 그 무엇과도 비교할 수 없는 의미가 담겨 있다.

화해하는 과정 속에서 긴 세월 이어지는 건강한 결혼 생활에는 서로에게서 죄를 점점 더 많이 발견하고 서로 회개하며 용서하는 과정이 필요하다. 상대방이 스스로 뉘우칠 때 나는 용서를 어렵게 만드는 우월감과 자기 연민에서 벗어나 겸손해진다. 반대로 상대방이 나를 용서할 때는 내 허물을 즉각 인정할 수 있는 힘을 얻는다. 이렇듯 서로 간에 회개와 용서의 순환 고리가 한 번씩 돌 때마다 우리는 상대를 조금 더 잘 알게 되고 조금 더 사랑할 수 있게 된다. 이렇게 해서 시간이 흐르면 서로를 향한 사랑과 열정이 더욱 깊고 강렬해지지만, 이 사랑과 열정은 주로 상대의 칭찬만 좋아하는 두 사람 사이의 '강렬한 성적 끌림'과는 느낌이 다를 것이다.

◑ '갓 시작한 연인의 사랑과 열정'과 '수십 년 동안 건강하게 결혼 생활을 해 온 부부의 사랑과 열정'이 어떤 면에서 다를지 생각해 보라.

함께 붙드는 기도의 끈 다음 찬송가 가사를 묵상해 보라. "이제껏 내가 〔안전하게〕 산 것도 주님의 은혜라. 또 〔은혜가〕 나를 장차 본향에 인도해 주시리." 이 사실과 약속에 대해 하나님께 감사하라.

▽ 6월 25일

〔결혼하고 나서 35년,〕지금 우리는 서로를 속속들이 알며, 헤아릴 수 없이 많은 짐을 함께 져 왔고, 서로 뉘우치고 용서했으며, 서로 화해를 거듭했다. 열정도 있다. 하지만 지금 우리 사이에 있는 열정은 지난날 우리를 사로잡던 설렘이나 흥분과 다르다. 요란한 소리를 내며 얕게 흐르는 시냇물이 조용하지만 훨씬 더 깊은 강물과 다르듯 말이다. 열정 때문에 결혼 서약을 하게 되었을 수도 있지만, 그래도 세월이 흐르면 그 약속 덕분에 둘 사이의 그 열정이 훨씬 더 풍성해지고 깊어진다.

시련과 고생을 함께 겪어 내며   세월이 흐르면서 사랑이 깊어지는 또 한 가지 경로는 고생을 함께 겪는 것이다. 살다 보면 고난은 피할 수 없다. 아무리 큰 성공을 거두어도, 아무리 치밀한 계획을 세워도, 사랑하는 사람을 잃는다거나 병들어 아프다거나 믿었던 사람에게 배신을 당한다거나 출세가도를 달리다가 하루아침에 파산한다거나 하는 일이 나와 전혀 관계없는 일이 될 수는 없다. 이런 일이 생길 때, 배우자는 첫째가는 위로의 근원으로 그 곁을 지켜주어야 한다. 결혼이 충격 흡수 장치가 되어 주어야 한다. 이런 때 배우자에게 최고의 지지를 보내는 법을 깨달으려면 많은 시간이 필요하고, 고통스러운 대화를 수없이 나누어야 한다. 하지만 이런 시기를 함께 헤쳐 나간 경험이 부부 사이를 얼마나 단단히 밀착시켜 주는지 알면 매우 놀랄 것이다. 다른 어떤 경험으로도 부부 사이가 그 정도 수준으로 돈독해질 수는 없다.

◑ 시련과 고생이 어떤 식으로 나와 배우자 사이를 돈독하게 해 주었는지를 생각해 보라.

함께 붙드는 기도의 끈   히브리서 12장 11절을 읽고, 고난을 겪는 것이 씨를 뿌리는 일과 어떻게 비슷한지 묵상하라. 씨 뿌리는 일은 처음에는 수고스럽고 아무것도 좋을 것이 없어 보이지만, 훗날 그 일은 열매로 보답한다. 지금 내가 겪는 어려움을 이런 관점에서 볼 수 있도록 도와주시기를 하나님께 청하라.

195

로맨틱한 사랑이라면 완전히 자유롭고 아무것에도 구속받지 않아야 하는 것 아닌가? 배우자 아닌 다른 사람을 향한 강한 욕망이 어차피 쉽게 참아 낼 수 있는 것이 아니라고 한다면 가슴속에 있는 사랑의 기쁨을 다시 일깨워 줄 수 있는 다른 사람을 거리낌 없이 찾아 나서는 일은 불가피하지 않은가? 그러므로 일부일처제로 평생 가는 결혼이야말로 로맨틱한 사랑의 적이 아닌가?

평생의 과정 위에 있는 여러 질문에 답하기 위해 지금까지 배운 것을 요약해 보자. 관계 초기에 우리가 느끼는 로맨틱한 사랑은 내가 상대에게 인정받았다는 최초의 기쁨에, 그리고 부분적으로는 환상에 지나지 않는 상대방의 이미지에 바탕을 둔다. 이 단계를 지나 더 깊고 덜 자기중심적이고 더 지속성 있는 열정은, 서로의 잘못을 그때마다 뉘우치고 용서하며 시련이 닥칠 때 서로의 짐을 나누어 짐으로써 마침내 서로의 참모습을 알게 될 뿐 아니라 그 모습에도 불구하고 사랑하게 되는 과정에서 생겨 나온다. 상대의 흠 많고 죄 많은 진짜 모습을 알면서도 상대를 사랑하는 체험, 모든 체험 가운데 가장 위대한 그 체험은 이 모든 과정 없이는 불가능하다. 그러므로 한 명의 배우자와 평생 함께하는 결혼은 낭만의 적이 아니라, 오히려 낭만을 가능케 하는 조건 가운데 하나다.

◑ 자신의 경험을 바탕으로 오늘 본문에 나오는 질문들에 답변해 보라.

함께 올드는 기도의 끈 말라기 1장 2절과 3장 6절을 읽고, 하나님의 사랑은 절대 변치 않으므로 우리가 소멸되지 않으리라는 말씀을 묵상하라. 나와 내 배우자에게 하나님의 변함없는 사랑을 주셔서 그 사랑으로 서로를 사랑할 수 있게 해 달라고 하나님께 구하라.

키르케고르(Kierkegaard)는 자유로운 개인을 자처하는 "심미주의자"를 묘사한다. 심미주의자는 인생이 스릴 있어야 하고 "아름다움과 반짝임"으로 가득해야 한다고 말한다. … 그러나 키르케고르는 … [심미주의자는] 자기 삶의 주인이 되지 못한다고 말한다. … 아내가 고운 피부와 미모를 잃거나 남편이 살이 찌면 심미주의자는 주변을 돌아보며 아내나 남편보다 아름다운 사람을 찾는다. 배우자가 병에 걸려 몸이 쇠약해지면 심미주의자는 인생에 아무 의미가 없다는 생각에 빠진다. 그런 사람은 외부 환경에 철저히 휘둘린다고 키르케고르는 말한다.

인생 바람에 이리저리 날리다 키르케고르는 자기 고유의 용어와 이미지를 사용해 그리스도인이 생각하는 낭만과 결혼에 동조한다. 키르케고르는 배우자에게서 아주 피상적인 매력만 느끼는 사람을 "심미주의자"로 묘사한다. 배우자가 미모를 잃어 가거나 병이 들어 보살핌이 필요해지는 순간, 심미주의자는 "부부 사이에서 사랑이 빠져나가고" 있다고 여긴다. 심미주의자는 아름답고 멋지고 섬세하며 모든 것을 겸비한 사람이 나를 사랑해 준다는 사실에서 로맨틱한 사랑의 만족감과 짜릿함을 느낀다. 그러나 그 사람이 전에 비해 덜 예뻐 보이기 시작하면 심미주의자는 긍정 능력이 줄어든다. 심미주의자는 인생의 바람에 이리저리 날리는 풍향계 같다고 키르케고르는 덧붙인다. 그러나 언약에 바탕을 둔 사랑은 다르다.

➊ 우리 대다수는 부정적 이미지의 심미주의자의 면모를 어느 정도 가지고 있다. 키르케고르가 언급하는 내용 가운데 어느 정도가 내게 해당하는가?

함께 붙드는 기도의 끈 로마서 5장 8절을 읽고 "우리가 아직 죄인 되었을 때에" 그리스도께서 얼마나 우리를 사랑하사 우리를 위해 자기를 내주셨는지 묵상하라. 바로 그와 같은 지속성 있고 무조건적인 방식으로 배우자와 사람들을 사랑할 수 있게 도와주시기를 청하라.

날이면 날마다, 감정과 상황이 요동칠 때도 행동으로 사랑하기를 힘써야만 외부의 힘에 휘둘리는 사람이 아니라 참자유를 누리는 사람일 수 있다. 또한 짜릿함이 사라진 뒤에도 변함없는 사랑을 지켜 내야만 [단지] 상대가 안겨 주는 감정, 흥분, 자아 충족감, 체험 따위를 사랑하는 것이 아니라 정말로 그 사람을 사랑하는 것이라고 말할 수 있다.

배우자의 존재 자체를 사랑하기 주님이 함께하실 때 우리는 하나님 자체보다는 하나님께서 우리에게 주실 수 있는 것에 더 관심이 많다. 예를 들어 우리는 하나님께 삶의 의미, 죄 사함, 능력, 행복, 방향 지침, 소망 등을 구한다. 하나같이 살아가는 데 없어서는 안 될 것들이고, 하나님 안에서 이런 것들을 구하는 것이 잘못은 아니다. 하지만 주님과의 관계가 성숙하면 처음에 우리가 하나님 자체보다 하나님한테서 얻을 수 있는 것들을 사랑했다는 사실을 깨닫는다. 우리는 하나님을 즐거워하는 데서 최고의 기쁨을 얻은 것이 아니었다. 하나님을 즐거워하는 것이야말로 자기를 주는 참사랑의 본질인데 말이다. 그렇다. 결혼을 바로 그렇게 시작해야 한다. 그것이 바로 결혼의 목표다. 배우자를 사랑하되 그 사람이 내게 줄 수 있는 것 때문에 사랑하는 것이 아니라 그 사람 자체를 사랑해야 한다.

◑ 하나님을 사랑하고 배우자를 사랑하되 무엇을 얻기 위해서가 아니라 하나님의 존재 자체로, 배우자의 존재 자체로 사랑하기로 작정했는가? 지금 나는 하나님과의 관계와 배우자와의 관계에서 어떻게 행동하고 있는가?

함께 붙드는 기도의 끈 시편 62편 1-2절, 27편 4절을 묵상하라. 그리고 하나님께서 간섭하사 자신의 아름다움과 탁월함을 내게 더 많이 보여 주시지 않는 한 나는 하나님을 그 자체로 사랑할 힘이 없다는 사실을 하나님 앞에서 시인하라.

> 약속을 지키기 위해 헌신할 수 있어야 결혼 후에도 여전히 서로를 사랑할 수 있다. 상대
> 가 어떤 사람인지 제대로 알고, 그 사람이 주는 어떤 느낌이나 경험 때문이 아니라 그 사
> 람 자체를 있는 그대로 사랑하려면 어느 정도 세월이 흘러야 한다. … 마침내 그 모든 것
> 이 기억의 샘이 되고 상대방이 주는 감동과 즐거움이 켜켜이 쌓여서, 결혼 생활에 여전히
> 중요한 낭만적이고 성적인 열정이 발현될 수 있는 틀을 마련해 주고 나아가 그 열정을 키
> 운다.

함께한 세월이 선물해 준 매력   젊은 부부들은 세월이 흘러 몸이 늙고 매력
이 줄어들면서 성적 에너지를 잃는 것을 두려워한다. 하지만 아름다운 외모
가 주는 시각적 자극만이 매력의 유일한 요소는 아니다. 또 다른 요소로는 성
품과 역사가 있다. 어떤 사람의 행동이 감탄할 만하며 용기 있고, 사랑스럽고
우아하며, 이타적이고 희생적이면, 몸이 늙어도 그 사람의 매력은 오히려 커
진다. 앞에서 성관계는 '언약을 갱신하는 의식'이라고 했는데, 이는 두 사람이
함께해 온 삶이 눈앞에서 주마등처럼 스쳐 가며 그간 겪어 온 일들 및 서로가
서로에게 주는 의미를 떠올릴 수 있는 시간이다. 그럴 때 열정과 친밀함이 새
로 생기기도 한다. 물론 여기에 육체의 아름다움까지 더해진다면 더할 나위
가 없을 것이다.

◑ 내게 성관계는 배우자와 소통하는 처음의 방법 즉 신혼 때만의 방식인가?
아니면 오래 지속되면서 효과를 내는 소통 방식으로 변하기 시작했는가?

함께 붙드는 기도의 끈   배우자를 생각할 때 세월이 지날수록 감사한 일 대여섯
가지를 꼽아 보라. 그리고 배우자와 함께 있는 자리에서 그 일들로 하나님께
감사를 드리라.

감정은 우리 뜻대로 제어할 수 없지만 행동은 제어할 수 있다. 무엇을 좋아하거나 싫어하는 것은 죄도 아니고 미덕도 아니다. 음식이나 음악 기호가 그렇듯 말이다. 중요한 것은 감정을 가지고 무엇을 하느냐다. 우리 시대 문화가 부추기는 대로 사랑을 '좋아하는 느낌'으로 정의한다면, 즉 강렬한 사랑의 감정이 있어야만 '진정한' 사랑이라고 여긴다면, 결국 우리는 나쁜 친구, 더 나아가 끔찍한 배우자가 될 수밖에 없다.

자기와의 소통 나를 생각할 때, 성경이 말하는 것처럼 자아가 하나가 아닌 것으로 생각하면 도움이 된다. 즉, 두려움과 교만의 원리 위에서 움직이는 옛 자아가 있고 하나님께 기초를 둔 새 자아가 있는 것이다. D. M. 로이드 존스(D. M. Lloyd-Jones)는 시편 42편을 예로 들면서 이렇게 묻는다. "아침에 잠에서 깨는 순간 가장 먼저 어떤 생각이 드는가? … 아마도 어제의 고민거리 등이 떠오를 것이다. … 지금 내게 말하는 이는 누구인가? 내가 내게 말하는 것이다." 한편 시편 기자는 이렇게 말한다. "'내 영혼아 네가 어찌하여 낙심하며.' … 그의 영혼이 그를 짓눌러 뭉개고 있다. 그래서 그는 일어나 말한다. '내 영혼아, 잠깐 내 말을 들어 봐. 내가 네게 말하겠다.'"[8] 두려움에 빠져 분노로 들끓는 자아를 자신의 진정한 자아로 규정하지 말라. "옛 사람을 벗어 버리고 오직 너희의 심령이 새롭게 되어"(엡 4:22-23).

◑ 내 삶에서 한 가지 문제 혹은 이슈를 골라 위에서 말한 접근 방식을 이 문제에 어떻게 활용할 수 있을지 생각해 보라.

함께 붙드는 기도의 끈 시편 42-43편을 묵상하라. 시편 기자가 자신을 어떻게 대하는지 보라. 내가 지금 겪는 두려움을 시편 기자처럼 다룰 수 있게 해 달라고 하나님께 구하라.

7월

어떻게 서로를
섬길 것인가

신약 성경의 여러 성구

The Meaning of

Marriage:

A Couple's Devotional

로마서 12장 10절 형제를 사랑하여 서로 우애하고 존경하기를 서로 먼저 하며.

서로 신약 성경은 그리스도인들에게 "서로" 섬기라고 말한다. 이번 주에는 이 주제를 좀 살펴보자. 모든 신자에게 서로 섬기라고 하셨다면, 하물며 그리스도인 부부들은 서로 섬기는 습관과 태도를 씨실과 날실로 삼아 부부 사이를 엮어 가기 위해 얼마나 더 많이 노력해야 하겠는가? 그 노력의 첫 단계는 '존경하기'다. 존경한다는 것은 상대방을 전반적으로 존중한다는 뜻이요, 동시에 상대방이 이룬 일과 상대방의 희생을 믿는다는 뜻이다. 오늘 본문에서 '서로 먼저 한다'는 것은 칭찬받으려 하기보다 칭찬하고 싶어 한다는 뜻이다. 기억하라. 예수님께서는 어느 때보다도 도움이 절실한 순간에 제자들이 잠들어 있는 것을 보시고도 "마음에는 원이로되 육신이 약하도다"(마 26:41)라고 말씀하셨다. 마치 "네 의도가 좋다는 것은 내가 안다"고 말씀하시는 것 같다. 제자들이 자신을 실망시키는 상황에서도 이들에게서 뭔가 긍정적인 면을 찾아내신 모습이 놀랍기만 하다.

◐ 배우자가 뭔가를 했을 때 꾸준히 이를 알아주고 때로는 칭찬해 주는가? 이 일을 얼마나 잘하는가?

한마음으로 드리는 기도 주님, 우리가 받은 구원의 진정한 경이로움과 영광은 우리 죄에도 불구하고 주님께서 우리를 사랑하시고 받아 주시며 심지어 칭찬까지 해 주신다는 사실입니다(롬 2:29). 우리도 주님을 닮아 다른 사람을 인정하고 칭찬하기를 좋아하는 사람이 되게 하옵소서.

야고보서 5장 9절 형제들아 서로 원망하지 말라 그리하여야 심판을 면하리라 보라 심판주가 문밖에 서 계시니라.

원망하지 말라 "원망하다"(grumble; 헬라어로 '스테나조')는 투덜거린다, 한숨 쉰다는 뜻으로, 좌절감과 경멸을 비언어적으로 표현하는 말이다. 이는 배우자에게 말할 때 경멸하는 말투로, 혹은 얕잡아 보는 듯 눈을 부라리며 말해서 위축감을 느끼게 만든다는 뜻이다. 또한 불평조로 말해서 배우자가 위협을 느끼게끔 한다는 뜻이기도 하다. 이는 단순히 배우자를 존경하지 못하는 태도 정도가 아니다.^{7월 1일} 배우자의 자존감을 세워 주기보다 자존감을 깎아내림으로써 그의 체면에 생채기를 내는 것이다. 오늘 본문의 권면에서는 씁쓸한 뒷맛이 느껴진다. 그리스도인은 그리스도께서 오셔서 우리가 받아야 할 심판을 감당하셨으며, 그래서 마지막 날 우리가 정죄받지 않으리라는 것을 알고 있다. 그런 우리가 사소한 일에도 배우자에게 비판적 태도를 보이다니! 이 얼마나 우습고 부끄러운가!

❶ 나와 내 배우자는 이 문제에서 얼마나 바람직한(혹은 바람직하지 못한) 태도를 보이는지 함께 앉아 평가해 보라.

한마음으로 드리는 기도 주님, 주님께서는 우리에게 초자연적이고 자연적인 은사와 복을 부어 주셨습니다. 하지만 우리는 주님을, 그리고 서로를 원망하기 바빴어요. 우리가 정신을 차리고 올바른 시각을 가질 수 있도록, 주님 안에서 늘 감사하고 기뻐할 수 있도록 도와주옵소서. 아멘.

로마서 12장 5-8, 16절 이와 같이 우리 많은 사람이 그리스도 안에서 한 몸이 되어 서로 지체가 되었느니라 우리에게 주신 은혜대로 받은 은사가 각각 다르니 … 혹 섬기는 일이면 섬기는 일로, 혹 가르치는 자면 가르치는 일로, 혹 위로하는 자면 위로하는 일로, … 할 것이니라 … 높은 데 마음을 두지 말고 … 스스로 지혜 있는 체하지 말라.

분별하고 인정해 주기 교회는 교인들이 하나님께서 주신 영적 재능과 은사를 분별하고 활용할 수 있도록 도와야 한다. 부부 역시 그렇게 해야 한다. 그냥 막연하게 해서는 안 된다. 이렇게 말하라. "어머, 당신은 이쪽에 정말 소질이 있어요. 당신이 이 일을 더 많이 할 수 있게 도와주고 싶어요!" 배우자의 은사를 구체적으로 분별해 내서, 배우자가 은사를 사용할 수 있도록 뒷받침해 주라. 바울은 몇 구절 뒤에서, 자신에게만 집중하는 사람은 다른 사람의 은사를 분별해서 인정해 주는 일을 잘 해내지 못할 거라고 덧붙인다. 다른 사람의 은사를 분별해 내려면, 지속적이고 참을성 있게 관찰하고 경청하는 시간이 필요하다. 오만하고 자기 연민으로 가득 찬 사람은 오직 자신밖에는 보지 못하기 때문에 어쩌면 아직 계발되지 않은 상태일 수도 있는 배우자의 은사와 능력을 전혀 알아보지 못한다.

◑ 우리 부부는 서로의 은사를 '분별하고 인정해 주는' 일을 얼마나 잘하고 있는가? 배우자의 재능이나 은사 두 가지를 꼽아 보고 이를 놓고 배우자와 대화를 나누라.

한마음으로 드리는 기도 주님, 주님께서는 우리를 그저 막연하게 사랑하지 않으시며, 사람들을 섬기고 그들의 필요를 채워 줄 수 있는 은사와 나름의 방법을 주님의 자녀 각 사람에게 주십니다. 우리가 서로를 도와 주님께서 우리에게 맡기신 독특한 사명을 더 잘 알 수 있도록 해 주옵소서. 아멘.

고린도전서 16장 20절 모든 형제도 너희에게 문안하니 너희는 거룩하게 입맞춤으로 서로 문안하라.

애정 표현 그리스도인들은 "거룩하게 입맞춤으로 서로 문안하라"(롬 16:16; 고전 16:20; 고후 13:12), 혹은 "사랑의 입맞춤으로 서로 문안하라"(벧전 5:14)는 말을 자주 듣는다. 이는 이들이 그리스도 안에서 참으로 화해를 이룬 가족임을 증명하는 방법이었다.[1] 단, 그리스도인 간에 사랑과 애정을 주고받을 때 반드시 눈에 보이는 방식으로 행해야 했다. 그렇다면 부부는 더더욱 서로에게 냉담하고 무뚝뚝하고 퉁명스럽고 무관심하고 가혹해서는 안 될 것이다. 더 나아가 우리는 서로를 얼마나 사랑하는지 입 밖으로 꺼내 기꺼이 이야기할 수 있어야 한다. 원래 감정 표현을 잘 못하거나 다정다감하지 못한 사람에게는 그 일이 그리 쉽지는 않다. 하지만 우리는 기질을 핑계 대지 말고 날마다, 심지어 매시간 말과 몸짓을 동원해 구체적으로 사랑을 전달해야 한다.

◗ 눈에 보이는 방식으로 서로에게 애정을 드러내는 일을 각자 얼마나 잘하고 있는지 서로에게 솔직하게 이야기해 보라. 또 배우자가 내게 하는 애정 표현 가운데 어떤 것이 좋은지 두세 가지 정도를 이야기 나누라.

한마음으로 드리는 기도 주님, 주님께서는 우리를 사랑하신다고 추상적으로 말씀하시지 않고 주님의 사랑을 우리 마음에 쏟아부으셔서 우리가 그 사랑을 느낄 수 있게 하십니다(롬 5:5). 말로만 사랑한다고 하지 않고, 서로에게 사랑을 쏟아부어 그 사랑이 서로의 마음을 감동시킬 수 있도록 방법을 알려 주옵소서. 아멘.

갈라디아서 6장 2절 너희가 짐을 서로 지라 그리하여 그리스도의 법을 성취하라.

──────────────────────────────────

짐을 서로 지라 오늘 본문 말씀은 우리가 배우자와 더불어 무엇을 왜 해야 하는지 말해 준다. 여기서 "짐"은 날을 정해서 아이 돌보기 같은 현실적 문제에서부터 큰 질병이나 깊은 슬픔 같은 문제에 이르기까지 다양하다. 그리고 바울은 단지 도우라고 하지 않고 짐을 "지라"라고 말한다. 여기서 떠오르는 이미지는 내가 실제로 상대 입장이 되어 짐을 지고 서서, 짐의 무게를 내게 옮겨 옴으로써 상대가 감당할 부담을 덜어 주는 광경이다. 이는 깊은 공감으로 상대의 말을 경청하고 이해할 뿐만 아니라(즉, 정서적으로 상대의 짐이 내게 오게 하는 것), 실질적인 시간과 노력을 들임으로써 상당한 불편과 비용과 수고를 내가 감당한다는 의미다.

◑ 짐을 지는 데에는 두 가지 측면이 있다. 진심으로 공감하고, 현실적으로 도움을 주는 것이다. 우리 부부는 이 부분에서 각자 얼마나 잘하는지 평가해 보라.

한마음으로 드리는 기도 주님, 주님께서는 "네 짐을 여호와께 맡기라"(시 55:22)고 명하셨습니다. 하지만 우리는 주님께서 우리의 궁극적인 짐, 즉 죄와 사망의 짐을 지기 위해 어떤 대가를 치르실지 주님께서 이 땅에 오시고서야 깨달았습니다. 그 사실을 늘 기억하면서 제가 다른 사람들의 짐과 배우자의 짐을 기쁘게 질 수 있게 하옵소서. 아멘.

갈라디아서 6장 2절 너희가 짐을 서로 지라 그리하여 그리스도의 법을 성취하라.

도움받는 훈련 어제에 이어 오늘 본문 말씀은 간과해서는 안 될 상호 관계를 이야기한다. '타인의 짐을 지라'고만 말하는 것이 아니라 "서로의 짐을 지라"고 말한다는 점에 주목하라. 부부는 어느 한쪽이 늘 어려움을 당하고, 나머지 한쪽은 늘 보호받는 패턴에 빠져들 수 있다. 상대를 돕기만 해서는 안 된다. 기꺼이 도움을 받을 수도 있어야 한다. 복음은 약한 사람을 멸시하는 교만한 자기중심적 태도를 달라지게 한다. 그리고 내 약점과 곤궁함 인정하기를 경멸하고 싫어하는 교만한 자기중심적 태도를 버릴 수 있게 한다. 누구든 자기 약점을 인정하고 도움받기를 두려워하는 사람은 은혜의 복음을 제대로 이해한 것이 아니다.

◑ 다른 사람을 돕다 보면 교만이 자랄 수 있다. 또 다른 사람에게서 도움받는 일을 스스로 용인하려면 진짜 겸손이 필요하다. 결혼 생활을 하면서 부부 중 어느 한쪽이 도움받기를 꺼리지는 않는가? 이 상황을 변화시키기 위해 내가 할 수 있는 일은 무엇인가?

한마음으로 드리는 기도 주 하나님, 복음은 그리스도를 통해 값없는 은혜와 자비를 우리에게 제시하는데, 교만해 복음의 도움을 거부하는 사람들은 잃어버린 자로 남고 말지요. 제가 도움받는 것을 싫어하거나 거부하지 않게 하시고, 제게 그런 태도가 배어 있다면 버릴 수 있게 도와주옵소서. 아멘.

갈라디아서 6장 1절 형제들아 사람이 만일 무슨 범죄한 일이 드러나거든 신령한 너희는 온유한 심령으로 그러한 자를 바로잡고 너 자신을 살펴보아 너도 시험을 받을까 두려워하라.

온유하게 바로잡아 주기 우리는 서로를 바로잡아 주어야 한다(히 3:13; 눅 17:3-4). 하지만 언제 그렇게 해야 하는가? 누군가가 잘못을 저지르는 것을 볼 때마다 해야 하는가? 아니다. 베드로전서 4장 8절의 "사랑은 허다한 죄를 덮느니라"라는 말씀은 사람들을 계속 꾸짖기보다는 너그럽게 용서하는 자세로 많은 죄나 대부분의 죄를 덮어 주어야 한다는 뜻이다. 상대방이 어떤 잘못된 행실에 빠져 있거나 걸려들어 있을 때, 즉 습관적 패턴으로 자신에게나 타인에게 해가 되는 잘못을 저지를 때 이를 바로잡아 주어야 한다. 또한 바로잡아 주되 지극히 온유하게, 우리 역시 흠 많은 사람이고 스스로 깨닫지 못하는 약점을 지닌 사람이라는 것을 충분히 인식하는 태도로 해야 한다. 마지막으로, 우리가 이렇게 하는 것은 그저 잘못을 지적해서 기분 나쁘게 만들기 위해서가 절대 아니라 상대를 회복시키기 위해서다.

❶ 위 세 가지 기준에 비추어 나와 내 배우자가 각자 상대의 잘못을 바로잡아 주는 방식을 분석해 보라. 어떤 부분에서 개선이 필요한가?

한마음으로 드리는 기도 주 예수님, 주님께서는 두려움 없이 죄를 비난하셨지만, 그러면서도 여전히 '마음이 온유하고 겸손하셨습니다'(마 11:29). 서로에게 말할 때 우리도 온유와 겸손을 겸비할 수 있게 도와주옵소서. 아멘.

반드시 사랑하는 감정을 느껴야 사랑을 줄 수 있다는 것은 잘못된 생각이다. 예를 들어 내게 자녀가 있는데, 아이가 특별히 예쁜 행동을 하지 않았는데도 내가 휴일에 아이와 함께 야구장에 가서 즐거운 시간을 보냈다면, 어떤 면에서 나는 마음이 애정으로 가득할 때보다 더하게 아이에게 내 안의 사랑을 보인 것이다.

감정과 믿음 감정은 껐다 켰다 할 수 없지만, 자신의 감정에 대한 믿음은 통제할 수 있다. 누군가에게 화가 날 때 그 감정에 굴복하고 마는가, 아니면 "화 내는 사람은 그리스도께서 내 안에서 만들어 내시는 사람이 아니야. 그리스도께서 내 안에서 만들어 내시는 사람은 내가 오직 하나님의 자비와 은혜로 산다고 믿는 사람이지"라고 말하는가? 이것이 우리의 태도를 변화시킨다. 우월감이나 분노에는 저항하고, 겸손과 용서는 부추길 수 있다. 이렇게 믿음은 태도를 낳고, 태도는 행실로 이어지며, 이는 원래 감정에 영향을 끼칠 수 있다. 우리는 감정의 손아귀에서 어찌할 바를 모르는 사람들이 아니다.

◑ 강한 부정적 감정을 생각해 보라. 어떻게 하면 믿음과 행실을 통해, 나를 휘두르는 감정의 영향력을 변화시킬 수 있겠는가?

함께 붙드는 기도의 끈 시편 77편 12절을 읽고 묵상하라. 괴로움에 빠진 시편 기자는 여기서 하나님께 이렇게 말한다. "주님께서 이루신 그 크신 일들을 깊이깊이 되새기겠습니다"(새번역). 특히 감정이 격해질 때 주님의 말씀에 내 생각을 집중시킬 수 있도록 시편 기자와 같은 결단력을 달라고 하나님께 청하라.

〔C. S. 루이스는 이렇게 말했다.〕 "내가 이웃을 '사랑'하는지 안 하는지 신경 쓰느라 시간을 허비하지 마십시오. 사랑하는 것처럼 행동하세요. … 마음에 들지 않는 사람에게 상처를 주면 그만큼 더 그 사람을 싫어하는 내 모습을 마주할 것입니다. 그러나 싫어도 잘해 주면 어느새 싫은 마음이 줄어듭니다. … 세상 사람들은 자신이 좋아하는 몇몇 사람들에게만 친절하게 대합니다. 하지만 그리스도인은 모든 사람에게 친절해야 하며, 그러다 보면 자기도 모르게 점점 더 많은 사람을 좋아하게 됩니다. 처음에는 좋아하게 되리라고 상상도 못했던 사람들까지 포함해서 말이지요."

감정과 행동 1 C. S. 루이스는 이렇게 주장한다. "독일 사람들이 처음에 유대인들을 박해한 것은 아마 유대인이 싫어서였을 것입니다. 그런데 박해를 하다 보니 나중에는 유대인들이 점점 더 심하게 싫어진 겁니다."[2] 여기서 루이스는 책에서 읽은 아리스토텔레스의 말을 근거로 삼고 있는데, 아리스토텔레스는 사람이 선해지는 것은 선을 느껴서가 아니라 선을 실천하기 때문이라고 가르쳤다. 예를 들어, 용감한 사람은 스스로 용감하다고 느끼는 사람이 아니라 두려움을 무릅쓰고 용감하게 행동하는 사람이다. 두렵지 않다면 그 사람의 행동을 용감하다 할 수 없다. 마찬가지로 누군가를 사랑하는 사람이라고 해서 반드시 그 순간 그 상대에게 사랑을 느끼는 사람은 아니다. 사랑은 누군가에게 선을 행하는 것이다. 설령 그것이 내 유익을 희생한다는 의미일지라도 말이다. 내가 애정으로 충만하면 그 일이 그다지 희생으로 여겨지지 않을 것이다. 감정은 행동을 따라가게 되어 있다.

◐ 루이스의 말은 우리가 누군가를 사랑하지도 않는데 사랑하는 척하고, 용감하지도 않은데 용감한 척해야 한다는 뜻인가? 루이스의 말이 실제로 효과를 내는 경우를 본 적이 있는가?

함께 붙드는 기도의 끈 히브리서 12장 12-13절에 보면 팔다리를 다쳤을 때 아프더라도 움직여야 빨리 낫는다고 말한다. 마찬가지로 하나님께 순종하고, 이웃을 사랑하고 섬길 기분이 아니어도 그렇게 해야 한다. 이를 실천할 수 있게 도우시기를 하나님께 청하라.

> 현대 문화는 사랑하는 감정이 있어야 사랑의 행동을 할 수 있다고 말한다. … 하지만 사
> 랑의 행동을 계속해 나갈 때 그것이 사랑의 감정으로 이어질 수 있다고 하는 것이 더 맞는
> 말이다. … 결혼한 사람들의 사랑은 〔감정과 행동〕두 가지 모두가 공생하는 복잡한 혼합물
> 이다. … 이때 눈여겨보아야 할 것은 … 우리가 제어할 수 있는 것은 후자, 즉 행동이라는
> 점이다. 우리가 날마다 지키겠노라 약속할 수 있는 것은 사랑의 행동이다.

감정과 행동 2 행동이 어떻게 사랑으로 이어지는지를 보여 주는 또 한 가지
예는 에드먼드 모건(Edmund Morgan)의 고전적 역사 연구서 《미국의 노예제도 &
미국의 자유》(American Slavery, American Freedom, 비봉출판사 역간)에서 찾아볼 수 있
다. 모건은 말하기를, 식민 주 버지니아에 사는 백인들은 흑인들을 노예로 삼
기 시작할 때까지도 그들에게 전혀 혹은 거의 적의를 보이지 않았다. 흑인들
을 노예로 부린 것은 원래 경제적 이유 때문이었는데, 일단 그렇게 되자 백인
들은 흑인들을 경멸하기 시작했고 점점 심한 인종적 멸시로 이어졌다고 했
다.[3] 처음에 그들을 멸시했기 때문에 노예로 부린 것이 아니라, 노예로 부렸
기 때문에 멸시하기에 이른 것이다. 존중하는 태도로 배우자를 대하고, 사랑
으로 섬기며, 사랑으로 행동하라. 그러다 보면 결국 이것이 사랑을 체험하는
가장 효과적인 방식임이 드러난다.

◑ 부정적인 행동(예를 들어 학대나 회피)에서 부정적인 감정(이를테면 경멸이나 적의)
이 생겨난 경험을 몇 가지 떠올려 보라.

함께 붙드는 기도의 끈 회피하면 멸시하게 되고 멸시하면 더 회피하게 되어 관
계가 점점 더 파괴되는 악순환에서 건져 주시기를 하나님께 청하라. 인간에
게 흔히 있는 이 죄의 순환 고리를 피하는 데 필요한 분별력과 자제심을 하나
님께 구하라.

그렇다고 해서 좋아하지도 않는 사람과 일부러 결혼하라는 말은 아니다. 그러나 장담하
는데, 누구와 결혼하든 그 사람을 '좋아하는 감정이 사라지는' 날이 반드시 찾아온다. …
〔사람의〕감정은 생리 기능, 심리 상태, 환경과 관련된 수많은 일과 밀접하게 엮여 있다. 감
정은 밀물처럼 밀려오기도 하고 썰물처럼 빠져나가기도 한다. 그래서 현대 문화가 정의
하는 '사랑'을 좇으면 다음과 같은 결론을 내리게 될 것이다. … "이 사람이 나와 결혼까지
갈 운명의 그 사람이라면 내 감정이 이렇게 왔다 갔다 할 리가 없어."

감정과 헌신 로버트 벨라(Robert Bellah)는 현대 서구 문화를 "자기표현이 강한
개인주의"(expressive individualism)라고 표현했다. "사람들은 저마다 자기만의 독
특한 핵심 감정이 있으며 … 〔정체성이〕실현되려면 이 감정이 나타나거나 표현
되어야 한다"고 배운다.[4] 남들이 믿는 바에 의하면, 가장 뿌리 깊은 우리의 진
짜 정체성은 우리가 느끼는 것에 있다. 그러나 그렇게 보면 긴 세월 함께하는
결혼은 불가능하다. 사랑에 다시 불을 붙이려는 노력 같은 것은 '진짜가 아닌'
것이 되어 버리기 때문이다. 진실은, 변화무쌍하고 모순투성이인 우리의 감
정은 내가 누구인지를 알 수 있는 가장 뿌리 깊은 기초일 수 없다는 것이다.
우리의 가장 심원한 정체성은 우리의 책무, 즉 우리의 약속, 신뢰성, 서약에
뿌리를 둔다. 이랬다저랬다 하기를 밥 먹듯 하는 내 감정보다 결혼식에서 하
는 약속이 내가 어떤 사람인지를 결정하는 훨씬 더 중요하고 큰 부분이다.

◑ 내 가장 기초적인 책무는 무엇인가? 어떤 식으로 그 책무는 내 감정보다
훨씬 더 안정된 정체성을 형성하는가?

함께 붙드는 기도의 끈 배우자를 사랑하는 문제로 어려움을 겪을 때 내 감정에
의지하기보다는 은혜로 입양된 하나님의 자녀라는(요 1:12-13) 내 진짜 정체성
에 기댈 수 있도록 도와주시기를 하나님께 청하라.

배우자에게 그다지 큰 즐거움이나 매력을 못 느낄 때도(아니, 그럴 때 특히 더) 사랑으로 행동하고 섬겨야 한다. 그럴수록 자기중심적인 끌림은 상대를 경이로워하며, 겸손히 받아들이고, 상대의 가치를 인정하는 사랑으로 서서히, 그러나 확실하게 변모해 간다. 우리는 더 지혜롭고, 풍성하고, 깊으며, 보다 덜 변덕스러운 사랑으로 점점 성숙해질 것이다.

감정과 습관 무슨 일이든 한 번 하고 나면 다음번에는 더 쉬워진다. 인간은 습관의 피조물이기 때문이다. 그래서 용감하게 행동하면 용감해진다는 말은 일리가 있다. 용감하다는 기분이 들 때까지 기다리지 않아도 되는 것이다.[5] 하지만 사랑에 관해서도 이렇게 말할 수 있을까? 그렇다. 이 사실은 사랑에도 적용 가능하다. 당장 강하게 마음이 끌리는 어떤 사람을 섬길 경우, 그런 행동은 부분적으로 나를 위한 행동이다. 나를 사랑해 달라고 상대방을 선동하는 것이며, 내가 크게 욕망하는 것이 바로 그 애정이다. 하지만 지금 이 순간 내가 좋아하지도 않는 어떤 사람을 사랑하고 섬기면, 이는 나를 위한 일이 아니라 그 사람을 위한 일이다. 좋아하지 않는 사람을 사랑하는 것이 어떤 면에서는 더욱 진실한 사랑이며, 더 많이 사랑하는 사람이 되는 길이기도 하다.

◑ 부부 사이 말고 다른 관계에서 이 원리가 어떤 식으로 유효하게 작동했는지 생각해 보라. 그리고 부부 사이에서는 이 원리가 어떻게 유효하게 작동했는지 생각해 보라.

함께 볼드는 기도의 끈 별로 내키지 않을 때도 배우자를 섬길 수 있게 해 주는 여러 상황들을 놓고 하나님께 감사하라. 이런 상황을 내 성품과 인간관계와 사랑을 성숙하게 만드는 기회로 보도록 도와주시기를 하나님께 청하라.

자녀들이 독립해 나가기가 무섭게 관계가 깨지는 부부가 많은 것도 별로 놀랄 일이 아니지 않은가? 왜냐고? 자녀는 언약 관계로 대하면서, 즉 자녀를 향한 애정이 강화될 때까지 사랑의 행동을 계속하면서, 배우자와의 관계는 소비자 관계로 여기고 둘 사이에 감정이 느껴지지 않을 때는 사랑의 행동을 삼갔으니 말이다. 그런 채로 20여 년이 흐르면 자녀를 향한 사랑은 여전히 공고할 테지만 부부 사이는 자연히 빈껍데기가 되고 만다.

부모 노릇은 선례^{test case} 아이들이 감사할 줄 모르거나 우정과 섬김으로 부모에게 보답하지 않는다 해도 우리는 여전히 부모 노릇을 충실히 한다. 아이들이 여전히 부모에게 의존하기 때문이다. 그렇게 세월이 흐르면서 자녀를 향한 우리의 사랑은 더 강해진다. 그러나 만약 배우자가 내게 감사할 줄 모르거나 사랑의 행동으로 보답하지 않을 경우, 나도 배우자에게서 한 발 물러나 "남편(아내)이 남편(아내)답지도 못하면서 아내(남편) 노릇 못한다고 불평하면 안 되지"라고 생각하면서 그게 공평하다고 여긴다. 공평의 외피를 둘러쓰고 있기는 하지만 그런 태도는 치명적 결과를 초래한다. 자녀를 무조건적으로 사랑하기에 자녀를 향한 사랑은 계속 커 가지만, 그 사이에 부부 관계는 수백 번 난도질당해 죽어 가고 있다. 부모 노릇은 사랑의 행위가 먼저고, 사랑의 감정은 그 뒤에 이어진다는 사실을 입증하는 하나의 선례(先例)다.

❍ 부부 관계를 죽이는 수백 번의 난도질과 같은 여러 가지 양상들, 예를 들어 거의 알아차릴 수조차 없이 미세한 타협이나 애정을 거둬들이는 행동들에는 어떤 것이 있는지 생각해 보라.

함께 붙드는 기도의 끈 완벽한 아버지가 되어 주시면서도 여전히 자비로우신 하나님께 감사하라. 완벽한 배우자가 되어 주시는 예수님, 우리를 무한히 사랑하시면서도 우리가 변화해 더 나아져야 한다고 역설하시는 예수님께 감사하라. 주님의 형상으로 나를 새롭게 해 달라고 주님께 구하라.

우리는 자신에게 이렇게 말해야 한다. "예수님께서는 십자가에서 내려다보실 때 〔우리가〕
그분을 부인하고 내버리고 배신하는 것을 보셨으면서도 ⋯ 역사상 가장 위대한 사랑의
행위를 보이시며 우리 곁에 계속 머무셨어. ⋯ 예수님께서 우리가 사랑스러웠기 때문이
아니라 우리를 사랑스럽게 만들기 위해서 우리를 사랑하신 거야. 그게 바로 내가 배우자
를 계속 사랑해야 하는 이유야." 자신의 마음을 향해 이렇게 말하고, 결혼식 때 한 약속을
이행하라.

감정과 묵상 배우자를 향한 애정이 시들해지는 것 같을 때 어떻게 하는가?
다양한 사랑의 '언어'를 살펴보라. 그 언어들을 다 활용해야 한다는 것을, 그
중에서도 특히 배우자가 가장 소중히 여기는 언어를 사용해야 한다는 것을
명심하라. 그리고 행동만큼 중요한 것은 배우자의 마음을 감동시키는 것이
다. 아주 실제적이면서도 간단한 제안 하나를 하겠다. 제자들이 그리스도를
버렸을 때 그리스도께서 그들에게 보이신 사랑을 묵상하라. 지난 세월 동안
내가 주님을 소홀히 했거나 적어도 주님을 당연히 사랑해야 할 만큼 사랑하
지 않았을 때 주님께서 내게 보이셨던 사랑을 묵상하라. 그 모든 것에도 불구
하고 지칠 줄 모르는 그분의 사랑을, 그리고 그 때문에 어떤 대가를 치르셨는
지 생각해 보라. 그리고 분발하여 배우자를 사랑하라.

◑ 내가 하는 어떤 행동 때문에 배우자가 나를 사랑하기가 더 힘들어지지는
않는가? 이 문제를 두고 함께 이야기를 나누라.

함께 붙드는 기도의 끈 시편 1편 1-6절을 묵상하라. 이 부분은 묵상에 관한 묵
상이다. 그리고 나서 단순히 기도만 하는 것이 아니라 기쁨이 느껴질 만큼 묵
상하는 법을(시 1:2) 보여 달라고 하나님께 청하라.[6]

놀랍게도 첫 인간을 창조하신 후 하나님께서는 "사람이 혼자 사는 것이 좋지 아니하니"(창 2:18)라고 하셨다. … 창세기 내러티브가 암시하는 것은, 관계를 맺을 수 있는 우리의 대단한 기능은 하나님께서 창조하시어 우리에게 주신 것으로, 하나님과의 '수직적' 관계만으로는 완전히 충족되지 않는다는 것이다. 하나님께서는 우리를 다른 인간과 '수평적' 관계를 맺고 살아야 할 존재로 지으셨다. 그래서 낙원에서조차 외로움이 그토록 끔찍했던 것이다.

우정 없이는   이 시대의 주를 이루는 개인주의적 문화는 우리 스스로 어떤 결정을 내리느냐에 따라 현재의 나, 나아가 미래의 내가 결정된다는 환상을 부채질한다. 믿음 문제에서도 마찬가지로 우리는 하나님 및 하나님의 능력과 새로 연줄을 맺으면 우리가 행복해지고 목표를 이루는 데 필요한 모든 자원을 당연히 다 얻을 것이라고 생각한다. 그런데 현실에서 우리는 어찌할 수 없이 관계 중심의 존재다. 어쩌면 우리는 자신이 의식적으로 선택해서 이루어진 산물이라기보다 가족과 사회적 관계의 산물에 더 가깝다. 그래서 그리스도를 통해 하나님과 새로이 관계를 맺은 뒤 하나님께서는 오직 신자들의 온전한 공동체를 통해서만 우리를 변화시키신다. '우리가 서로 지체가 되기' 때문이다(고전 12:12-27). 우리는 친구가 필요한 존재들로 지음받았으며, 친구가 없으면 죽게 되어 있다.

◐ 친구에는 세 부류가 있다. 첫째는 가까이 살며 함께 일하는 이웃, 둘째는 그리스도인 형제자매, 셋째는 배우자다. 이 세 부류의 친구가 다 있는가?

함께 붙드는 기도의 끈   내게 지대한 영향을 끼친 사람, 말 그대로 내게 생명의 은인인 사람 한두 명을 생각해 보는 시간을 가지라. 그 사람들을 만나게 해주신 하나님께 진심으로 감사드리고, 내 삶에 그런 사람들을 더 많이 허락해 달라고 구하라.

에로틱한 사랑은 두 사람이 서로 마주보는 모습으로 묘사하곤 한다. 반면에 우정은 두 사람이 나란히 서서 동일한 대상을 바라보며 함께 감동받고 매료되는 모습으로 그릴 수 있다. … 역설적이게도 우정은 단순히 우정 자체에 관한 일이 아니다. 우정은 서로에게 헌신하고 열중하는 것을 뛰어넘어 두 친구가 함께 헌신하고 열중할 수 있는 무언가에 관한 것이다.

함께 기뻐하는 체험 정말 마음에 드는 영화를 보고 난 뒤, 아직 그 영화를 보지 못한 사람을 데리고 가서 영화를 한 번 더 본다면 즐거움이 한껏 더 커질 것이다. 게다가 그 사람이 영화를 보고 놀라워하며 찬사를 보내면 내 기쁨은 훨씬 깊어진다. 다른 모든 일도 마찬가지다. 어떤 일을 기억하고 이해하고 가치를 인정할 때 이를 다른 어떤 사람과 함께하면 훨씬 더 잘하게 된다. 그뿐만 아니라 그 사람도 그 일을 나만큼 즐거워하면 내 즐거움은 더 커진다. 함께한 체험이 두 사람 관계를 더욱 깊이 있게 해 주고, 더불어 두 사람의 관계가 함께한 체험을 더욱 깊이 있게 한다. 우정은 바로 그런 방식으로 우리 삶을 풍요롭게 한다. 우정의 밑바탕에는 타인을 통해 어떤 일에서 내가 느낀 내 즐거움을 더욱 확장하고자 하는 욕구가 깔려 있다.

❍ 내가 정말 좋아하는 활동 가운데 배우자와 함께할 수 있는 것은 무엇인가? 어떻게 하면 배우자와 함께 그 활동을 같이할 시간을 더 많이 가질 수 있겠는가?

함께 붙드는 기도의 끈 하나님을 찬양할 때 기쁨이 솟아남에 하나님을 찬양하라(시 84:1-2). 하나님의 형상으로 창조된 우리가 찬양을 통해 기쁨을 누림에 하나님을 찬양하라. 까다롭고 흠 잡기 좋아하는 마음 대신 찬양의 마음을 달라고 하나님께 구하라.

C. S. 루이스는 이렇게 말했다. "친구를 사귀는 참된 조건은 친구 외에 다른 무언가를 원해야 한다는 것이다. '나와 똑같은 진리를 알고 있니?'라는 질문에 솔직하게 대답한답시고 '나는 진리에는 관심 없어. 그저 네가 내 친구가 되어 주었으면 해'라고 한다면 우정이 싹틀 수 없다. … 가진 것이 아무것도 없는 사람은 친구와 나눌 것이 없다. 아무 데도 가지 않으려 하는 사람에게는 여행 동반자가 있을 수 없다."

우정은 쟁취할 만한 가치가 있다 세월이 흘러도 부부 사이가 로맨틱한 관계일 수 있도록 노력해야 한다. 그런데 로맨틱한 관계를 유지한다는 것은 그 관계에 포함된 우정을 지키려는 싸움과 같을 수 있다. 직장 일이 많아지고 자녀를 키우는 데 드는 비용이 점점 늘면서 부부 사이가 단순히 룸메이트나 자녀를 함께 키우는 동료처럼 되기 쉽다. 부부가 로맨틱한 밤을 보낼 수 있는 시간뿐만 아니라, 같은 책을 재미있게 읽고 토론할 수 있는 시간, 서로에게 조언할 수 있는 시간, 낯선 풍경을 함께 탐사해 볼 수 있는 시간, 서로의 은사를 인정하고 칭찬해 주는 시간, 함께 기도하고 예배하는 시간이 있어야 좋은 친구이고, 또 앞으로 더 좋은 친구가 될 수 있다. 우정은 언제나 힘들게 싸워서 얻을 만한 가치가 있다.

◑ 우정은 우정 외의 다른 어떤 것에 관한 일이어야 한다. 세상에는 그런 일이 숱하다. 내 배우자와의 우정에서는 무엇이 그런 일이 될 수 있는가?

함께 붙드는 기도의 끈 7월 15일에서 23일까지는 우정에 관한 묵상이 이어진다. 이 묵상 내용에 관해 기도하라. 우리 부부가 어떻게 하면 우정을 돈독히 할 수 있을지 더 깊은 통찰을 달라고, 그리고 적어도 한 가지 정도의 아주 구체적이고 실천적인 아이디어를 달라고 하나님께 구하라.

그리스도를 믿는 신자들은 계층과 기질, 문화, 인종, 감성, 개인사가 엄청나게 다르지만, 그 모든 차이를 덮을 만큼 강력하고 근본적인 공통점이 있다. … 그리스도인은 모두 예수 님의 복음 안에서 하나님의 은혜를 체험했다. 우리 모두 자신의 정체성이 뿌리에서부터 변화되는 경험을 했고, 그래서 이제는 다른 무엇보다도 하나님의 부르심과 사랑이 우리 존재의 기초가 된다.

친구는 과거를 공유한다 '버디 무비'(buddy movie; 남자들 간의 우정과 모험을 그린 영화)의 흔한 줄거리는, 서로 싫어하는 두 사람이 함께 위험도 겪고 실패도 겪고 하다가 서로를 끈끈하게 의지하는 그야말로 '한 형제들'이 된다는 것이다. 그리스도인은 깊이 있고 독특한 한 가지 체험을 공유하는데, 그것은 우리가 스스로를 구원할 수 없는 죄인들이라는 자각, 그리고 아무 공로 없이 은혜에 힘입어 완전한 구원을 얻었다는 깨달음이다. 이 자각과 인식이 우리를 겸손하게 하며, 그래서 우리는 다른 어떤 사람도 낮추볼 수 없다. 그뿐만 아니라 이 자각과 인식 덕분에 우리는 우리 존재의 근거를 우리의 가치에 관한 확신에 둘 수 있으며, 다른 어떤 정체성도 우리에게 이런 확신을 주지 못한다. 은혜에 힘입어 정체성이 변화된 그리스도인끼리 만나면, 이들은 서로가 서로를 기뻐한다는 사실을 깨닫는다. 두 사람 사이에는 즉시 유대가 형성되고 깊은 우정을 맺을 수 있는 근거가 생긴다.

◑ 내 힘으로 나를 구원하려고 애쓰다가 그것이 불가능함을 깨닫고, 나는 아무것도 한 것이 없는데 그리스도의 구원이 내 것이 되었음을 알게 되는 단계를 어떻게 통과해 왔는지 서로 자세히 이야기 나누라.

함께 올드는 기도의 끈 '은혜로 구원받은 사연'을 회상하고 서로 들려준 뒤, 하나님께서 배우자의 삶에 역사하신 것에 감사하며 서로를 위해 함께 기도하라.

〔모든 신자는〕하나의 미래, 동일한 지평으로 향하는 여정을 갈망하며, 성경은 이를 일컬어 "새로운 피조물"이라고 한다. … 우리는 진정한 자신, 모든 결함과 불완전함과 연약함에서 벗어나 하나님께서 우리를 처음 창조하실 때 의도하신 그런 사람이 될 것이다. 바울은 "장차 우리에게 나타날 영광"을 말한다(롬 8:18, 20) … 우리는 이 최종적이고 완전한 구속을 '바라고 간절히〔eagerly, NIV〕기다린다'(롬 8:23).

친구는 비전을 함께 나눈다 바울은 그리스도의 성품을 닮아 가는 과정을 이야기하며(고후 3:18), '이 과정은 지금 시작되어 장차 완벽한 완성에 이른다'(빌 1:6)고 말했다. 빌립보서 말씀을 풀어 말하자면 다음과 같다. 켜켜이 쌓여 응축되어 있던 죄악은 허물어져 없어지는 반면에 믿음과 소망과 사랑의 덕은 점점 커져 가고 강화된다. 지금 이 순간에도 우리 각 사람이 영적으로 독특하고 아름다운 어떤 존재로 형성되어 가고 있다는 것이다. 여기에 그리스도인의 우정이 어떤 것인지를 보여 주는 두 번째 그림이 있다. 하나님께서는 내 친구 안에 '최상의 자아'를 빚어 가시려는 비전을 세우셨고 날마다 이뤄 가신다. 우리는 하나님의 그 비전을 본다. 그러므로 그리스도인 친구는 그리스도와 짝을 이루어 이 원대한 미래를 향해 나아갈 수 있도록 서로를 돕는다. 서로를 인정하고, 비판하고, 권면하고, 사랑하고, 함께 울고, 함께 기뻐하는 시간 속에서 하나님께서 세우신 비전을 함께 이루어 간다.

◑ 그리스도께서 내 배우자 안에서 이루어 가시는 큰일 세 가지를 찾아보라.

함께 붙드는 기도의 끈 어제는 부부가 함께 앉아 기도하면서 배우자의 삶 가운데 하나님께서 일하신 은혜의 역사에 감사를 드렸다. 오늘은 그 은혜의 역사를 계속해 주시고 그 일에서 나를 하나님의 동역자로 삼아 달라고 기도하라.

그리스도인 두 사람은 다른 어떤 것도 아니고 그리스도를 믿는 공통의 믿음만 가지고 있으면 확고한 우정을 맺을 수 있다. … 우정이란 두 사람이 서로에게 사랑 안에서 진리를 말하면서 한 지평을 향해 함께 나아감에 따라 점점 자라는 깊은 하나 됨이다.

친구와 습관 형성 신자들은 수백 년 동안 일련의 공통적 관행을 통해 그리스도인의 모습을 형성했다. 신자 부부도 이것을 도구 삼아 서로 간의 우정을 강화시킬 수 있다. 즉, 부부는 성경과 신학을 함께 공부할 수 있다(행 2:42). 영적 성장이라는 목표를 위해 서로가 서로를 책임져 줄 수 있다(히 3:13). 상대가 자신의 특별한 은사를 분별하도록 도울 수 있고, 그 은사를 활용할 때 이를 뒷받침해 줄 수 있다(롬 12:4-8). 그리스도의 이름으로 자신들의 집을 개방해 환대를 베풀 수 있다(롬 12:13). 부부가 함께 자녀의 믿음을 키워 갈 방법을 고민할 수 있다(엡 6:1-4). 이런 일들은 평범한 그리스도인이라면 누구나 하는 일이지만, 부부가 의도적으로 함께 행하면 영적으로 풍성한 우정을 세워 나가는 토대가 된다.

◑ 위에 열거한 일들 가운데 현재 우리 부부는 어떤 일을 함께하는가? 여기에 무엇을 추가할 수 있겠는가?

함께 불드는 기도의 끈 위에 언급한 목록을 쭉 훑어보면서, 이 독특한 은혜의 수단 하나하나마다 하나님께 감사드리고, 결혼 생활에서나 교회 생활에서 이 수단을 더 잘 활용할 수 있는 지혜를 주시고 이를 스스로 잘 훈련할 수 있게 해 달라고 기도하라.

잠언 2장 17절은 배우자를 가리켜 '알루프'라고 하는데 … 이는 '최고의 친구'라는 뜻이다. 여성을 흔히 남편의 소유물로 보던 시대에 … 이는 매우 놀랄 만한 표현이었다. … 하지만 〔오늘날에도〕 … 이는 그때 못지않게 급진적인 개념이다. … 부족 사회에서 로맨스는 사회적 지위만큼 중요한 문제가 아닌데, 개인주의적인 서구 사회에서는 로맨스와 훌륭한 섹스가 〔가장〕 중요하다. 하지만 성경은 공동체원으로서 짊어져야 할 책임이나 로맨스의 중요성을 소홀히 하지 않으면서도 동반자 관계로써의 결혼을 크게 강조한다.

끝까지 함께하는 친구 고대에는 자녀를 생산해 사회적 안정과 지위를 확보할 목적으로 결혼을 했다. 로맨틱한 행복은 선택의 문제였고, 부부 사이 우정은 상상도 못했다. 오늘날에는 성적 만족과 개인적 성취감이 결혼과 관련된 주관심사다. 자녀는 선택에 따라 낳을 수도 있고 안 낳을 수도 있으며, 우정 역시 관심의 초점이 아니다. 하지만 우리는 창세기 말씀을 마음에 새겨야 한다. 성경은 하나님께서 하와를 아담에게 데려가신 것이 아담에게 성관계가 필요했다거나 자녀가 필요했기 때문이라고 하지 않으며, '사람이 혼자 사는 것이 좋지 않았기' 때문이라고 말한다. 부부가 긴 세월 함께 살면서 함께 나이가 들어 가면, 두 사람 사이를 돈독하게 해 주는 것은 자녀 양육도 아니고 성관계도 아니다. 하지만 우정은 끝까지 지속된다.

◑ 성경은 결혼의 이런 다양한 측면들을 강조한다. 이 측면들을 꼽아 보라. 나와 내 배우자 사이에서 지배적인 측면이 있고 뒷전으로 밀려난 측면이 있지 않은가? 그 문제에 관해 어떤 조치를 취할 수 있는가?

함께 올드는 기도의 끈 오늘, 결혼 제도가 가진 다양한 측면에서의 풍요로움에 대해 하나님께 그저 감사하고, 나와 배우자 사이에서 그 놀라운 측면 가운데 어느 부분도, 특히 우정이 위축되지 않게 해 달라고 기도하라.

배우자가 가장 친한 친구가 될 수 있어야 한다는 이 원리는, 내가 배우자감이라고 생각하는 그 사람이 과연 나와 잘 어울리는 사람인가를 결정할 때 판세를 뒤집는 열쇠가 될 수 있다. 결혼을 주로 에로틱한 사랑의 관점에서 생각할 경우, 이때 나와 잘 어울린다는 것은 곧 강력한 성적 끌림이 있고 성적 매력을 느낀다는 뜻이다. 또한 결혼을 주로 내가 욕망하는 일종의 사교 생활과 사회적 지위로 편입되는 길로 볼 경우, 이때 나와 잘 어울린다는 것은 … 같은 취향의 라이프스타일을 갖고 있고 동경하는 것이 같다는 뜻이다.

최고의 친구   그렇다면 배우자에서 그치지 않고 최고의 친구가 될 수 있는 사람을 알아볼 수 있는 표는 무엇일까? 크게 두 가지가 있고 그 둘은 다시 두 가지로 나뉜다.[7] 첫째는 솔직함과 사려 깊은 태도다. 배우자이자 최고의 친구가 되려는 사람은 기꺼이 진실을 말할 수 있어야 하고, 듣기 고통스럽더라도 내가 꼭 들어야 할 말이라면 해 줄 수 있어야 하며, 그저 꾸짖기만 하는 것이 아니라 내가 나아갈 방향을 지혜롭게 조언해 주어야 한다. 둘째는 일관성과 신중함이다. 진실함은 무조건적 사랑, 재치 있으면서도 정중한 태도를 바탕으로 해야 한다. 친구라면 진실을 어떻게 말해야 할지, 그리고 언제 말해야 상대방이 가장 잘 받아들일지를 안다. 내가 배우자에게 최고의 친구가 되고자 한다면 내게는 어떤 특성들이 있어야 할까? 위에 나열한 것과 똑같다.

◐ 최고의 친구 사이임을 알아볼 수 있는 이 네 가지 특징을 배우자와 함께 살펴보라. 나는 어느 부분에 가장 강한가? 어느 부분이 가장 약한가?

함께 붙드는 기도의 끈   위 질문을 스스로에게 물어 결론을 내렸으면, 내가 가장 약하다고 여기는 영역에서 하나님께 도움을 청하라. 그 부분을 개선할 방법을 찾는 데 실제적 통찰을 달라고 구하라.

외모로 사람을 끌어당기는 힘은 세월과 함께 점차 약해진다. 그 힘이 사라지는 날을 늦추려고 아무리 애를 써도 소용 없다. 사회경제적 지위 또한 유감스럽게도 하룻밤 사이에 달라질 수 있다. … 성적 매력과 사회적 지위에서 '공감대'가 있다고 해서 두 사람이 공통의 꿈을 갖게 되지는 않는다. … 그런 목표로는 깊은 하나 됨을 이루지 못한다. … 주로 성적 상대 역할을 하는 사람, 또는 주로 경제적 파트너 역할을 하는 사람과 결혼한다면, 사실상 그 어떤 목표에도 함께 이르지 못한다. 그리고 아무런 목표가 없는 사람에게는 길동무가 있을 수 없다.

친구의 사명 지금까지 살펴보았다시피 우정은 공동의 목표를 포함해, 우정 자체가 아닌 다른 어떤 것에 관한 일이다. 많은 부부가 내 집 마련하기나 어느 정도의 재정적 수준에 이르기 같은 좋은 목표를 공유한다. 그보다 훨씬 실질적이고 장기적인 목표는 자녀 양육이다. 하지만 그런 목표가 반드시 부부의 마음을 사랑으로 묶어 주지는 않는다. 이혼해서 사이는 안 좋지만 재정 문제나 자녀 양육 문제에서 함께 애쓰는 사람들이 많으며, 그렇게 한다고 해서 이들이 사이가 가까워지는 것은 아니다. 성령께서 변화시키신 삶을 통해 하나님 나라가 이 세상과 내가 속한 공동체와 내 배우자 안에서 점점 확장되는 것을 보고자 하는 소원이, 부부가 공유해야 할 가장 크고, 가장 깊고, 마음을 하나로 묶어 주는 힘이 가장 큰 목표 가운데 하나다.

❍ 이 세상과 내가 속한 공동체 안에서 하나님 나라가 확장되도록 나와 내 배우자는 부부로서 어떤 목표를 세울 수 있을까?

함께 붙드는 기도의 끈 시편 48편 1-2절을 묵상하라. 하나님 나라, 곧 하나님의 구원의 은혜와 그 은혜의 결과로 평화와 정의와 사랑을 기반으로 세워지는 인간 공동체가 '온 세계의 즐거움'이 될 수 있기를 함께 기도하라.

[에베소서 5장에서] 바울은 결혼의 최우선 목표는 사회적 지위와 안정도 아니고 … 로맨틱하고 정서적인 행복도 아니라고 밝힌다. … 결혼의 목표는 … [우리를] "거룩하게" 해서(26절) 빛나는 아름다움과 영광 가운데 [그리스도] 앞에 세우려는 것'(27절), 온전히 '거룩하고 흠이 없게 하는 것'(27절), … 모든 영적 더러움, 흠결, 얼룩을 제거하여 우리를 '거룩하고 영광스럽고 흠이 없게' 하는 것이다.

은혜 안에서 자라 가라   우리는 배우자의 유익을 추구함으로써 배우자를 사랑해야 하며, 내 배우자 또한 나를 사랑하고 기쁘게 해 주기를 추구해야 한다. 그러나 배우자가 나를 위해 해 줄 수 있는 일, 그리고 내가 배우자를 위해 해 줄 수 있는 일로 예수 그리스도의 은혜와 그분을 아는 지식에서 자라 가는 것보다 더 좋은 것은 없다(벧후 3:18). 하지만 결혼의 이 목표를 다른 목표들과 경쟁시켜서는 안 된다. 배우자에게 내 낭만적 매력을 고양시키는 방법으로 배우자의 영적 조언을 귀 기울여 듣고 그리스도께서 명하시는 그런 사람으로 점점 빚어져 가는 것보다 더 좋은 길은 없다.

◑ 너그러움과 호의를 최대한 끌어모아서 상대방의 성품에서 볼 수 있는 '흠'을 꼽아 보라. 부부가 각각 그 목록 가운데 하나를 선택해서 이를 바로잡기로 결단하라. 어떻게 하면 그 흠결을 없앨 수 있는지 배우자에게 조언을 구하라.

함께 붙드는 기도의 끈   부부가 함께 앉아 베드로후서 3장 18절을 큰 소리로 읽고, 서로를 위해 그 말씀을 가지고 기도하라.

남편과 아내는, 예수님께서 우리에게 그런 분이시듯 서로에게 연인이자 친구여야 한다.
예수님께서는 우리의 장래 영광을 내다보시며(골 1:27; 요일 3:2-3), 우리 삶 가운데서 하시
는 모든 일에서 그 목표를 향해 우리를 이끌어 가신다. 에베소서 5장 28절은 우리가 결혼
하는 목적을 종말에 있을 영원한 혼인 잔치라는 목표와 직접적으로 연결 짓는다. … 서로
아무 관련이 없는 두 그리스도인이 … 서로가 죄에서 벗어날 수 있도록 서로 간에 책임을
져 주어야 한다면(히 3:13), 하물며 남편과 아내는 얼마나 더 그래야 하겠는가.

권면을 통해 자라 가라　현대 문화에서는 배우자를 포함해 타인의 시선을 피
해 숨기가 비교적 쉽다. 하지만 내 삶의 안쪽을 실제로 내 배우자보다 더 잘
들여다볼 수 있는 사람은 세상에 없다. 배우자는 내 태도와 마음에 작은 변
화만 있어도 알아차리며 이는 다른 누구도 할 수 없는 일이다. 히브리서 3장
13절은 "매일 피차 권면하여 너희 중에 누구든지 죄의 유혹으로 완고하게 되
지 않도록 하라"라고 신자들에게 말한다. '권면하다'라는 말은 공감하는 자세
로 상대가 사실을 마주하게 하라, 탄원 혹은 간청하라는 뜻을 다 가지고 있
다. 우리의 죄는 우리 눈에 보이지 않게 스스로를 감춘다. 그래서 우리는 다
른 누구에게 그 죄를 지적해 달라고 부탁해야 한다. 누구에게 부탁해야 할까?
이 명령을 이행할 수 있는 사람으로 배우자보다 더 적격인 사람은 없다.

◑ 사소하지만 끈질긴 성품상 결함을 어떻게 하면 잔소리와 불평 없이 서로
책임지고 바로잡아 줄 수 있을까?

함께 볼드는 기도의 끈　권면을 잘하는 데 필요한 구체적 특성, 예를 들어 쾌활
하면서도 솔직하게 말하기, 상대에게 공감하면서도 뚝심 있게 말하기 같은
특성을 달라고 하나님께 청하라.

〔내가 그리스도인이라면〕내게는 옛 사람과 새사람이 있다(엡 4:24). 옛 사람은 … 나를 따라
다니는 수많은 죄와 단단히 자리 잡은 성격상 결함 때문에 제 역할을 하지 못한다. 새사
람은 … 내 모든 죄와 결함에서 자유로워진 나다. 이 새사람은 지금도 늘 완성되어 가는
중이며, 때로 옛 사람의 짙은 구름에 가려 거의 완전히 안 보이기도 한다. 그러나 더러는
그 구름이 확실히 갈라져 그 사이로 내가 가는 곳이 어디인지 얼핏 엿볼 수 있다.

성장과 두 개의 자아 우리가 그리스도를 믿으면 하나님께서 우리에게 완전
히 새로운 자아를 주신다(엡 4:22-24). 복음을 통해서 그 자아는 하나님께서 자
신을 무조건적으로 인정해 주심을 확신하며, 그래서 우리는 하나님과 타인을
사랑하되 난생처음으로 자신을 위해서가 아니라 하나님과 타인들을 위해서
사랑할 수 있게 된다. 물론 그 순간 스스로 자기 가치를 확보하려 하고 하나
님과 다른 사람들을 자기 손으로 좌지우지하려는 옛 자아는 여전히 거기 존
재한다. 옛 자아도 선한 행동을 하기는 하지만, 이는 하나님과 사람들에게서
인정을 받고 권세를 얻기 위해서다. 바로 이 지점에 그리스도인의 삶의 복잡
성과 영광이 있다. 즉 옛 자아와 새 자아 모두 각각의 행동 동기와 사고방식
으로 어떤 특정한 날 우리에게 영향력을 끼칠 수 있으며 자기 존재를 주장하
기도 한다. 그런 상황에서 우리가 옛 자아에 대해서는 점점 죽고 새 자아 속
으로 점점 더 살아 들어갈 때 비로소 우리는 성장하는 것이다.

◑ 내 옛 자아의 행동 동기와 사고방식, 그리고 그리스도 안에 있는 새 자아의
행동 동기와 사고방식이 어떻게 다른지 배우자와 함께 간략하고도 구체적으
로 이야기해 보라.

함께 볼드는 기도의 끈 날마다 하는 선택으로 우리는 옛 사람의 삶을 살 수도
있고 새사람의 삶을 살 수도 있다. 이 선택을 의식할 수 있게 해 달라고 하나
님께 구하라. 그리고 일상생활이라는 참호에서 새사람을 입고 살도록 그리스
도 안에서 넉넉히 행복할 수 있게 해 달라고 청하라.

사랑에 빠진다는 것은 이런 의미다. 상대방을 바라보고 하나님께서 만들어 가고 계신 사람을 한눈에 알아보면서 이렇게 고백하는 것이다. "하나님께서 당신을 어떤 사람으로 만들어 가시는지 보여요. 가슴이 벅차네요! … 당신이 하나님의 보좌까지 가는 여정에 나도 함께하고 싶어요. 그리고 마침내 그곳에 이르렀을 때 이렇게 말할 거예요. '당신이 이런 사람이 될 수 있으리라는 것을 나는 늘 믿어 왔어요. 땅에 있을 때 얼핏 보았는데, 이제 온전히 보이네요!'"

기대가 커져 가다 그리스도인에게 '두 자아'가 있음을 이해하는 것이 부부 관계의 매 단계마다 아주 중요하다. 맨 처음 사랑에 빠질 때는 상대방의 흠결보다 상대방의 장점에 마음이 끌린다. 그래서 내가 사랑에 빠지는 대상은 대개 하나님께서 만들어 가시는 장래의 그 사람이다. 그리고 긴 세월 함께하는 동안에는 그리스도께서 나를 사랑하시는 것처럼 상대방을 사랑하는 법을 배운다. 배우자의 모든 죄에도 불구하고 배우자를 온전히 사랑하지만 그 죄를 사랑하지는 않는다. 누군가의 죄를 묵인하고 용인하는 것은 내가 할 수 있는 사랑 가운데 가장 하찮은 사랑이며, 이는 배우자의 참자아를 배신하는 일이 될 것이다. 그리고 마침내 나는 배우자가 영광으로 변화하는 모습을 볼 것이다 (고후 3:18; 요일 3:2). 그 순간을 기대하는 기쁨으로 살라.

◑ 어떤 사람이 죄를 지었을 때 그 사람을 가혹하게 비판하고 꾸짖는 것은 사랑이 아니다. 반대로 그저 침묵을 지키는 것도 그에 못지않게 사랑이 없는 행동인데, 이유가 무엇일까? 비겁한 침묵이 어떤 면에서 사랑이 아닌지 이야기해 보라.

함께 붙드는 기도의 끈 사람을 비난하지 않으면서 문제를 비난할 수 있는 것, 죄를 대적하는 모습을 보이되 사람을 대적하지는 않는 것은 매우 중요하지만 쉽게 습득하기 어려운 영적 기술이다. 이런 기술을 달라고 주님께 청하라. 어떻게 하면 그렇게 할 수 있는지, 특히 부부 사이에서 어떻게 그렇게 할 수 있는지 알려 달라고 하나님께 구하라.

아내 캐시가 자주 하는 말이 있다. 배우자감을 구할 때는 멋진 대리석 원석 덩어리를 찾아야 마땅한데 대다수 사람이 이미 완성된 조각상을 찾는다는 것이다. 원석을 찾으라는 것은 그것을 가지고 내가 원하는 사람으로 만들 수 있기 때문이 아니라, 예수님께서 어떤 사람을 만드시는지 볼 수 있기 때문이다.

성장과 하나님의 뜻 지금까지 보았듯이 오늘날 많은 이들이 "배우자가 나를 변화시키려 해서는 안 된다"고 주장한다. 하지만 그리스도, 곧 우리의 영적 남편이신 분께서는 우리를 깨끗케 하고 아름답게 만들려 애쓰셨으며, 우리도 부부 사이에서 똑같이 해야 한다(엡 5:28). 그런데 우리는 배우자가 '하나님께서 만들어 가시는 사람'이 되도록 도우려는 것뿐이라고 착각하면서 실상 배우자를 '내 개인적 취향에 들어맞는 사람'이나 '내 자존감을 높여 주는 사람' 혹은 '내 부모를 더 기쁘게 해 줄 사람'으로 만들려 애쓰기가 쉽다. 배우자를 판단할 때는 내 취향이나 욕심이 아니라 성경에 담긴 하나님의 뜻에 따라, 이를테면 성령의 열매처럼 성경이 제시하는 성품 기준에 따라(갈 5장), 혹은 경건한 지혜로(잠언), 혹은 산상설교에 따라(마 5-7장) 판단하라.

◑ 배우자에게 일어난 변화 가운데 내가 원하기는 했으나 성령께서 사람들 안에 만들어 가시는 것이라고는 할 수 없는 변화가 있는지 생각해 보라. 그리고 내가 원하기도 했고 성령께서 빚으신 변화이기도 한 것들을 생각해 보라. 한 가지보다 이 두 가지 목록을 만들어 보는 데 따르는 유익은 무엇인가?

함께 붙드는 기도의 끈 배우자의 특성 가운데 나 개인적으로는 마음에 안 들어도 신령한 성품이나 성숙 문제와 상관없는 특징이라면 기꺼이 받아들일 수 있게 도와주시기를 하나님께 청하라. 이어서 하나님을 슬프시게 하고 배우자 자신에게도 해로운 어떤 죄악 된 행동 패턴이 있을 때 내가 이를 묵인하는 일이 없도록 도와주시기를 구하라.

이는 낭만적으로 묘사된 순진한 접근법이 절대 아니다. 오히려 가차 없다 할 만큼 현실적이다. 이런 결혼관을 가진 사람들은 상대방에게 이렇게 말한다. "당신의 모든 결점, 불완전함, 약점, 의존성 등 모두 다 보여요. 하지만 그 모든 것 아래서 나는 하나님께서 당신에게 원하시는 모습이 자라나는 것을 볼 수 있어요." 이는 내게 '잘 맞는 사람'을 찾는 것과는 근본적으로 다른 태도다.

성장과 하나님의 능력 오늘 본문에 묘사한 결혼관이 어째서 "가차 없다 할 만큼 현실적"인가? 첫째, 이 결혼관은 내가 누구와 결혼하든 그 사람은 하나님께서 완전하게 구현해 가셔야 할 사람과는 거리가 멀다는 점을 전제로 하기 때문이다. 그 사람은 당연히 불완전하리라는 것을 예상해야 한다. 그러면 맹목적 낭만주의에 뒤따르기 마련인 엄청난 환멸을 피하게 된다. 둘째, 그러나 이는 알코올의존증 환자가 있는 가정에서 볼 수 있는 것처럼, 중독자를 치료도 하지 않고 집에 데리고 있으면서 스스로를 훌륭한 사람, 그리고 상대에게 꼭 필요한 사람이라 생각하면서 자신에게 권능을 부여하는 그런 것과는 다르다. 마지막으로, 배우자를 변화시키는 일이 근본적으로 내 일은 아니라는 것을 알면 깊이 안도하게 된다. 맞다. 이는 내 능력 밖의 일이다. 이 엄청난 일에서 나는 그저 하나님의 보조자일 뿐이다.

◑ 변화를 바라보는 기독교의 접근법이 또 어떤 방식으로 순진한 낭만주의나 어느 한쪽에 권능을 부여하는 행위라는 양극단을 피하게 하는지 생각해 보라.

함께 붙드는 기도의 끈 첫째로, 사람들이 어떤 식으로 변화해 가는지 알 수 있도록 성경의 독특한 지혜를 주심에 하나님께 감사하라. 둘째로, 그런 변화를 낳는 복음의 독특한 능력을 놓고 감사하라. 그런 다음 하나님의 지혜와 권능이 내 결혼 생활에 역사하게 해 달라고 기도하라.

〔'내게 잘 맞는 사람'이라는 것은 대개〕 자기를 있는 그대로 받아들여 주는 사람을 찾는다는 뜻이다. … 이상적인 짝을 찾는 발버둥은 이뤄질 소망이 없는 헛수고다. … 이는 근본적으로 다른 접근법이다. … 내 짝의 뿌리 깊은 결함과 약점과 의존성을 보지 못한다면, 바람직한 짝을 찾는 게임에 발조차 들여놓지 못한 것이다. 또 한편으로 내 배우자가 이미 성장을 시작했고 마지막에 어떤 사람이 될지 기대하며 감격하지 않는다면, 영적 친구관계로서 결혼이 지니는 능력에 조금도 다가서지 못한 것이다.

성장과 복음 결혼을 바라보는 성경의 접근법을 가리켜 '성화의 수단으로써의 결혼'이라고 할 수 있으며, 여기서 '성화'라는 말은 거룩해져서 그리스도처럼 되는 과정을 뜻한다(살전 4:3). 이는 "내게 잘 맞는 사람이라는 말은 내게 변화를 요구하지 않는 사람이라는 뜻"이라는 태도와도 대조되고, 그 반대편 스펙트럼의 "당신은 지금 엉망진창이고, 그래서 당신을 구원할 내가 필요하지"라는 태도와도 대조된다. 성경의 방식은 우리의 결함을 보는 현실적 시선을, 그리스도의 은혜로 우리가 변화한다는 위대한 소망과 결합시킨다. 그리스도만이 구주이시지 배우자가 구원자는 아니라는 사실을 인정하는 것이다. 복음은 예수 안에서 우리가 생각 이상으로 큰 죄인이지만 그와 동시에 우리가 감히 소망하는 것 이상으로 사랑받는다고 말하는데, 결혼을 보는 성경의 방식이 이와 비슷하게 우리를 겸손하게도 하고 확신을 갖게도 한다.

◑ 은혜로써 구원받는다는 복음이 어떻게 우리가 변화에 관해 아주 현실적인 동시에 매우 희망적인 관점을 가질 수 있게 해 주는지 생각해 보라.

함께 붙드는 기도의 끈 나는 배우자의 구원자도 아니고, 배우자의 삶에서 내가 성령도 아니라는 사실을 기억할 수 있게 도우시기를 구하라. 내가 그런 역할을 하려고 구체적으로 어떤 시도를 했는지 하나님께 고백하고 배우자를 하나님의 손에 맡기라.

로맨틱한 연애, 섹스, 웃음, 소박한 재미 등은 성화와 연단과 영화라는 과정에서 발생하는 부산물이다. 이런 것들이 중요하기는 하지만, 이것만으로 길고 긴 세월 동안 결혼의 일상을 지탱할 수는 없다. 결혼을 이어 가게 해 주는 것은 배우자가 거룩해지도록 … 배우자가 아름다워지도록 … 배우자가 훌륭하고 완전해지도록 … 배우자가 정직해지며 하나님의 일에 열정을 가질 수 있도록 마음을 다해 헌신하는 태도다. 그것이 배우자로서 남편이나 아내에게 내가 해야 할 일이다. 이보다 못한 목표, 이보다 사소한 목적을 가지고 결혼한다면 그것은 결혼을 가지고 그저 소꿉놀이를 하는 것일 뿐이다.

올바른 순서 부산물이란 다른 무언가를 제조하는 과정에서 만들어져 나오는 어떤 것이다. 예수님께서는 "의에 주리고 목마른 자는 복이 있다(행복하다)"고 말씀하시는데, 이는 '행복 그 이상의 어떤 것, 즉 의를 바라는 사람은 행복하다'는 뜻이다. 하나님 사랑하기를 목표로 삼으라. 그러면 행복이 덤으로 주어질 것이다. 행복을 첫째가는 목표로 삼아 보라. 그러면 행복도 하나님 사랑도 얻지 못할 것이다. 이제 이 원리를 결혼에 적용해 보자. 배우자의 유익과 배우자가 그리스도를 닮은 형상으로 성숙해 가는 일에 전념해 보라. 그러면 로맨스와 재미와 웃음을 덤으로 얻을 것이다. 반대로 재미와 로맨스를 첫째가는 목표로 삼아 보라. 그러면 아무것도 얻지 못할 것이다.

◑ C. S. 루이스는 이렇게 말했다. "천국을 목표로 삼으면 땅이 덤으로 주어진다. 땅을 목표로 삼으면 아무것도 얻지 못할 것이다."[8] 이 기본 원리가 작용하는 인생의 다른 많은 영역을 생각해 보라.

함께 붙드는 기도의 끈 마태복음 6장 33절을 묵상하라. '먼저 그의 나라와 그의 의를 구하라. 그러면 내게 필요한 다른 모든 것들이 내 삶에 더해질 것이다'라는 말씀이 특히 내게 무슨 의미인지 알려 달라고 하나님께 청하라.

8월

어떻게 서로
화해할 것인가

신약 성경의 여러 성구

마태복음 18장 21-23절 그때에 베드로가 나아와 이르되 주여 형제가 내게 죄를 범하면 몇 번이나 용서하여 주리이까 일곱 번까지 하오리이까 예수께서 이르시되 네게 이르노니 일곱 번뿐 아니라 일곱 번을 일흔 번까지라도 할지니라 그러므로 천국은 그 종들과 결산 하려 하던 어떤 임금과 같으니.

무한히 용서 베드로의 질문에는 고집 센 사람을 더는 용서하지 말아야 할 어떤 한계점이 있다는 뜻이 내포되어 있다. "일곱"은 히브리어 성경에서 완전을 상징하는 수이기에, 예수님의 대답은 용서를 멈춰서는 안 된다는 뜻이다. 예수님께서는 한 왕이 종의 1만 달란트 빚을 탕감해 준 이야기를 들려주신다. 1달란트는 약 십 년치 임금에 해당하는 금액이므로 1만 달란트는 요즘 시세로 몇 조억쯤에 해당하는 금액이다.[1] 그런데 그 종이 자신은 그렇게 큰돈을 탕감받았으면서 동료가 자신에게 갚아야 할 적은 액수의 빚은 탕감해 주지 않으려 했다. 왕은 이를 전해 듣고 화가 나서 그 종에게 물었다. "내가 너를 불쌍히 여김과 같이 너도 네 동료를 불쌍히 여김이 마땅하지 아니하냐"(마 18:33). 하나님께서 우리에게 베푸신 용서는 도무지 헤아릴 수가 없으며, 다른 어떤 사람을 향한 우리의 분노를 다 녹여 없앨 만하다. 하나님께서 우리에게 어떤 용서를 베푸셨는지 얼마나 깊이 이해하느냐에 따라 우리도 다른 이들이 내게 갚아야 할 적은 빚을 탕감해 줄 수 있다.

◑ 오늘 본문의 예화는 타인을 정서적으로 용서하는 일에 어떻게 도움을 주는가?

한마음으로 드리는 기도 주님, 저는 오로지 주님의 자비로만 사는데, 제게 해를 끼치는 사람에게 어떻게 자비를 베풀지 않을 수 있겠습니까? 저도 분노가 치밀지만, 부디 그 감정에 주님의 무한한 은혜의 빛을 비춰 주셔서 그렇게 분노하는 것이 얼마나 속 좁은 태도인지 알게 해 주옵소서. 용서할 수 있도록 도와주옵소서. 아멘.

마태복음 18장 21-23절 그때에 베드로가 나아와 이르되 주여 형제가 내게 죄를 범하면 몇 번이나 용서하여 주리이까 일곱 번까지 하오리이까 예수께서 이르시되 네게 이르노니 일곱 번뿐 아니라 일곱 번을 일흔 번까지라도 할지니라 그러므로 천국은 그 종들과 결산 하려 하던 어떤 임금과 같으니.

용서에 드는 비용 예수님의 비유는, 왜 용서해야 하는지 동기를 부여받는 데 도움이 될 뿐만 아니라 용서란 과연 무엇인지 이해하는 데도 도움이 된다. 말 그대로 누군가의 빚을 탕감해 준다는 것은 그 손해를 내가 다 감당한다는 뜻 이다. 내가 탕감해 주지 않으면 그 사람은 빚을 갚아야 한다. 탕감해 주면 그 비용은 내가 감당해야 한다. 이는 돈이 아닌 다른 상황에서도 마찬가지다. 누 군가가 내게 죄를 저지르면 나는 무언가를 잃는다. 행복을 잃기도 하고 명성 을 잃기도 하고 마음의 평안을 잃기도 하고 기회를 잃기도 한다. 그런데 그 사람을 용서하지 않으면 내가 그 사람의 행복과 평안을 해치는(혹은 해치고 싶어 하는) 셈이다. 용서하면, 그 사람이 저지른 짓을 아무런 보복도 하지 않고 내가 감당하는 것이다. 물론 이는 고통스러운 일이고, 그래서 용서를 생각할 때 기 분이 좋지는 않을 것이다. 용서는 일종의 고난이다. 그리스도께서 우리를 위 해 불평 없이 사랑으로 우리 죄를 감당하신 것처럼 우리도 서로 용서해야 한 다(엡 4:32).

◑ 이 비유는 그동안 내가 생각해 왔던 용서와 어떻게 다른가? 나는 용서를 잘하는 편인가?

한마음으로 드리는 기도 아버지, 용서하는 데 드는 비용이라는 것도 아버지의 아들께서 저를 위해 치르신 희생에 비하면 얼마나 사소한지요. 제가 기쁜 마 음으로 이 비용을 치르게 하옵소서. 아멘.

로마서 12장 17-21절 아무에게도 악을 악으로 갚지 말고 모든 사람 앞에서 선한 일을 도모하라 할 수 있거든 너희로서는 모든 사람과 더불어 화목하라 내 사랑하는 자들아 너희가 친히 원수를 갚지 말고 하나님의 진노하심에 맡기라 기록되었으되 원수 갚는 것이 내게 있으니 내가 갚으리라고 주께서 말씀하시니라 네 원수가 주리거든 먹이고 목마르거든 마시게 하라 그리함으로 네가 숯불을 그 머리에 쌓아 놓으리라 악에게 지지 말고 선으로 악을 이기라.

악을 이기기: 원리 "이긴다"(overcome)는 말은 상대방을 무력하게 한다 혹은 물리친다는 뜻이다. 악을 행악자와 너무 엄밀하게 동일시해서, 악을 멸하기 위해서는 행악자를 멸해야 한다고 생각하면 행악자 뒤에 있는 악한 힘에 본의 아니게 볼모 잡힐 수가 있다. 반면 악을 행하는 사람에게 사랑을 보이면 두 가지 결과가 생긴다. 첫째, 우리 안에서 세력을 넓혀 가는 악을 저지할 수 있다. 증오와 교만이 우리에게 침입하지 못한다. 둘째, 행악자 안에서 악이 세력을 넓혀 가는 것도 저지할 수 있다. 그 사람이 정신을 차리고 자기가 어떤 나쁜 짓을 했는지 알아차릴 수 있다("숯불" 은유는 그래서 쓰였다). 적개심에 사로잡혔던 사람이 친절을 경험하고 가책을 느낄 수도 있다. 예수님께서는 이렇게 자신의 삶과 희생이라는 선으로 우리의 악을 이겨 내셨다.

◑ 선으로 악을 이기는 경우를 직접 본 적이 있는가? 직접 그렇게 해 본 적이 있는가? 이 원리를 결혼 생활에 어떻게 적용할지 토론해 보라.

한마음으로 드리는 기도 주님, 용서란 사람들이 제게 잘못을 저질렀을 때 그저 보복하지 않는 것이며, 제가 할 일은 그것뿐이라고 생각하곤 했습니다. 그런데 용서란 거기 그치지 않고 그 사람에게 적극적으로 선을 행하는 것임을 이제 알았습니다. 아무리 생각해도 제 역량을 벗어난 일이에요. 하나님, 저를 도와주옵소서. 아멘.

로마서 12장 17-21절 아무에게도 악을 악으로 갚지 말고 모든 사람 앞에서 선한 일을 도모하라 할 수 있거든 너희로서는 모든 사람과 더불어 화목하라 내 사랑하는 자들아 너희가 친히 원수를 갚지 말고 하나님의 진노하심에 맡기라 기록되었으되 원수 갚는 것이 내게 있으니 내가 갚으리라고 주께서 말씀하시니라 네 원수가 주리거든 먹이고 목마르거든 마시게 하라 그리함으로 네가 숯불을 그 머리에 쌓아 놓으리라 악에게 지지 말고 선으로 악을 이기라.

악을 이기기: 실천 악을 이기는 원리를 살펴보았는데, 그렇다면 실천은 어떻게 해야 할까? 첫째, 내게 잘못을 저지른 그 사람을 피하지 말라. 부부의 경우, 배우자를 물리적으로 피할 수는 없지만 정서적으로 마음을 닫을 수는 있다. "앙갚음하지는 않겠어. 하지만 상대하고 싶지 않아"라고 생각하지 말라. 상대하지 않겠다는 것이 곧 앙갚음이며, 그래서 18절에서는 적극적으로 화평을 추구하는 것이 내가 할 일이라고 말한다.[2] "내가 혹시 뭘 잘못했나요?"라고 배우자가 묻기를 바라면서 짐짓 냉담하게 굴지도 말라. 둘째, 그냥 넘어가는 것으로는 충분치 않다. 말과 행동으로 사랑을 표현해야 한다(그렇다고 해서 지나치게 친절을 보여서 상대방을 부끄럽게 만들어야 한다는 뜻은 아니다). 20절은 상대방의 안녕을 빌고 그 사람에게 도움이 될 만한 일을 하며 존중하는 태도로 이야기해 줄 방법을 신중하게 고려해야 한다고 지적한다.

◑ 배우자에게 이러저러한 일을 하지 말라고 여러 번 부탁했는데도 그 행동을 또 해서 화가 날 때 나는 위에서 말한 것처럼 실천하는가? 이 실천 사항을 결혼 생활에 어떻게 적용할지 토론해 보라.

한마음으로 드리는 기도 주님, "시작은 그 사람이 했어요. 그러니까 해결하고 싶으면 그쪽에서 날 찾아오라고 해요"라고 나 자신을 합리화하며 변명하는 말 뒤로 숨지 말게 하옵소서. 우리 관계가 껄끄러워졌을 때 그것을 풀 사람은 늘 제 쪽이라는 것을 깨달을 수 있게 도와주옵소서. 아멘.

▼ 8월 5일

로마서 12장 17-21절 아무에게도 악을 악으로 갚지 말고 모든 사람 앞에서 선한 일을 도모하라 할 수 있거든 너희로서는 모든 사람과 더불어 화목하라 내 사랑하는 자들아 너희가 친히 원수를 갚지 말고 하나님의 진노하심에 맡기라 기록되었으되 원수 갚는 것이 내게 있으니 내가 갚으리라고 주께서 말씀하시니라 네 원수가 주리거든 먹이고 목마르거든 마시게 하라 그리함으로 네가 숯불을 그 머리에 쌓아 놓으리라 악에게 지지 말고 선으로 악을 이기라.

악을 이길 수 있는 능력   선으로 악을 이기는 능력은 복음에 있다. 바울은 하나님의 진노를 생각하라고 하면서(롬 12:19) 모든 원한과 복수는 재판장이신 하나님이 맡은 일이심을 우리에게 상기시킨다. (1) 판단할 자격은 오직 하나님께만 있다(우리는 불완전하며, 우리 자신도 판단을 받아 마땅하다). (2) 판단할 수 있을 만큼 모든 상황을 아시는 분은 오직 하나님뿐이시다(우리는 잘못을 저지른 사람에 관해, 그 사람이 어떤 일을 당했고 어떤 벌을 받아 마땅한지에 관해 모든 것을 다 알지 못한다). (3) 하나님의 심판은 예수님이 맡으셨다. 그리스도께서는 우리가 아직 그분의 원수였을 때 우리를 위해 죽으셨다(롬 5:6-10). 그러므로 하나님의 심판석에 앉지 말라. 우리가 원수까지도 이렇게 사랑해야 한다면, 하물며 배우자는, 특히 배우자에게 화가 날 경우 얼마나 더 용서하고 사랑해야 하겠는가?

◗ 상대방이 나를 화나게 할 때 마태복음 18장에서 말하는 용서와 로마서 12장에서 말하는 사랑으로 대처하겠다고 서로 약속하라.

한마음으로 드리는 기도   주님, 배우자를 향해 마음이 냉랭해질 때 이 마음을 녹일 수 있는 진리들을 주셔서 감사합니다. 제게 가장 깊은 영향을 끼칠 수 있고 저를 크게 변화시킬 수 있는 진리들을 분별할 수 있도록 도와주시고, 주님의 성령께서 그 진리로 저를 분발시켜 제가 배우자를 진정으로 사랑할 수 있게 해 주옵소서. 아멘

야고보서 5장 14, 16절 너희 중에 병든 자가 있느냐 그는 교회의 장로들을 청할 것이요 그들은 주의 이름으로 기름을 바르며 그를 위하여 기도할지니라 ⋯ 그러므로 너희 죄를 서로 고백하며 병이 낫기를 위하여 서로 기도하라 의인의 간구는 역사하는 힘이 큼이니라.

서로에게 죄 고백하기 1 그리스도인이 일반적으로 자기 죄를 서로에게 고백해야 한다면, 부부도 서로 간에 그렇게 해야 한다. 여기서 말하는 죄는 단지 상대방에게 짓는 죄를 말하는 것이 아니다. 부부는 자기 잘못과 죄를 서로에게 고백하면서 서로를 위해 기도하고 하나님의 자비를 서로에게 은혜로이 제시하는 법을 익혀야 한다. 디트리히 본회퍼는 이렇게 말했다. "자기 죄하고만 같이 있는 사람은 철저히 혼자다. ⋯ 사람들과 어울릴 수 있는 마지막 돌파구가 생기지 않는 이유는 비록 이들이 경건한 사람들로서는 서로 교제해도 죄인으로서는 교제하지 않기 때문이다."[3] 자기 죄를 배우자에게 고백할 수 없다는 것은 결혼한 상태이면서도 혼자라는 뜻이다.

◑ 나와 내 배우자는 "죄인으로서 서로 교제"하고 있는가? 의견을 나눠 보라.

한마음으로 드리는 기도 주님, 주님의 말씀은 우리가 죄를 숨기면 병이 생기고 고독해진다고 끊임없이 말합니다(시 32:3-4). 하지만 우리는 자기 죄와 허물을 서로 고백하기를 싫어합니다. 우리의 교만을 꺾어 주시어 서로 자기 죄를 고백하고, 서로를 위해 기도하며, 그리하여 치유되게 하옵소서. 아멘.

야고보서 5장 16절 그러므로 너희 죄를 서로 고백하며 병이 낫기를 위하여 서로 기도하라.

서로에게 죄 고백하기 2 디트리히 본회퍼는 이렇게 말한다. "죄 고백을 실천하는 그리스도인 공동체가 경계해야 할 두 가지 위험이 있다. 첫째는 고백을 듣는 사람과 관련된 위험이다. 어떤 사람 혼자 다른 모든 이의 고백을 듣는 것은 바람직하지 않다. … 이렇게 되면 영적으로 다른 이들의 영혼을 지배하는 상황이 발생한다. … 본인은 고백하지 않으면서 다른 이의 고백을 듣는 행위를 모두 삼가야 한다. 스스로를 낮추는 사람만이 형제에게 해를 끼치는 일 없이 형제의 고백을 들을 수 있다. 둘째는 고백하는 사람이 주의해야 할 위험이다. … 죄를 고백하는 사람은 그 고백 행위를 경건한 공로로 여겨서는 안 된다. 죄 고백을 경건한 공로로 여기는 것은 마귀의 작품이다. … 우리는 오로지 사죄(absolution)의 약속을 위해서만 죄를 고백할 수 있다. 판에 박힌 의무처럼 행하는 죄 고백은 영적 죽음이다."[4]

❶ 이 두 가지 위험을 자신의 언어로 바꾸어 설명해 보라. 내게 해당하는 위험은 어떤 것인가? 여기서 얻은 통찰을 결혼 생활에 적용하라.

한마음으로 드리는 기도 주님, 우리 부부가 한 사람은 늘 잘못을 고백하는 쪽이고 또 한 사람은 늘 용서를 베푸는 입장이 되는 일이 없게 하옵소서. 서로 잘못을 고백하고 용서하는 이 일에서 우리가 진정한 상호 의존 상태에 이를 수 있도록 인도하옵소서. 아멘.

바울은 배우자가 나보다 예수님을 더 사랑할 수 있도록 도우라고 부부들에게 강조한다. … 인생사가 원활하지 않거나 관계가 원만하지 않을 때는 내 감정 탱크가 하나님에게서 오는 사랑으로 가득 차 있어야만 아내에게 인내하고 충실하고 다정하며 솔직할 수 있다. 또한 그리스도와의 관계에서 기쁨을 많이 누리면 누릴수록 아내나 다른 가족들과 그 기쁨을 더 많이 나눌 수 있다.

사랑의 순서 내 인생에서 가장 중요한 사랑의 대상이 아내라면, 아내의 인정과 애정과 지지가 내게 가장 소중하다면, 나는 그런 것들에 대한 기대로 아내를 질식시키고 말 것이다. 아내는 늘 나를 사랑해 주어야 하고, 아내 자신의 문제에 몰두해서는 안 되고, 기분이 안 좋은 날이 있어도 안 되고, 병이 나거나 우울해서도 안 되고, 내가 필요로 하는 것을 주지 못하는 일이 있어서도 안 될 것이다. 또한 아내가 나를 비판하기라도 하면 나는 무척 당황하거나 자칫 화가 날 수도 있으므로 나는 아내가 나를 비판하려는 마음조차 갖지 못하게 만들 것이다. 반면 하나님의 사랑이 내 최고의 기쁨이요 가장 깊은 샘이라면, 나는 아내가 어려움에 처할 때도 아내를 사랑할 수 있는 방책을 가진 셈이다. 배우자보다 예수님을 더 사랑할 때에만 배우자도 잘 사랑할 수 있다.

◑ 예수님을 배우자보다 더 사랑하지 않을 경우 또 어떤 면에서 배우자를 잘 사랑할 수 없게 되는지 생각해 보라.

함께 붙드는 기도의 끈 주님께서만 주실 수 있는 것을 배우자에게 바라고는 이를 주지 못한 배우자를 구체적으로 어떻게 탓했는지 눈을 열어 볼 수 있게 해 달라고 하나님께 기도하라.

미혼 남녀가 이 원리를 받아들인다면 결혼 상대를 찾는 방식이 완전히 달라질 것이다. 미혼자가 어떤 모임에 갔다 하자. 그곳에 이성이 많으면 그 사람은 즉시 사람들을 꼼꼼히 살피기 시작한다. 마음을 끄는 사람을 찾기 위해서다. ··· 문제는 최고의 친구가 될 수도 있는 사람들을 키가 너무 크다든지 너무 작다든지, 혹은 너무 뚱뚱하다든지 너무 말랐다든지 하는 이유로 배제해 버릴 가능성이 있다는 것이다.

거름망 1   배우자는 낭만적 연인이고, 경제 생활을 함께하는 파트너이며, 자녀를 함께 키우는 동반자다. 우리 시대 문화에서 결혼 상대자를 찾는 미혼자는 무엇보다도 이런 역할들을 염두에 둔다. 그래서 남편감이나 아내감을 평가하는 기준으로 용모나 경제적 능력을 잣대로 삼는 경향이 있다. 용모와 경제적 능력은 여러 주역(主役) 후보, 그러나 외모와 재정 면에서는 평범한 사람을 걸러 내는 두 개의 거름망과 같다. 하지만 영적 우정이 결혼의 핵심이라는 것을 깨달으면, 그리고 여러 다른 역할과 일들로 수없는 부침을 겪을 때 우리를 지탱시키는 것이 바로 영적 우정이라는 사실을 알면, 다른 시선으로는 보이지도 않았을 사람들에게서 큰 가능성을 볼 수 있는 눈이 열린다.

◑ 나 또는 내가 아는 어떤 사람이 지금 결혼 상대자를 찾고 있을 수 있다. 거름망을 떼어 낸 뒤 내가 아는 사람들을 다시 한 번 바라보라. 후보자 목록에 이제 어떤 사람이 보이는가?

함께 붙드는 기도의 끈   우리 시대 문화가 우리에게 준 이 거름망 때문에 미혼자들(특히 교회 청년들)이 불필요하게 결혼을 늦추거나 훌륭한 배우자감을 놓치는 일이 없기를 기도하라. 그 거름망이 자신의 결혼 생활에 부정적 찌꺼기를 남기는 일이 없기를 기도하라.

우리는 주로 연인으로서의 〔배우자를〕 생각한다. … 그리고 여기에 더해 배우자가 친구가 될 수 있을지를 생각한다. … 〔그렇게 생각하지 말고〕 나를 나보다 더 잘 아는 사람, 옆에 있어 주는 것만으로도 나를 더 훌륭한 사람으로 만들어 주는 사람을 찾으라. 그런 다음 그 우정이 로맨스와 결혼으로 이어질 수 있는지를 탐색하라. 출발부터 잘못된 연애를 시작해서 사실상 아무것도 아닌 결혼, 그 어디에도 이르지 못하는 결혼으로 마무리하는 사람들이 얼마나 많은지 모른다.

거름망 2 우리 시대 문화에서 대부분 사람들은 단순히 용모와 경제적 능력을 바탕으로 배우자감을 고른다고 앞서 말했다.[8월 9일] 그러나 이보다 건전한 접근법은 단지 연인이 될 사람을 찾지 말고 친구를 찾으라는 것이다. 그럼에도 여전히 우리는 성적으로 그다지 매력적이지 않은 사람은 일단 걸러 내고 (아주 외모가 훌륭한) 일련의 후보군만 남겨 두는 경향이 있다. 그런 다음에야 우리는 그 후보군을 살피면서 친구가 될 수 있을 법한 사람을 찾는다. 그러지 말고 순서를 거꾸로 해 보라. 먼저 지혜와 공감 능력을 갖춘 사람, 정말로 나를 '얼을' 만한 능력을 보여 주는 사람을 찾으라. 그런 다음 그 사람에게 내가 매력을 느끼는지 살펴보라. 로맨스도 중요하니까 말이다. 훌륭한 사람됨을 중시하는 연애는 한때 아름다웠으나 세월과 함께 노화되는 외모에 바탕을 둔 연애보다 훨씬 오래간다.

◗ 성품과 마음에서 느껴지는 성적 매력이 몸에서 느껴지는 성적 매력 못지않은, 아니 오히려 훨씬 더 크고 강한 그런 사람을 만나는 일이 가능하다고 생각하는가?

함께 붙드는 기도의 끈 나이가 들어 감에 따라 내 결혼 생활의 로맨틱한 측면이 오히려 더 커지기를 기도하라. 그렇게 되는 데 꼭 필요한 지혜와 자기 인식과 마음의 태도를 우리 부부에게 달라고 주님께 구하라.

> 배우자를 주로 성적 대상이나 재정적 파트너로 보면, 정말로 내 온 영혼으로 몰두할 대상
> 은 결혼의 울타리 밖에서 찾으려 든다. … 내 인생에서 배우자가 최우선 순위가 아니라는
> 사실을 상대가 눈치채는 순간부터 내 결혼 생활은 서서히 죽어 간다. 배우자가 내 연인이
> 요 재정적 파트너일 뿐만 아니라 가장 친한 친구일 때만 부부 사이는 서로에게 가장 중요
> 하고 만족감을 주는 관계로 자리한다.

가장 친한 친구 사람에게는 다른 누구도 줄 수 없는 지적 자극과 현명한 조언
을 제공해 주는 다양한 친구들이 필요하며, 여기에는 배우자도 포함된다. 그
러나 영적 우정을 결혼 생활의 중심에 두지 않으면, 가장 깊이 있는 조언을 주
고 가장 든든히 나를 지지해 줄 사람을 부부 사이 아닌 다른 어떤 곳에서 찾아
야 할 것이다. 그런 행동이 성적 부정(不貞)과 똑같은 식으로 언약을 파기하지
는 않지만, 이 때문에 내 삶에서 당연히 우선순위가 되어야 할 결혼이 그 자리
를 차지하기가 힘들어진다. 다른 어떤 개인적 관계가 배우자와의 관계보다
내게 훨씬 의미 있는 관계가 되면 그런 결혼은 건강한 결혼일 수 없다.

❶ 좋은 친구들과 진실한 우정을 나누는 한편 배우자와 가장 친밀한 우정을
누리는, 그런 균형 상태를 유지하고 있는가?

함께 붙드는 기도의 끈 기도로 주님 앞에서 내 친구 관계를 검토해 보라. 그중
배우자와의 관계보다 더 소중해진 관계가 있다면, 그 친구를 멀리하지 않으
면서도 배우자와의 영적 동반자 관계가 더 깊은 단계로 들어갈 수 있게 도와
주시기를 주님께 청하라.

가부장적 문화 한가운데서, 그리고 이와 같은 현실 앞에서 하나님께서는 말씀하신다. "나는 에덴동산에 부모와 자녀가 아니라 남편과 아내를 두었다. 결혼해서 배우자가 생기면, 부부 관계가 다른 모든 관계, 심지어 부모-자녀 관계보다 우선해야 한다. 배우자와의 결혼 생활이 네 삶에서 최우선 순위가 되어야 한다." 부부 사이는 다른 어떤 관계보다 중요하다.

문화의 우상들 성경의 결혼관은 모든 문화마다 내재해 있는 우상들에게 이의를 제기한다. 성경의 결혼관은 배우자 및 부부 관계의 유익이 개인의 이기적 이득보다 우선해야 한다고 주장하면서 서구의 거래 중심적이고 개인주의적인 문화를 전복시킨다. 또한 성경이 말하는 결혼은 지나치게 가족 지향적인 전통 문화와도 상충된다. 전통 문화 사회에서는 노골적으로든 암시적으로든 부모가 배우자를 골라 주며, 부모가 살아 계시는 동안에는 부모의 그늘 아래서 내 결혼 생활을 이어 간다. 그러나 예수님께서는 창세기 2장을 인용해, 우리가 부모를 "떠나" 배우자와 연합해야 한다고 말씀하신다. 이제부터 며칠 동안은 그 말씀이 무슨 뜻인지 탐구해 보겠다.

◑ 위에서 말한 두 가지 기본적 문화의 결혼관 가운데 어느 쪽이 내게 가장 큰 영향을 끼치는가? 배우자와 연합하기 위해 부모를 '떠난다'는 말이 무슨 뜻이라고 생각하는가?

함께 붙드는 기도의 끈 내가 속한 집안과 문화의 가치관이 어떤 식으로 내 결혼 생활에 영향을 끼칠 수 있는지 알려 달라고 하나님께 청하라. 또한 시간이 흐를수록 성경에 점점 더 든든히 발 딛고 서서 주님께서 세상을 보시는 시선으로 세상을 볼 수 있게 해 달라고 기도하라.

어떤 아내가 이렇게 하소연한다. … "나를 기쁘게 해 주는 것보다 (자기 부모님) 기쁘게 해 드리는 게 그 사람한테는 훨씬 중요해요." 또 어떤 남편은 이렇게 말한다. … "제 아내는 아내 노릇보다 엄마 역할이 재미있나 봅니다." 또 이런 말도 들린다. … "남편(아내)한테는 일이 정말 중요하죠. 일하고 결혼했나 봐요." … 내가 배우자를 최우선 순위로 여기지 않는다고 배우자가 느낀다면, 실제로도 그런 것이 틀림없다. 배우자가 그렇게 느낀다면, 내 결혼 생활은 생명력을 잃어 가는 것이다.

결혼 생활의 우선순위   오늘 본문은 창세기 2장의 '떠난다'는 은유가 부부 사이를 최우선 순위로 확고히 유지해야 한다는 뜻이라고 설명한다. 직장에서의 일, 부모의 바람, 심지어 자녀도 아내나 남편보다 먼저여서는 안 된다. 배우자를 위해 이 모든 것을 '떠나야' 한다. 배우자는 다른 모든 인간관계에 투자하는 시간, 거기서 느끼는 정서적 만족, 그 관계에 바치는 충성보다 중요하다. 예를 들어, 직장 일에 창조적·지적 에너지 대부분을 쏟아붓는 바람에 배우자와의 관계에 쓸 에너지가 별로 남지 않았다면, 이는 일을 '떠나' 배우자와 연합한 것이 아니다. 내가 이 문제와 관련해 어느 지점에 있는지 판단할 수 있는 시금석은 무엇인가? "내가 배우자를 최우선 순위로 여기지 않는다고 배우자가 느낀다면, 실제로도 그런 것이 틀림없다."

◑ 위에서 말한 시금석이 공정하다고 여겨지는가? 아니라면 그 이유는 무엇이고 그렇다면 그 이유는 무엇인가? 이 테스트를 통과할 수 있는지 부부가 서로에게 물어보라.

함께 볼드는 기도의 끈   내가 추구하는 다른 모든 일과 다른 모든 인간관계에 앞서 배우자 및 결혼 생활에 우선순위를 둘 수 있도록 자제력을 달라고 하나님께 청하라. 그러면 더욱 친밀한 정서적 만족감과 보상을 얻을 것이다.

부모를 너무 원망하거나 미워해도 부모를 떠날 수 없다. … 이렇게 말하는 사람이 있을지 모르겠다. "도저히 그 남자하고 결혼 못하겠어요. 그 사람만 보면 아버지가 떠오르거든요." 이렇게 내 아버지를 닮은 어떤 남자가 나타나면 어떻게 할 것인가? 누군가를 판단할 때는 그의 사람됨 전체와 또 어떤 태도로 나와 관계를 맺는지를 보고 판단해야 한다. 내가 아버지와 사이가 안 좋다고 해서 그 사실이 상대방과의 관계를 좌우해서는 안 된다. 아버지와의 해결되지 않은 문제에서 '떠나야' 한다.

─────────────────────────────

부족한 부모에게서 떠나기 결혼해서도 부모를 '떠나지' 못하는 첫 번째 양상은 부모를 향한 분노를 마음속에 늘 앙금으로 남겨 두는 것이다. 세상에는 나쁜 부모가 많으며, 이런 부모는 자녀에게 오래도록 고통과 슬픔을 안길 수 있다. 그런데 이런 부모에게 원망을 품으면 역설적으로 이 부모가 계속 내 인생을 쥐고 흔들 것이다. 결혼해서 가정을 꾸리면 새 가족과 함께할 수 있는 좋은 일들이 많은데, 이들을 보면 자꾸 부모 생각이 나서 그런 즐거움을 마음 편히 누리지 못한다. 이성적으로 생각할 때 직관에 반하는 태도로 보일 수도 있겠지만, 부모가 내게 저지른 악행에 휘둘리지 않을 유일한 길은 부모를 마음으로 용서하는 것이다(막 11:25). 하나님께서 나를 용서하셨듯이 말이다(마 18:33).

◑ 의도적이었든 부주의해서든 부모가 내게 잘못한 일이 있는지 생각해 보라. 나는 부모를 용서했는가?

함께 불드는 기도의 끈 부모가 어떤 면에서 나를 실망시켰는지 생각해 보고 그분들을 용서하는 길고 어려운 여행을 시작할 수 있게 해 달라고 하나님께 청하라. 결코 쉽고 빠르지 않을 그 여정 가운데 함께하시고 도와주시기를 하나님께 기도하라.

내 부모님이 가정을 꾸려 온 방식이 지혜로울 수는 있다. 하지만 그 방식을 내가 새로 이룬 가정에 적용하려면 배우자도 그 방식을 충분히 알고 받아들인 다음이어야 한다. … 결혼하면 배우자와 더불어 새로운 의사 결정 단위를 형성하는 것이다. 따라서 둘만의 새로운 의사 결정 패턴과 방식을 만들어야 한다. 그런데 새로 이룬 가정 고유의 동력을 만들어 내려 하지 않고 부모에게서 보고 배운 패턴을 고집스레 강요한다면 아직 부모의 집을 떠나지 못한 것이다.

좋은 부모에게서 떠나기 부모를 '떠나지' 못하는 두 번째 양상은, 결혼을 해서 이룬 새 가정을 부모와 함께 살던 집을 확장한 공간으로 만드는 태도다. "우리 어머니(혹은 아버지)는 그렇게 하셨다"면서 남편이나 아내를 향해 끊임없이 "이렇게 해라, 저렇게 해라"라고 한다면, 이는 배우자의 발목에 사슬을 채우는 것과 같다. 새로 이룬 가정의 특정한 필요와 재능과 포부에 따라 새로운 행동 양식과 관계 양식을 만들어 내는 것이 아니라, 배우자는 물론 자신까지 본가의 틀에 꾸겨 넣고 있는 것이다. 이는 지혜롭지 못할뿐더러 사랑이 없는 태도이기도 하다.

◑ 본가의 방식에 과도하게 집착하는 태도가 어떤 면에서 지혜롭지 못하고 사랑이 없는 것인지 생각해 보라.

함께 볼드는 기도의 끈 배우자의 욕구와 소원을 내 부모의 욕구와 소원보다 우선으로 여길 수 있게 도와주시기를 하나님께 청하라. 오래되고 편안한 생활 방식을 별생각 없이 따라하기보다는 나와 배우자에게 잘 맞는 새로운 생활 방식을 만들어 내는 데 필요한 지혜를 달라고 하나님께 기도하라.

부모에게 지나치게 매여 사는 것도 문제지만 … 자녀에게 지나치게 몰두하는 것은 훨씬 더 큰 문제다. … 자녀에게는 부모가 간절히 필요하다. … 자녀 키우는 일을 인생에서 고귀하고 중요한 소명으로 여기는 것은 바람직하다. 〔하지만〕신혼의 열정이 식고 결혼 생활이 익숙해지면, 자연히 남편과 아내 관계보다는 주로 부모-자녀 관계에서 사랑과 애정에 대한 욕구를 채우려 한다. 하지만 자녀를 배우자보다 더 사랑하면 집안 전체의 균형이 뒤틀리고 온 가족이 고통을 당한다.

지지받고 싶은 마음에 결혼해서도 부모를 '떠나지' 못하는 세 번째 양상은 배우자에게 기대해야 할 지지와 사랑을 부모나 심지어 자녀에게 기대하는 태도다. 배우자는 내 부족한 부분을 알아채고 내게 이야기해 줄 수 있는 가장 좋은 위치에 있다. 부모와 자녀가 내게 넘치는 찬사와 찬양을 보낼 수도 있다. 그러다 보면 배우자가 아니라 부모나 자녀와의 관계 쪽으로 시선을 돌리고픈 강한 유혹이 들 수 있다. 그러나 부모와의 관계나 자녀와의 관계가 아무리 중요해도 영적 우정을 나누는 관계, 사랑과 진실로 "철이 철을 날카롭게" 하는 관계가 되어 줄 수는 없으며, 로맨틱한 사랑으로 깊이 하나 됨을 이루는 관계는 더더욱 불가능하다. 배우자를 내 삶에서 두 번째 위치에 놓으면 사랑과 성숙으로 가는 모든 길이 다 사라지고 만다.

◑ 부모와 자녀 가운데 어느 편에서 지지와 사랑을 받고 싶은 마음이 더 강한가? 어느 한쪽에 이미 무릎을 꿇고 있지는 않은가?

함께 붙드는 기도의 끈 부부가 날마다 서로에게 넉넉히 애정과 지지를 표시할 수 있게 해 주시며, 친한 친구나 부모 혹은 자녀에게서 지나치게 사랑과 인정을 받으려는 유혹에 빠지지 않게 해 달라고 함께 기도하라.

"딸에게 좋은 엄마가 되는 가장 좋은 방법은 남편에게 좋은 아내가 되는 것이다. 이것이 야말로 딸이 엄마에게서 받아야 할 가장 중요한 가르침이다."

자녀를 위한 선물 좋은 배우자가 되는 것이 좋은 부모가 되는 가장 좋은 길이라는 말이 왜 옳은가? 첫째, 서로에게 좋은 배우자가 되어 주면 자녀에게 깊은 안정감을 심어 줄 수 있기 때문이다. 사이좋은 부모 사이에서 자란 아이들은 세상이 안전하게 살아갈 수 있는 곳이라는 믿음을 갖게 되고, 이런 믿음은 아이들의 정서 발달과 성품 함양에 엄청나게 중요한 의미가 있다. 둘째, 남녀가 서로 간의 깊은 차이에도 불구하고 어떻게 좋은 관계를 맺을 수 있는지에 관해 자녀에게 지속적이고 구체적이며 실제적인 교훈을 줄 수 있기 때문이다. 이런 교훈을 얻으며 자라면, 그렇지 못한 수많은 청년들이 이성이나 심지어 동성을 향해 품는 두려움과 혐오감을 상당 부분 없앨 수 있다. 마지막으로 서로 잘못을 뉘우치고 용서하는, 그 무엇으로도 대체할 수 없는 소중한 기술을 아이들에게 가르쳐 줄 수 있다. 이 기술 없이는 누구도 인생길을 헤쳐 나갈 수 없다.

◗ 건강한 결혼이 좋은 부모가 되는 첫 번째 요소인 그 밖의 이유는 무엇이 있겠는가? 이 진리가 우리 가정에 주는 함축적 의미는 무엇인가?

함께 붙드는 기도의 끈 예수님을 보내셔서 내 모든 죄의 형벌에서 나를 구해 주심을 하나님께 감사드리고, 내 죄, 특히 한 사람의 배우자와 부모로서 내가 저지른 모든 잘못의 권세에서 구해 달라고 기도하라. 날이 갈수록 부부 사이가 견고해져 이것이 곧 자녀에게 선물이 되도록 우리 부부에게 능력 주시기를 기도하라.

예수님의 요구는 어느 배우자가 하는 요구와 다르지 않다. "나를 우선으로 여기라." "다른 어떤 가짜 신을 나보다 앞세우지 말라." 결혼에서도 마찬가지다. 결혼과 배우자를 우선으로 여기지 않는 한 결혼 생활은 순탄치 못할 것이다. 부모, 자녀, 일, 취미처럼 그 자체로 선한 것들을 유사 배우자로 삼는 일이 없도록 하라.

배우자와의 관계를 오용하지 않도록 보호해 주다 사람과 사람 사이의 그 어떤 관계도 시간이나 감정 면에서 부부 관계보다 우선이 되어서는 안 된다. 그러나 하나님과의 관계는 부부 관계보다도 우선하는 가장 중요한 관계여야 한다. 이는 무슨 의미인가? 첫째, 하나님의 사랑이 내게 다른 어떤 것보다도 근본이 되어, 부부 관계를 포함해 모든 인간관계의 부침(浮沈)을 감당할 수 있어야 한다는 뜻이다. 둘째, "사람보다 하나님께 순종하는 것이 마땅하니라"(행 5:29). 배우자를 기쁘게 해 준다는 이유로 성경의 명백한 명령에 불순종해서는 안 된다. 이는 다른 것보다도 부부 관계를 오용하지 않도록 우리를 보호해 준다. 배우자가 나와의 관계를 오용함으로써 하나님께 죄를 짓게 내버려 둔다면 이는 잘못이다.

◑ 히브리서 10장 24-25절 말씀에도 불구하고 남편이 아내에게 교회에 가서는 안 된다고 말한다면 어떻게 되겠는가? 이런 상황에서 아내는 어떻게 해야 하겠는가? 의견을 나눠 보라.

함께 붙드는 기도의 끈 부부 모두가 기도 훈련에 힘써서 하나님께 더 가까이 나아가라. 배우자가 어떤 부분에서 하나님의 말씀에 상충되는 행동을 할 때 이를 직시하고 지적해 줄 수 있는 용기를 달라고 하나님께 기도하라.

〔결혼 생활을〕최우선시해야 하는 이유는 결혼이 지니는 힘 때문이다. 결혼에는 인생 행로 전반을 좌우할 만한 힘이 있다. 부부 사이가 탄탄하면 내 삶을 둘러싼 상황이 온갖 근심 거리와 약점으로 가득할지라도 아무 문제가 안 된다. 얼마든지 힘 있게 세상 가운데로 걸어 들어갈 수 있다.

결혼의 힘 1　이 원리는 어떤 식으로 작용하는가? "부부 사이가 탄탄하면", 즉 배우자가 하나님 다음으로 중요한 사랑과 지혜와 지지의 근원이 되면, 어려움과 실패를 겪어 비록 낙심할지라도 이것이 내 근본적 자존감과 정체성을 절대 건드리지 못한다. 이는 이 근본적 자존감과 정체성이 주로 하나님께 뿌리를 내리고 있고, 두 번째 지지자인 배우자가 이를 든든하게 보강해 주기 때문이다. 그런데 주로 직업이나 그 밖의 어떤 성취에서 자존감을 이끌어 낼 경우, 직업을 잃는다거나 하던 일에 큰 차질이 생기거나 하면 치유 불가능한 상처를 입는다. 자신을 그런 상황에 취약하게 만들지 말라.

◑ 때로 근심거리와 약점이 생겨야 그때 비로소 하나님과 배우자의 품으로 달려가 힘과 치유를 얻기도 한다. 그리스도인이라면 대부분 그런 경험을 해 보았을 것이다. 특별히 기억나는 경우가 있는가?

함께 볼드는 기도의 끈　실패로 나약해진 시기 덕분에 하나님의 구원에 내 정체성의 뿌리를 더 튼튼히 내렸다면 그 시간을 허락하신 하나님께 감사하라. 내 삶이 끝날 때까지 이 과정이 계속 이어질 수 있는 은혜를 달라고 하나님께 기도하라.

부부 사이가 건강하지 못하면, 인생의 다른 모든 상황이 성공적이고 힘 있게 돌아가더라도 아무 소용이 없다. 이는 마치 무방비 상태에서 세상 속으로 들어가는 것과 같다. 결혼에는 이처럼 인생 행로 전반을 결정할 수 있는 힘이 있다. 결혼이 하나님께서 제정하신 제도이기 때문이다. 이런 비할 바 없는 힘을 가졌으니 비할 바 없는 최고의 우선순위를 부여하는 것이 마땅하다.

결혼의 힘 2　세상 사람들에게서 큰 환호와 인정을 받을 수도 있다. 인기를 얻으며 성공 가도를 달릴 수도 있다. 하지만 배우자야말로 세상에서 나를 가장 잘 아는 사람, 나를 가장 내밀하게 보는 사람, 내가 민감하게 반응하는 문제와 두려워하는 일과 허물을 다른 누구보다도 잘 아는 사람이다. 그런데 그 사람이 너그러운 용서도 할 줄 모르고, 칭찬이나 감사의 말도 하지 않으면서 자꾸 내 죄를 지적하기만 한다면, 이는 치유할 길 없는 상처를 남길 것이다. 내 마음은 바닥에 구멍이 뚫린 양동이 같을 것이다. 그때는 아무리 많은 칭찬을 쏟아부어도 양동이는 만족할 만큼 차지 않을 것이다.

◑ 오늘과 어제 묵상 글을 찬찬히 다시 읽어 보라. 자신의 말로 내용을 요약한 뒤 다음 질문에 답해 보라. 결혼이 인생 행로 전반을 결정할 수 있는 힘을 갖는 이유는 무엇인가?

함께 붙드는 기도의 끈　상대의 가치를 인정하고 아량을 베푸는 말도 없이 배우자를 비판하는 일이 없도록 도와주시기를 하나님께 청하라. 또한 그렇게 하지 못할 때 용서해 달라고 구하라.

> 결혼에 그런 종류의 우선순위를 부여하는 비결은 바로 '영적 우정'이다. … 그리스도인들
> 은 같은 신앙을 가진 사람과 결혼한 것을 스스로 축하하지만, 안타깝게도 이들은 배우자
> 감의 신앙을 그저 공통의 관심사나 취미처럼 자신과 잘 맞는 짝을 고르는 여러 요소 가운
> 데 하나로 볼 뿐이다. 그러나 이런 부분이 잘 맞는다고 해서 영적 우정이 맞는 것은 아니
> 다. 영적 우정이란 상대방이 하나님을 점점 더 깊이 알아 가고, 섬기고, 사랑하며, 닮아 갈
> 수 있도록 열심히 돕는 것이다.

영적 우정 우리는 여기서 "영적 우정"이라는 용어를 12세기 리보의 알레드(Aelred of Rievaulx)가 자신의 고전적 저작에서 설명한 개념과 같은 뜻으로 쓰고 있다.[5] 영적 우정에는 여느 우정이 갖고 있는 기본 요소들이 다 있다. 우선 영적 우정에는 나눔이 있어야 한다. 특히 감정을 함께 나눠야 하고(투명성), 시간을 나눠야 한다(서로를 위해 옆에 있어 주기). 하지만 영적 우정을 이루는 공통의 사랑과 관심사는 기독교의 제자도와 관련 있다. 영적 친구는 한 구주를 사랑하고, 놀라운 은혜 체험을 공유하며, 함께 성경을 사랑하고, 그리스도를 닮은 모습으로 점점 자라 갈 수 있도록(히 3:13), 그리고 그분의 말씀을 아는 지식이 깊어지도록(벧후 3:18) 서로를 이끌어 준다. 가장 단순한 차원에서 이 말의 의미는, 영적 친구인 부부는 성경과 기독교 신학을 함께 공부하고 함께 기도한다는 뜻이다.

◑ 나와 내 배우자는 성경과 기독교 서적을 함께 읽고 또 토론하는가? 함께 기도하는가? 그리스도인 부부가 이 부분에서 뜻은 있으나 실천하지 못하는 경우가 많다. 당연히 이렇게 해야 하는데 하지 못하고 있다면, 그 이유 혹은 장애물은 무엇인가?

함께 붙드는 기도의 끈 "함께 성경 읽고 기도하기를 좀 더 잘할 수 있게" 해 달라고 막연하게 기도하지 말라. 그렇게 하지 못하는 이유를 구체적으로 밝히고 그 장애물을 치울 수 있게 도와주시기를 하나님께 청하라.

결혼은 우리를 '거룩하게 하고 … 티나 주름 잡힌 것이나 이런 것들이 없이 … 흠이 없게' 하기 위한 것이다(엡 5:26-27). … 이는 '결혼이 행복의 문제가 아니라 거룩함의 문제'라는 뜻일까? 〔아니다.〕 그것은 너무 융통성 없는 대조다. … 거룩함과 행복이 병행하지는 않는다. 하지만 거룩함 저 너머에는 진짜 행복이 있다. 거룩함은 우리에게 새로운 소원을 주고, 옛 욕구들을 새 소원들과 조화시킨다. 그러므로 행복한 결혼 생활을 원한다면 결혼이 원래 우리를 거룩하게 만들기 위해 존재한다는 사실을 받아들여야 한다.

주 목적   웨스트민스터 소요리문답은 "인간의 주된 목적은 무엇인가?"라고 묻는다. 그리고 이렇게 대답한다. "하나님을 영화롭게 하고 그분을 영원히 즐거워하는 것입니다." 이는 우리가 하나님을 사랑하고 하나님께 순종함으로써 하나님을 영화롭게 하면 큰 기쁨이라는 결과가 생기리라는 뜻인가? 그렇다. 그런데 이는 또 우리가 오직 하나님을 즐거워함으로써만 진실로 하나님을 영화롭게 할 수 있다는 말인가? 역시 그렇다. 우리가 오직 하나님을 위해서, 하나님을 더 깊이 사랑하기 위해서 하나님께 순종해야만, 진정으로 우리의 영광을 위해서가 아니라 하나님의 영광을 위해서 순종하는 것이기 때문이다. 부부 사이에서 행복과 거룩함은 똑같이 상호 의존하는 관계다. 영적으로 성숙하면 할수록 우리는 점점 이타적이 될 수 있고, 배우자가 행복해하고 성장해 가는 모습에서 나 또한 점점 더 행복해질 수 있다.

◑ 내 결혼 생활에서 거룩함과 행복이 상호 의존적으로 연결되어 있는 것을 확인할 수 있는가?

함께 붙드는 기도의 끈   그토록 영화롭고 아름다우신 하나님을 찬양하라. 하나님의 위대하심을 조금이라도 실감할 수 있을 때까지 하나님을 찬미하라. 그런 다음, 단지 하나님 자체를 더 많이 알고 사랑하기 위해서가 아니라 하나님에게서 그보다 더 많은 무언가를 얻기 위해 하나님께 나아갔음을 고백하라.

▼ 8월 23일

사랑에 빠진 사람은 ⋯ 사랑하는 사람이 모든 중요한 기준에서 완벽하다는 환상을 품게 되며, 이 환상이 사랑에 빠졌음을 보여 주는 한 양상이다. ⋯ 사랑에 빠진 상태는 상대방의 허물이 눈에 들어오기 시작하면 사라진다. 사소하고 별로 중요하지 않아 보였던 일들이 이제 점점 커 보인다. ⋯ 그리고 이는 지금 이 순간 여러 면에서 낯설어 보이는 이 사람, 내가 기억하는 결혼 당시의 모습이 아닌 사람을 사랑해야 한다는 어려운 과제를 우리 앞에 던져 놓는다. ⋯ 배우자도 나를 낯설게 여기기 시작하고 ⋯ 내게서 심각한 단점들을 하나하나 발견해 가기 시작하면서 괴로움은 더 커진다.

콩깍지가 벗겨지다 결혼 초에 찾아오는 환멸은 "허니문은 끝났다"라는 격언이 생길 정도로 위력이 크다. 하지만 이는 절대 웃을 일이 아니다. 연애 시절의 성관계는 로맨틱한 열정을 고조시킨다. 그래서 현실적 우정은 결혼할 때까지 절대 시작되지 않는다. 그러므로 배우자를 영적 친구로 보기보다 성적 파트너/소울메이트로 보는 우리 시대의 배우자 모델에서는 콩깍지가 벗겨지고 난 뒤 자칫 지나치게 실망할 수 있다. 그럼에도 일반적으로 결혼 전에는 배우자의 죄와 허물을 다 보지 못하며, 그래서 어떤 경우든 콩깍지가 벗겨져 환멸을 느끼는 시기가 있으리라 예상해야 한다.

◗ 콩깍지가 벗겨져 "허니문은 끝났다" 싶은 시기가 있었는가? 그 시기를 어떻게 넘겼는가?

함께 붙드는 기도의 끈 오직 하나님께서만 주실 수 있는 기쁨과 사랑과 평안을 어떤 일이나 어떤 관계에서 기대하지 않도록 도와주시기를 구하라. 이는 부부 사이에서도 기대할 수 없다. 오직 하나님만 경배할 수 있도록 하나님이 내 마음에 실재하시는 분이 되어 달라고 기도하라.

256

이 일을 위한 '도구'로는 무엇이 있을까? … 결혼은 하나님께서 제정하신 제도로서 우리가 받아들이고 활용해야 할 몇 가지 본원적 힘을 가진다. 그것은 진실의 힘, … 사랑의 힘, … 은혜의 힘이다. 우리가 배우자의 삶에 이 힘을 각각 사용하면 우리는 배우자가 그리스도의 성품을 반영할 뿐만 아니라 나를 사랑하고 나를 돕는 사람으로 성장할 수 있도록 돕게 된다. … (특히) 결혼할 당시와 달리 반쯤은 낯선 사람이 된 배우자를 사랑하기 힘들 때 그렇다.

불평 없는 결혼 생활　그렇다면 허니문이 끝났음을 알게 되면 어떻게 하겠는가? 단기적으로는 좋은 신학이 좀 필요하며, 기본적으로 복음에서 비롯되는 겸손을 갖추어야 한다. 배우자에 대한 환상이 벗겨질 때는 자신의 흠결과 약점을 생각하면서 그런 흠결과 약점에도 불구하고 하나님께서는 나를 사랑하기를 멈추지 않으셨다는 사실을 기억하라. 또한 '하나님을 사랑하는 … 자들에게는 모든 것이 합력하여 선을 이루게 하시는'(롬 8:28) 하나님의 지혜롭고 선한 계획을 기억하라. 내가 이 배우자와 결혼해 부부가 된 것은 하나님이 계획하신 일이다. 상황이 힘들어질 때, 하나님이 자신들을 아프게 하셨다고 생각하면서 끊임없이 하나님께 불평했던 이스라엘 백성처럼(출 14:10; 16:2; 17:3) 행동하지 말라. 이 두 가지 '신학적 도구'를 활용해 불완전한 사람을 사랑하는 법을 익히라.

◑ 여기서 언급한 두 가지 신학적 수단을 활용했는가? 이것 말고도 생각나는 다른 수단들이 있는가?

함께 볼드는 기도의 끈　출애굽기 16-17장에 기록된 이야기들을 묵상하라. 마음속으로 하나님을 향해 불평하는 태도를 갖지 않도록 도우시기를 하나님께 청하라. 불평하는 마음 대신 쉼 없이 감사하는 마음을 달라고 구하라.

> 결혼은 두 사람을 긴밀히 접촉하게 만들며, 이런 긴밀함은 다른 어떤 관계로도 이룰 수 없다. … 결혼으로 두 사람의 삶이 하나가 되면, 타인과의 사이에서 일어날 수 있는 가장 친밀하고 피할 수 없는 접촉이 이루어진다. 이는 서로를 가까이에서 자세히 볼 수 있다는 의미일 뿐만 아니라, 어쩔 수 없이 서로의 결점과 죄까지 상대해야 한다는 뜻이기도 하다.

독특한 시점　배우자는 독특한 시점에서 나를 본다. 다른 누구보다도 가까운 시점이긴 하지만 여전히 외부의 시점이다. 녹음된 내 목소리를 듣고 "전혀 내 목소리 같지가 않잖아?"라는 생각을 해 본 적이 있는가? 내 목소리가 다른 사람에게 어떻게 들리는지 사실 나는 들을 수 없다. 내가 듣는 내 목소리는 거의 내 몸통을 통해 울리는 소리이기 때문이다. 마찬가지로 우리는 자신의 결함을 추상적으로는 알 수 있을지 모르나 그 결함이 타인에게 어떤 영향을 끼치는지는 알아차리지 못한다. 이처럼 결혼은 내 성품에서 내가 가진 자기 이미지에 들어맞지 않는 것을 '걸러 내지' 못하게 한다. 이 모든 이유 때문에 배우자는 어떤 면에서 나를 나보다도 더 잘 볼 수 있다.

◑ 배우자가 지적해 준 내 결점 가운데 나 스스로는 잘 볼 수 없었던 결점을 꼽아 보라.

함께 붙드는 기도의 끈　배우자에게서 듣는 비판의 말에 대해 하나님께 감사하라. 그런 비판의 말을 감사하게 받아들일 수 있는 능력을 달라고 청하라.

배우자는 내게서 어떤 흠결을 볼까? 나는 심한 불안 성향을 지닌 겁 많은 사람일 수 있다. 자기주장이 세고 이기적인 성향의 교만한 사람일 수 있다. 내 뜻대로 되지 않으면 까다로워지고 잘 삐치는 융통성 없는 사람일 수 있다. 까다롭거나 엄해서 주변에서 인정은 받을지 몰라도 사랑은 받지 못하는 사람일 수도 있다.

흠결 1 결함이나 부족한 점을 아주 막연한 표현으로 말하기는 쉽다. 하지만 그렇게 하지는 말자. 앞으로 3일 동안은 결혼 생활로 인해 드러날 수 있는 우리 성품상 흠결에 어떤 종류가 있는지 살펴보자. 우리가 생각해 볼 것은 네 가지 종류의 흠결이다. 나는 자칭 '꼼꼼한 사람'인데 다른 이들은 나더러 불안해 보이고 지나치게 걱정이 많은 사람이라고 하지 않는가? 나는 다른 누군가를 위해 내 권리를 희생하기를 매우 힘들어하는 이기적인 사람 아닌가? 나는 자칭 '아주 깔끔하게 일을 살피는 사람'인데 주변에서는 너무 고지식하고 자기가 좋아하는 스타일로 일하기를 늘 고집하는 경향이 있다고 하지 않는가? 나는 자칭 '솔직하게 말하는 사람'인데 다른 이들은 나더러 퉁명스럽고 지나치게 바른말만 하는 사람이라고 하지 않는가?

◗ 배우자와 함께 이런 특성들에 관해 의견을 나누라. 내게도 이런 특성들이 있는가? 있다면 어느 정도인가? 내게 네 가지 특성이 다 있는 것은 아니라는 전제로, 어떤 특성이 내게 딱 들어맞는가?

함께 볼드는 기도의 끈 불안 대신 평안을, 신랄한 태도를 극복해 낼 수 있는 관대한 마음을, 완고함 대신 너그러움을, 까다로움 대신 온유함을 달라고 하나님께 기도하라.

나는 제대로 훈련받지 못해서 미덥지 못하고 무질서한 사람일 수 있다. 집중력이 떨어져서 쉽게 산만해지고, 무신경하며, 자기가 타인에게 어떤 사람으로 보이는지 눈치채지 못하는 사람일 수도 있다. 타인을 판단하고 비판하기 좋아하며 자책도 심한 완벽주의자일 수도 있다. 참을성 없고 짜증이 많아 쉽게 투덜대거나 평정심을 쉽게 잃는 사람일 수도 있다.

흠결 2　배우자가 내게서 발견할 수 있는 성품상 결점과 단점을 계속 살펴보자. 여기 네 가지가 더 있다. 나는 자칭 '마음 편하고 느긋한' 사람인데 주변에서는 미덥지 못하다거나 제대로 훈련받지 못한 사람이라고 하지 않는가? 나는 그저 무언가를 '잘 깜박하는' 사람일 뿐인데 주변에서는 부주의한 데다 타인의 감정에 무신경한 사람이라고 하지 않는가? 나는 자칭 '완벽주의자'인데 주변에서는 지나치게 비판적인 사람이라고 하지 않는가? 나는 좀 '참을성이 없을' 뿐인데 주변에서는 걸핏하면 욱하는 사람이라고 하지 않는가?

◑ 배우자와 함께 이런 특성들에 관해 의견을 나누라. 내게도 이런 특성들이 있는가? 있다면 어느 정도인가?

함께 붙드는 기도의 끈　무질서한 정신 대신 자기 관리를, 산만하고 무신경한 태도 대신 지혜롭게 집중하는 태도를, 비판적인 자세 대신 언제라도 칭찬하려는 자세를, 자꾸 욕구불만에 빠지기보다는 오래 인내할 수 있게 해 달라고 하나님께 구하라.

나는 대단히 독자적인 사람이어서 타인의 필요를 책임져 주기를 싫어하고, 누군가와 뜻을 합쳐 어떤 결정 내리기를 좋아하지 않으며, 스스로도 누구에게 무슨 도움 청하기를 지독히 싫어하는 사람일 수 있다. 나는 사람들이 나를 좋아해 주었으면 하는 욕구가 너무 커서 … 진실을 은폐하거나 … 비밀을 지키지 못하거나 … 모든 사람에게 잘 보이려고 지나치게 열심히 일하는 사람일 수도 있다. 나는 알뜰하다고도 할 수 있지만 동시에 돈에 인색한 사람일 수도 있다.

흠결 3 오늘은 결혼 생활에 문제를 일으킬 수 있는 성품상 결함의 마지막 항목들을 생각해 보겠다. 나는 자칭 '독립적인' 사람이지만 주변에서는 나를 보며 교만해서 도움 청할 줄 모르는 사람이라고 하지 않는가? 나는 자칭 '독자적인' 사람이지만 친구들이 보기에 나는 내 결정에 남들이 뭐라고 한 마디 보태는 것을 못마땅해하는 사람 아닌가? 나는 사람들 마음에 들고 싶은 나머지, 진실을 말해서 화나게 하기보다는 그냥 덮어 두는 사람이 아닌가? 사람들 마음에 들고 싶어서 싫어도 싫다고 말 못하고, 해내지도 못할 일들을 무턱대고 시작했다가 결국은 자기 연민과 분노에 휩싸이고 마는 사람 아닌가? 나는 자칭 '알뜰한' 사람이지만 남들은 나더러 인색하다고 하지 않는가?

◑ 배우자와 함께 이런 특성들에 관해 의견을 나누라. 내게도 이런 특성들이 있는가? 있다면 어느 정도인가?

함께 붙드는 기도의 끈 교만하지 않도록, 타인 위에 군림하며 한 입으로 두 말하는 사람이 되지 않도록, 자신감 없고 죄책감과 자기 연민에 휩싸인 사람이 되지 않도록 지켜 달라고 하나님께 청하라.

내 성품상 결함이 타인에게 일으키는 문제는 그다지 심각하지 않을지 모르나, 배우자나 결혼 생활에는 중대한 문제를 일으킬 수 있다. 예를 들어, 한 번 틀어지면 마음을 잘 풀지 않는 습성은 친구 사이에서도 문제일 수 있지만 결혼 생활에서는 부부 관계를 망칠 수 있다. 내 성격상 결함 때문에 가장 불편을 겪고, 가장 상처를 입는 사람은 다른 누구도 아닌 내 배우자다. 그래서 배우자는 내게 무슨 문제가 있는지를 세상 그 누구보다 예리하게 알아차리는 사람이 될 수밖에 없다.

성품의 흠결을 체감하다　배우자는 내 주변 다른 사람들에 비해 더 지혜롭고 더 통찰력 있을 것이다.[6] 그렇다고 해서 배우자가 나를 포함해 다른 어떤 사람보다도 내 결함을 반드시 더 잘 안다는 말은 아니다. 배우자는 내 마음을 들여다볼 수 있는 독특한 위치에 있다. 다른 사람들도 내 자기 연민 성향이나 분노를 알아차릴 수 있겠지만, 배우자는 그것을 알아차릴 뿐만 아니라 체감하기까지 한다. 왜인가? 결혼 생활을 하다 보면 대개는 배우자에게 죄를 짓는 경우가 흔하기 때문이다. 한 번 틀어지면 마음을 잘 풀지 않는 성향이 있다고 할 때, 배우자는 이런 내 성향을 알게 될 뿐만 아니라 그 폐해를 직접 겪는다. 내가 다른 사람에게 화가 나 있는 경우에도 이 상태는 배우자에게 간접적으로 영향을 끼친다. 내 상태가 가정 분위기를 어둡게 만들기 때문이다. 일부러 그러려고 하지 않아도 배우자는 내가 얼마나 달라져야 하는가에 관한 한 세계 최고 전문가일 수밖에 없다.

◑ 내 죄가 설령 배우자에게 지은 죄가 아닌 경우에도 어떤 식으로 여전히 배우자에게 간접적으로 영향을 끼치고 상처를 주는지 배우자와 함께 솔직히 이야기해 보라.

함께 불드는 기도의 끈　배우자와 함께 있는 자리에서, 내 성격상의 결함 때문에 배우자에게 상처를 주고 하나님을 슬프시게 했던 일이 있다면 하나님께도 용서를 구하고 배우자에게도 용서를 빌라. 예수 그리스도 안에서 용서받을 것을 확신하고 하나님께 감사하라.

내 마음의 죄성을 폭로하는 것은 궁극적으로 내 배우자가 아니라 결혼 자체다. … 결혼은
내가 어떤 사람인지를 보여 주는 사실적이고 가감 없는 초상이며, 내 목덜미를 잡아끌어
그 그림을 바라보지 않을 수 없게 만든다. 맥 빠지는 소리일지 모르겠지만, 이것은 사실
해방으로 가는 길이다. 나를 속박하는 결점은 내가 알아차리지 못하는 결점뿐이라고 하
는 상담가들의 말이 맞다.

자유롭게 되는 길 결혼 생활에서 맞닥뜨리는 최대 시험거리는 바로 이것이
다. 갈등이 생길 때 결혼 자체를 탓하지 않고 바로 배우자를 탓한다는 것이
다. 천성적으로 자기중심적인 두 사람이 날마다 서로 밀접하게 접촉하다 보
면 서로의 생각이 충돌하는 상황을 피할 수 없다. 부모나 자녀의 경우에는 어
려움이 조금 덜하다. 부모나 자녀와는 위아래, 즉 권위에 따른 위계질서가 있
기 때문이다. 결혼 외에 세상 그 무엇도 나 아닌 다른 사람이 내 내면을 환히
들여다볼 수 있게 하지 못한다. 결혼은 본래 내 안에 있는 가장 흉한 모습을
밖으로 드러내서 보여 준다. 배우자를 탓하지 말라. 탓할 것은 결혼이다. 하
지만 내가 성장하고 내 부족한 면이 달라지기를 원한다면 이 힘겨운 자기 인
식이 유일한 길이다. 그래서 결혼 생활에서 우리가 겪는 갈등이야말로 진정
한 해방을 향해 가는 길이다.

◑ 결혼이 우리의 어두운 면을 드러내고 폭로하는 이유나 방식으로는 또 어
떤 것이 있겠는가?

함께 붙드는 기도의 끈 배우자와의 갈등이나 배우자의 비판에 감사할 수 있도
록 도우시기를 하나님께 구하라. 그다음 그 도우심에 의지해 그 갈등과 비판
자체에 대해 하나님께 감사하고, 그것을 통해 깨우침을 얻고 성숙할 수 있도
록 도와주시기를 구하라.

결혼은 내 안의 치명적인 나쁜 면을 노출시킨다. 결혼은 없던 약점을 만들어 내는 것이 아니라(왜 발끈하게 만드느냐고 배우자를 탓할지도 모르지만) 이미 있던 약점을 드러내는 것이다. 하지만 이는 나쁜 일이 아니다. … (누구도 이렇게 말하지는 않는다.) "아, 의사가 종양을(혹은 암을) 발견 못했더라면 좋았을 걸!" … 만약 의사가 종양을 발견 못해서 이 모든 두통거리를 면했다면, 결국 종양의 크기도 작고 범위도 제한적이었을 때 발견해서 치료했을 때보다 훨씬 더 치명적이고 훨씬 골치 아픈 결과가 빚어질 테니 말이다.

결혼을 두려워하지 말라 "우리 부부는 늘 싸워요." 참으로 유감스러운 일이다. 결혼이 그렇게 시종 갈등뿐이어서는 안 되는데 말이다. 하지만 환자가 의사에게 "검진해 봤자 자꾸 치료받을 일만 생기니 이제 검진 그만 받겠습니다"라고 할 수 있는가? 반갑지 않은 검진 결과가 기분 나쁜 것은 사실이지만, 그렇다고 해서 검진을 그만 받겠다고 돌아설 수는 없는 노릇이다. 마찬가지로 결혼은 치료받아야 할 부분이 어딘지 보려고 영적 검진을 받게 하는 하나님의 방식일 수 있다. 결혼은 대개 인생 초반부에 하기 때문에 치료가 필요한 이런 죄들은 비교적 얕은 곳에 몸을 숨기고 있고, 그래서 처리하기가 비교적 수월하다. 단, 결혼이 내가 어디가 '아픈지' 드러낼 힘을 지녔다고 해서 결혼을 두려워하거나 원망하지 말라!

◑ 최근에 배우자와의 사이에서 겪은, 혹은 지금 겪고 있는 갈등을 생각해 보라. 이 갈등을 일종의 '검진'으로 생각해서, 내 마음과 성품에서 치료받아야 할 부분을 드러내 보여 준다고 여기면 얼마나 도움이 되겠는가?

함께 붙드는 기도의 끈 요한일서 4장 18절을 읽고 묵상하라. 이 말씀은 사랑의 반대가 미움이 아니라 두려움이라고 가르친다. 나를 향한 하나님의 사랑, 그리고 나를 향한 내 배우자의 사랑을 느낄 수 있게 해 주셔서 결혼 생활의 어려움을 두려워하지 않게 해 달라고 하나님께 청하라.

9월

그리스도인의
성 혁명 Ⅰ

고린도전서 6장

고린도전서 6장 12절; 7장 1절 모든 것이 내게 가하나 다 유익한 것이 아니요 모든 것이
내게 가하나 내가 무엇에든지 얽매이지 아니하리라 … 너희가 쓴 문제에 대하여 말하면
남자가 여자를 가까이 아니함이 좋으나.

성과 문화 고린도에서는 온갖 성 풍속이 잡다하게 들끓었다.¹ 일부 그리스도
인이 이 풍속을 그대로 좇아 행동했다. 은혜로 구원받았으므로 성적으로 어
떻게 행동하든 하나님께 별로 중요하지 않다고 하면서 말이다. 이들은 "모든
것이 내게 가하다"는 말을 격언처럼 인용했다. 이와 대조적으로 또 어떤 그리
스도인들은 성관계는 절대 선한 것이 아니며 따라서 아예 피해야 한다고 가
르쳤다(고전 7:1). 고린도 교인들에게 보내는 편지에서 바울은 이 양극단의 가
운데 길로 방향을 잡았지만, 그렇다고 해서 단순히 타협을 한 것은 아니었다.²
성에 접근하는 두 가지 태도 모두 복음보다는 문화에 따라서 성적 행동을 정
리한다. 보수적으로 보이는 접근법도 성의 문화적 정의, 즉 성은 단지 육체적
욕구이자 이 욕구를 배출하는 일일 뿐이라는 게 맞는 말이라고 전제한다.³ 성
경적 신학으로 성에 관한 입장과 관행을 형성해 나간다는 것은 언제 어느 곳
의 문화에서든 더할 수 없이 어려운 문제다.

❍ 성을 대하는 내 태도는 구체적으로 어떤 점에서 성경의 가르침보다 문화
적 관행에 더 영향을 받아 왔는가?

한마음으로 드리는 기도 주님, 제 친구들, 제가 속한 문화, 심지어 제 몸까지도
성에 관해 제게 무언가 말을 건넵니다. 주님 말씀에, 복음이 성에 관해 하는
말에 귀 기울이기가 얼마나 힘든지 모릅니다. 제게 주님께서 하시는 말씀을
들을 귀를 주옵소서. 아멘.

고린도전서 6장 12절 모든 것이 내게 가하나 다 유익한 것이 아니요.

───

이기적인 성 일부 그리스도인들은 자기가 원하는 대로 자유로이 성관계를 가질 수 있다고 생각했다. 오늘날 서구 문화는 성 문제에서 개인의 자유를 훨씬 더 강조한다. "내 침실에서 내가 무얼 하든 누구도 간섭할 권리가 없다"는 것이 시대의 좌우명이 되었다. 하지만 바울은 성이란 유익해야 한다고 말한다. 여기서 유익하다는 말은 타인에게 덕이 되어야 한다, 특히 공동의 유익을 추구해야 한다는 뜻이다(고전 12:7 참조).[4] 웬델 베리(Wendell Berry)는 사람이 자신을 서로에게 동여매서 자발적으로 자유를 포기해야만 공동체가 생길 수 있다고 주장한다. 그는 성이 "보살피는 훈련" 또는 두 사람을 결속시켜 관계 안에서 장기적인 안정감을 누리게 하는 접착제와 같다고 말한다. 그것은 자녀들을 잘 키우도록 도와줄 뿐만 아니라, 가정들을 필요로 하는 더 큰 사회 공동체의 요구에도 영향을 끼친다. 그러므로 우리가 성을 어떻게 대하는지는 나만의 문제가 아니다. 우리는 성으로 공동체를 만들어 낼 수도 있고 단순히 자기만 만족할 수도 있다.[5]

◗ 성을 대하는 내 태도가 내가 사는 이 사회에 실제로 어떤 영향을 끼치는지, 그리하여 어떤 면에서 그 태도가 나만의 문제일 수 없는지 생각해 보라.

한마음으로 드리는 기도 주님, 성을 생각할 때 제 욕구에만, 무엇이 저한테 쾌락을 안겨 주는지만 생각해서는 안 되고, 배우자와 사랑을 나누는 행위가 배우자의 덕을 세우는 행위일 수 있어야 한다는 사실을 이렇게 일깨워 주셔서 감사합니다. 우리 두 사람 모두에게 이런 동일한 마음을 주신다면 우리 결혼 생활이 얼마나 즐거울는지요! 아멘.

고린도전서 6장 12절 모든 것이 내게 가하나 내가 무엇에든지 얽매이지 아니하리라.

나를 노예로 만드는 성　바울은 우리가 마음 내키는 대로 누구하고든 자유로이 성관계를 가져서는 안 되는 두 번째 이유를 제시한다. 오늘 본문에 나오는 바울의 말은 문자적으로 "나는 무엇이든 할 수 있는 힘이 있지만 그 어떤 세력이 나를 지배하도록 놔두지는 않을 것"이라는 뜻이다.[6] 그렇다면 섹스의 힘은 어떻게 우리를 지배하려 들까? 여러 가지 방식으로 그럴 수 있다. 성격에 결함이 있는 어떤 사람이 부적절한 관계로 우리를 끌어들여서는 섹스에 중독되게 만들 수 있다. 사람들에게 지지와 인정을 받고 싶은 욕구에서, 혹은 자신을 증명하는 하나의 방식으로 다른 사람들과 성관계를 가질 수도 있다. 혼외 성관계는 상대에게 '헌신하는 장치'를 약화시킬 수 있으며, 그리하여 이제 더는 성관계를 통해 자신을 누군가에게 깊이 줄 수 없게 된다.[3월 5일] 아주 흔히 볼 수 있는 이 모든 성관계 방식은 우리를 완악하게 만들고, 무력하게 만들며, 우리를 노예로 만든다.

◑ 성이 그저 내 즐거움을 위한 일이라고 생각할 경우 성이 어떻게 나를 다스릴 수 있는지 그 방식을 꼽아 보라.

한마음으로 드리는 기도　주님, 우리에게 힘을 줄 수 있는 척하면서 바로 그 순간 우리를 영적 노예로 만들어 버리는 일들을 잘 알아볼 수 있게 하옵소서. 주님의 말씀을 통해 주님을 성실히 섬기는 것만이 완전한 자유임을 날마다 일깨워 주옵소서.[7] 아멘.

고린도전서 6장 13-14절 음식은 배를 위하여 있고 배는 음식을 위하여 있으나 하나님은 이것저것을 다 폐하시리라 몸은 음란을 위하여 있지 않고 오직 주를 위하여 있으며 주는 몸을 위하여 계시느니라 하나님이 주를 다시 살리셨고 또한 그의 권능으로 우리를 다시 살리시리라.

몸의 중요성 그리스인들과 로마인들은 성이 음식을 먹는 행위와 마찬가지로 도덕 문제가 아니라 그저 충족되어야 할 욕구일 뿐이라고 생각했다. 음식과 몸은 영혼과 달리 임시적인 것이며("하나님은 이것저것을 다 폐하시리라"), 그래서 영적인 면에서 아무런 중요성도 없다는 것이다. 바울은 이 의견에 강경하게 반대 의사를 나타낸다. 그는 몸은 임시적이지 않으며, 또한 몸은 구속받아 부활할 것이라고 주장한다. 그러므로 우리가 몸으로 무엇을 하느냐는 매우 중요하다. 우리 몸은 주님 것이며, 앞으로 이틀 동안 살펴보겠지만, 우리가 몸을 사랑하는 방식은 하나님께서 사랑하시는 방식과 맞아야 한다.[8] 바울의 가르침은 성이 도덕 문제가 아니라는 과거의 입장으로 어느 정도 회귀한 오늘날 문화에 시기적절하게 들어맞는다.

◑ 현대 문화는 그리스도인들이 비교적 엄격한 기독교의 성 윤리 때문에 인간의 몸을 '좀 저급하게' 본다고 평가한다. 이 의견에 자신의 말로 반론을 펼쳐 보라.

한마음으로 드리는 기도 주님, 우리 영혼뿐만 아니라 우리 몸까지 구속한다고 약속해 주심을 찬양합니다. 무엇보다도 감사한 것은 우리를 구원하시려 주 예수님께서 친히 인간의 몸을 입으셨다는 것입니다. 구원받은 제 몸으로 이제 주님을 높이고 싶습니다. 그렇게 할 수 있도록 도와주옵소서. 아멘.

고린도전서 6장 15-17절 너희 몸이 그리스도의 지체인 줄을 알지 못하느냐 내가 그리스
도의 지체를 가지고 창녀의 지체를 만들겠느냐 결코 그럴 수 없느니라 창녀와 합하는 자
는 그와 한 몸인 줄을 알지 못하느냐 일렀으되 둘이 한 육체가 된다 하셨나니 주와 합하는
자는 한 영이니라.

몸의 의미 고대 문화에서는 몸을 영혼을 담고 있다가 폐기하는 용기(容器)쯤
으로 여겼다. 이와 대조적으로 기독교는 우리 몸을 영혼을 표현하는 데 없어
서는 안 되는 것이자 우리 존재를 구성하는 중요한 부분이며, 그래서 사람의
몸이 물리적으로 서로 어우러지는 것은 모든 면에서 그 사람들의 삶을 연합
하는 일의 한 부분이어야 한다고 가르쳤다. 고린도전서 6장에서 바울이 하는
말은, "한 몸"이라는 섹스 장치를 활성화시켜 놓고 그 장치에 다른 모든 것을
바침으로써 이 장치를 일관성 있게 유지하지 않는다면 이는 말도 안 되는 부
조화라는 것이다. "바울은 … 여기서 1세기 기준으로 볼 때 완전히 예외적인
인간의 성에 관한 심리학적 통찰을 보여 준다. … 바울은 성관계가 자기를 드
러내고 자기를 헌신하는 독특한 양식을 이루기 위해 전인격을 쏟아 표현하는
… 행위라고 주장한다."⁹

● 현대 문화는 몸은 영혼을 가두는 감옥일 뿐 영혼을 표현하는 데 반드시 필
요한 부분이 아니라는 고대의 신념으로 회귀했다. 몸을 보는 이런 시각은 성
과 남녀에 관한 우리의 이해에 또 어떤 함축적 의미를 갖는가?

한마음으로 드리는 기도 주님, 죄악으로 가득 찬 세상에서 우리의 몸은 망가졌
고, 약해지기 쉬우며, 부활 때 어떤 모습일지 짐작해 볼 수 있을 만한 부분이
전혀 없습니다. 제 몸은 주님께서 주신 선물이니 몸을 대하고 몸을 쓰는 모든
태도에서 주님을 높일 수 있게 도와주옵소서. 아멘.

고린도전서 6장 15-16, 19절 너희 몸이 그리스도의 지체인 줄을 알지 못하느냐 내가 그리스도의 지체를 가지고 창녀의 지체를 만들겠느냐 결코 그럴 수 없느니라 창녀와 합하는 자는 그와 한 몸인 줄을 알지 못하느냐 일렀으되 둘이 한 육체가 된다 하셨나니 … 너희 몸은 너희가 하나님께로부터 받은 바 너희 가운데 계신 성령의 전인 줄을 알지 못하느냐.

성이라는 이정표 기독교의 성 윤리가 사람을 좀 속박하는 것처럼 보이기는 했지만, 근본 시각은 한없이 고상했다. 바울의 가르침은 성이 "무언가 초월적 중요성을 지녔다는 것이다. 몸은 성전, 즉 거룩한 교통이 이루어지는 장소다. 〔고대인들은〕 육체의 쾌락을 … 고결한 삶에 집중하지 못하게 하는 활동이라면서 자제하라고 역설했다. 이에 비해 바울이 위와 같이 가르치는 이유는 성이 무언가 성결한 의미가 있는 일에 우리를 연루시키기 때문이다."[10] 그리스도 안에서 하나님께서 우리에게 그분 자신을 내주시고 우리도 하나님께 우리 자신을 전적으로 드리기에, 우리 몸의 각 지체까지도 하나님과 하나다. 따라서 우리가 몸으로 우리를 다른 어떤 사람에게 내줄 때, 이 행위는 배타적이고 영원하고 온 삶을 다하는 연합으로써 하나님의 구원하시는 사랑을 닮은 것이어야 한다. 섹스는 사랑으로 주님과 완전히 연합한다는 상상할 수 없는 축복을 기대하게 한다.[11]

◐ 고대와 마찬가지로 현대 문화에서도 기독교의 성 윤리는 너무 제한적으로 보인다. 우리 친구들 중에도 그렇게 생각하는 이들이 많을 것이다. 어떻게 해야 그런 사람들과 내 자녀들에게 성 윤리뿐만 아니라 그 밑바탕에 깔린 근본적인 관점까지 전해 줄 수 있을까?

한마음으로 드리는 기도 주님, 성이 주는 기쁨, 심지어 성의 유희성(遊戲性) 한복판에서도 성의 엄숙한 의미와 성이 맛보기로 알려 줄 뿐인 위대한 일을 기억할 수 있게 하옵소서. 그리고 이 같은 기억이 우리의 기쁨을 북돋우게 하옵소서. 아멘.

고린도전서 6장 18절 음행을 피하라.

───

포르네이아 헬라어 '포르네이아'는 '성적 부도덕'(오늘 본문 말씀에서는 "음행")이라는 뜻으로 번역된다. 보통 이는 성매매를 뜻하지만, 헬라어 구약 성경에서 이 말은 '영적 간음, 여호와 외에 다른 신을 예배하는 행위'를 가리키는 말로 쓰였다. 바울은 이 단어를 가져와서는 기독교 특유의 내용으로 가득 채웠다. 이 단어는 하나님의 구원의 사랑, 서로 심히 다른 두 존재 즉 하나님과 인간 사이에 연합을 낳는 사랑, 배타적이고 영원한 관계를 낳는 그런 사랑을 반영하지 않는 모든 성적 행동을 뜻했다. 따라서 포르네이아라는 말의 의미는, 한 남자와 한 여자 사이에 맺어진 결혼 언약 밖에서 이뤄진 성관계는 하나님을 "신앙적으로 배신"하는 행위라는 것이다.[12] 성 풍속뿐만 아니라 성의 깊은 의미에 대한 인식[9월 6일]이 다르다는 것도 그리스도인과 주변 사람들과의 큰 차이점 가운데 하나였다.[13]

◑ 초기 그리스도인들에게 성은 세상을 향한 하나의 증언이었으며, 황홀감이나 성취, 자기실현보다는 보살핌이나 공동체의 개념을 나타냈다. 성이 그런 역할을 회복할 수 있을까? 함께 의견을 나눠 보라.

한마음으로 드리는 기도 주님, 이번 주에 우리에게 가르쳐 주신 것에 감사를 드립니다. 우리 부부의 성생활이 특히 우리의 친구들과 자녀에게 주님의 성품과 사랑을 증언하는 증거가 되게 하옵소서. 아멘.

〔흔히들〕 "이 사람보다는 더 나은 사람을 찾아야 해"라고 말한다. … 하지만 … 그리스도인의 결혼에서 … 내가 생각할 수 있는 '더 나은 사람'이란 나와 이미 결혼한 사람의 미래 모습이다. … "저 사람이 저럴 때마다 몹시 밉지만, 저게 저 사람의 진짜 모습은 아니지. 영원히 저러지는 않겠지"라고 말하는 것이 크게 도움이 된다.

돌아갈 길은 없다　어떤 문제를 두고 배우자와 말다툼할 때 "이 사람보다 더 훌륭하고 더 사려 깊고 더 통찰력 있고 더 친절하고 '더 ~한' 사람과 결혼했더라면, 싸우지 않고 살 텐데"라는 생각이 괴롭힐 수 있다. 하지만 이런 생각에는 두 가지 문제점이 있다. 첫째, 우리의 어두운 면을 드러내는 것이 결혼 자체라면, 다른 어떤 사람과 결혼했더라도 갈등이 없을 수 없다. 갈등이 없기는커녕 배우자가 바뀐다고 해도 똑같은 문제를 가지고 부부 싸움을 다시 시작해야 할 것이다. 그러므로 지금이라도 발전하고 변화하라. 둘째, '더 나은' 배우자가 내게 더 좋았을 수도 있겠지만, 그 더 나은 배우자는 지금 내 앞에 있는 배우자의 미래 모습이라고 생각하라. 결혼은 하나님께서 만들어 가시는 우리의 더 나은 모습을 향해 함께 길을 가는 것이다. 뒤돌아보지 말라.

◑ 무슨 문제로 부부 싸움이 주기적으로 반복되는지 생각해 보라. 그런 다음 싸움을 줄이거나 싸움을 아예 안 하기 위해 두 사람 모두 한 가지씩만 달라져야 한다면 그것이 무엇이겠는지 함께 생각해 보라.

함께 올드는 기도의 끈　아브라함은 큰 일가를 이루리라는 약속을 받은 뒤 수십 년이 지나도록 약속이 이루어지지 않았음에도 언젠가는 반드시 성취되리라는 확신에 계속해서 충실했다. 아브라함 같은 참을성을 달라고 구하라. 우리 부부가 하나님께서 원하시는 사람으로 성숙해 나가기를 기도하라.

결혼할 때 우리는 일정한 자기 이미지, 자기 가치를 나름대로 인식하고 결혼한다. 이는 많은 세월 동안 여러 다양한 사람들이 내게 어떤 평가를 내렸는지를 알 수 있는 표지다. … [이들은] 나를 가리켜 '좋은 사람이다, 나쁜 사람이다, 쓸모 있다, 쓸모없다, 혹은 유망하다, 가망 없다'라고 했다. … 만약 그런 평가들을 우리 눈으로 볼 수 있다면, 아마 괴물 프랑켄슈타인처럼 일관성 없는 수많은 요소들이 짜깁기된 모습일 것이다. 하지만 무엇보다 지금껏 우리를 둘러싼 평가들 가운데 가장 해로운 진술은, 아마 우리가 우리 자신에게 해 온 말들일 것이다.

외부에서 들려오는 말 우리 시대 문화는 자기가 어떤 사람이고 싶은지 스스로 결정하라고, "나름의 진리를 삶으로 살아 내라"고, 자신을 긍정하고 자신이 옳음을 입증하라고 말한다. "남들이 어떻게 생각하든 신경 쓰지 말라"고 한다. 하지만 사실 그런 일은 불가능하다. 우리는 어찌할 도리 없이 서로 관계를 맺으며 살아가야 할 피조물이고, 그래서 저마다 다른 사람들이 나를 긍정해 주는 말이 필요하다. 그런데 그런 말을 찾아다니다 보면 좋고 나쁨을 바라보는 기본 정의조차 다들 다르다는 사실을 알게 된다. 어떤 사람은 나를 칭찬하는 반면 어떤 사람들은 나를 정죄하거나 조롱한다. 더구나 우리는 칭찬은 빨리 잊는 반면 비판의 말은 기억 속에 오래 새겨 두는 경향이 있다. 그래서 우리의 자기 이미지는 각각 다른 사람들이 오랜 시간 동안 나에 대해 가져 왔던 서로 상충되는 평가들을 조각조각 모아서 내면화한 것이라 할 수 있다. 여러 사람의 평가 가운데 어떤 이의 평가가 다른 모든 평가를 압도하는가?

◑ 내 이미지가 지닌 다양한 '층'(層)을 생각해 보라. 부모와 형제자매, 친구, 선생님이나 지도자의 영향으로 쌓은 층도 있을 것이며, 대중문화와 미디어, 정치, 내 신앙으로 쌓은 층도 있을 것이다. 그 가운데 어느 것이 가장 우세한가?

함께 불드는 기도의 끈 시편 86편 11절을 묵상한 뒤, 내가 내게 느끼는 모순되는 감정을 치유하시고 하나로 묶어 달라고 하나님께 청하라. 복음은 나를 가리켜 죄인이라고도 하지만 하나님의 사랑을 받는 자녀라고도 한다.

결혼은 내 자기 인식을 재편할 수 있는 엄청난 권력을 배우자의 손에 쥐어 준다. 배우자는 전에 사람들이 나에 관해 했던 어떤 말이든 다 뒤집어엎어 과거를 상당 부분 속량해 줄 수 있으며 … 깊디깊은 내 여러 가지 상처를 치유해 줄 수 있다. 어째서인가? 온 세상이 다 나를 추하다고 해도 배우자가 예쁘다고 해 주면 정말 내가 예쁘게 느껴지기 때문이다. 성경 구절을 조금 바꿔 표현하자면, 내 마음은 혹 나를 정죄해도 배우자의 의견이 내 마음보다 크다.

가장 좋은 해법 우리 스스로가 생각하는 자기 이미지는 지난 세월 동안 주변 사람들이 우리를 보아 온 여러 가지 평가가 쌓여서 만들어진 결과물이다. 그 중에는 좋은 평가도 있고 안 좋은 평가도 있어서 과연 어떤 평가를 믿어야 하며 나는 나를 어떻게 평가해야 할지 몰라 마음이 갈팡질팡할 수 있다. 이토록 혼란스러운 정체성 문제를 해결할 수 있는 궁극적 해법은 복음이다. 그리스도께서는 내 모든 죄를 덮으시고 "무죄. 그리고 내 안에서 완전히 사랑받는다"라고 최종 평결을 내리셨다(갈 3:10-14; 롬 8:1 참조). 놀라운 사실은, 좋은 배우자는 그 놀라운 사랑을 슬쩍 비춰 주는 예시(豫示)요, 그 사랑의 표현일 수 있다는 것이다. 배우자는 "내 눈에는 당신의 모든 죄가 다 보여요. 그래도 나는 당신을 완전히, 영원히 사랑해요"라고 말할 수 있다. 배우자로서 내게도 그런 영원한 힘이 있음을 알고 있는가?

◑ 내 흠결과 부족함이 여실히 드러났던 순간에도 배우자가 여전히 나를 인정해 주고 치켜세워 주었던 때를 떠올려 보라.

함께 붙드는 기도의 끈 요한복음 19장 30절("다 이루었다"는 예수님의 외침)과 로마서 8장 1절을 묵상하라. "그러므로 이제 그리스도 예수 안에 있는 자에게는 결코 정죄함이 없나니." 이 약속을 생각하면서 하나님을 찬양하고, 하나님께 감사하며, 내가 어떤 면에서 이 진리를 받아들이지 못했는지 고백하라.

> 결혼은 … 사람과 사람 사이에 있을 수 있는 접촉 가운데 가장 친밀한 접촉을 하게 만들기 때문에, 배우자가 해 주는 긍정적 평가는 가장 신뢰할 만하다. 얼굴 정도만 아는 사람이 내게 다가와 "당신은 내가 아는 사람 중에서 제일 친절한 분입니다"라고 말한다면, 칭찬받는 느낌에 확실히 기분은 좋을 것이다. 하지만 … 그 사람은 사실 나를 잘 모른다. … 하지만 여러 해 나와 함께 산 아내가 "당신은 내가 아는 사람 중에서 제일 친절한 사람이에요"라고 한다면 … 아내가 그렇게 나를 인정해 주는 말은 깊은 위로가 된다. … 아내는 나를 누구보다 잘 아는 사람이기 때문이다.

두 번째로 좋은 해법 배우자는 세상에서 나를 가장 친밀하게 아는 사람이기 때문에 때로 뼈아픈 비판의 말을 할 수도 있고, 그러다 보면 갈등이 빚어질 수도 있다. 그런데 내 모든 문제점을 다 알면서도 배우자가 나를 칭찬해 주고 인정해 줄 때 그 효과는 아주 강력하다. 비판의 말은 칭찬하는 말보다 기억에 오래 남기 마련이다. 왜일까? 모든 인간에게는 내가 원래 어떤 존재여야 하는데 지금 그렇지 못하다고 하는 원시적 감각이 있다(창 3:7 참조). 무의식 세계에 잠재한 수치감을 극복하기란 쉬운 일이 아니다. 하지만 배우자는 그것을 극복하게 해 줄 수 있다. 나를 칭찬할 때 배우자는 내 모든 흠결을 다 알고도 칭찬하는 것이기 때문이다. 신중하고 진실한 칭찬의 말을 들으면 마음 깊은 곳에서 이런 생각이 자연스레 고개를 든다. "아내(남편)가 저렇게 말하는 걸 보면 정말 그런 게 틀림없어."

❑ 내 은사와 내 성숙함에 관해 배우자가 증언하는 말이 그토록 강력한 영향력으로 내 성품을 빚어 갈 수 있는 또 다른 이유를 생각해 보라.

함께 붙드는 기도의 끈 배우자가 함께 있는 자리에서, 그가 나를 인정해 주는 말이 내게 어떤 식으로 깊은 위로가 되었는지 하나님께 감사드리라. 배우자를 축복하는 힘을 지혜롭게 잘 활용할 능력을 하나님께 청하라.

세월이 지날수록 배우자를 더욱더 사랑하고 사모하게 되면 배우자가 나를 칭찬하는 말도 그만큼 더 강한 힘과 치유력을 갖는다. 〈반지의 제왕: 두 개의 탑〉(The Lord of the Rings: The Two Towers)에서 파라미르가 샘 갬지에게 한 말처럼 "칭송할 만한 사람에게서 받는 칭찬이야말로 무엇에도 비할 데 없는 상급"이다. 내가 높이 존중하는 사람에게서 높이 존중받는 것이야말로 세상에서 가장 멋진 일이다.

존경하는 사람에게 존경받는 것　배우자의 칭찬이 그토록 효력이 있는 한 가지 이유는 배우자가 나를 알기 때문이다. 그리고 여기 두 번째 이유가 있다. 존경할 만한 사람에게서 찬사를 들으면 내가 별로 존경하지 않는 사람에게서 인정을 받을 때보다 훨씬 더 기분이 좋다. 나는 사모하는 사람과 결혼한다. 그래서 결혼 생활의 출발 때부터 배우자가 내게 보내오는 지지는 내게 큰 의미가 있다. 그런데 세월이 흐르면서 두 사람 모두 은혜 안에서 장성해 더욱 그리스도를 닮은 사람이 되고 배우자를 더욱더 사모하고 존경하게 되면, 배우자에게서 어떤 칭찬을 듣든 그 말은 나를 변화시키는 효력을 갖는다. 내가 사모하는 사람에게서 칭송을 들으면 마치 천국에 온 듯한 기분이 된다. 천국은 바로 그런 곳일 것이다(요일 3:2).

◑ 살면서 배우자의 격려와 지지가 특별히 더 필요했던 경우가 있었는지 배우자와 이야기를 나눠 보라.

함께 붙드는 기도의 끈　내가 배우자를 축복하고 덕을 세워 줄 수 있는 능력은 배우자가 내 성품과 성숙한 모습을 얼마나 존중하고 존경하는지에 달려 있기도 하다는 사실을 깨닫기 바란다. 내가 은혜 안에 자라나게 도와주셔서(벧후 3:18) 배우자를 지지하고 축복할 수 있는 능력이 가장 큰 효과를 낼 수 있게 해 달라고 하나님께 기도하라.

하나님께서는 우리를 그리스도 안에서 의롭고 거룩하고 아름답게 보신다(고후 5:21). …
누가 나에 관해 혹은 내게 무슨 말을 했든 예수님께는 이를 다 압도하실 만한 능력이 있
다. … 때로는 배우자가 직접 예수님의 사랑을 내게 보여 준다. … 때로는 배우자의 칭찬
이 … 나를 분발시켜 우리가 그리스도 안에서 누리는 사랑을 한층 온전하게 믿고 받아들
일 수 있게 한다. 그러므로 다른 어떤 인간관계보다 훨씬 더 결혼은 모든 상처를 치유해
주고 우리 고유의 독특한 아름다움과 가치를 우리에게 설득시킬 수 있는 큰 힘을 지녔다.

마음에서 터져 나오는 칭찬과 격려 우리에게 필요한 가장 중요한 사랑의 관계
는 바로 하나님과의 관계다. 그러나 죄가 없던 때에도 아담에게는 하나님과
의 관계만으로 채울 수 없는 공허함이 있었다. 그 공허함은 인간의 사랑을 갈
망하는 욕구로, 창조주께서 그에게 심어 주신 것이었다. 아담은 하와를 첫 대
면한 순간 이렇게 말한다. "이는 내 뼈 중의 뼈요 살 중의 살이라"(창 2:23). 이
는 하와를 보고 서정적 기쁨이 폭발적으로 터져 나온 순간이었을 뿐만 아니
라 그와 동시에 언약 지키기에 헌신하겠다는 다짐이 이뤄진 순간이었다.[14] 그
리스도께서 그러하신 것처럼 배우자에게는 우리를 인정해 주고 치유하는 사
랑을 줄 능력이 있다는 사실이 여기서 생생하게 드러난다. 기억하라. 내게는
배우자를 세워 줄 능력이 있다.

◑ 살면서 배우자의 격려와 지지가 특별히 더 필요한 때가[9월 12일] 또 있는지 함
께 의논해 보라.

함께 붙드는 기도의 끈 너무 바쁘거나 너무 피곤하거나 혹은 다른 데 정신이
팔려 내 삶의 가장 중요한 소명 가운데 하나, 즉 사랑으로 배우자의 덕을 세워
주는 일을 소홀히 하지 않게 해 달라고 하나님께 구하라. 무엇보다 이 일에
마음을 쓰고 늘 주의를 기울일 수 있게 도와 달라고 배우자에게 부탁하라.

어떤 주파수로 무선 신호가 송출되고 있는데 수신기가 … 다른 주파수에 맞춰져 있을 수 있다. … (이렇듯) 남편이 … 아내를 향해 아주 관능적이고 낭만적인 신호를 보내는데 아내의 사랑 수신기가 다른 주파수에 맞춰져 있을지 모른다. 아내는 자신이 무슨 일로 속상한지 이야기하고 싶어 하는데 남편은 심정적으로 공감하며 아내의 말을 경청하지 않는다. … 아내가 남편에게 말한다. "당신은 날 사랑하는 것 같지 않아!" 남편이 반박한다. "사랑해. 사랑한다고!" 왜 이런 일이 생길까? … 남편이 보내는 사랑이 아내가 맞춰 놓은 채널이 아니라 엉뚱한 채널을 통해 흘러가고 있기 때문이다.

사랑의 언어 1　배우자의 사랑과 지지는 우리를 치유할 수 있고 변화시킬 수 있다는 사실을 앞에서 살펴보았다. 하지만 내 사랑을 배우자에게 어떻게 전할 것인가? '사랑의 채널' 혹은 '사랑의 언어' 개념을 소개해 보겠다. 나는 배우자를 사랑하고 지지하고 있다고 생각하는데, 알고 보면 그것이 상대 정서에 맞지 않아서 배우자가 그것을 전혀 느끼지 못하는 경우가 있다. 무선 통신을 생각하면 이해하기 더 쉽다. 나는 어떤 채널로 열렬한 사랑을 보내고 있는데 정작 상대방은 그 채널을 듣지 않을 수 있다. 그래서 배우자의 사랑의 언어를 익히는 것이 중요하다. 그러려면 배우자의 기질, 살아온 역사, 정체성 등 많은 것을 알아야 한다.

◑ 책을 더 읽어 나가기에 앞서 다음 질문에 답변해 보라. 어떤 면에서 나는 배우자가 가장 마음에 들어 할 만한 방식으로 사랑을 표현할 수 있는가?

함께 붙드는 기도의 끈　잠언 27장 14절을 묵상하라. 이 구절은 상대방을 축복하려는 우리의 시도가, 좀 서툴게 표현하자면 '도리어 저주같이 여겨질 수 있다'고 말한다. 어떻게 하면 배우자에게 사랑을 잘 표현할 수 있을지 선한 의도뿐만 아니라 지혜도 달라고 하나님께 청하라.

사랑을 표현하는 방법은 여러 가지가 있다. 선물을 줄 수도 있고, "당신을 사랑해"라고 큰 소리로 외칠 수도 있고, 칭찬을 할 수도 있고, 몸으로 낭만적 감정과 다정함을 전할 수도 있고, 사랑하는 사람의 소원을 들어줄 수도 있고, 그 사람에게만 집중하며 시간을 함께 보낼 수도 있다. 하지만 이는 시작일 뿐이다. … 그리스 사람들의 사랑 개념에는 … 애정(스토르게; storge), 우정(필로스; philos), 에로틱한 사랑(에로스; eros), 섬김(아가페; agape)이 있었다. … 모든 형태의 사랑이 다 필요하고 어느 것도 소홀히 해서는 안 되지만, 누구에게나 어떤 특정 유형의 사랑이 정서적으로 좀 더 소중하게 다가올 수 있다.

사랑의 언어 2 사랑의 언어의 네 가지 주요 범주 가운데 첫 번째를 살펴보자. '애정'은 일반적으로 '상대방의 덕을 세워 준다, 혹은 상대방을 축복한다'는 개념을 포함한다. 덕을 세워 준다, 축복한다는 것은 배우자에게 해가 되는 여러 습관을 없앤다는 의미다. 배우자에게 신랄한 유머를 구사하지는 않는가? 무언가를 강조할 때 비꼬는 말이나 얕보는 말을 쓰지는 않는가? 다른 사람 앞에서 배우자를 비난하지는 않는가? 집에 온 손님에게는 작은 일에도 예의를 다하면서 배우자는 무례하게 대하지 않는가? 다른 사람을 대할 때나 직장 일을 할 때는 환한 얼굴이면서 집에 와서 배우자하고 있을 때는 정서적으로 둔감하고 산만한 태도로 귀찮은 듯 어슬렁거리지 않는가? 이는 배우자가 불만을 가질 수 있는 행동이자 태도이니 이런 태도를 버리라.

◑ 위 목록에 따라 자신과 배우자를 평가해 보라.

함께 붙드는 기도의 끈 다정하지 않은 태도는 자기 연민과 분노로 딱딱하게 굳은 마음에서 비롯한다. 부드러워진 마음을 달라고, 그리하여 날마다 배우자를 대할 때 신랄한 말도, 정서적으로 거리감 느껴지는 행동도 하지 않게 되기를 하나님께 구하라.

당신도 내 아내 캐시와 나처럼 육아 문제 때문에 좀체 해결되지 않는 갈등을 겪었을 수 있다. 남편은 (내가 그랬듯) "당신이 우리 어머니가 아버지를 사랑하신 것처럼 나를 사랑한다면, 나한테 기저귀 가는 일 따위는 시키지 않을 텐데"라고 생각할 수 있고, 아내는 (내 아내 캐시가 그랬던 것처럼) "우리 아버지가 어머니를 사랑하신 것처럼 당신이 나를 사랑한다면 기저귀 가는 것 정도는 내가 말하기 전에 알아서 했겠지"라고 생각할 수 있다. 상대방에 대해 "저 사람 참 이기적이야"라고 비난할 것이 아니라, "저 사람이 느끼기에는 내가 자기를 각별히 사랑하고 있지 않은 것"이라고 생각해야 한다.

사랑의 언어 3 애정 표현의 긍정적 측면을 살펴보자. 이를 잘 살피려면 배우자의 일상적 태도나 특성에서 내가 높이 평가하는 부분을 생각해 보라. 배우자의 그런 부분을 잘 알아보고 이야기해 주는가? 그런 다음 한 걸음 뒤로 물러나 배우자가 하는 일, 배우자가 이룬 성취를 생각해 보라. 그걸 알아보고 배우자에게 이야기해 주는가? 배우자가 어떤 영역에서 "부족함을 느끼는지" 찾아보면서 배우자를 연구하고, 그 영역에서 배우자에게 구체적으로 힘을 북돋아 줄 방법을 찾으라.[15] 마지막으로, 어떻게 하면 사랑을 느낄 수 있는 분위기를 만들어 낼지 방법을 고민하라. 창조적으로 상황을 조정해서 서로에게 쉽게 집중할 수 있게 하라. 몇 가지 예를 들자면 산책, 드라이브, 외식 혹은 서로에게 요리 만들어 주기 등이 있다. 이는 상대방의 덕을 세워 주고 축복하고자 하는 내 노력이 실제로 잘 자리 잡을 수 있는 최고의 환경이다.

◑ 위 목록에 따라 자신과 서로를 평가해 보라.

함께 붙드는 기도의 끈 하나님께서 내게 베푸신 자비와 은혜를 부단히 기억하게 해 주셔서, 배우자를 늘 본능적으로 다정하고 따뜻하게 대할 수 있게 해 달라고 기도하라.

자신이 거름망을 쓰고 있다는 것을 기억하라. 우리는 특정 종류의 사랑의 언어만 걸러서 듣는 경향이 있다. 예를 들어 남편은 나를 부양하려고 열심히 일하는데 나는 남편이 그보다는 말로 사랑을 표현해 주기를 바랄 수 있다. 그러면서 내가 가장 소중히 여기는 언어로 사랑을 말해 주지 않으니 "남편은 나를 사랑하지 않는 게 분명해!"라고 말하곤 한다. 거름망을 떼어 내고 배우자가 내게 주는 사랑을 알아보라.

선물하기, 돕기, 경청하기, 말해 주기   저드슨 스위하트(Judson Swihart)는 《사랑한다고 어떻게 말할까?》(*How Do You Say 'I Love You'?*)라는 책에서 네 가지 범주 전체에 걸쳐 사랑을 표현하는 구체적인 방법 몇 가지를 제시했다.[16] 여기서는 이를 사랑을 표현하는 열두 가지 구체적 방법으로 나눠서 하루에 네 가지씩 살펴보겠다. 어떤 사람은 "이런 식으로 나를 사랑해 줘요"라고 말한다. (1) 꼼꼼히 생각해서 고른 사려 깊은 선물이나 내 물질적인 욕구와 소원을 만족시켜 줄 무언가를 내게 선물해 주기. (2) 나를 도와주고, 내가 책임을 완수할 수 있도록 돕는 일을 우선으로 삼기. (3) 내가 뭔가를 말하고 싶어 할 때 집중해서 들어 주고 이를 이해해 주기. (4) 자신이 사실상 무슨 생각을 하고 어떤 기분인지, 즉 자신의 기쁨, 소망, 염려, 두려움 등을 내게 말해 주고 알려 주기.

◑ 이 네 가지 사랑의 언어 가운데 무엇이 내게 정서적으로 가장 소중한가? 배우자에게 똑같은 질문을 하기 전에 내가 보기에 배우자에게 가장 소중한 언어는 무엇인지 생각해 보라. 이제 내 대답과 배우자의 대답을 비교해 보라.

함께 붙드는 기도의 끈   앞으로 3일 동안 나와 내 배우자가 각자의 특별한 욕구에 맞는 방식으로 서로에게 사랑을 전하는 방법을 좀 더 분명히 알 수 있게 해 달라고 하나님께 구하라.

배우자에게 가장 중요한 사랑의 언어를 배워서, 내가 선호하는 채널이 아니라 상대방이 원하는 채널로 사랑의 신호를 보내라. 우리는 자기가 사랑을 전달받고 싶은 채널로 상대 방에게 사랑을 보내는 경향이 있다.

───────────────────────────

어루만지기, 좋아해 주기, 지적해 주기, 내 편 되어 주기 다음과 같은 부류의 사랑의 언어를 고려해 보라. 어떤 사람은 "이런 식으로 나를 사랑해 줘요"라고 말한다. ⑸ 성관계를 하고 싶을 때만이 아니라 평소에도 따뜻하고 상냥하고 다정하고 유쾌한 몸짓으로 어루만져 주기. ⑹ 내 어떤 점이 좋은지 말해 주고, 내 장점을 인정해 주고, 내 은사를 발견할 수 있게 도와주기. ⑺ 내가 어떤 부분에서 성장해야 하는지 긍정적 맥락에서 말해 주고, 어떤 부분에서 달라져야 하는지 조언해 주기. ⑻ 다른 사람들 앞에서 내 편이 되어 주고, 자녀를 포함해 다른 사람들을 대할 때 늘 나와 한편이 되어 주기.

◑ 이 네 가지 사랑의 언어 가운데 무엇이 내게 정서적으로 가장 소중한가? 배우자에게 똑같은 질문을 하기 전에 내가 보기에 배우자에게 가장 소중한 언어는 무엇인지 생각해 보라. 이제 내 대답과 배우자의 대답을 비교해 보라.

함께 불드는 기도의 끈 배우자에게 특별히 어떤 식으로 사랑을 표현해야 하는지, 그리고 배우자가 내가 어떤 식으로 사랑을 표현하기를 바라는지 계속 세심히 마음을 써서 분별할 수 있게 해 달라고 하나님께 구하라.

부적절한 사랑의 언어를 쓰면 의미가 '정반대로 들릴' 수 있다는 점을 기억하라. 예를 들어 물질 아닌 다른 유형의 선물을 원하는 아내에게 물질적 선물을 주면, 아내는 "당신은 돈으로 사랑을 사려고 하는군요!"라고 오해할 수 있다.

변화하기, 공유하기, 기도하기, 개인 공간 주기 마지막으로 다음의 사랑의 언어를 생각해 보라. 어떤 이들은 "이런 식으로 나를 사랑해 줘요"라고 말한다. (9) 나를 괴롭게 하는 습관이나 태도, 말투 등을 자발적으로 바꾸고, 내 조언의 말을 마음 열고 듣기. (10) 나와 함께 시간을 보내며 내가 좋아하는 일을 함께 하고, 서로의 세상을 공유하고 지적으로나 정서적으로 함께 성장해 나가기. (11) 함께 기도하고, 성경 읽고, 우리의 영적 삶에 관해 이야기 나누기. (12) 내 관심사를 추구할 수 있는 자유 혹은 사적 공간을 주고, 너무 숨 막히게 하거나 소유하려 들지 않기.

◑ 이 네 가지 사랑의 언어 가운데 무엇이 내게 정서적으로 가장 소중한가? 배우자에게 똑같은 질문을 하기 전에 내가 보기에 배우자에게 가장 소중한 언어는 무엇인지 생각해 보라. 이제 내 대답과 배우자의 대답을 비교해 보라.

함께 붙드는 기도의 끈 차이와 균형을 알 수 있는 지혜를 주서서 상대방을 너무 숨 막히게 하거나 너무 거리감 느끼게 하지 않고, 무조건 지지하거나 무조건 비판만 하지 않으며, 듣기만 하거나 내 말만 하지 않게 해 달라고 청하라. 주의해서 잘 사랑할 수 있는 능력을 구하라.

배우자가 가장 중시하는 사랑의 언어를 오용하지 말라. 배우자의 마음을 아프게 하려고 일부러 그 언어를 자제하지는 말라. 상처는 생각보다 깊을 것이다. 예를 들어 남들 앞에서 아내에게 존중받는 것을 매우 중시하는 남자의 경우 친구들 앞에서 아내가 자신을 놀리기라도 하면 도저히 견디지 못할 것이다. 인정해 주는 말을 자주 듣고 싶어 하는 여자를 남편이 침묵으로 대한다면 여자는 비탄에 빠질 것이다.

사랑의 언어를 악용하다 배우자에게 화가 나면 배우자가 평소 중요하게 여기는 사랑의 언어를 의도적으로 쓰지 않는다든가 혹은 일부러 그 언어와 정반대되는 태도를 보여 마음을 아프게 하는 식으로 배우자에게 앙갚음을 할 수도 있다. 그러나 이런 식으로 상처를 주면 치유하기가 어려울 수 있다. 하나님께서는 우리에게 그렇게 하지 않으셨다. 이스라엘 백성이 시내산에서 하나님 음성을 직접 듣는 일을 감당하기 힘들다고 불평하자 하나님께서는 인간 선지자를 통해 말씀을 전하셨다(신 18:15-19). 우리의 역량에 맞게 그분의 의사소통 방식을 조정하신 것이다. 예수님도 우리가 관계를 맺을 수 있는 형태로 하나님께서 우리에게 사랑을 베푸신 방식 가운데 하나다(요 1:14). 그러므로 그리스도 안에서 하나님께서 우리를 사랑하신 것처럼 배우자를 사랑하라.

◑ 배우자가 소중히 여기는 사랑의 언어를 배우자의 마음을 아프게 하는 식으로 사용하고 싶었던 적이 있는지 생각해 보라.

함께 붙드는 기도의 끈 하나님은 그저 선지자 한 사람을 보내 자신의 사랑에 관해 말하게 하신 것이 아니라, 그분의 아들을 보내사 그 사랑을 구체화하시고 그분의 성령을 보내사 그 사랑을 실감하게 하셨다. 그래서 우리가 그 사랑을 알 수 있게 되었다는 사실을 하나님 앞에서 묵상하라. 나도 이런 식으로 배우자를 사랑할 수 있게 해 달라고 하나님께 구하라.

결혼에는 큰 문제점이 있다. 세상에서 유일하게 내 마음을 손에 쥔 사람, 내가 간절히 원하고 필요로 하는 인정과 지지를 보내 줄 수 있는 사람이 내 죄 때문에 지구상의 다른 어떤 사람보다도 깊이 상처받을 수 있다는 사실이다. … 진실을 말하는 일이 얼마나 큰 참화를 부르는 일인지 알면 … 내 생각과 기분이 사실은 어떤지 … 입을 닫고 … 틀어막고 감추는 것이 … 내가 할 일이라고 생각할 수도 있다. 이는 사랑은 … 실천하는데 … 진실은 실천하지 않는 것이다.

은혜가 꼭 필요하다 우리는 결혼이 가지고 있는 두 가지 '힘'을 살펴보고 있다. 그 두 가지는 진실과 사랑으로, 이 두 가지 힘은 긴장을 조성한다. 지금까지 살펴봤다시피 배우자는 내 죄에 관해 그저 추상적으로만 알지 않는다. 우리는 배우자에게 잘못을 저지르고 상처를 준다. 그럼에도 불구하고 어떻게 배우자는 나를 사랑하고 덕을 세워 주려고 자신의 힘을 사용할 수 있는 것일까? 어떤 사람의 죄가 고통스러우리만치 뻔히 보이는데 어떻게 그 사람을 지지해 줄 수 있을까? 우리는 진실을 말하든지 또는 진실을 덮고 그냥 사랑만 하든지 둘 중 하나를 선택할 수도 있지만, 변화가 일어나려면 둘 다 필요하다. 진실의 힘과 사랑의 힘은 세 번째 힘, 즉 은혜와 용서의 힘이 결합되어야 비로소 함께 효력을 낼 것이다.

◑ 사랑하는 동시에 진실하기는 어렵다. 그래서 우리는 하나를 버리고 하나를 선택하는 경향이 있다. 나는 주로 어느 쪽을 선택하는가?

함께 볼드는 기도의 끈 주님이 그저 이런저런 요구가 많고 공의로운 하나님이거나 무차별로 호의를 베푸는 하나님이 아니심에 감사하라. 십자가의 은혜를 감사하라. 십자가는 하나님이 어떻게 무한히 의로우사 죄를 벌하시는 동시에 무한히 자비로우사 죄를 사하시는 분일 수 있는지를 보여 준다.

사랑이 빠진 진실은 하나 됨을 파괴하고, 진실이 빠진 사랑은 연합의 환상을 심어 주지만 사실은 하나 됨의 여정과 성장을 가로막는다. 해법은 은혜다. 예수님의 은혜를 경험하면 결혼 생활에 가장 중요한 두 가지 기술, 즉 용서와 회개를 실천할 수 있다. 잘 용서하고 잘 회개해야만 진실과 사랑을 함께 유지할 수 있다. … 은혜의 힘이 없으면 부부는 진실을 멀리하거나 … 진실을 가지고 서로를 공격한다.

진실과 사랑을 하나로 묶기 부부가 은혜의 해법, 즉 회개하고 용서하기를 배우면, 이 해법이 다른 두 가지 힘, 즉 진실의 힘과 사랑의 힘을 하나로 묶어 부부 모두 개인적인 면에서 성숙해진다. 여기서 회개란 배우자가 사랑으로 나를 용서하리라고 확신하기 때문에 망설임 없이 진실을 인정하는 것을 말한다. 배우자의 사랑을 확신하지 못하면 진실을 인정할 수 없을 것이며, 그저 내 행동을 합리화하고 나를 변호하기에 급급할 것이다. 그리고 용서란 (그를 변명해 주는 것이 아니라) 배우자가 계속 죄를 짓게 놔둘 수 없을 만큼 배우자를 사랑하기에 배우자가 진실하기를 바라는 것을 말한다. 이를 비롯해 다른 여러 가지 면에서 회개와 용서는 진실과 사랑이 서로 상충되지 않고 서로 의존하게 만든다.

◐ "진실을 말하지 않는 사랑은 사실 사랑이 아니다. 사랑 없이 진실을 말하면 사실상 진실을 전달하지 못한다." 이 두 가지 진술의 의미를 살펴보라.

함께 붙드는 기도의 끈 부부가 함께 앉아 서로 회개하고 서로 용서함으로써 서로에게 은혜를 베풀 수 있었던 경험을 나누며, 하나님께 감사드리라. 더불어 그렇게 할 수 있는 능력과 기회를 더 많이 베풀어 달라고 기도하라.

성경은 우리가 사람들을 용서하고 그런 다음 가서 이들과 만나야 한다고 말한다. … 왜냐하면 우리가 거의 언제나 … 내게 잘못을 저지른 사람에게 되갚아 주는 … 앙갚음하는 방식으로 그 사람들을 만나 사실 관계를 따지기 때문이다. … 나와 대면하는 사람은 내가 앙갚음을 하고 있다는 것을 알고 있으며, 그러면 그 사람은 마음이 황폐화되든지 크게 화를 내든지 하거나 두 가지 반응을 다 보일 수도 있다. 이런 경우는 사실 진실을 말하더라도〔진실을 위해 혹은〕그 사람을 위해서가 아니라 나를 위해 말하는 것이다.

사랑이 빠진 '진실' 사랑 없이 진실을 말하는 것은 진실에 누를 끼치는 행동이다. 배우자에게 진실을 말해 주는 것일 뿐이라고 하지만 사실은 배우자에게 벌을 주려는 것일 때가 있다. 그 사람이 나를 기분 나쁘게 했으므로 진실을 무기 삼아 나도 그 사람을 기분 나쁘게 만들고 싶은 것이다. 이런 경우 이른바 '진실'은 대개 균형 잡히지 않은 일방적인 진실, 상대에게 상처를 주려고 급조된 진실이다. 사랑이 빠진 진실에 상대방이 회개로 응답하며 진실을 똑바로 파악하는 경우는 드물다. 상대방은 인격이 말살당하거나 분노하거나 둘 중 하나다. 그저 앙갚음을 하려는 것이지 진실을 전하려고 최선을 다한 게 아님을 상대방도 알기 마련이니 말이다. 상대방이 정말로 진실을 깨닫기를 바란다면, 사랑으로 진실을 전달해서 그렇게 될 수 있도록 해야 한다.

◑ 최근에 배우자와 내가 서로 사랑 없이 진실을 말한 적이 있는가?

함께 붙드는 기도의 끈 갈라디아서 6장 1절을 묵상하라. 어떤 사람의 잘못을 바로잡아 주고자 할 때는 첫째, 그 사람이 지금 "범죄" 중이고 그 범죄를 반복하고 있는 경우, 둘째, 부드럽고 겸손하게 바로잡아 줄 수 있는 경우에만 해야 한다. 이제 상대를 비판하더라도 이런 지침에 따라서만 할 수 있는 능력을 달라고 하나님께 기도하라.

내 삶에 용서하는 은혜의 능력이 … 없으면 진실을 가지고 상대방에게 상처를 준다. 〔그리고 상대방이 내게 잘못을 저질렀을 경우 진실을 가지고 응징하게 된다.〕 그러면 상대방은 나를 맞받아치든지 혹은 나와 거리를 둘 것이다. 이렇게 해서 결혼은 사랑이 빠진 진실 모드로 들어가 부부가 끊임없이 다투게 되거나, 진실이 배제된 피상적 사랑 모드로 들어가 두 사람 모두 근원적인 문제를 그저 외면하며 살게 된다.

진실이 빠진 '사랑' 사랑이 빠진 진실이 사실상 진실을 존중하는 것이 아니듯, 진실이 빠진 사랑도 사실은 사랑이 아니다. 잠언 13장 24절에서는 자녀가 제멋대로일 때 부모가 훈육하지 못하면 사실은 자녀를 '미워하는' 것이라고 말한다. 자녀가 거짓말하고 도둑질하고 남을 욕하는 모습을 보고도 그대로 놔둔다면 이는 부모가 할 수 있는 가장 사랑 없는 행동이다. 부모가 자녀를 올바로 훈육하지 못하면서, '자녀를 너무 사랑하기에 훈육으로 우리 아이 기분을 나쁘게 만들고 싶지 않다'라고 핑계 대는 이들이 많다. 그런데 사실 이런 태도는 자녀가 성숙하고 유익을 얻기를 원해서라기보다 자녀가 불쾌한 경험을 하는 것을 피하고 싶은 마음이 더 커서 그렇다. 결혼 생활에서도 마찬가지다. 내가 고통스럽다는 이유로 진실 말하기를 겁내는 것은 이기심이지 사랑이 아니다.

● 최근에 진실을 말하지 않는 사랑에 무릎 꿇은 적이 있는가? 나는 무엇을 피하고 싶은 것인가?

함께 올드는 기도의 끈 하나님의 사랑이 내 흠결과 죄를 어떻게 나 스스로 묵과하는 것을 허용하지 않고 내 성숙을 강조하는지를 생각하면서 나를 변화시키는 사랑에 대해 하나님께 감사하라. 배우자와 다른 사람들을 그와 같이 사랑할 수 있는 용기를 달라고 하나님께 구하라.

이는 분노를 표출하지 말아야 한다는 뜻이 아니다. 분노를 절대 드러내지 않는 사람은 그가 아무리 진실을 말해도 상대방이 충분히 실감하지 못할 것이다. 하지만 용서하는 은혜는 반드시 있어야 하며, 그러면 음식에 스민 소금처럼 분노가 부정적 방향으로 부패하지 않게 막아 줄 것이다. 이렇게 해서 진실과 사랑이 공존할 수 있다. 그리스도께서 나를 용서하신 것처럼 진실과 사랑의 힘 아래서 내가 배우자를 용서했기 때문이다.

───

회개하기 배우자가 진심으로 뉘우치고 돌이키면 용서하기가[9월 26일] 훨씬 쉬워진다. 회개는 어떻게 하는가? 첫째, 내가 잘못했다고 생각하는 일을 말하라. 둘째, 이외에도 내가 잘못한 일이 더 있는지 배우자에게 묻고, 내가 자청한 비판의 말을 잘 경청하라. 선불리 자신을 변호하거나 설명하려고 하지 말라. 배우자가 하는 염려에 존중하는 태도를 보이라. 셋째, 용서를 구하고, 그와 동시에 앞으로 똑같은 잘못을 다시 저지르지 않도록 변화하기 위한 구체적 계획을 제시하라(눅 3:7-14 참조). 배우자의 불평 가운데 혹 부당하다고 여겨지는 것이 있다 해도 정당한 불평부터 먼저 솔직하게 인정한다. 그런 다음 내가 보기에 이러이러한 비판은 부당하다고 겸손히 말하라. 하나같이 다 힘든 과정이므로 속으로 조용히 기도하면서 전체 과정을 통해 하나님께서 내게 말씀하고 계시다고 믿으라.

◑ 최근에 내 잘못을 뉘우치고 배우자에게 용서를 구한 일이 있는가? 위 세 가지 목록을 보면서 내가 그 일을 얼마나 제대로 해냈는지 평가해 보라.

함께 붙드는 기도의 끈 예수님께서는 그렇게 할 의무가 없었는데도 스스로 자신을 낮추셨다. 하지만 우리가 자기를 낮추고 회개할 때는 그렇게 할 의무가 있기 때문이며, 그런데도 이는 엄청나게 힘든 일이라는 것을 예수님께 고백하라. 좀 더 나은 회개자가 될 수 있도록 도와 달라고 부르짖으라.

은혜의 능력을 맛보려면 무엇이 필요한가? 첫째, 겸손해야 한다. 누군가를 용서하기가 어렵다면, 조금이라도 마음 깊은 곳에 "나라면 저런 행동은 안 할 텐데!"라는 생각이 자리 잡고 있기 때문이다. 내가 어떤 사람보다 우월하다고 여기는 한, 내가 훨씬 훌륭한 사람이라고 여기는 한 용서는 아예 불가능하거나 아주 힘들며 … 〔그러면〕 진실이 사랑을 집어삼키고 만다.

용서하기 용서는 어떻게 해야 할까? 첫째, 말을 꺼내기 전 마음으로 먼저 배우자를 용서하라(막 11:25). 그렇게 하는 것이 앞에서 우리가 이야기한 것, 즉 사랑으로 잘못을 바로잡아 주기보다 진리를 이용해 앙갚음하는 행동을 피하는 길이다. 둘째, 가서 무엇이 잘못되었는지 이야기하되, 내가 명확히 파악하지 못한 부분이 있을 수 있다는 가능성을 열어 두라. 이렇게 말하라. "내가 보기에 당신이 이러이러한 행동을 했는데, 그 영향으로 내게 이러저러한 일이 있었어요. 내가 잘못 알고 있는 거라면 올바로 알려 줘요." 사람을 공격하지 말고 문제를 공격하라. 배우자가 사과하면 용서의 뜻을 표하라. 사과하지 않으면 계속 이야기하라. 마지막으로, 용서는 상대가 용서받았음을 실감할 때까지 계속되어야 한다는 사실을 기억하라. 용서는 배우자에게나, 다른 사람에게나, 그리고 자신에게 자꾸 그 일을 들먹이지 않겠다는 약속이다.

❶ 최근에 어떤 문제를 가지고 배우자와 대면하여 용서를 베푼 적이 있는가? 위의 목록을 살펴보고 내가 그 일을 얼마나 잘 해냈는지 평가해 보라.

함께 붙드는 기도의 끈 골로새서 3장 12-13절을 묵상하라. '주께서 우리를 용서하신 것'에 비춰 볼 때 내게 "긍휼과 자비와 겸손과 온유와 오래 참음"이 부족했음을 고백하라. 용서하는 마음을 달라고 기도하라.

그러나 사랑으로 진실을 말하려면 … '정서적 부요함'도 필요하다. 내면에 근본적인 기쁨과 자신감이 있어야 하는 것이다. 자기를 비하하는 사람은 … 배우자가 늘 나를 흡족히 여기게 만들려 애를 쓰고 그 일에 지나치게 비중을 두게 된다. 배우자가 무엇을 잘못해도 … 제대로 말해 주지 못하고〔배우자가 나를 비판하는 말도 받아들이지 못한다.〕 … 언제나 분개해 있는 상태지만 이를 감추고 산다. … 이 경우에는 사랑이 진실을 집어삼킨다.

복음과 용서 복음을 체험하면 용서하는 삶을 살 수 있는 두 가지 선행 조건을 갖춘 것이다. 첫째, 복음을 체험하면 정서적으로 겸손하게 된다. 남을 용서하려 하지 않는 사람은 자기 죄성(罪性)의 진상을 받아들이지 않았음을 보여 주는 것이다. 남을 용서하지 않는 상태로 있다는 것은 자신도 용서받아야 함을 여전히 인식하지 못한다는 뜻이다. 둘째, 복음을 체험하면 정서적으로 건강하게 된다. 내가 너무 곤고하고 불안정하면 다른 사람에게 너그러울 수 없다. 그러나 하나님의 사랑과 용서를 알면, 타인에게 깊이 상처를 받을 수는 있어도 어느 한도를 넘지 않는다. 그 사람은 내 진정한 정체성, 내 부요함, 내 존재의 중요성은 건드리지 못한다. 내가 죄 용서를 받은 사실을 기뻐하면 할수록 그만큼 더 빨리 남을 용서할 수 있다. 하나님을 향해 진정한 마음으로 회개한 사람치고 타인을 용서하지 못하는 사람은 없다.

◑ 타인을 용서할 수 있는 두 가지 요건 가운데 내게 부족한 것은 무엇인가?

함께 붙드는 기도의 끈 시편 130편 4절을 묵상하라. "그러나 주께서 우리를 용서하시므로 우리가 두려운 마음으로 주를 섬깁니다"(현대인의성경). 하나님께서 우리에게 값없이 은혜를 주셨으니 우리는 하나님 앞에서 경외("두려운 마음")와 경이를 느껴야 마땅하다. 하나님께서 베푸신 용서를 마음으로 찬양할 수 있을 때까지 이를 묵상하라.

예수님께서 우리를 대신해 죽으셔야 할 만큼 우리는 심히 악하고 죄와 흠이 많다. … 하지만 우리는 예수님께서 우리를 대신해 기쁘게 죽으실 만큼 큰 사랑을 받고 소중히 여김을 받고 있다. 만유의 주께서 그 정도로 우리를 사랑하셨다. 그래서 복음은 우리를 티끌과 다름없이 낮아지게 하는 동시에 하늘까지 우리를 높이기도 한다. 너나없이 우리는 죄인이지만 동시에 그리스도 안에서 온전히 사랑받고 받아들여졌다. … [이 사실이] 우리를 정서적으로 겸손하게 하고 부요하게 함으로써 우리가 은혜의 힘을 발휘할 수 있게 한다.

십자가와 용서   십자가에서 예수님은 율법도, 공의의 요구도 다 이루시고 그와 동시에 우리를 위한 죄 사함까지 이루셨다. 그러므로 우리도 공평과 진실 모두를 높이는 방식으로 타인을 용서할 수 있어야 한다. "그리스도인은 원한을 품지 말고, 관대하며, 잘못을 저지른 쪽에서 뉘우치는 모습이 전혀 보이지 않는다 해도 용서해야 한다. 그런 한편 그리스도인들은 하나님 중심의 자세로 공평에 열정을 보이고 하나님의 영광을 중시하기에, 죄에 대한 엄청난 반감을 절대 얼버무려 넘기는 일이 없다."[17] 사랑하라, 그러나 진실을 말하라. 진실을 말하라, 그러나 늘 사랑으로 말하라. 그것이 바로 배우자에게 은혜를 보이는 방법이다.

◑ 어려서부터 이러한 용서와 회개 개념을 가르치고 지지하는 가정교육을 받았는가? 내가 자란 가정 배경은 어떤 면에서 내게 도움이 되는가? 반대로 어떤 면에서 내게 장애물이 되는가?

함께 붙드는 기도의 끈   내가 자라 온 배경이 도덕주의 관점을 지향하게 만들었는지 아니면 상대주의 관점을 지향하게 만들었는지를 먼저 생각해 보라. 어떤 면에서든 과거가 내 족쇄가 되고 있다면, 이를 부수고 나와 자유로이 진리와 사랑을 향해 나아갈 수 있게 해 달라고 하나님께 구하라.

창세기에 기록된 저주의 영향권을 벗어나지 못한 인간의 모든 문화는 여성을 무시하고 억압했다는 식으로 남성의 '머리 됨'을 해석해 왔으며, 여성을 이렇게 대우하는 것을 먼저 알아차리고 이의를 제기하는 쪽은 대개 여성이었다.

머리 됨? 성경은 본디 남자의 '머리 됨'을 선한 의미로 규정했다(엡 5:23). 하지만 죄는 어떤 시간과 공간에서든 엄청난 정교함과 창의력으로 이를 왜곡할 방법을 찾아내서는 여자가 가정과 교회와 세상의 건강을 위해 남자와 짝을 이루게 하기보다는 당대 문화가 허락한 방식으로 여자를 주변부로 밀어냈다. 우리는 하나님께 굶주린 우리의 자아 인식에 영양분을 공급하고자 저항할 힘이 없는 사람을 억압하고 착취한다. 우리는 예수님께서 그러셨듯이 이들을 보살피고 보호할 수 있는 힘과 능력을 효율적으로 사용하기보다 우리 자신이 위안을 얻고 이득을 보려고 이들에게 주인 행세를 한다. 남자가 여자에게 이렇게 행동하는 것을 보면서 이것이 옳은지 확인하려고 성경을 뒤져 "머리"라는 용어가 나오는 몇 부분만 찾아내고는 이 말의 전체 개념을 거부한다. 그래서는 안 된다.

◑ 나와 내 배우자는, 우리 부부가 결혼은 물론이요, 나아가 하나님께서 부르신 공동 삶을 함께 헤쳐 나가는 동반자라고 한목소리로 말하는가? 그렇지 못하다면 자기 가치를 인정받지 못한다거나 자기 은사를 제대로 활용하지 못하고 있다고 여기는 쪽은 누구인가?

함께 붙드는 기도의 끈 오늘날의 문화에서는 이 주제와 관련해 온갖 불협화음이 들려온다. 이런 상황에서도 부부가 함께 성경의 가르침을 들을 수 있게 해 달라고 두 사람이 함께 있는 자리에서 기도하라.

부부 사이의 성역할이라는 주제가 이론(異論)의 여지가 많고 논쟁적인 주제라는 것은 아무도 부인하지 못한다. … 나는 성경 구절이 억압과 저항, 양면의 무기로 쓰이는 것을 보아 왔다. 그리고 '머리 됨'과 '순종'처럼 뜨거운 쟁점이 되는 용어를 예수님께서 본을 보여 주신 대로 올바로 이해할 때 결혼 생활에 치유와 건강이 찾아오는 것 또한 목격했다.

순종(복종)? 요즘 같은 시대에 '머리 됨'이니 '순종'이니 하는 단어를 쓰면 거의 폭동이 일어날 수 있다. 많은 사람에게 이 단어는 남성이 억압을 가하고 여성이 자진해서 굴종한다는 의미다. 이는 예수님의 사역에서 머리 됨과 순종이 어떻게 연관되어 동력이 생겼는지 제대로 알지 못해서 생기는 오해다. 또한 이는 정치적 의제에 유용하도록 고의로 곡해한 것이기도 하다. 더 나아가 권위와 관련해 안 좋은 경험이 있으면 어떤 형태든 권위는 나쁘다는 결론을 내리게 된다. 마태복음 20장 26-28절에서 예수님께서는 사람들에게 주인 행세하는 데 권위를 사용할 것이 아니라 그들을 섬기는 데 사용해야 한다고 제자들에게 설명하셨다. 이 말씀과 관련해서는 바울이 에베소서 5장 22-33절에서 상세히 부연 설명했다. 우리는 예수님을 자기 신부를 완전에 이르게 하려고 모든 것을 희생한 남편으로 본다.

◑ 남편들이여, 내가 머리 됨을 행사해서 아내가 안전하고 사랑받으며 보살핌받는다고 느끼는지, 아니면 위협받고 억압당한다는 느낌이 드는지 아내에게 물어보라. 아내가 사랑으로 대답을 하든 그렇지 않든 이를 너그럽게 받아들일 수 있게 해 달라고 먼저 기도하라. 아내들이여, 우리 구원을 완수하시고 아버지께 드릴 선물로 자기 영광을 한쪽으로 접어 두신(그리고 그 결과로 훨씬 더 영화롭게 되신) 예수님을 본받을 각오가 되어 있는가?

함께 붇드는 기도의 끈 나와 내 배우자의 마음속에 있는 교만과 두려움이 하나님의 성령으로써 진정되기를, 그래서 우리의 결혼 생활에서 머리 됨과 순종이 고통스러운 일이 아니라 활력을 주는 일이 되기를 기도하라.

10월

———————

그리스도인의
성 혁명 Ⅱ

고린도전서 7장

————————

고린도전서 7장 1-2절 너희가 쓴 문제에 대하여 말하면 남자가 여자를 가까이 아니함이 좋으나 음행을 피하기 위하여 남자마다 자기 아내를 두고 여자마다 자기 남편을 두라.

금욕 결혼하지 않은 그리스도인은 당연히 금욕해야 한다고 성경 곳곳에서 말한다. ^{10월 4일} 하지만 고린도의 어떤 이들은 그리스도인이라면 아예 (부부 사이에서도) 성관계를 하지 않는 것이 이상적이라고 가르쳤다.[1] 그러나 이는 몸이 영혼보다 열등하다는 생각에서 나온 입장이었다. 이런 믿음을 가지면 도리어 난잡한 성생활을 하게 될 수도 있다. 내가 몸으로 무엇을 하든 영적으로 크게 중요하지 않을 테니 말이다. ^{9월 1일} 또한 이 입장은 몸의 쾌락 자체를 죄악시하고, 피해야 할 어떤 것으로 보게 만들 수도 있다.[2] 바울은 독신이나 극단적 금욕 생활을 열등한 삶으로 보지 않았지만, 바울이라면 둘 중 어느 것도 그리스도인에게 이상적이라고 가르치지 않았을 것이다. 두 가지 입장 모두 기독교의 성 혁명을 배척했으니, 기독교는 성을 단순한 욕구가 아니라 우주적으로 중요한 어떤 것으로 보았다.

◑ 성을 '다소 불결한 것'으로 여기거나 혹은 '별로 중요하지 않은 것'으로 보는 이 두 가지 입장 가운데 어느 쪽이 과거의 내게 영향을 끼쳤는가? 그 입장은 내 결혼 생활에 어떻게 영향을 끼쳤을까?

한마음으로 드리는 기도 주님, 말씀의 지혜를 주셔서, 특히 성을 선물로 주신 목적을 그 지혜에 담아 알려 주셔서 감사드립니다. 성을 고결한 것으로 보는 주님 말씀 덕분에 우리는 성을 두려워하지 않을 수 있고, 성에 중독되지 않을 수 있습니다. 이 성경적 지혜로 제 마음과 생각을 빚어 주옵소서. 아멘.

> **고린도전서 7장 3-5절** 남편은 그 아내에 대한 의무를 다하고 아내도 그 남편에게 그렇게 할지라 아내는 자기 몸을 주장하지 못하고 오직 그 남편이 하며 남편도 그와 같이 자기 몸을 주장하지 못하고 오직 그 아내가 하나니 서로 분방하지 말라 다만 기도할 틈을 얻기 위하여 합의상 얼마 동안은 하되 다시 합하라.

합의의 탄생 고대에 아내들은 간음을 범할 수 없었지만 남편들은 마음대로 다른 여성과 성관계를 가질 수 있었으며, 특히 이 문제에서 선택권이 별로 없는 사회적 하층 계급 여성을 대상으로 그리했다. 간음은 남편에게도 아내에게도 똑같이 죄였으므로 바울은 위와 같은 이중 잣대를 정죄했다. 그리고 거기서 그치지 않고 남편과 아내 모두 상대의 몸을 주장할 "권한"이 있다고 말한다. 부부 사이에서도 성관계는 서로 합의해서 행해야 할 문제였다. 합의하에 성관계를 한다는 오늘날의 개념은 이렇게 기독교에서 비롯되었다.[3] 하지만 바울은 성이 늘 결혼의 울타리 안에 있어야 한다고 주장함으로써 성이 합의의 개념을 넘어서는 것이어야 한다고 역설했다. 기독교의 성 윤리나 성을 숭고하게 보는 시각 모두 전형적으로 여성에게 유리했다. 원나잇 스탠드(one-night stand; 하룻밤만의 정사) 문화가 성행하는 오늘날에도 여전히 그러할 것이 틀림없다.

❶ 기독교의 성 윤리, 그리고 성에 엄청난 중요성이 있다고 보는 그 기저의 관점이 여성에게 유리하다는 명제를 생각해 보라. 이는 맞는 말인가? 맞는 말이라면 어떤 점에서 그러한가?

한마음으로 드리는 기도 주님, 주님의 말씀을 통해 비록 일부일지라도 우리가 사는 세상이 건전해지는 것에 감사드립니다. 합의가 있어야 성관계를 할 수 있다는 이 개념이 우리 결혼 생활의 원칙이 되게 하옵소서. 잠자리는 물론 다른 문제와 관련해서도 우리가 상대방을 괴롭히는 일이 없게 하옵소서. 아멘.

고린도전서 7장 4절 아내는 자기 몸을 주장하지 못하고 오직 그 남편이 하며 남편도 그와 같이 자기 몸을 주장하지 못하고 오직 그 아내가 하나니.

성, 합의의 개념을 넘어서는 것 〈뉴욕 타임즈〉(The New York Times)에 한 여성의 글이 실렸다. 이 여성이 남자친구와 잠자리를 가졌는데, 웬일인지 그날 이후 남자에게 문자를 보냈으나 답이 없었다고 한다. 잠수를 타 버린 것이다. 여자는 친구들에게 말했다. "그 남자는 내게 동의를 구하고 또 구했어. 그래서 섹스를 할 때 무슨 거룩한 행위를 하는 기분이었지. 그래 놓고 사라져 버리다니." 친구들은 여자를 비웃었고, 여자는 이렇게 말했다. "섹스의 영역에 한해서는 합의 같은 건 아무 소용없어. 몸은 그저 우리 존재를 구성하는 복잡한 요소들의 한 부분일 뿐이지." 여자는 온 삶을 다 주지 않고 몸만 주는 행위는 육체가 우리의 자아를 통합적으로 구성하는 한 부분이라는 사실을 깨닫지 못하는 거라는 성경의 진리를 체험하는 중이었다. 이 사실을 잊으면 사람이 짐승과 다를 바 없다. "내가 너한테 관심 있는 것처럼 행동하고는 느닷없이 사라져 버려도 괜찮아?"라고 물으며 합의를 구하는 질문에 그렇다고 대답할 사람은 많지 않을 것이다.[4] 성은 합의의 개념을 넘어서는 것이어야 한다.

❍ 결혼의 울타리 안에서 이뤄지는 성관계라 할지라도 어떤 특정한 순간에는 몸만 줄 뿐 마음과 생각은 주지 않는 경우가 있을 수 있다. 부부가 성관계를 할 때 나라는 사람 전체를 주는 것이 얼마나 중요한지 생각해 보라.

한마음으로 드리는 기도 주님, 성행위와 관련해 주님께 감사하는 기도를 하리라고는 생각도 못했습니다. 그런데 이렇게 감사를 드리고 있습니다. 성은 우리가 할 수 있는 가장 강력한 방식으로 서로에게 자신을 전폭적으로 줄 수 있는 하나의 방법입니다. 우리 부부가 성을 그렇게 사용하도록 도와주옵소서. 아멘.

> 고린도전서 7장 6-9절 그러나 내가 이 말을 함은 허락이요 명령은 아니니라 나는 모든 사람이 나와 같기를 원하노라 그러나 각각 하나님께 받은 자기의 은사가 있으니 이 사람은 이러하고 저 사람은 저러하니라 내가 결혼하지 아니한 자들과 과부들에게 이르노니 나와 같이 그냥 지내는 것이 좋으니라 만일 절제할 수 없거든 결혼하라 정욕이 불같이 타는 것보다 결혼하는 것이 나으니라.

혼전 성관계 사람들은 흔히 묻는다. "성경 어디에 혼전 성관계가 나쁘다는 말이 있나요?" 대답은 두 가지다. 첫째, 헬라어 '포르네이아'("음행"으로 번역되는)는 구체적으로 어떤 성관계든 결혼의 울타리 밖에서 남녀 사이에 이뤄지는 성관계를 뜻한다. [9월 7일] 둘째, 성경 어디를 보든 혼외 성관계는 잘못이라고 말한다. 직접적으로 그렇게 진술하지 않았다 해도 말이다. 예를 들어, 오늘 본문에서 바울은 결혼하지 않은 사람들이 만약 "절제할 수 없거든" "정욕이 불같이 타는" 상태로 돌아다니지 말고 결혼해야 한다고 말한다. 달리 말해 바울은 독신인 사람은 당연히 금욕한다는 것을 전제로 말하고 있다. 포르네이아, 또는 혼외 성관계를 금하는 성경 구절은 놀랄 만큼 많다.[5]

❍ "간음이 죄라는 것은 알고 있어요. 하지만 혼전 성관계를 금한다는 말은 성경 어디에 있나요? 둘 다 미혼이고 서로 사랑한다면 괜찮지 않나요?" 지금까지 이 묵상집에서 배운 것을 토대로 대답한다면 뭐라고 대답하겠는가?

한마음으로 드리는 기도 주님, 주님은 언약의 하나님이십니다. 하나님을 우리에게 동여매시고 우리를 하나님께 동여매실 만큼 우리를 사랑하시다니요! 주님의 형상 안에서 우리를 새롭게 해 주셔서 우리의 사랑이 더욱더 자기를 주는 사랑이 되게 하옵소서. 아멘.

고린도전서 7장 26-28절 내 생각에는 이것이 좋으니 곧 임박한 환난으로 말미암아 사람이 그냥 지내는 것이 좋으니라 네가 아내에게 매였느냐 놓이기를 구하지 말며 아내에게서 놓였느냐 아내를 구하지 말라 그러나 장가가도 죄짓는 것이 아니요 처녀가 시집가도 죄짓는 것이 아니로되 이런 이들은 육신에 고난이 있으리니 나는 너희를 아끼노라.

결혼과 하나님 나라 기독교는 아마 '독신 생활이 성인에게 실행(생존) 가능한 삶의 형태'라는 개념을 지지한 최초의 종교 내지 세계관일 것이다.[6] 당시 사회 체제는 어린아이들 아니고는 아무도 오랜 기간 경제적 안정을 보장할 수 없는 구조였다. 게다가 싱글로 살다가 죽으면 누가 내 이름이나 내 유산을 기억해 주겠는가? 하지만 바울은 누구에게도 결혼을 강요하지 않았다. 심지어 과부들에게 재정적 지원을 해 줌으로써 원하지 않는 한 굳이 결혼할 필요가 없게 하라고 했다(딤전 5장). 왜일까? "독신자가 치르는 '희생'은 … '성생활 포기'가 아니라 대를 이을 사람을 포기하는 것이었다. … 이는 한 사람의 미래는 가족이 아니라 [하나님의 나라]가 보장해 준다고 하는 [세상을 향해 보내는] 명백한 신호였다."[7] 그리스도인은 개인적 만족을 기준으로 결혼 여부를 선택하는 것이 아니라, 어느 쪽을 택해야 하나님 나라를 가장 잘 섬길 수 있는지를 기준으로 선택하며, 이는 세상을 향해 보내는 하나님 나라의 신호다.

◑ 결혼 당시 우리 두 사람이 어떻게 하면 세상에 보내는 하나님 나라의 신호 역할을 함께 더 잘할 수 있겠는지 생각해 보았는가? 이제 이 부분을 서로 좀 더 생각해 보라.

한마음으로 드리는 기도 주님, 주님을 믿지 않는 친구들 중에는 결혼이 미친 짓이라고 생각하는 이들이 많습니다. 우리 부부의 결혼 생활을 보고 그 친구들이 무언가 깨닫고 그저 우리를 칭찬만 하는 것이 아니라 주님의 말씀과 은혜에 점점 더 관심을 가질 수 있게 하옵소서. 아멘.

고린도전서 7장 29-31절 형제들아 내가 이 말을 하노니 그 때가 단축하여진 고로 이후부터 아내 있는 자들은 없는 자같이 하며 우는 자들은 울지 않는 자같이 하며 기쁜 자들은 기쁘지 않은 자같이 하며 매매하는 자들은 없는 자같이 하며 세상 물건을 쓰는 자들은 다 쓰지 못하는 자같이 하라 이 세상의 외형은 지나감이니라.

그 때가 단축하여진 고로 "그 때가 단축하여진 고로"라는 말 이면에는 복잡한 역사관이 자리 잡고 있다. 하나님 나라, 곧 세상을 새롭게 할 수 있는 영적 능력이 이 땅에 상당한 수준으로 임했으나 아직은 부분적일 뿐이다(롬 13:11-14). 이는 우리가 성공에 너무 우쭐해서도 안 되고, 어떤 일이 기대에 어긋났다고 해서 너무 낙심해서도 안 된다는 뜻이다. 왜냐하면 우리의 진정한 성공은 하나님 안에 있기 때문이다(골 3:1-4). 우리의 진정한 부요함은 하나님 안에 있으니 재산이 있다고 해도 사실은 그 재산이 우리 소유가 아닌 것처럼 살아야 한다(눅 16:1). 우리는 만사에 '구애받지' 말아야 한다. 바울은 결혼했다고 너무 의기양양해 해서도 안 되고, 결혼하지 못했다고 너무 낙심해서도 안 된다고 말한다. 왜냐하면 그리스도만이 우리를 참으로 만족시킬 유일한 배우자이시고, 하나님의 가정만이 우리를 참으로 포용하고 채워 줄 유일한 가정이기 때문이다(엡 5:21).

❶ 이 원리를 삶의 다른 부분에도 적용해 보라. 삶의 기쁨을 일과 너무 많이 연관시키고 있지 않은가? 그런 자세를 거부할 수 있는가? 방법은 무엇인가? 자녀의 성공에 관해서는 어떤 자세를 갖고 있는가?

한마음으로 드리는 기도 주님, 때로 주님께서는 "이 땅에서 우리가 누리는 기쁨의 틀을 부수어" 우리가 "모든 것을 주님 안에서 찾을" 수 있게 하십니다.[8] 시련이나 실의를 겪지 않아도 우리 마음이 주님 안에서 넉넉히 안식하게 하셔서 이 땅에서 변치 않는 평안을 누리게 하옵소서. 아멘.

고린도전서 7장 39절 아내는 그 남편이 살아 있는 동안에 매여 있다가 남편이 죽으면 자유로워 자기 뜻대로 시집갈 것이나 주 안에서만 할 것이니라.

주 안에서 결혼하기 그리스도인은 반드시 신자와 결혼해야 한다는 성경의 지침을 어떤 이들은 그저 편견으로 보기도 한다. 같은 인종, 같은 계층 사람하고만 결혼해야 한다는 말처럼 말이다. 하지만 오늘 본문의 맥락을 살펴보면 그렇게 말하는 이유를 알 수 있다. 성경은 '상대가 나와 같은 믿음을 가진 사람이 아니라는 것을 알면서도 그 사람과 결혼하는 것'을 금한다. 결혼의 주된 목적 가운데 하나가 하나님 나라를 보여 주는 공동체를 세우는 것, 그리스도께서 결혼을 포함해 만사를 어떻게 변화시키시는지 세상에 보여 주는 것이기 때문이다. 부부가 다 신자가 아니면 그렇게 할 수가 없다. 의도적으로 비신자와 결혼하는 그리스도인은 자신이 결혼한 목적이 선교나 하나님 나라를 보여 주는 것이 아님을 증명하는 것이다. 결혼한 그리스도인이 그리스도를 증언하는 주요 방법 가운데 하나는 그리스도께서 결혼 생활에 어떤 변화를 이루시는지 세상에 보여 주는 것이다.

◑ 부부가 다 그리스도인이어야 한다는 것과 동일한 이유에서, 부부는 함께 성장해 가고 말씀을 아는 지식 및 믿음을 실천하는 일에서 함께 더 성숙해 가는 그리스도인이어야 한다. 나와 내 배우자는 이런 면에서 어느 한 사람이 뒤처지지는 않는가?

한마음으로 드리는 기도 주님, 우리 부부가 '주님의 은혜와 주님을 아는 지식에서 자라 갈' 수 있도록 도우소서(벧후 3:18). 어느 한 사람이 뒤처지는 일이 없게 해 주시고, 그리하여 우리가 서로 사랑하되 사람들이 우리 부부를 보고 주님께서 세상에 오신 것이 사실임을 알 수 있을 만큼 사랑하게 하옵소서(요 17:20-23). 아멘.

남편과 나(캐시)는 … 하나님께서 정해 주신 성역할에 따름으로써 우리가 우주의 거대한 춤마당에 들어갈 수 있을 뿐만 아니라 서로의 가장 내밀한 자아와 접촉할 수 있게 하는 하나님의 큰 선물 가운데 하나를 발견했음을 알게 되었다. 아니, 그렇다고 해서 내가 주름 장식이 많은 하늘하늘한 옷을 좋아하게 되었다거나 남편이 자동차 정비 취미를 갖게 되었다는 말은 아니다.

전형적 성역할?   남편도 나(캐시)도 자칭 전형적 남성이나 전형적 여성이라고는 할 수 없다. 나는 비교적 무뚝뚝하고 힘세고 진취적인 사람이며, 팀은 비교적 유화적이어서 갈등보다는 의견 합일을 추구하는 사람이다. 하나님께서는 무엇이 남성적 태도이고 무엇이 여성적 태도인가 하는 고정관념에 따라 우리의 기질을 서로 바꾸라고 하지 않으셨다. 특히 우리는 남성 특유의 죄와 여성 특유의 죄를 모방하려 하지 않는다. 사실 성경이 말하는 부부의 역할로 들어갈 때 이 역할이 우리에게 자동적으로 다가오거나 수월하게 여겨지지는 않았다. 남편 팀은 기질적으로 리더 역할에 그다지 열의가 없다. 하지만 예수님께서 자기 신부인 교회를 어떻게 사랑하시는지 세상에 본을 보이기 위해 우리는 성경의 가르침을 좇는다. 성역할에 따르기 위해 우리는 우리에게 자연스럽게 임하는 하나님의 은혜는 물론 그 이상의 은혜에 더욱 깊이 의지해야 했다.

◑ 남편들이여, 그리스도께서 교회를 사랑하시듯 아내를 사랑하는 '예수님 역할'을 맡을 수 있는가? 아내들이여, '순종하는 종'의 역할을 맡아 빌립보서 2장에서 말하는 예수님께서 그러셨듯이 내가 남편과 동등한 존재라는 것을 인식하면서도 하나님을 영화롭게 하기 위해 이 동등성을 잠시 옆으로 밀어 놓을 수 있는가?

함께 붇드는 기도의 끈   이 성경 지침을 따르기 위해 남편과 아내가 각자 어떻게 애쓸 수 있는지 서로 의견을 나눠 보라.

〔창세기 1장 27절 말씀은〕 남성성이나 여성성이 우리의 인간성을 구성하는 부수적 요소가 아니라 인간성의 참본질이라는 의미다. 우리를 만드실 때 하나님께서는 나중에 남녀로 분화되는 포괄적 인간으로 만드시지 않는다. 우리는 처음 출발부터 남성 아니면 여성이다. 우리 몸의 모든 세포는 XX 아니면 XY로 구별된다. 이는 하나님께서 나를 만드신 방식을 무시하거나 내 소명을 이루는 데 도움이 되게 하려고 주신 은사를 멸시한다면 나 자신을 정확히 알 수 없다는 뜻이다.

자신의 성별이 불편한 사람들　타고난 성별이 점점 불편해지고 자기 몸을 편안하게 여기지 못하는 사람들이 있다. 타고난 몸은 남자(여자)인데 스스로 느끼기에는 여자(남자)일 경우, 이는 아마도 이 사람의 온 삶을 지배하는 괴로움일 것이다. 그리스도인으로서 우리는 하나님께서 두 가지 성별로 하나님의 성품을 반영하는 인간을 만드시고 "좋다"고 선언하신 것을 타락(창 3장)이 어떻게 왜곡시켰는지를 알고 모든 사람에게 이해심과 연민을 보일 수 있어야 한다. 그러나 우리는 그리스도의 몸 안에 있음으로써만, 즉 하나님 가정의 자녀가 되어 정체성이 변화되어야만 이 세상에서 자기 위치가 어긋난 것 같은 느낌에서 벗어나 궁극적으로 안심할 수 있다(엡 1:9-10, 22). 그러므로 사람들을 (그리고 자신의 마음을) 이해하되, 이들에게 "우리의 영원한 집"이신 하나님을 알려 주라(요 14:1-4).

◑ 주변 사람 가운데 자기 성별을 불편해하는 사람이 있는가? 그 사람에게 이해심과 연민을 보였는가? 예수님에 관해, 예수님 안에서의 정체성에 관해 이야기해 줄 수 있을 만큼 그 사람을 사랑하는가?

함께 붙드는 기도의 끈　내가 아는 사람 가운데 이와 같은 상황에 처한 사람을 위해, 내가 알지는 못하지만 이런 상황에 처한 모든 사람을 위해 기도하라. 가장 지혜롭고 가장 긍휼 넘치는 방식으로 이들의 괴로움을 줄여 달라고 하나님께 구하라.

그와 동시에 창세기는 남자와 여자가 전적으로 평등하게 창조되었음을 보여 준다. 남자와 여자 모두 똑같이 하나님의 형상으로 만들어졌고, 똑같이 복받았으며, 땅을 "다스릴 권세"를 똑같이 부여받았다. 이는 문명과 문화를 건설하라는 하나님의 명령을 남자와 여자가 함께 이행해야 하며 이 일에 전폭적으로 참여해야 한다는 뜻이다. 남자와 여자 모두 과학과 예술을 하고, 가정과 인간 공동체를 세우는 일로 부름받았다.

남녀라는 다양성   흔히들 말하기를 어떤 팀에 다양성이 있으면 그 팀이 더 강해진다고 한다. 관점의 차이는 창의성으로 이어진다. 사람마다 능력에 차이가 있다는 것은 전체 집단이 어느 한 구성원보다 훨씬 강하다는 뜻이다. 하나님께서는 똑같이 일치하는 두 사람을 만드시기보다는 두 사람을 똑같이 자신의 형상으로 만드시고, 다양한 스펙트럼의 은사와 능력을 이들에게 각각 주셨다. 남자와 여자는 다양한 문화와 인물 속에서 저마다 다르게 자신을 표현하기 때문에 다양성이 훨씬 더 커진다. 하나님의 의도는 남자와 여자가 결혼, 가정, 교회, 사회에서 함께 일할 때 생겨나는 안목과 효율성을 활용하게 하시려는 것이었다. 하나님께서 창조하신 세상을 돌보고 왕이신 하나님 아래서 '보조 창조자' 역할을 하기 위해 남자와 여자는 상대가 독특하게 기여하는 부분을 가치 있게 여기고 칭찬함으로써 서로에게서 최선의 모습을 이끌어 내려 노력해야 한다.

◑ 결혼 생활에서 배우자가 기여하는 부분을 가치 있게 여기는가? 배우자의 아이디어, 배우자의 일, 배우자가 희생하는 부분, 배우자의 비판을 내 것만큼 가치 있게 대하는가? 이를 좀 더 잘할 수 있는 방법이 있을까?

함께 붙드는 기도의 끈   남녀의 다양성이라는 선물을 받아들일 수 있는 참을성과 겸손을 주시고, 내가 사랑하는 사람이 나와 많이 다르지 않기를 바라는 일이 없게 해 달라고 하나님께 구하라.

하나님께서는 우리에게 "생육하고 … 땅에 충만하라"고 말씀하신다. 여기서 하나님께서는 인류에게 자손을 낳으라고 명령하신다. … 자손을 낳아 번성하는 것은 생명을 주시는 하나님의 무한한 창조성을 반영하는 일이다. 하지만 생명 창조라는 놀라운 선물은 남녀가 함께 이행해야만 가능하다. … 남성과 여성은 존엄과 가치 면에서 동등하되 상호 보완적인 존재들이다. … 창세기 2장을 보면 하나님께서 남자를 이루는 한 부분을 빼서 여자를 창조하시는데, 이는 남자와 여자가 각각 상대방 없이는 불완전하다는 의미를 강하게 함축한다. … 남자와 여자에게는 하나의 거대한 춤마당에서 서로 다른 스텝을 밟을 수 있는 은사가 주어진다.

성별과 하나님의 형상 우리가 사는 세상은 모든 것이 흑과 백의 그늘 아래 있는 세상이 아니라 다채로운 세상이다. 음악은 각 부분이 하모니를 이루어야 가장 아름답게 표현된다. 동물과 식물의 생식력은 우리를 놀라게 한다. 이 다양성만이 "하나님의 영광을 선포"할(시 19:1) 수 있다. 나무 한 그루, 꽃 한 송이, 음표 하나, 피조물 하나로는 창조주의 창의성과 기쁨을 제대로 포착하지 못한다. 마찬가지로 남성이나 여성 가운데 하나의 성별만으로는 인격적이신 하나님, 영원 전부터 창조적 사랑이신 분의(창 1:26-27) 형상을 제대로 반영하지 못할 것이다. 분명 남성과 여성이라는 양극이 짝을 이뤄야 어느 한 사람이나 어느 한 성별로는 불가능한 풍성하신 성삼위 하나님을 반영할 수 있다.

◑ 배우자가 여러 면에서 나와 다른 점을 소중히 여기는가, 아니면 골치 아프다고 생각하는가? 자녀가 있든 없든, 부부로서 나와 배우자는 다음 세대의 발전을 지지하는가? 어떻게 하면 그 일을 더 잘할 수 있겠는가?

함께 붙드는 기도의 끈 결혼은 남자와 여자가 하는 것이라고 명하신 것에 대해 하나님께 감사하라. 하나님께서는 남자와 여자의 관계를 통해 그분의 성품을 세상에 반영할 수 있게 하셨다. 그것이 어떻게 가능한지 다 이해하기는 어렵다는 것을 인정하되 그런 특권을 주신 것에 감사하라.

창세기 3장에서 … 남자와 여자 모두 하나님께 범죄하고 에덴동산에서 쫓겨난다. 여기서 우리는 남자와 여자의 하나 됨에 재앙에 가까울 만큼 변화가 생긴 것을 볼 수 있다. 서로 손가락질하며 책임을 전가하고 비난하는 분위기가 가득하다. 이들의 서로 다름은 서로를 보완해 온전해질 수 있는 원천이 되기보다 서로를 억압하고 착취하는 근거가 된다.

성별에 내려진 저주 1 하나님께 불순종했을 때 아담과 하와는 하나님께서 "좋다"라고 선언하신 것을 뒤집어엎어 시큼하고 부패하고 썩게 해 버렸다. 동반자 관계는 억압이 되었고, 황홀한 사랑의 선언은 서로를 고소하는 말이 되었으며 망가진 새 세상의 첫 순간에 독성 강한 남성성이 태어났다. 죄가 낳은 한 가지 결과는 남편들이 자신의 아내는 물론 여성 전체에 폭군같이 굴려 한다는 것이다(창 3:16).[9] 예수님께서는 절대 군림하지 않고 오직 섬기기만 하는 모습의 권위를 드러내셨다(눅 22:27). 그러나 죄 때문에 질이 얼마나 저하되었든 간에 모든 인간에게는 여전히 하나님의 형상이 남아 있다. 죄가 어느 한 성별에게 유독 더 영향을 끼쳤다고 생각해서는 안 된다.

◑ 남편의 남성적 성격이 어떤 면에서 순화되거나 달라져야 하는지 솔직하되 너그러운 자세로 함께 이야기해 보라.

함께 붙드는 기도의 끈 교회를 향해 희생적 사랑을 보이신 예수님께서 남편에게 영감이 되어 주시사 남편에게 필요한 변화를 이룰 수 있게 해 달라고 기도하라.

예수 그리스도의 성품과 사역을 살펴보면 남성과 여성 사이에 본래 있었던 연합과 사랑이 회복되는 과정이 보이기 시작한다. 예수님께서는 하나님의 형상을 똑같이 지녔고 또한 창조 명령을 똑같이 받은 존재인 여성의 평등을 강조하신다. 또한 태초부터 남자와 여자에게 내주시면서 '섬기는 머리', '밑에서 돕는 자'라는 이들에게 주어진 역할들을 속량하신다.

성별에 내려진 저주 2 요한복음을 읽어 나가면서 예수님께서 자신을 가리켜 하나님과 동등하다고 말씀하신 부분, 그리고 자신의 뜻이 아니라 오직 하나님의 뜻을 행하러 왔다고 말씀하신 부분을 특히 주목해서 보라(요 5:17-18; 19-23, 30; 6:38; 7:16-18; 8:16, 19, 28-29, 54-58; 10:29-30; 12:49-50; 13:3; 14:31; 16:15; 17:1-5, 10, 24-25). 자, 어느 쪽인가? 예수님께서는 영원 전부터 하나님과 동등하신 분인가, 아니면 아버지의 말씀에 순종하며 아버지의 계획을 이행하시는 분인가? 맞다! 예수님께서는 하나님과 동등하시기도 하고, 하나님께 순종하는 종이시기도 하다. 우리의 모범이신 예수님이 계시기에 아내는 순종을 연약함에 대한 변명으로 이용해서도 안 되고 남편은 아내가 순종해야 한다는 것을 핑계 삼아 아내를 지배해서도 안 된다.

◑ 아내의 여성적 성격이 어떤 면에서 순화되거나 달라져야 하는지 솔직하되 너그러운 자세로 함께 이야기해 보라.

함께 붙드는 기도의 끈 아버지 하나님께 기꺼이 순종하신 예수님께서 아내에게 영감이 되어 주시사 아내에게 필요한 변화를 이룰 수 있게 해 달라고 함께 기도하라.

〔빌립보서 2장 5-11절에〕 보면 하나님의 첫 번째 위격과 두 번째 위격이 본질상 동등하지만, 그런데도 성자께서는 우리의 구원을 얻으시고자 성부께 자발적으로 순종하셨다고 가르친다. 내가 강조하고 싶은 것은 예수님께서 이 역할을 기꺼이 받아들이신 것은 아버지께 드리는 자발적인 선물이었다는 점이다. 여기서 나는 내 순종이 내가 배우자에게 주는 선물이지 나 스스로에게 강요하는 의무가 아니었다는 사실을 알게 되었다.

서로에게 멘토가 되어 주다 이렇게 남편과 아내는 동등성은 인정하고 서로 다른 점은 칭찬하고 높인다. 더 중요한 것은, 남편과 아내가 저마다 상대에게 멘토가 되어 준다는 것이다. 남성과 여성의 차이점을 표현하는 방식이 부부마다 다르고 문화마다 다르기 때문에 성경은 그 차이를 상세 목록으로 만들어 보여 주지는 않지만, 그럼에도 각 경우마다 남자와 여자가 각각 더 약한 부분, 그래서 상대의 도움이 필요한 부분이 있을 것이다. 천국에서 우리는 다(남자와 여자) 하나님의 사랑받는 신부일 것이며 (남자와 여자가) 다 하나님의 자녀일 것이다. 이는 도저히 이해 불가능한 신비지만, 결혼 생활을 하며 이 신비를 삶으로 구현하는 과정에서 우리는 이 모든 것을 다 알게 될 때 누릴 기쁨을 적게나마 경험한다.

◑ 남편들이여, 아내가 나와 완전히 동등하다는 사실을 어떤 식으로 칭찬하고 높이는가? 아내들이여, 어떤 모양으로 순종을 자발적 선물로 주고 있는가?

함께 볼드는 기도의 끈 서로에게 멘토 역할을 해 줄 수 있는 구체적 방법을 알려 달라고 주님께 청하라.

〔성자께서〕 상호 기쁨, 존중, 사랑으로써 성부의 머리 되심〔고전 11:3〕을 인정하신다. 능력이나 존엄 면에서 동등하시지 않은 부분이 전혀 없다. 남녀가 서로 다른 성을 부여받은 것은 성삼위 하나님 안에 있는 이 생명을 반영하도록 하기 위해서다. 남자와 여자는 상대를 사랑하며 자기를 희생하는 권위, 그리고 사랑과 담대함으로 바치는 순종이 어우러진 삼위일체 하나님의 춤을 거울처럼 되비추는 자들로 부름받았다. 성자께서 복종하는 역할을 받아들이시는 순간, 그분은 자신의 연약함이 아니라 위대함을 드러내 보이신 것이다.

남자와 여자의 춤 춤은 남자와 여자의 차이를 이해하는 데 적합한 은유다. 춤출 때 보통 한 사람이 앞으로 나가면 한 사람은 뒤로 움직이면서 두 사람은 스텝을 밟는다. 전통적으로 두 사람이 짝을 이루어 춤을 추면 그중 한 사람이 춤을 이끈다. 서로 이끌겠다고 싸우면 춤을 출 수 없다. 춤을 잘 추면 이는 정말 기쁜 일이다. 일상생활은 대부분 춤보다는 마라톤을 더 닮았다. 허드렛일도 해야 하고, 직장 일도 해야 하고, 집도 여기저기 수리해 달라 아우성이고, 돈 문제와 관련된 결정도 내려야 하고, 이 모든 일을 다 처리하기에는 시간이 너무 없다. 각자 하기보다는 옆에서 나란히 하면 이 모든 일이 한결 수월해진다. 협력해서 일하지 못하면 춤을 잃어버리고 만다.

◐ 어떻게 하면 결혼 생활에 춤을 회복할 수 있는가? 따로따로 일하기보다 함께 일할 수 있는 방법을 생각해 보라. 춤이 있는 삶을 회복하기 위해 부부가 더 친밀해질 수 있는 방법을 생각해 보라.

함께 붙드는 기도의 끈 위에서 생각해 본 것들을 목록으로 만든 뒤, 이를 성실하게 실천해서 부부가 서로 협력하고 서로 기쁨을 누리는 삶을 되찾을 수 있도록 지혜와 자제력을 달라고 하나님께 기도하라.

예수님께서는 머리 됨과 권위를 재정의(아니, 좀 더 정확히 말해 제대로 정의)하셨다. 즉, 적어도 세상 사람들이 이 단어를 이해하는 대로가 아니라 예수님께서 정의하신 대로 사는 사람들을 위해 단어가 가진 해로운 개념을 제거하셨다. … 〔그리스도인〕 남편은 … 섬기는 리더 역할에 순종하라고 부름받았다. 섬기는 리더는 자신의 권위와 능력을 사용해 사랑을 표현한다. 사랑하는 사람을 위해서라면 죽음 앞에서도 멈추지 않는 사랑 말이다. 예수님 안에서 우리는 권한 있는 자의 권위주의가 다 묻히고, 순종하는 겸손이 영광을 얻는 것을 보게 된다.

───────────────────────────────

종 백성을 위해 자기 목숨을 내놓으시고자 예루살렘으로 가는 길에 예수님께서는 자신의 행위로써 세상의 권세와 권위를 영원히 다시 정의하셨음을 분명히 하셨다. 마태복음 20장 25-26, 28절에서 예수님께서는 제자들을 불러 모아 놓고 이렇게 말씀하셨다. "이방인의 집권자들이 그들을 임의로 주관하고 그 고관들이 그들에게 권세를 부리는 줄을 너희가 알거니와 너희 중에는 그렇지 않아야 하나니 너희 중에 누구든지 크고자 하는 자는 너희를 섬기는 자가 되고 … 인자가 온 것은 섬김을 받으려 함이 아니라 도리어 섬기려 하고 자기 목숨을 많은 사람의 대속물로 주려 함이니라." 이 말씀은 지도자들이 자기가 섬기는 사람들을 위해 자기 이익과 유익을 희생해야 한다고 요구한다.

◑ 부부가 함께 앉아 남편이 어떤 부분에서 아내를 위해 자기의 이익과 유익을 희생하지 못했는지 솔직하고 조심스럽게 평가해 보라.

함께 불드는 기도의 끈 부부가 함께 앉아 남편의 머리 됨을 어떻게 생각하는지 각자 따져 보아, 두 사람이 똑같은 생각을 하고 있음을 알게 해 주시고 그리하여 그 머리 됨을 바로 실천하는 일에 두 사람이 힘을 합칠 수 있게 해 달라고 기도하라.

동등한 존엄성을 지닌 동등한 존재들이 서로를 섬기는 정황에서는 이 권위를 어떻게 행사할 것인가? 답은 이렇다. 머리인 남편은 아내의 선택이 아내 자신이나 가정에 파괴적 결과를 낳으리라는 판단이 확실한 경우에만 아내의 결정을 제지할 수 있다. 남편은 머리됨을 이기적으로 이용해서는 안 된다. … 새로 구입할 자동차 색깔을 자기 마음대로 결정한다든가, … 저녁 때 아이들 돌보는 것 좀 도와 달라고 아내가 부탁하는데 이를 무시하고 친구를 만나러 나간다든가 해서는 안 된다.

장애물 예수님께서 본을 보여 주신 대로 섬기는 리더형의 남편이 되려면 극복해야 할 장애물이 있다. 첫 번째 장애물은 자신의 마음이다. 그냥 편안히 앉아서 오직 자기 생각만 하고 싶을 때는 남을 섬기기가 힘들다. 두 번째 장애물은 문화적 관점이라는 거센 시류를 거슬러 올라가야 하는 일이다. 대다수 사람이 생각하기에 결혼이란 비슷한 사람 둘이 만나 각자의 욕구를 채우기 위해 서로 타협하는 것이다. 남편이 리더이고, 따라서 자신의 이득을 포기하고 아내의 필요를 충족시켜야 한다는 개념은 현대 문화에는 아주 낯선 생각이다. 그렇게 하고 싶어 하는 남편들은 어쩌면 친구들에게 따돌림을 당할 수도 있다. 하지만 설령 따돌림당한다 해도 이들은 구주와 한편에 선 것이며, 구주와 한편이 되는 것보다 더 고귀한 소명은 없다.

❍ 남편들이여, "어떻게 하면 아내의 성장을 도울까" 하고 얼마나 자주 생각하는가? 아내가 성장하는 광경을 보기 위해 기꺼이 대가를 치르겠는가? 아내들이여, 남편이 떨리는 마음으로 나를 위해 머리 됨을 행사할 때 이를 고맙게 여기고 격려해 주는가?

함께 붙드는 기도의 끈 부부가 함께 앉아 머리 됨과 순종의 영역에서 서로 희생하고 노력할 수 있었음에 하나님께 감사드리라. 구체적으로 평가해 보고 구체적으로 감사하라.

> 결혼에서는 '유권자'가 단둘뿐인데 누군가가 길을 내주지 않으면 어떻게 교착 상태가 뚫리겠는가? 대다수의 경우, 교착 상태가 뚫리는 것은 남편과 아내가 저마다 상대에게 기쁨을 양보한 덕분이다. 즉, 아내는 남편의 리더십을 존중하고, 남편은 아내를 기쁘게 하려 하는 것이다. 건강한 성경적 결혼 생활에서 이런 역할이 잘 자리 잡는다면, 남편이 아내에게 '군림하는' 일은 없다.

자기기만 어떤 사람이 처음에 좋은 의도로 어떤 일을 관리하기 시작했다. 그런데 그 일로 다른 사람들에게서 섬김을 받는 특권을 누리다 보니 이 특권을 계속 누리고 싶어 어느새 권력을 축적하기 시작한다. 우리의 자기기만 능력은 그 정도다. 소설가 패트릭 오브라이언(Patrick O'Brian)은 한 작중 인물의 입을 빌려 이런 유형의 권력에 혐오를 표현한다. "나는 권력에 저항한다. … 내가 권력에 저항하는 이유는 권력이 그것을 휘두르는 사람에게 어떤 일을 저지르는지 알기 때문이다."[10] 하지만 예수님께서 본을 보이신 경우를 보면, 권세는 타인을 섬기는 데 쓰는 것이지 자신을 섬기는 데 쓰는 것이 아니다. 남편들은 "내 욕구가 당신 욕구보다 먼저"라는 말은 절대, 절대 하지 말고 "내 욕구보다 당신 욕구가 먼저"라고 말해야 한다. 남편이 경건한 두려움으로 자기 역할을 이행하고, 아내를 억압하는 것이 아니라 아내를 섬기는 일에 남편으로서의 권위를 사용할 때, 아내는 남편의 리더십을 기뻐할 수 있다.

◑ 나는 아내와의 관계에서 내 권위를 위에서 설명하는 식으로 행사하는가? 아니라면 어떤 식으로 달라질 수 있겠는가?

함께 붙드는 기도의 끈 부부가 함께 앉아 남편은 자신을 위해, 아내는 남편을 위해 기도하라. 남편으로서의 권위와 관련해 어떤 경우든 조금이라도 자기기만적 태도를 보이지 않게 해 달라고 하나님께 청하라.

남편과 아내가 합의를 이루지 못하는 상황에서 모종의 결정을 내려야 하는 경우에는 어떻게 해야 할까? 누군가가 캐스팅보트를 행사할 권리를 가져야 한다. … 이런 일이 있을 때는 두 사람 모두 자기 역할에 '순종'해야 한다. 섬기는 리더는 자기가 원하는 것과 자기 욕구를 희생해서 상대방을 기쁘게 해 주고 세워 주어야 한다(엡 5:21 이하). … 아내는 절대 … 시키는 대로 고분고분하기만 해서는 안 되고 … 남편이 가장 신뢰하는 친구이자 카운슬러가 되어야 한다(잠 27:17). … 상대를 완성시키기란 힘든 일이며, 온유하고 안정한 심령을 가지고(벧전 3:3-5) 때로는 사랑으로 언쟁도 벌여야 한다(잠 27:17).

효과적인 도움 아내가 어떤 유형으로든 "돕는 배필"(에제르)이 되려면 자신의 모든 은사와 능력을 동원해, 남편과 함께 반복적으로 갈등을 빚는 문제와 쟁점들을 감당해야 한다. 남편에게 정보를 주고 결정을 바로잡아 주어야 마땅할 때 지혜로운 조언을 보류한다면, 심지어 질책까지 한다면 그런 아내는 돕는 배필이 아니다. 수십 년 세월을 함께 살면서 내가(캐시) 활발하게 의견을 개진해 주는 것을 남편이 고마워한다는 것을 알게 되었지만, 내가 말해 줄 수 있는 것을 다 말해 준 뒤에는 남편이 선택할 수 있도록 시간을 주어야 한다는 것 또한 깨달아야 했다. 사실 나는 뉴욕으로 이사해 새 사역을 시작하려는 계획을 강력히 반대했다. 하지만 남편은 내가 두려워한다는 것을 알면서도 어떤 결정을 내렸고 나는 그 결정 과정을 지지해 주었으며, 그렇게 해서 우리 가정과 다른 수많은 사람이 복을 받았다.

◑ 우리 가정에서는 어떤 교착 상태에서 남편이 최종 선택을 해야 하는 경우가 일상적인가, 아니면 드문가? 이유가 무엇인가? 어떤 논쟁은 '아내를 섬기는 하나의 방식으로써' 남편이 아내가 원하는 대로 해 줄 때 해결이 가능하기도 함을 기억하라.

함께 붙드는 기도의 끈 건전한 토론과 말다툼을 벌일 때, 어느 순간에 내 관점을 밀어붙이기를 중단해야 하는지 알 수 있도록 지혜를 달라고 기도하라.

결혼 생활을 하다 보면 여자와 남자 모두 '예수님 역할을 하게' 된다. 예수님께서는 자기 권한을 희생하시고 순종하셨다. 하나님께서 주신 성역할을 받아들이고 그 질서 안에서 움직임으로써 우리는 '너무 직관에 반하는 일이라 그리스도인들이 결혼 생활을 통해 삶으로 구현해 보이지 않는 한 전혀 이해할 수 없는 개념'을 세상에 입증해 보일 수 있다.

하나님의 성품 "저녁 먹는 중 예수는 아버지께서 모든 것을 자기 손에 맡기신 것과 또 자기가 하나님께로부터 오셨다가 하나님께로 돌아가실 것을 아시고 저녁 잡수시던 자리에서 일어나 겉옷을 벗고 수건을 가져다가 허리에 두르시고 이에 대야에 물을 떠서 제자들의 발을 씻으시고 그 두르신 수건으로 닦기를 시작하여"(요 13:3-5). 이 구절을 다음과 같이 바꿔 쓸 수 있다. "나는 전능한 하나님이기에 너희의 종으로서 너희 발을 씻어 준다." 예수님께서 이렇게 자기를 낮추시고 자기를 내주신 것은 예외적 경우가 아니라 하나님의 성품을 드러내신 것이었다. 이어서 예수님께서는 이렇게 덧붙이셨다. "내가 너희에게 행한 것같이 너희도 행하게 하려 하여 본을 보였노라"(15절). 붙잡혀 고문당하고 죽으시기 전날 밤 예수님께서는 권능이란 종노릇에 쓰여야 한다는 것, 그리고 순종은 영광을 나타내 보인다는 것을 강조하셨다. 세상 모든 남편과 아내는 예수님을 삶의 모범으로 삼아야 하며, 그것을 실천할 능력을 주시는 분 또한 예수님이시다.

◑ 남편들이여, 예수님께서 보이신 본을 바탕 삼아 내가 권위를 행사할 수 있는 사람들을 섬기되 심지어 죽음에 이르기까지 섬기라. 아내들이여, 내 정체성은 그리스도 안에 있음을 알고 돕는 배필(에제르)로서 행동하라.

함께 붙드는 기도의 끈 하나님의 영광의 신비를 찬양하라. 하나님께서 우리를 섬기려고 권능을 포기하심은, 하나님께서 하나님이시기 때문이고 하나님께 모든 권세가 있기 때문이다. 이와 같은 사랑과 영광이 우리 결혼 생활의 특징이 되게 해 달라고 하나님께 구하라.

하나님께서 여자를 "돕는 배필"이라고 구체적 호칭으로 부르셨으니, 서로 다른 부르심을 이행하도록 남자와 여자 각자에게 서로 다른 능력을 주시지 않으셨다면 그것이야말로 이상한 일이었을 것이다. 가장 뚜렷한 구별점은 신체적 특성인데, 이 특성 덕분에 여자는 자녀를 낳아 기를 수 있다. 정도의 차이는 다양하겠지만, 그 신체적 차이에는 더 미묘한 정서적, 심리적 자질의 차이가 뒤따라온다.

틀과 자유   성경은 예수님을 남자와 여자 모두의 모범으로 제시하면서 머리 역할과 순종하는 자의 역할을 규정한다. 하지만 성경은 남편과 아내가 어떤 의무를 이행해야 하고, 허드렛일을 어떻게 나눠야 하며, 어떤 직업을 가져야 하는지 때와 장소에 맞춰 구체적 목록을 제시하지는 않는다. 여기서 우리는 '틀은 있지만 (실천은) 자유롭게'라는 원리를 볼 수 있다. 명령은 변함이 없다. 다만 그 틀 안에는 문화적으로 납득할 수 있고 개인에게 적절한 방식으로 우리의 순종을 표현할 자유가 있다. 이는 "그때는 그게 맞고 지금은 이게 맞다"는 주장이 아니다. 성경이 하는 말을 우리는 언제 어디서든 따른다(구속사의 진척을 고려해 가면서). 하지만 성경은 융통성을 충분히 허용하기에 어느 시대 어느 문화에서든 성경에서 명백히 명령한 것이라면 어떻게든 길을 찾아 순종할 수 있다.

● 남자들이여, 당신의 성격 특성은 전통적 남성성 쪽을 향하는가, 아니면 그것과 거리가 먼가? 예수님을 공부하면 '남자답다'는 말을 어떻게 재정의하게 되는가? 여자들이여, '여자답다'는 말을 접하면 어떤 생각이 드는가? 여자답다는 말을 고정관념에 따라 정의하는가, 아니면 성경에 따라 정의하는가?

함께 붙드는 기도의 끈   기록된 말씀을 통해 완전한 지혜를 알려 주심에 하나님께 감사하라. 그 지혜는 언제나 시의적절하고, 절대 시대에 뒤떨어지지 않으며, 언제나 적용 가능하고, 어느 시대든 우리 삶의 견고한 토대가 된다.

정도의 차이를 배제하고 일반적으로 말해 본다면, 보편적으로 남자에게는 독립을 추구하는 은사, '내보내는' 은사가 있다. 그래서 남자들은 바깥을 내다본다. 남자들은 일을 벌인다. 이런 특성들은 죄의 그늘 아래서 다음과 같은 부정적인 남성상을 만들기도 한다. 즉, 이런 능력을 우상으로 삼으면 우두머리 자리를 노리는 개인주의적인 남성이 되며, 부르심을 철저히 거부하고 부르심과 반대되는 것을 받아들이는 반역을 저지르면 의존성이 강한 남자가 된다. 첫 번째 죄는 남성성이 지나치게 넘치는 죄이고, 두 번째 죄는 남성성을 거부하는 죄다.

하나님의 선물을 거절하다 1 성별이라는 하나님의 선물을 거절하는 행위는 여러 방식으로 나타날 수 있다. 하나님께서 인간을 두 가지 성별로 창조하셨다는 진리를 노골적으로 부인하는 방식이 있을 수 있다. 하나님의 선한 선물을 과잉 남성성이나 과잉 여성성으로 과장해서, 남성성이나 여성성을 마치 몸에 꽉 끼는 구속복처럼 느끼게 만드는 하부 문화도 있을 수 있다. 이 같은 생각은 모두 우리를 "하나님의 형상대로"(창 1:27), 남자와 여자라는 '같으면서도 정반대인' 존재로 만드신 하나님의 의도에서 벗어난 태도다. 남자와 여자로 함께 어울려 산다는 것이 무슨 의미인지 죄 때문에 그 내용이 왜곡되고 오염되었다. 하지만 우리는 하나님의 형상으로 창조되었다는 사실에서 벗어날 수가 없으며, 이는 우리 마음대로 우리 몸에 눈이 하나 더 생기게 하거나 날개가 솟게 할 수 없는 것과 마찬가지다.

❍ 남자들이여, 자신의 생물학적 성(sex)과 성별(gender)을 비성경적인 지식으로 이해하지는 않았는가? 어떤 면에서 비성경적인가? 여자들이여, 여자의 행동과 사상에 관해 하나님 말씀보다는 세상의 기대에 따라 자신을 빚어 가고 있지 않은가? 어떤 면에서 그러한가?

함께 붙드는 기도의 끈 복음 안에서 엄격한 고정관념적 성 구별에 속박받지 않을 자유를 주심에 하나님께 감사드리라. 하나님께서 나를 남자 혹은 여자로 존재하도록 부르신 특정한 방식이 무엇인지 보여 달라고 구하라.

정도의 차이를 배제하고 일반적으로 말해 본다면, 보편적으로 여자에게는 상호 의존성의 은사, '받아들이는' 은사가 있다. 여자들은 내면을 들여다볼 줄 안다. 여자들은 누군가를 먹이고 가르쳐서 키운다. 죄의 그늘 아래서 이런 특성들은 다음과 같은 부정적 여성상을 만들어 낼 수 있다. 만일 애착을 우상으로 삼을 경우 위의 특성들은 상대에게 달라붙어 떨어지지 않는 의존적 태도가 될 수 있고, 부르심을 철저히 거부하고 부르심과 반대되는 것을 받아들이는 반역을 저지르면 개인주의적인 여성이 된다. 첫 번째 죄는 여성성이 지나치게 넘치는 죄고, 두 번째 죄는 여성성을 거부하는 죄다.

하나님의 선물을 거절하다 2 인간을 두 가지 성별로 창조하신 후 하나님께서는 이를 보고 매우 좋다고 하셨다(창 1:28, 31). 오늘날에는 하나님을 반박하며 남성과 여성이라는 두 개의 성은 바람직하지 않고, 적어도 충분치는 않다고 주장하는 이들이 있다. 우리가 사는 세상은 인간이 저지른 죄의 영향 아래서 "탄식"하고 있기 때문에(롬 8:20-22), 인간이 때로 육체적으로나 정신적으로 하나님의 원래 계획에 들어맞지 않는 상태로 태어난다 해도 신자들은 놀라서는 안 된다. 따지고 보면 죽음 자체도 하나님 세상의 일부가 아니었다. 하지만 예외를 들이대면서 원칙의 존재를 반박하는 것은 훌륭한 논증이 아니다. 타고난 성별이 자기와 '어울리지' 않는다고 생각하는 사람들을 최대한 긍휼히 여기며 도와야 하지만, 두 개의 성별이 하나님의 놀라운 선물임을 부인하는 태도는 그들에게도 우리에게도 도움이 전혀 안 된다.

◑ 남자들이여, 예수님을 바라볼 때, 내가 선물로 받은 성별을 대해 온 태도를 변화시킬 방법은 무엇이겠는가? 여자들이여, 예수님을 바라볼 때, 내가 선물로 받은 성별을 대해 온 태도를 변화시킬 방법은 무엇이겠는가?

함께 붙드는 기도의 끈 그리스도인으로서, 성별에 대해 고정관념을 가진 사람들과 성별이 두 가지라는 개념을 억압적 개념으로 보는 사람들 사이에서 '중도'를 지킬 수 있도록 도와주시기를 하나님께 구하라. 이 중도의 모범이신 예수님을 바라보라.

자기를 정당화하려는 죄악 된 충동 때문에 우리는 자기와 다르게 생각하고 다르게 느끼고 다르게 행동하는 사람을 멸시하는 경우가 많다. 개인적 교만, 인종적 교만, 사회 계급적 교만은 하나님에게서 멀어진 마음에서, 그리하여 자신의 특별함, 우월함, 업적 등에 근거해 자기를 입증하고 정체성을 획득하고자 하는 욕구에서 자연스럽게 생겨 나온다. 남성과 여성 사이는 '타인을 배제하는' 일이 벌어지는 주요 현장 가운데 하나다. 자기와 성별이 다른 누군가를 사랑하기란 힘든 일이다.

하나님의 선물을 거절하다 3   성별에 따라 주어지는 다양한 선물이 경멸과 조롱, 심지어 억압과 폭력의 근거가 되는 경우가 흔하다. 타자(他者)가 우리를 완성시키는 존재가 아니라 경쟁 상대가 되어 버리는 것이다. 사실 창세기 3장 16절에서 죄가 낳는 결과를 묘사하면서 여자는 남자를 "원하고" 남자는 여자를 "다스릴" 것이라고 할 때, 이는 서로를 다루는 방식은 달라도 남자와 여자 모두 서로를 지배하고 통제하려 한다는 의미일 가능성이 높다.[11] 인간이 성별을 달리 한다는 것은 하나님의 형상을 가장 면밀히 반영하는 한 가지 방식이기에, 위와 같은 태도는 개인으로서의 우리 자신에게 해로울 뿐만 아니라 우리 가까이 있는 사람들, 크게는 온 세상에도 해롭다.

◑ 남자들이여, 혹시 여자는 남자에 비해 하나님의 형상을 덜 지닌 존재라 여겨 어떤 방식으로든 여자를 정신적으로 비하하거나 여자의 몸을 학대하지는 않는가? 여자들이여, 여자가 남자와 동등하다는 사실을 인정하지 않는다는 이유로 어떤 식으로든 남자에게 분노를 품거나 복수를 다짐하지는 않는가?

함께 볼드는 기도의 끈   결혼 생활을 하면서 서로 양보하고 서로 섬기기보다 이런저런 식으로 배우자와 기 싸움을 벌였던 것에 하나님께 용서를 구하라. 앞으로 자기도 모르게 또 이런 힘겨루기를 벌일 때 이를 알아차릴 수 있는 지혜를 달라고 하나님께 청하라.

하지만 여기가 바로 그리스도인의 결혼관이 개입하는 지점이다. 성경적 관점에서 결혼은 남성과 여성 사이의 균열을 본격적으로 다룬다. 결혼은 다른 성을 완전히 포용하는 일이다. 우리는 성적인 차이에서 비롯된 배우자의 '다름'을 인정하고 씨름하는데, 그 과정에서 다른 어떤 경로로도 이를 수 없는 수준으로 성장하고 건강해진다. 창세기에서 말하다시피, 남성과 여성은 서로 '같으면서도 정반대다.' 둘 다 근본적으로 다르지만 또 서로가 없으면 불완전하다.

성별의 차이를 탓하다 결혼 생활을 하다 보면 기분이 상하기도 하고, 화가 나기도 하고, 억울하기도 하고, 갈등이 생기기도 한다. 그럴 때면 "내가 사람을 잘못 고른 탓이지" 하며 체념하지만, 더러는 성별을 잘못 골라 결혼한 탓이라고 결론 내리는 이도 있다. 갈등의 책임을 상대 성에게서 흔히 느끼는 소외감에 돌리며 동성에게서 피난처를 찾으려고 하는 것이다. 하지만 이런 추론은 잘못되었다. 부부 싸움은 두 사람 다 죄인이기 때문에 일어난다. 그 사람을 버리고 다른 어떤 사람을 다시 만나든 싸움은 계속되리라는 것이 그 증거다. 회개와 용서라는 도구가 있으면, 성령께서 결혼을 우리의 소외감들이 치유되는 주된 환경으로 만드실 수 있다.

◑ 남자들이여, 자기 아내가 어느 지점에서 상처를 받는지 확인했는가? 아내의 상처를 치유하려고 어떤 희생을 했는가? 여자들이여, 남편이 자신의 욕구를 스스로 알아차리기 전에 먼저 이를 알아볼 수 있는가? 남편의 욕구를 알아차리고 그것을 이용해 남편을 비판하고 얕잡아보는가, 아니면 그 욕구를 채울 수 있도록 보살펴 주는가?

함께 붙드는 기도의 끈 먼저 배우자를 마음 아프게 하지 않을 만큼 넉넉한 사랑과 지혜를 가질 수 있게 해 달라고 하나님께 기도하라. 그런 다음 혹여 배우자를 마음 아프게 할 경우 화해하고, 그 아픔의 시간을 통해 더 강해질 수 있는 은혜를 두 사람 모두에게 달라고 기도하라.

10월 26일

부부를 위한 하나님의 계획에는 서로의 '다름'을 포용해 하나로 만드시는 것도 포함되며, 이는 오직 남자와 여자 사이에서만 일어날 수 있는 일이다. 원자의 세계에서조차도 온 우주는 양성의 힘과 음성의 힘이 서로를 끌어당김으로써 유지된다. 알고 보니 '다름'을 포용하는 것 덕분에 사실상 세상이 돌아가는 것이다.

성별의 차이가 축복이 되다 세상은 상당 부분 양극단이 짝을 이룬 것들 위에 구축된다. 원자 차원에서부터 항성간 자기장(磁氣場)까지 양전하와 음전하를 운반하는 양성자와 전자를 생각해 보라. 빛과 어둠, 열기와 냉기를 생각해 보라. 어떤 종교는 음과 양이라는 개념으로 이 양극단을 신성시하기까지 한다. 생물학 영역에서는 정자와 난자, 꽃가루와 밑씨가 대규모의 복잡다단한 번식 체계를 설명해 준다. 서로 다른 점(남과 여가 함께 있어야만 생기는)을 연합시킴으로써만 하나님께서는 새로운 인간 생명이 창조되는 복을 내려 주셨다. 타자를 끌어안으시려는 하나님의 비전은 크고 작은 글씨로 기록되었으며, 그중 가장 영광스러운 예는 하나님께서 자기 백성, 자기 신부를 거룩하게 끌어안으시는 모습이다.

◐ 부부들이여, 자신들의 성적 연합이 우주를 위한 하나님의 최종 계획을 성결하게 증언하는 일이라고 생각해 본 적이 있는가? 그렇게 생각하면 배우자를 포용하는 방식이 좀 바뀌겠는가? 더 많이 기뻐하고, 더 많이 자유로워지고, 더 많이 친절해지고, 더 많이 희생할 수 있겠는가?

함께 붙드는 기도의 끈 위 질문에 부부가 함께 답변해 보고, 이어서 성이 하나님이 세우신 계획의 한 부분이라는 사실에 경이로워하며 하나님 앞에 앉으라. 이에 대해 하나님을 찬양하고 하나님께 감사하라.

이는 단순히 성별이 다르다는 말이 아니다. 상대와 나의 차이가 도무지 납득이 가지 않는 다는 말이다. 일단 이 이해 불가라는 장벽을 만나면, 우리 마음속의 죄가 작동해 그저 뿌리 깊은 기질적 차이일 뿐인 것에 도덕적 의미를 부여함으로써 이 장벽에 대응하곤 한다. … 남편과 아내가 서로에게서 점점 멀어지는 이유는, 성별이 달라서 생기는 차이를 속으로 경멸하면서 날마다 꾸준히 그 생각에 빠져들기 때문이다.

성별의 차이를 멸시하다　우리가 스스로를 정당화하는 한 가지 방법은 나와 다른 사람을 멸시함으로써 자존감을 강화하는 것이다. 그래서 착실한 사람일 수록 자기보다 덜 착실한 사람을 '무책임하다'고 경멸한다. 말이 많은 사람일 수록 말수 적은 사람을 쌀쌀맞다고 쉽게 판단해 버린다. 남녀 차이 문제도 마찬가지다. 남자들끼리 있거나 여자들끼리 있으면 남녀의 차이를 소재 삼아 상대 성을 웃음거리로 만드는 경우가 많다. 그 차이라는 것이 그저 다르다는 것일 뿐인데 말이다. 성별에 대해 그렇게 훈계조로, 자기를 정당화하는 식으로 접근하면 결혼 생활에도 해로울 수 있고, 배우자와 진정한 우정을 맺는 일이 힘들어질 수 있으며, 자녀 양육은 지뢰밭이 된다. 자기를 정당화하는 대신 겸손하라.

◑ 남편들이여, 과거에 여자들의 어떤 점을 조롱했는지 구체적으로 꼽아 보라. 아내들이여, 남자들의 어떤 점을 조롱했는지 똑같이 구체적으로 꼽아 보라. 두 목록을 함께 살펴보고, 가능하다면 자기 성별의 특성을 배우자에게 조금 더 설명해 주라.

함께 붙드는 기도의 끈　타인 혹은 나와 다른 유형의 사람을 비판하고 경멸함으로써 나를 높이는 내 특유의 방식을 하나님께 고백하라.

그리스도께서는 궁극적 '타자', 즉 죄인인 인간을 포용하셨다. 그리스도께서는 우리를 배제하지 않으셨다. … 오히려 우리 죄를 위해 십자가에서 죽으심으로써 우리를 포용하셨다. 타자를, 특히 어느 한 타자를 사랑한다는 것은 … 때로 배신, 거부, 공격을 당한다는 뜻이다. 가장 쉬운 길은 그냥 떠나 버리는 것이다. 하지만 예수님께서는 그렇게 하지 않으셨다. … 죄를 덮어 가려 주는 이 은혜로운 사랑을 알게 될 때, 그리스도의 복음을 믿는 신자들에게는 우월감도 필요 없고 타인을 배제할 필요도 없는 정체성을 형성할 수 있는 기초가 주어진다.

분별력 《팀 켈러, 결혼을 말하다》에서의 전후 맥락을 무시하고 오늘 본문 부분만 이렇게 따로 떼어 놓고 보면 마치 배우자에게 육체적 학대나 성적 학대를 당할 때도 그냥 결혼을 유지해야 한다는 조언처럼 잘못 들릴 수 있으니 유의해야 한다. 부부 사이에서 벌어지는 육체적 학대와 강간은 드러내 놓고 따져야 할 죄일 뿐만 아니라(마 18:15-17), 엄연히 범죄다(롬 13:1-5). 이런 문제가 있을 때 그리스도인은 정부 당국에 해결을 청해야 한다. 그러므로 이런 종류의 학대를 묵인하지 말라. 이렇게 말하기는 했지만, 우리 시대 문화는 이혼 법정의 문턱을 많이 낮춰서 윤리적인 잘못이거나 위험한 일이 아니라 그저 둘 다 죄인인 사람들이 친밀한 공동체를 이루어 살다 보면 겪을 수밖에 없는 충돌과 다툼일 뿐인 여러 가지 문제까지도 부부 관계를 끝낼 수 있는 이유에 포함시켰다. 결혼에는 '허다한 죄를 덮는'(벧전 4:8) 깊고 변치 않는 헌신이 필요하다.

◑ 결혼 생활을 하면서 배우자가 조심성 없이 죄를 범했을 때 이를 덮어 가려 주는가, 아니면 사사건건 다툼을 벌이는가?

함께 붙드는 기도의 끈 맞서서 따지고 당국에 알려야 할 범죄와 회개하고 용서함으로써 해결해야 할 충돌의 차이를 구별할 수 있는 지혜를 우리 부부 또한 주변 친구들 부부에게 달라고 기도하라.

이는 누가 돈을 더 많이 벌어 오는지, 혹은 육아를 위해 누가 더 희생하는지의 문제와는 아무 상관없다. … 한 가정을 꾸려 나가는 데 필요한 노동을 세세하게 나누는 방법은 부부마다 다르고 사회마다 다를 것이다. 하지만 남편이 섬기는 자의 자세로 머리 됨의 권한을 부드럽게 행사하고 아내가 강력하고도 정중한 순종을 선물하면 하나님께서 우리를 창조하실 때 의도하셨던 모습을 회복할 수 있다.

성별의 경이로움 우리를 향한 놀랍고도 신비로운 하나님의 사랑은 우리의 상상 범위를 초월한다. 우리는 비유와 상징으로만 그 사랑을 말할 수 있으며, 하나님께서 친히 가장 빈번히 들어 쓰시는 비유가 바로 남과 여의 은유, 즉 남편과 아내의 연합이다. 하나님은 다정하고 충실한 신랑, 남편, 우리 영혼의 연인이시다. 그리고 교회인 우리는 그분의 신부이니 이 신부를 구원하려고 하나님께서는 죽으실 것이고, 또한 죽으셨다. 그리스도인의 결혼은 그 사실을 모형 삼아, 섬기는 리더 남편과 기쁘게 순종하는 아내 '역할극'으로써 자기 백성을 향한 하나님의 사랑의 비유극을 공연할 수 있다. 선교사 에오윈 스토다드(Eowyn Stoddard)의 말을 빌리자면, 교회는 두 번째 아담(예수)의 두 번째 하와로서, 그분의 열매를 맺어 세상으로 보내야 한다.

◗ 이 비유들은 현실적, 실제적으로 유익한가? 여기에는 결혼 생활에서 내 행동이 어떠해야 하는지에 대해 일상에 적용 가능한 구체적 의미가 함축되어 있는가?

함께 붙드는 기도의 끈 어떤 사람에게서 큰 도움이나 큰 선물을 받고 나면 나도 그렇게 해 보고 싶다는 마음이 생긴다. 하나님께서 배우자로서 내게 주신 사랑을 어떻게 하면 내 결혼 생활에서 본받아 실천할 수 있겠는지 방법을 보여 달라고 하나님께 청하라.

머리 됨과 순종을 실천할 수 있는 안전지대를 찾아야 한다. 나부터가, 죄가 남자를 이끌어 여자를 지배하게 만들리라는 하나님의 경고를 제대로 알아차리지 못했기 때문에 하는 말이다. … 그러므로 부부 사이에서 남녀 차이에 따른 역할을 받아들이고자 하는 여자라면 자신이 강력하게 돕는 배필 역할을 할 때 이에 걸맞게 참으로 섬기는 리더가 되어 줄 남편감을 만나는 것이 중요하다.

지혜롭게 고르라　죄가 세상에 들어온 뒤 인간에게 임한 첫 번째 저주는 남자와 여자의 관계가 엉망이 되었다는 것이다(창 3:16). 하지만 성경은 관계 회복에 유용한 도구를 제공한다. 우리에게는 진리, 사랑, 은혜가 들어 있는 도구함이 있으며, 이 도구는 회개와 용서가 있는 곳에서 작동한다. 나아가 이는 두 사람의 죄인 사이에 다리를 놓아 준다. 또한 우리에게는 성경이 말하는 성역할이라는 도구도 있다. 우리는 남성과 여성의 평등을 약화시키는 전통 문화의 고정관념적 성역할도 채택하지 않고, 남녀의 차이는 그저 사회가 지어낸 개념일 뿐이며 부부 사이에 고정된 역할 같은 것은 없다고 주장하는 현대 문화의 관점도 채택하지 않는다. 이는 무슨 의미인가? 배우자를 지혜롭게 골라야 한다는 의미다. 나와 똑같은 것을 원하는 사람, 똑같은 시각을 가진 사람과 연합하라.

◑ '성경이 말하는 성역할 이행 도구'가 얼마나 더 많은 일들을 요구하는지 토론해 보라. 우선 나부터 내 역할을 꼼꼼히 이행해야 하니 말이다. 이 일들을 다 해냈는가? 얼마나 해냈는가?

함께 붙드는 기도의 끈　부부가 함께 있는 자리에서 성별이라는 선물을 주심에 하나님께 감사드리고, 내가 이 선물을 받아들일 수 있게 도우시기를 청하라. 특히 결혼 생활에서, 그리고 내가 속한 시간과 공간에서 한 남자, 혹은 한 여자로서 존재한다는 것이 무슨 의미인지 깨달을 수 있도록 도와주시기를 청하라.

사람에게는 무조건적인 순종을 바쳐서는 안 된다. 베드로의 말처럼 '사람보다 하나님께 순종하는 것이 마땅하다'(행 5:29). … 남편이 하나님께서 금하시는 일, 이를 테면 마약을 판매한다거나 아내를 육체적으로 학대한다거나 할 때 아내는 남편에게 순종하거나 도움을 주어서는 안 된다. … 가령 남편이 아내에게 주먹을 휘두를 경우 … 마음으로는 남편을 사랑하고 용서하되 경찰에 신고하는 것이 아내가 베풀어야 할 "강력한 도움"이다. 상대가 누구든 그 사람이 걸핏하면 나쁜 짓을 하게 놔두는 것은 친절도 아니고 사랑도 아니다.

양자택일 세상을 그들 아니면 우리, 선 아니면 악으로만 보는 문화에서는 이것과 저것 사이의 미묘한 차이가 실종된다. 실제로 우리는 선하되 잘못 쓰일 수 있는 것은 믿지 않는다. 어떤 일이 잘못 쓰일 수 있다면 그 일과는 상관하지 말아야 한다고 한다. 하지만 세상일은 다 잘못 쓰일 수 있다. 남자에게는 남자 고유의 역할이 있고 여자에게는 여자 고유의 역할이 있다는 가르침은 억압과 학대를 부추긴다는 비난을 받는다. 나(캐시)는 '성경적 가르침'이라는 미명 아래 학대와 악이 자행되어 왔다는 것을 의심하지 않는다. 그럼에도 하나님께서 우리에게 주시는 선물은 선하며, 원래 그 선물은 우리의 기쁨을 위해 주신 것이었다. 그 선물들이 죄를 섬기는 일에 쓰일 때, 인간이 그 선물을 잘못 사용한 것이 아니라 선물 자체의 잘못이라고 하는 거짓말에 속아 넘어가서는 안 된다.

◑ 내 성역할 개념은 (좋든 나쁘든) 과거의 경험에 따라 형성되었는가, 아니면 성경의 가르침에 따라 형성되었는가?

함께 붙드는 기도의 끈 골로새서 3장 16절을 읽고 그리스도의 메시지, 즉 성경의 복음이 '너희 속에 풍성히 거하게' 하라는 말씀을 묵상하라. 이 말씀이 내게 어떤 의미인지, 어떻게 해야 그리스도의 말씀으로 내 사고뿐만 아니라 내 욕망까지 빚어 갈 수 있는지 알려 달라고 하나님께 기도하라.

11월

─────────────────

사랑 노래
: 서로를 추구하기

아가

─────────────────

The Meaning of

Marriage:

A Couple's Devotional

아가 1장 2절 〔여자〕 내게 입 맞추기를 원하니 네 사랑이 포도주보다 나음이로구나.

성경의 연가戀歌 가수 폴 매카트니(Paul McCartney)는 사람들이 "어리석은 연가(love song)로 세상을 가득 채우고 싶어 한다"고 노랫말에 썼다.[1] 연가는 가르침을 준다기보다 감정을 쏟아 놓는 노래다. 연가는 사랑과 낭만을 찬미한다. 그런데 성경에 이처럼 연인의 사랑을 노래하는 책이 실려 있다는 것은 주목할 만하다. 아가서는 두 연인이 서로를 찾아다니다 드디어 만나서 결혼으로 사랑을 완성하는 이야기를 들려준다. 성경 해석가들은 이 이야기에 담긴 '더 깊은 의미'를 알아내려고 했다. 물론 사랑으로 결혼하는 모든 이야기는 그리스도의 사랑을 통해 우리가 그리스도와 연합하는 것을 가리킨다. 하지만 아가서는 사랑과 결혼을 그 자체로 선한 것으로 찬미한다. "아가서는 결혼의 울타리 안에서의 섹스는 선하고 정결하며, 따라서 결혼 전에 갈망하고 소망하기에 충분한 대상임을 우리에게 알려 주려는 책이다."[2]

◑ 사랑 시이자 연애 이야기인 이 말씀을 우리에게 주면서 성경은 결혼에 관해 뭐라고 말하는가? 이 말씀이 내 결혼에 시사하는 바는 무엇인가?

한마음으로 드리는 기도 주님, 주님의 말씀인 성경이 성과 로맨틱한 연애를 규제만 하는 것이 아님이 얼마나 멋진지요. 성경은 성과 로맨틱한 연애를 힘 있게 찬미하기도 하며, 우리를 불러 이를 누리라고도 합니다. 우리가 이를 누리기 바라시는 기쁨의 하나님을 찬양합니다. 아멘.

아가 1장 2-4절 〔여자〕 내게 입 맞추기를 원하니 네 사랑이 포도주보다 나음이로구나 네 기름이 향기로워 아름답고 네 이름이 쏟은 향기름 같으므로 처녀들이 너를 사랑하는구나 왕이 나를 그의 방으로 이끌어 들이시니 너는 나를 인도하라 우리가 너를 따라 달려가리라.

반문화적 로맨스 성경학자 이안 더기드(Iain Duguid)는 말한다. "아가서는 전통적이지도 않고 급진적이지도 않은 남녀 관계를 위한 하나의 패러다임을 개략적으로 보여 준다." 이야기 속의 여자는 "너는 나를 인도하라"고 남자에게 말하는데, 이는 아주 전통적인 남녀 관계에서 접할 수 있는 표현이다. 하지만 여자는 "남자가 먼저 행동을 취해 주기를 언제까지나 기다리면서 … 남자에게 정서적으로 의존하지" 않는다. 여자는 스스로 주도권을 쥔다. 성적 욕망은 오직 남자만의 것이고, 여자는 그 욕망을 묵묵히 따르는 "마초(macho) 모델의 남녀 관계"는 여기서 볼 수 없다.[3] 물론 여기 등장하는 인물들은 어떤 면에서 당대 문화를 반영하지만, 이들은 아주 의미 있는 방식으로 문화적 규범을 뒤엎고, 시대와 장소를 불문하고 하나님의 말씀을 읽는 모든 사람을 위한 지침을 제공한다. 이 여자는 남자의 단순 관심 대상이 아니요, 여자에게는 자기 나름의 계획이 있다.

◑ 이 패러다임은 어떤 식으로 남녀 관계의 다양한 문화적 모형에 이의를 제기하는 동시에 그 모형에 적응하는가?

한마음으로 드리는 기도 주님, 주님 말씀의 변치 않는 진리와 깊은 통찰에 감사드립니다. 이는 어떤 한 문화의 산물이 아니며 오히려 모든 문화와 제 마음까지 읽고 꿰뚫는다는 사실에 감사를 드립니다. 아멘.

> 아가 1장 5-6절 〔여자〕내가 비록 검으나 아름다우니 게달의 장막 같을지라도 솔로몬의 휘장과도 같구나 내가 햇볕에 쬐어서 거무스름할지라도 흘겨보지 말 것은 내 어머니의 아들들이 나에게 노하여 포도원지기로 삼았음이라 나의 포도원을 내가 지키지 못하였구나.

아름다운 여자의 두려움 오늘 본문의 여자는 자신이 당대 문화가 보는 아름다움의 기준에 맞지 않아 거부당할지 모른다고 두려워한다. 부자는 집 안에 머물 수 있었지만 가난한 사람은 들에서 일해야 했다. 그래서 당시 문화에서 검은 피부는 노동 계층을 뜻했다. 몸매가 가냘픈 것도 마찬가지였다. 몸매가 그렇다는 것은 먹는 게 부실하다는 뜻이었기 때문이다. 날씬한 몸매와 멋지게 태운 피부가 오늘날에는 정반대 의미인 것을 보면, 이 사실로 우리는 문화적 관점이라는 게 얼마나 덧없고 하찮은 것인지 깨달아야 한다. 그보다 성경은 내면의 성품이야말로 유일하게 "썩지 아니할" 아름다움이라고 말한다(벧전 3:3-4). 여자는 고정관념을 깨고 자신은 아름답다고 주장한다. 전혀 수줍어하는 태도가 아니다. 여자는 자신의 매력을 보라고 연인에게 말한다. 한편 이 본문은 우리가 당대 문화의 아름다움 개념에 순응하려고 얼마나 애를 쓰는지를 돌아보게 한다. 그래서는 안 된다.

◑ 나와 내 배우자는 이 영역에서 어떻게 하면 서로를 도울 수 있겠는가? 어떻게 하면 몸의 청지기 직분을 유지하면서 그와 동시에 "썩지 아니할" 아름다움의 개념을 강화할 것인가?

한마음으로 드리는 기도 주님, 세상에는 추함과 아름다움 같은 것이 있지만, 주님의 말씀은 추함이나 아름다움이 몸의 문제라기보다 영혼의 문제임을 알려 줍니다. 주님께서 알려 주신 것 외에 아름다움을 달리 정의하는 개념의 포로가 되지 않도록 도우시옵소서. 아멘.

아가 1장 8, 10-11절 〔친구들〕 여인 중에 어여쁜 자야 … 〔남자〕 네 두 **뺨**은 땋은 머리털로, 네 목은 구슬 꿰미로 아름답구나 우리가 너를 위하여 금 사슬에 은을 박아 만들리라.

서로 매력을 느끼다 처음으로 남자의 말이 들린다. 남자는 여자를 '여인 중에 가장 아름다운 자'라고 부르며 여자의 부름에 답한다. 이런 발언은 언제나 문자 그대로 과장일 뿐이지만, 주관적으로는 절대 사실이다. 사랑에 **빠진** 사람은 정말 그렇게 느낀다. "배우자를 찾는 문제와 관련해 성경이 주는 유일한 조언이 잠언 31장 30절("고운 것도 거짓되고 아름다운 것도 헛되나 오직 여호와를 경외하는 여자는 칭찬을 받을 것이라")이라면, 남녀 사이에서 육체적인 강렬한 성적 끌림이 중요하다고 생각해서는 안 될 것이다." 이 잠언 말씀의 요점은, 짝을 고를 때 육체적 매력이 결정적 요소여서는 안 된다는 것이다. 우리는 세월과 함께 어쩔 수 없이 외모가 달라지고 아름다움을 잃어 갈 텐데, 육체적 매력만 중시한 경우 결혼 생활은 바람직하지 않은 방향으로 흘러갈 것이다. 하지만 아가서는 "서로 간에 매력을 느끼는 것이 중요하다"고 균형을 잡아 준다. [4]

◑ 어떻게 해야 잠언 31장의 원칙과 아가 1장의 원리를 동시에 존중할 수 있겠는가?

한마음으로 드리는 기도 "겉 사람은 낡아지나" 내면으로는 우리 구주의 형상으로 새로워질 수 있게 하심을 감사드립니다, 주님(고후 4:16). 배우자에게서 이 속사람을 보고 매력을 느낄 수 있는 눈을 제게 주옵소서. 아멘.

아가 1장 5, 10-11절 〔여자〕내가 비록 검으나 아름다우니 게달의 장막 같을지라도 솔로몬의 휘장과도 같구나 〔남자〕네 두 뺨은 땋은 머리털로, 네 목은 구슬 꿰미로 아름답구나 우리가 너를 위하여 금 사슬에 은을 박아 만들리라.

하나님의 눈에는 "스스로 아름답다고 하는 여자의 당돌한 주장에는 오히려 불안감이 암시되어 있다." 하지만 남자는 … "여자의 아름다움을 확언해 주고 보석을 선물해 그 아름다움을 더해 줌으로써" 여자에게 화답한다. 여기서는 아담과 하와가 타락의 순간 자신들이 벌거벗은 것을 알아차리고 느꼈던 부끄러움의 자취를 볼 수 있다. 마음 깊은 곳에서 우리는 의식한다. 하나님의 눈에는 우리가 영적으로 아름답지 않고 오히려 죄 때문에 흉하게 보인다는 것을. 그러나 이 남자처럼 하나님께서는(무한히 더 큰 능력을 지니셨음에도) "그런 모습에도 불구하고 우리를 선택하셨고, 우리 죗값을 치르기 위해 자기 아들이 십자가에서 흉한 모습이 되게 하셨다. 하나님께서는 이제 자신의 의라는 영화로운 왕의 의복을 우리에게 입히시고, 숨이 멎을 정도의 아름다움으로 우리를 장식하신다."[5] 그리스도 안에서, 우주에서 유일하게 중요하신 분의 눈에 우리가 아름답게 보인다는 사실을 알면 외모에 관한 불안은 좀 줄어들 것이다.

◑ 배우자의 내적, 외적 매력을 인정해 주는가? 그리스도 안에서 내가 하나님께 어떻게 보이는지 더 깊이 있게 믿고 납득하면 나는 어떻게 달라질까?

한마음으로 드리는 기도 주님, 주님께서 우리를 사랑하시되 예수님을 사랑하신 만큼 사랑하시며, 그래서 주님의 눈에 우리가 땅속의 모든 보석보다 더 아름답게 보인다는 사실은 제 이성과 상상을 압도합니다. 제가 이 사실의 작은 부분이나마 온전히 이해하게 도와주옵소서. 그러면 제가 영원히 달라질 수 있겠나이다. 아멘.

> **아가 2장 1-3절** 〔여자〕 나는 사론의 수선화요 골짜기의 백합화로다 〔남자〕 여자들 중에 내 사랑은 가시나무 가운데 백합화 같도다 〔여자〕 남자들 중에 나의 사랑하는 자는 수풀 가운데 사과나무 같구나.

유일무이함을 확인해 주라 여자는 자신을 일컬어 "골짜기의 백합화"라고 하는데, 이는 황무지에 널리 피는 아주 흔한 야생화다. 즉 여자의 말은 "나는 전혀 특별한 사람이 아니다"라는 말과 같다. 하지만 남자는 "그 여자가 이 유일무이하게 매력적"이며 주변 다른 여자들과 비교할 때 여자가 "가시나무 가운데" 핀 꽃 같다고 응수한다. 여자도 남자가 숲의 평범한 나무들 가운데 하나밖에 없는 사과나무 같다고 하면서 같은 방식으로 대답한다. 이래야 한다. "결혼 생활 중에도 계속 불길이 타오르게 만드는 한 가지 방법은, 애초에 상대의 어떤 점에 독특하게 마음이 끌렸는지, 지금도 계속 상대에게서 느껴지는 그 매력이 무엇인지 자꾸 말해 주어야 한다."[6]

◑ 이렇게 하고 있는가? 배우자의 어떤 점을 대단한, 혹은 뛰어난 매력이라고 여기는지 서로 이야기 나누는 시간을 가지라.

한마음으로 드리는 기도 주님, 제 유익을 위해 만사가 합력하는데(롬 8:28), 그 유익에는 주님께서 제게 주신 배우자도 있지요. 배우자의 독특하고 유일무이한 은사와 자질을 자주 확인하고 인정해 줄 수 있도록 도와주옵소서. 그것이 주님을 높이는 길이며 우리의 기쁨 또한 북돋울 것이기 때문입니다. 아멘.

아가 2장 5-7절 너희는 건포도로 내 힘을 돕고 사과로 나를 시원하게 하라 내가 사랑하므로 병이 생겼음이라 그가 왼팔로 내 머리를 고이고 오른팔로 나를 안는구나 예루살렘 딸들아 내가 노루와 들사슴을 두고 너희에게 부탁한다 내 사랑이 원하기 전에는 흔들지 말고 깨우지 말지니라.

사랑의 힘 여자는 압도되었다. 말 그대로 남자를 향한 사랑 때문에 병이 났다. 흔히들 남녀 간 사랑을 제정신이 아니거나 술에 취한 듯한 경험으로 묘사하는데, 이때 우리는 나중에 몸서리를 치거나 수치스러워하며 후회할 행동들을 한다. 그래서 여자는 "때가 이르기 전에 그런 감정이 꿈틀거릴 위험에 관해, 아직 결혼하지 않은 사람들에게" 경계시킨다. 그렇게 보면 이것도 혼전 성관계 금지를 보는 또 하나의 관점이다. 여자는 결혼 전에 그런 감정이 고조되게 하지 말라고 강조한다. 이는 "성관계가 더럽거나 재미없기 때문이 아니라 오히려 너무 아름답고 영향력이 강하기 때문"이며, 성관계가 "원래 그 독특하고 압도적인 힘으로 두 사람을 영원히 분리할 수 없게 묶어 놓는" 것이기 때문이다."[7]

❍ 자신과 지인들의 경험을 감안해서 성적인 사랑의 힘을 제어하지 않으면 어떤 식으로 어리석은 행동이나 그 밖에 잘못된 결정을 하게 되는지 생각해 보라.

한마음으로 드리는 기도 주님, 우리의 감정은 주님께서 만드신 것인데 그 감정이 종종 우리의 판단을 흐리게 합니다. 누군가에게 느끼는 격정이나 매력(혹은 혐오감) 때문에 주님과 배우자를 사랑하고 섬기지 못하는 일이 없게 하옵소서. 아멘.

남편이 가정에서 최종 권한을 가져야 한다는 원칙은 분명하다. 하지만 성경은 그 원칙을 행동으로 어떻게 표현해야 하는지 구체적인 방법까지는 자세히 이야기해 주지 않는다. … 자녀를 날마다 돌보는 일차 책임은 여자가 맡고 남자는 재정을 관리해야 하는가? 그렇다고 고개를 끄덕이고 싶은 사람도 있을 것이다. … 성경 어디에서도 그렇게 말하지 않는다는 것을 알기 전까지는 말이다. 성경은 남자와 여자가 뭐는 해야 하고 뭐는 하지 말아야 한다는 이렇다 할 구체적 지침을 전혀 주지 않는다.

성경의 여성관 잠언 31장에 나오는 여성은 찬성하는 의미에서든 조롱조로 거부하는 의미에서든 '성경적 여성상'의 모델로 자주 제시된다. 이 여성은 부동산 투자를 하고 의류 사업을 시작한다(잠 31:16-19). 게다가 이 여성은 가족을 위해 요리도 하고 옷도 지으며 집 안도 꾸민다(잠 31:15, 21-22). 이 여성은 이 모든 일을 남편의 권한 아래서 한다(잠 31:11, 23). 이는 여성에게 어떤 활동이 적합한지를 보는 전통적 관점과 진보적 관점이 섞인 관점이다. 여기서 다시 우리는 성경에서 말하는 성역할이 어떤 문화에든 다 적용 가능할 만큼 기본적이고, 모든 문화를 다 비판할 수 있을 만큼 예리하며, 각 문화 안에서 달리 표현이 가능할 만큼 융통성 있음을 알게 된다. 성경은 여성이 해도 되는 일과 해서는 안 되는 일을 일률적으로 규정한 목록을 제시하지 않는다.

◑ 오늘날의 그리스도인 부부들은 '전통과 진보가 섞인' 삶의 방식을 보여 준다. 나와 내 배우자의 경우에는 이를 어떤 식으로 반영하는가?

함께 붙드는 기도의 끈 문화적 편견에 구속받지 않고 우리의 은사와 성경의 가르침에서 생기를 얻는 결혼 생활 패턴을 만들어 낼 영적 자유를 달라고 하나님께 기도하라.

성경 어디에서도 성역할을 엄격히 나누지 않았다. 그러므로 그리스도인은 성경을 가지고 고정관념적인 남성상과 여성상을 변론할 수 없다. 사회과학자들은 성별에 따른 영속적 차이를 훌륭히 변론해 내기는 하지만 … 개성이 다르고 문화가 다르니 그런 차이는 다소 다른 방식으로 표현될 것이다. … 성역할을 존중하고 그것을 표현하는 방법은 당연히 찾아내야 한다. 하지만 성경은 본질적인 원칙을 여전히 지키면서도 하나하나의 항목에서는 자유로운 판단을 허용한다.

역할이 바뀌는 게 아니라 실제 하는 일이 다를 뿐 엘리자베스 엘리엇(Elisabeth Elliot)은 와오라니 부족 마을에서 살았던 이야기를 들려준다. 아마존 우림 깊은 곳에 묻혀 사는 이 작은 무리의 부족은 현대 문명과 완전히 단절되어 있었다. 와오라니 부족은 들에 나가 씨를 심고 수확하는 일은 여자들 몫이고 남자들은 시(詩)를 쓰고 장식품을 만드는 거라고 "모두들 알고" 있었다. 그렇지만 이 부족도 남편이 리더 역할을 한다는 기본 개념을 갖고 있는 것은 확실했다.[8] 역할 차이는 있었지만, 실제 하는 일을 통해 그 역할이 문화적으로 어떻게 구체화되는지는 광범위하게 다를 수 있다. 하나님께서는 우리를 자신의 형상을 지닌 존재로 창조하셨고, 우리는 눈부신 다양성을 지닌 존재로 우리 자신을 만들어 나간다.

◑ 우리 문화는 어떤 식으로든 성역할을 여전히 선한 것으로 인식하는가? 어떤 면에서 그런지 생각해 보라. 서구 문화가 성 구별을 다소 지워 없애려 한다는 증거를 볼 수 있는가?

함께 붙드는 기도의 끈 요한계시록 7장 9절을 묵상하라. 이 구절은 인종의 차이와 문화의 차이가 하나님께서 새롭게 하신 세상으로까지 확장될 만큼 중요하다는 사실을 보여 준다. 우리 믿음이 문화적 융통성을 보이고, 차이 앞에서도 마음을 여는 지혜롭고 너그러운 자세를 보이되 모든 이에게 해당하는 진리는 분명하다는 점에 하나님께 감사하라.

일부 여성들은 이렇게 말할지도 모른다. "성별이 다른 만큼 남자와 여자가 크게 다르다는 데는 동의하지만, 어째서 꼭 남자가 앞장서야 하죠? 남자와 여자가 다르기는 해도 동등한 존엄성을 지녔다면 어째서 꼭 남편이 머리여야 해요?" 우리도 잘 모르겠다는 것이 가장 충실한 답변일 것이다. 순종하고 섬기는 분이 왜 성자 예수님이셨을까?(빌 2:4) 왜 성부가 아니셨을까? 그 답은 알 수 없지만, 우리는 그것이 예수님이 약하다는 표시가 아니라 오히려 위대함을 나타내는 표시였음은 알고 있다.

하나님께서 정해 주신 대로 받아들이기 부모가 자녀에게 할 일을 정해 주는데 아이는 하기 싫어하고, 그 일을 왜 해야 하는지 부모 입장에서 아이가 알아들을 만하게 설명할 방법이 없을 때가 있다. 이럴 때 아이는 부모의 마음과 권위를 신뢰하는 것 말고 다른 도리가 없다. 마찬가지로 하나님께서 남편이 왜 리더가 되어야 하는지 우리에게 충분히 설명해 주시지 않았다 해도 우리는 그대로 받아들이고 감사해야 마땅하다. 질병이나 상실 같은 감당하기 어려운 일도 언젠가는 우리의 영광을 위해 사랑으로 작동하는 하나님의 지혜임이 드러날 것이다. '주님의 뜻이 이루어지이다'가 아니라 '내 뜻'이 이루어지게 하려고 몸부림치며 싸우고 싶을 때는, 오직 예수님만을 바라보는 것이 내 마음을 진정시키는 유일한 방법이다.

◑ 하나님께서 내 삶에 관해 보여 주신 일, 혹은 바꿔 놓으신 일 가운데 불가사의하게 여겨지거나 화나는 일이 있는가? 나를 위해 죽으신 예수님께서는 어떤 경우든 내게 최선이 되는 것을 염두에 두신다고 굳게 믿는가?

함께 불드는 기도의 끈 누가복음 22장 42절을 묵상하라. 이 구절에서 예수님께서는 원하지 않는 고통스러운 죽음을 받아들이시지만, 완전한 신뢰로 이 죽음을 포용하신다. 예수님이 하나님께서 정해 주신 힘든 일을 하나님의 지혜의 선물로 받아들이심으로써 나를 구원하셨음을 기억하라. 하나님께서 내 몫의 힘든 일을 정해 주실 때 나도 그런 마음과 태도를 가지게 해 달라고 아버지께 구하라.

남편 팀과 나(캐시)는 성별의 특성에 매이지 않는 유형이다(예를 들어 남편은 다른 사람을 불쾌하게 만들지 않으려 조심하는 사람이다). 그런데 또 어떤 면에서 남편은 아주 실망스러울 만큼 남성적이다. ⋯ "다 큰 어른이 어떻게 자기 감정을 그렇게 모를 수가 있어요?" 나는 그렇게 말한다. 남편은 늘 밖을 바라보는 경향이 있다. 자기 감정을 잘 들여다보지 않는다. 여러 해 동안 나는 정중한 태도로 남편에게 이 부분을 가르쳐야 했다.

'도움'의 위력   루디아가 자신의 집을 빌립보의 교회 개척 기지로 쓰라고 바울을 설득했을 때(행 16:15), 그리고 브리스길라와 아굴라가 아볼로에게 하나님의 도를 더 정확히 풀어 가르쳤을 때(행 18:26)를 보면, 여성들이 돕는 자(에제르) 역할을 하는 것을 볼 수 있다. 그것이 얼마나 효과적이었는지 보라. 루디아는 바울의 생각을 바꿔 놓았다. 스포츠 분야에 '플레이어 코치'(player coach)라는 직업이 있는데, 이는 어떤 사람이 경기 출전도 하고 다른 선수를 지도도 하는 것을 말한다. 부부는 서로에게 그런 사람이 되어야 한다. 부부 싸움을 하다가도 잠깐 중지를 외치고 "자, 어떻게 하면 나를 설득해서 당신 생각에 동의하게 만들 수 있는지 내가 알려 줄게요"라고 말해야 한다. 혹은 "내가 왜 이렇게 화가 났는지 설명할게요"라고 해야 한다. 그리고 나서 다시 싸우기 시작하라.

◐ '돕는다'는 것은 단순히 어떤 일을 보조하는 것이 아니라 그 일 전체를 탐구하고, 더 나은 길을 보여 주는 것이다. 부부들이여, 배우자와의 관계에 관해 상대에게 해 주고 싶은 말이 무엇인가? 기도하면서 이야기해 보라.

함께 불드는 기도의 끈   남편과 아내가 서로를 열심히 지도하고, 조언하고, 지지하되 이 모든 것을 사랑으로 리더십을 발휘하고 순종하는 틀 안에서 할 수 있도록 이렇듯 지극히 섬세하고 성경적인 해석을 주심에 하나님께 감사하라.

하나님께서 가르치시는 결혼 생활의 패턴에 순종하면 … 자신의 근원적 남성성이나 여성성에 점점 더 많이 닿게 되며, 결혼 생활이 나를 균형 있고 폭넓은 사람으로 만들어 주기도 한다. … 팀 켈러는 어떤 상황에 대응하려는 순간, 아내가 지금 여기 있다면 뭐라고 말할지, 어떻게 행동할지 본능적으로 떠올리는 순간이 많다고 한다. … "그러면 선택할 수 있는 행동반경이 넓어지고 옳게 행동할 가능성도 커진다"고 한다. 이렇게 결혼은 남성성이나 여성성이 지나치게 강한 사람은 물론 성별의 특성이 크게 두드러지지 않는 사람들을 위한 것이기도 하다. 결혼은 우리를 폭넓고 속 깊은 사람으로 만들어 준다.

다방면의 순종 지금까지 말했다시피 결혼해서 한 몸의 연합을 이룬다는 것은 단지 성관계와 육체적 연합만을 가리키는 것이 아니다. 이는 온전한 두 자아를 이루는 육체적, 정서적, 사회적, 영적인 복합 요소들이 연합한다는 뜻이다. 두 사람이 함께 생활함에 따라 각자의 이상(理想), 소망, 생각이 서로를 둘러싸기 시작하며, 그렇게 해서 우리는 새로운 존재가 된다. 이는 우리 두 사람을 다 변화시키며, 어떤 의미에서 부부 모두 자신의 욕망과 이익을 결혼에 복종시킨다고 할 수 있다. 내가 아는 어떤 남자는 자신이 점점 이기적이고 완고한 사람이 되어 간다는 것을 깨닫고 자신을 균형 잡아 주고 다듬어 줄 사람이 필요하다고 생각해 아주 사무적인 태도로 결혼 상대자를 찾아 나섰다. 그가 결혼할 때 그는 그 신부와 사랑에 빠진 상태였지만, 애초에 그가 결혼하기로 마음먹은 동기는 자신이 바람직하지 않은 사람이 되어 가고 있다는 것을 깨닫고 이를 바로잡기 위해서였다.

◑ 지금의 배우자와 결혼하여 살지 않았더라면 나는 어떤 사람이 되었을까?

함께 붙드는 기도의 끈 결혼 생활을 하다 보면 당연히 서로 순종하고 닮아 가고 변화하게 되는데, 나와 내 배우자가 이런 과정을 잘 받아들일 수 있게 해 달라고, 타고난 이기심과 교만 때문에 이 과정에서 피어 나오는 사랑과 변화된 삶을 누리지 못하는 일이 없게 해 달라고 하나님께 기도하라.

하나님께서 나를 완성해 가시는 데 따르는 직접적 결과는 마음의 평안이다. 아담과 하와는 타락 전에도 벌거벗었으나 서로 부끄러워하지 않았다. 불안도 없었고 감출 일도 없었다. 그때 아담과 하와에게는 원초적이고 오래된 연합과 일치의 느낌이 있었다. 하지만 타락 이후 우리는 그런 느낌을 경험하지 못했다. 죄가 세상에 들어와 두 사람이 누린 연합을 망가뜨렸기 때문이다. 결혼을 완성의 과정으로 보면, 그 과정에 순종이 저절로 자리를 잡게 된다.

성역할은 발레와 같다   나(캐시)는 발레를 좋아하는데, 내가 발레를 보면서 느끼는 즐거움을 남편은 농구를 보면서 느낀다. 오로지 몸으로 표현하는 그 숙달된 기술과 우아함, 초를 다투는 그 타이밍, 전혀 힘들어 보이지 않는 그 동작 이면에 숨은 수많은 연습 시간 등. 결혼이 리듬감 있는 춤을 되찾는 데에도 그 정도의 몰입과 노력이 필요할 테지만, 거기서 우리가 누리는 아름다움, 서로의 욕구를 존중하는 태도, 나를 초월한 어떤 현실을 접한다는 확실한 인식은 그 정도의 몰입과 노력을 투자할 만한 가치가 있다. 부부가 실천해야 할 '머리 역할'과 '순종 역할'은 한 팀을 이룬 두 무용수 혹은 두 선수의 역할만큼 우아하고 너그러워야 한다. 무대의 중심이 되고 싶은 욕구를 전체적인 패턴과 목표, 가정생활 잘 해내기, 사회에서 봉사하기, (그리고 그 일을 지나치게 부풀리지는 않으면서) 문명사회를 지속시키는 일에 복종시켜야 한다.

◑ 나와 배우자 두 사람 모두 하나님의 부르심에 순종하는 마음으로 '섬기는 리더' 역할과 '섬기며 돕는 배필' 역할을 결혼 생활에서 품위 있게 이행하고 있는가?

함께 붙드는 기도의 끈   부부가 성역할에 순종해야 할 한 가지 이유는 '하나님의 말씀'에 순종하기 위해서다. 또 한 가지 이유는, 그 순종이 '하나님의 은혜'에 우리가 당연히 보여야 할 기쁘고 겸손한 반응이라는 것이다. 나와 배우자의 마음에 순종의 그 두 가지 동기를 불러일으켜 주시고 강화해 달라고 하나님께 기도하라.

그리스도인이라 믿고 결혼했는데 아내가 '머리'인 남편에게 '순종'을 요구하는 성역할을
인정하지 않는다면 어떻게 해야 하는가? 또는 교회에 다니는 남편이 성경을 잘못 해석해
아내의 의견과 조력은 물론이고, 심지어 아내의 인격까지 묵살하고 무시한다면 어떻게
해야 하는가?

허락을 기다리지 말라 아내가 모든 면에서 남편 못지않게 성장을 열망하고
결혼 생활을 향상시킬 만한 변화를 도모하는 것은 이해할 만하다. 하지만 상
대방이 먼저 움직이기를 기다리느라 내가 마땅히 해야 할 일을 미뤄서는 안
된다. '머리' 역할은 섬기는 리더의 역할이기에, 남편은 허락을 받고 아내를
섬길 필요가 없다. 마찬가지로 남편이 종으로서의 부부 각자의 역할을 납득
하지 못할 때, 부드럽지만 단호한 자세로 그 역할을 남편에게 '더 정확히 풀어
가르치는' 것이 아내가 최고의 돕는 배필(에제르)이 되는 길이다. 아내는 남편
에게 힘 있게 조언을 해 줌으로써(필요할 경우 자신이 할 일을 혼자 해 나감으로써) 가
장 큰 도움이 될 수 있다. 허락을 기다리지 말라. 나부터 변화하는 것이 상대
를 변화로 이끄는 최선의 길이다.

❍ 남자들이여, 예수님께서는 리더의 역할을 자신이 친히 감당하신 종의 역
할로 정의하셨는데, 이것을 충분히 이해할 수 있겠는가? 여자들이여, 성경의
가르침에 발 딛고 서서 쉽게 괴롭힘 당하거나 무시당하지 않을 만큼 그 가르
침에 확신이 있는가?

함께 붙드는 기도의 끈 우리 부부가 어느 지점에서 생각이 다른지 솔직하게 진
단해 보고, 그 영역에 관해 의견을 나누고 함께 기도하든지, 아니면 배우자와
'같은 의견을 가질 수 있게' 도와주시기를 따로 기도하라.

나는 누구의 행실도 아닌 오직 내 행실만 바꿀 수 있다. 한 남자나 한 여자로서 성경이 규정하는 성역할에 좀 더 잘 들어맞는 사람으로 변화하고 싶을 때, 이 일에는 사실상 상대의 동의가 필요하지 않다. 남편이 맡은 머리 역할이든, 아내가 맡은 순종하는 역할이든 섬기는 일은 상대의 허락을 기다리지 않고 시작할 수 있다. 이 같은 섬김은 눈에 보이지 않는 마음가짐의 변화에서 시작하며, 그런 후에야 눈에 보이는 행동으로 나타날 것이다.

언제나 희망은 있다 나는 다른 누구도 아닌 내 행실만 바꿀 수 있다는 진리에는 한 가지 거대한 단서가 붙어야 한다. 즉, 하나님께서는 누구의 마음이든 변화시키실 수 있다. 지금 내 결혼 생활이 너무 힘든 상황이라면, 이를 헤쳐 나가는 데 필요한 용기, 자기 인식, 용서, 사랑, 지혜를 달라고 집중적으로 기도하라. 결혼 생활의 문제점은, 설령 심각한 문제일지라도 희망을 포기할 이유가 되지 않는다(비록 우리가 앞에서 성경이 이혼을 허용하는 경우를 이야기했지만). 하나님께서는 사람을 부활시키시듯 관계도 새롭게 되살리실 수 있다. 그러므로 언약에 근거해서 맺은 결혼 서약을 굳게 붙들고, 문제 해결에 필요한 일이라면 뭐든 다 하라.

◑ 결혼 생활에 희망을 잃었는가? 결혼이 파탄날까 두려워하지는 않는다 해도, 사랑도 기쁨도 거의 없는 결혼 생활을 꾹 눌러 참고 있지는 않은가?

함께 붙드는 기도의 끈 로마서 15장 13절을 묵상하고, 결혼 생활이 더 나아지리라는 소망을 달라고 하나님께 기도하라.

> 결혼하지 않은 사람도 올바른 지식에 근거한 균형 잡힌 결혼관이 없으면 싱글 생활을 잘
> 해 나갈 수 없다. 그런 결혼관이 없을 경우, 싱글은 지나칠 만큼 결혼에 기대하는 바가 크
> 거나 반대로 결혼에 시큰둥해질 수 있으며, 어느 쪽으로 생각하든 삶이 뒤틀릴 수 있다.
> …〔고린도전서 7장에서〕 바울은 … 그리스도만이 참으로 우리를 충족시켜 줄 수 있는 유일
> 한 배우자이시고 하나님의 가정만이 참으로 우리를 포용하고 만족시켜 줄 가정이다. 그
> 러니 결혼했다고 너무 의기양양하지도 말며 결혼 못했다고 너무 의기소침하지도 말라고
> 말한다.

예수, 우리의 배우자   결혼하지 않은 사람은 결혼한 친구들에게서 "예수님만
이 너의 진짜 남편"이시라고 하는 말을 귀가 닳도록 듣는다. 의도는 좋지만,
눈치 없이(그리고 대개는 적당치도 않은 때에) 그런 말을 하면 그 말은 사실이 아닌
말이 되어 버린다. 예수님께서는 남자든 여자든, 기혼이든 미혼이든 우리 각
사람의 참된 남편이시다. 우리는 예수님의 신부이며, 우리를 얻기 위해 예수
님께서는 기꺼이 죽으셨다. 인간이 열망하는 것 목록에서 하나님과의 관계
를 거의 지워 버린 문화에서는, 로맨틱한 사랑의 황홀한 기쁨이 그 관계를 대
체하는 경험이 되어 왔다. 로맨틱한 사랑은 그러라고 있는 것이 아니며, 어떤
인간관계도 하나님과의 관계만큼 필요하지는 않고 또한 그 관계에 우리가 거
는 기대의 무게를 감당하지 못한다. 모든 그리스도인은 세상에서 가장 위대
한 결혼 상태에 있으며 가장 위대한 가정, 곧 하나님의 가정에 속해 있다.

◐ 아직 결혼하지 않은 커플인가? 두 사람은 로맨틱한 연애가 자신들의 모든
필요를 충족시켜 줄 것이라 생각하는 미혼 친구와 기혼 친구들의 기대를 바
로잡아 줄 만한 방식으로 그리스도와 관계를 맺고 있는가?

함께 붙드는 기도의 끈   내가 속한 교회가 이름만 가정이 아니라 진짜 가정이
되어, 견실한 가정에 속한 사람들이 그러하듯 자신이 하나님의 자녀로 입양
되어 적절히 양육받고 보호받고 있음을 모든 교인이 다 체감할 수 있게 해 달
라고 하나님께 기도하라.

비서구권 문화에서는 가문을 지키기 위해 대를 이을 상속자가 반드시 있어야 한다는 강한 사회적 압박이 여전히 존재한다. … 서구 문화에는 남녀가 참사랑을 만나기 직전 이야기가 시작되어, 일단 그 사랑을 만나면 이야기가 마무리되는 디즈니식 내러티브가 헤아릴 수 없이 많다. 이런 이야기에 담긴 메시지는, 인생에서 중요한 것은 로맨틱한 연애와 결혼이고 다른 것은 다 책으로 치자면 머리말과 후기에 불과하다는 것이다. 그러므로 전통 문화에서든 서구 문화에서든 싱글은 아직 미성숙한 사람이라는 암울한 상태로 보일 수 있다.

궁극적 가정 마가복음 3장 33-34절에서 예수님께서는 자신의 진짜 가족은 생물학적 친족이 아니라 "누구든지 하나님의 뜻대로 행하는 자", 믿음으로 자신에게 연합한 사람들이라고 말씀하셨다. 이 급진적 원칙의 의미는, 결혼해서 자녀를 두는 것이 하나님의 놀라운 선물이기는 하지만 사랑을 알고 충족감 있는 삶을 영위하기 위해 모든 사람에게 필요한 것은 아니라는 것이다. 우리에게 필요한 배우자는 예수님뿐이고, 우리가 속해야 할 가정은 신자들끼리 교제하는 모임뿐이다. 제도 교회는 이 사실을 구체화할 방법을 찾아야 한다. 지역 교회가 그저 클럽이나 학교, 혹은 그 지역사회의 봉사 센터가 되어서는 안 된다. 이런 역할로는 무조건적 사랑을 나누고 생활공간과 재정을 공유하고 고난과 짐을 함께 감당하는 하나의 가정을 이룰 수 없다. 결혼한 사람이든 하지 않은 사람이든, 영적으로 잘되려면 참된 가정으로서의 교회가 필요하다.

◑ 부부들이여, 싱글 교인들과도 한 가족으로서 교제를 나누는가? 교회 지도자와 목회자들이여, 교회의 각종 프로그램과 설교가 혹시 가정 중심으로 치우쳐 있어서 싱글 교인들이 교회에서 투명인간 취급을 받으며 배제당하지는 않는가?

함께 붙드는 기도의 끈 디모데전서 5장 1-2절을 읽으라. 교회가 단순히 하나의 기관이 아니라 생명을 주고 삶을 변화시키는 가족이 될 수 있다는 사실에 하나님을 찬양하라. 내가 속한 교회 공동체에서 교회의 능력을 실감할 수 있게 해 달라고 하나님께 구하라.

기독교는 독신 생활이 인간에게 실행(생존) 가능한 삶의 형태라는 개념을 지지한 최초의 종교다. … 고대 문화에서는 긴 시간 혼자 사는 사람을 조금 덜 된 인생을 산다고 여겼다. 하지만 기독교를 만드신 예수 그리스도도 사도 바울도 모두 평생을 독신으로 살았다. 예수 그리스도는 독신이시면서도 완벽한 인간이셨으므로, 독신자를 다소 미숙하거나 덜 된 사람으로 볼 수는 없다.

독신 생활을 선택하다 남자든 여자든 하나님 나라에 더 많은 시간과 에너지를 쏟기 위해 바울처럼 독신 생활을 선택할 수 있다. 그러려면 순결의 은사가 필요할 텐데, 왜냐하면 우리가 성생활을 할 수 있는 '유일하게 무해한 배경'은 결혼뿐이기 때문이다. 원하지 않는데 어쩔 수 없이 싱글로 사는 사람은 자기 정체성을 이루는 결정적인 부분을 스스로 억압하거나 부인하고 있다고 생각하지 말고, 자신의 성적 역량을 하나님께 제물로 돌려 드리고 있다 여겨야 한다. 이런 면에서 이들의 맏형이신 예수님께서 도움이 되어 주실 것이다. 예수님께서도 동일한 제물을 바치셨으니 말이다.

❍ 독신 남녀는 데살로니가전서 4장 3-8절에서 개략적으로 말하는 순결을 추구해야 한다. 부부들이여, 결혼 생활을 하면서 몸과 마음, 생각, 행동이 순결한가?

함께 불드는 기도의 끈 주변 독신자들에게 순결의 은사가 있기를, 영적 우정을 나누며 친밀감과 사랑을 느낄 수 있는 교회를 찾을 수 있기를 기도하라.

바울이 판단하기에 … 독신은 하나님의 복을 받기 좋은 조건이며, 여러 정황으로 볼 때 사실은 결혼하는 것보다 낫다. … 기독교의 복음과 장차 임할 하나님 나라에 대한 소망은 결혼을 우상으로 여기지 못하게 했다. … 자녀를 두는 것은 한 성인으로서 의미 있는 존재가 되는 주된 방법이었다. 아이들이 나를 기억해 줄 테니 말이다. 또한 자녀는 우리에게 안도감을 준다. 노년에 나를 보살펴 줄 테니 말이다. 반면에 독신을 유지하는 그리스도인은, 가족이 아니라 하나님이 자신의 미래를 보장한다고 선언한다.

독신자가 받는 유혹, 결혼한 사람이 받는 유혹　신약 성경은 독신과 결혼에 관해 놀라울 정도로 균형 잡힌 시각을 갖고 있다. 고린도전서 7장[10월 1-7일]에 독신 생활의 불이익과 결혼 생활에 따른 불이익을 잘 안내했다. 독신자는 결혼한 사람에 비해 성적 유혹을 받기 쉬울 수 있지만, 결혼한 사람에게도 나름의 난제가 있다. 존 뉴튼(John Newton)은 행복한 결혼 생활의 최대 위험은 우상숭배라고 주장했다. 완벽한 가정이라는 우상을 섬길 경우 무언가가 그 우상을 위협하는 것처럼 보이면 두려움과 불안에 사로잡힌다. 물론 가족을 사랑하는 것은 죄가 아니지만, 그리스도인 가정에도 과도한 가족 사랑이 서서히 스며들어, 그게 아니었다면 튼튼했을 그 가정을 쉽게 망쳐 놓을 수 있다. 결혼한 그리스도인과 싱글 그리스도인은 서로를 반갑게 품을 수 있어야 하며, 각각 특유의 영적 어려움을 겪을 때 서로 돕고 지원해야 한다.

◑ 결혼한 사람들이여, 가정이 어떤 식으로 우상이 될 수 있는가? 이미 우상이 되지는 않았는가? 결혼하지 않은 사람들이여, 눈앞에 새로운 난제가 놓여 있음을 깨닫는가?

함께 불드는 기도의 끈　근원적인 죄인 우상숭배(출 20:3; 모든 계명 가운데 첫 번째 계명)란, 나쁜 행동을 하는 것이 아니라 좋은 것을 하나님 대체물로 삼는 것이다. 모든 우상을 다 없애 버리게 해 달라고, 결혼을 우상으로 만들지 않게 해 달라고 하나님께 구하라.

싱글 그리스도인은 가족이 아니라 하나님이 자신의 소망임을 증언했다. 하나님께서는 먼저 이들에게 가장 참된 가정, 즉 교회를 주셔서 그리스도 안에서 형제와 자매, 아버지와 어머니를 갖게 하심으로 이들의 미래를 보장하셨다. 하지만 궁극적으로 그리스도인의 기업은 새 하늘과 새 땅에서 하나님 나라가 충만하게 이뤄지는 것이다.

세상의 눈으로는 이해 안 되는 신자들 현대 문화는 성과 사랑 문제에 관해 깊은 모순을 보인다. 다른 사람과 자유로이 성관계도 못 갖게 자신을 속박한다며 결혼한 사람을 가련히 여긴다. 그런가 하면 싱글을 말할 때는 성적인 사랑이야말로 친밀함에 이르는 주된 방법인데, 싱글은 누구에게도 소속되어 있지 않아 그런 사랑을 나눌 수 없는 사람들이라며 불쌍히 여긴다. 그리스도인의 시민권은 하늘에 있으며 신자에게는 다른 신자들과 이룬 공동체가 가장 참된 가정이라는 이 진리를 그리스도인들이 실제 삶으로 살아 낼 때, 세상은 이를 지켜보면서 곤혹스러워하고, 혼란스러워하며, 그러면서도 매력을 느낀다(벧전 2:11-12). 인간은 이 세상이 제시하는 행복을 너무 간절히 부여잡고 있어서, 누군가가 다가올 세상의 부요함을 자신의 삶으로 만족스럽게 살아 내는 모습을 보여 주면 인간의 세계관은 무참히 무너져 내린다.

◐ 결혼한 사람이든 싱글이든, 내 삶을 볼 때 내가 굳게 붙들고 있는 것에 만족한다는 사실이 드러나는가? 어떤 식으로든 내가 만족하지 못한다는 것이 드러나지는 않는가? 바울처럼 만족하기 위해 내가 배워야 할 것은 무엇인가?

함께 붙드는 기도의 끈 빌립보서 4장 11-13절을 묵상하라. 이어서 하나님께서 내게도 바울이 말한 것과 같은 '자족의 비결'을 달라고 기도하라.

〔기독교 작가들은〕기독교에서 가르치는 소망 덕분에 독신자들이 배우자와 자녀 없이도 충족된 삶을 살 수 있게 되었을 뿐만 아니라, 이 소망에 힘을 얻은 사람들이 결혼하여 자녀를 낳았고, 이 암담한 세상에 아이들을 낳아 놓는 것을 두려워하지 않게 되었다고 지적했다. "그리스도인은 자녀에게 소망을 두지 않으며, 그보다 자녀는 … 하나님께서 이 세상을 버리지 않으셨다는 소망의 증거라고 본다."

소망 자녀를 낳지 않는 부부가 점점 늘어난다. 세상이 점점 암담해지므로 자녀를 낳아서는 안 된다고 말하는 이들이 많다. 어떤 이들은 자녀를 낳으면 삶의 자유를 빼앗긴다고 말한다. 그러나 성경에서 자녀를 언급하는 부분을 보면 예외 없이 자녀를 하나님의 '축복'이라고 말한다. 나(캐시)는 하나님의 그 말씀을 붙들고 의지하지 않을 수 없었다. 나는 아기를 별로 좋아하지 않고 아기 때문에 부모가 시간을 뺏긴다고 원망하는 사람이었기 때문이다. 하지만 하나님을 신뢰했기에 나는 자녀를 낳고 엄마가 되었다. 만약 그렇게 하지 않았더라면 얼마나 많은 것을 놓쳤을지! 새로운, 새로워진 세상에서 우리가 사랑으로 영원히 살게 되리라는 하나님의 약속을 믿고 의지하면, 독신자는 자녀 없이도 자신의 미래가 안전하다는 소망을 갖게 되고, 결혼한 사람 또한 자녀의 미래가 안전하리라는 소망을 갖게 된다.

◑ 엘리자베스 엘리엇은 고난이란 "원하지 않는 것은 갖고 원하는 것은 못 가지는 것"이라고 정의했다. 자녀를 갖고 싶은데 못 갖는 사람도 있고(독신자나 불임 부부), 자녀를 낳고는 어찌할 바 모르는 사람도 있다. 이 사람들의 아픔에 하나님께서는 어떤 말씀으로 답하시는가?

함께 붙드는 기도의 끈 로마서 8장 18-25절을 읽고 우리의 소망은 장차 회복될 세상에 있다는 사실을 묵상하라. 현재 세상이 어떻게 돌아가든, 다가올 미래를 바라보며 기쁨으로 충만케 해 달라고, 내 삶에서 이 기쁨을 평강의 토대로 삼게 해 달라고 하나님께 기도하라.

서구 기독교회는 … 〔독신 생활에〕"그리스도인의 삶을 위한 플랜 B"라는 딱지를 붙였다. … 〔이런 말〕 밑바탕에는 독신이란 결혼할 수 있을 만큼 충분히 성숙하지 못한 사람들이 결핍 상태로 살아가는 삶이라는 전제가 깔려 있다. 〔페이지 벤튼 브라운은 이렇게 말한다.〕 "내가 독신인 이유는 〔배우자를〕 얻을 자격이 없을 만큼 영적으로 불안정해서도 아니고 … 배우자가 필요 없을 만큼 영적으로 성숙해서도 아니다. 내가 독신인 이유는 하나님께서 부족할 것 없을 만큼 나를 선히 대해 주셨기 때문이고, 이렇게 사는 것이 나를 위한 그분의 최선이기 때문이다."

결핍 상태가 아니다 이 땅의 모든 싱글들에게 좋은 친구가 되어 주고 싶은 사람이 생각해 볼 만한 글로써 오늘 본문이 실린 페이지 벤튼(Paige Benton)의 "하나님께 영원히 선택받다"(Singled Out for Good)만한 것은 없을 것이다.[9] 독신으로 살든 결혼했든, 병들었든 건강하든, 행복하든 불행하든, 우리가 처한 삶의 정황은 모두 하나님의 지혜와 사랑을 증언하는 기회가 된다. 상황을 변화시켜 주시기만 하면 하나님을 더 잘 섬길 수 있을 거라고 생각하는 대신 우리가 처한 자리에서 기쁘게 하나님을 섬기기만 한다면 말이다. 싱글은 결핍 상태가 아니며, 그리스도인 공동체에 속한 사람으로서 우리가 지역 교회라는 가정 안에서 서로 형제자매가 되려면 이 사실을 모두 잘 알아야 한다.

◑ 나를 현재와 같은 상황에 처하게 하신 것으로 봐서 하나님은 나를 사랑하지 않으신다고 생각하는가? 그런 환경에서 하나님께 영광을 돌릴 수 있다면 내게 얼마나 위로가 되겠는가? 또는 하나님의 영광의 충만함이 나를 기다리고 있다면?

함께 붙드는 기도의 끈 창세기 50장 20절을 묵상하라. 여기서 요셉은 자기 삶의 모든 정황, 심지어 형들이 자신을 해치려고 한 것까지도 하나님을 섬길 수 있는 기회였다고 말한다. 이렇게 내 환경을 참을성 있게, 여유 있게 받아들일 수 있는 마음 자세를 갖게 해 달라고 기도하라.

에베소서 5장은 결혼이 성(性)이나 사회적 안정 혹은 개인적 성취의 문제가 아니라고 말한다. 결혼은 우리가 주님과 맺는 궁극적 사랑의 관계 및 주님과의 연합을 인간 수준에서 반영하기 위해 만들어진 제도다. 결혼은 장차 임할 하나님 나라의 예표이자 맛보기다. 하지만 결혼을 이런 식으로 보자면 결국 결혼은 궁극의 목표가 아니다. 결혼은 우리 영혼이 필요로 하는 진정한 결혼과 우리가 마음을 두어야 할 참다운 가정을 가리키는 역할을 한다.

어디에나 있는 하나님의 형상 오직 인간만이 하나님의 형상으로 창조되기는 했지만(창 1:26-27) 창조 세상의 만물이 '하나님을 드러내며' 하나님의 영광을 반영한다(시 19:1). 하나님께서는 세상에 양 무리도 있고, 목자도 있고, 자녀도 있고, 문도 있고, 빵도 있고, 신부와 신랑도 있게 하셨다. 하나님께서는 이 모든 것을 쓰셔서 하나님에 관한 일과 하나님과의 관계 등을 우리에게 말씀하시고자 했다. 이는 우리가 하나님을 '의인화'하는 것이 아니라, 하나님께서 자신의 세상을 모형과 표적과 비유로 가득하게 하셔서 창조주와 구속주에 관해 우리에게 가르치고자 하신다는 것이다. 요한계시록은 정결하고 흠 없는 신부, 즉 하나님과 영원히 함께하는 백성을 보여 주면서 끝난다. 우리가 이 땅에서 하는 결혼은 그 영원한 연합이 어떤 모습일지를 우리에게(그리고 세상 사람들에게) 암시하고 미리 맛보도록 하기 위한 것이다.

● 내 결혼 생활은 나와 나를 바라보는 사람들에게 천상의 결혼을 미리 맛보게 해 주는가?

함께 붙드는 기도의 끈 시편 119편 64절을 묵상하라. 세상을 하나님의 사랑으로, 하나님의 구원의 은혜 및 우리를 위한 돌보심을 나타내는 표징과 형상으로 충만하게 해 주신 것에 감사하라. 하루를 사는 동안 늘 하나님을 일깨워 주시고, 그리하여 늘 조용한 감사의 찬양을 배경으로 하루하루 살아가게 해 달라고 하나님께 구하라.

결혼이 궁극의 상태가 아님을 알지 못하면 결혼 생활을 올바로 영위하지 못할 것이다. 제 아무리 최고의 결혼이라 해도 그 자체로는 하나님께서 남겨 두신 우리 영혼 속 빈 공간을 채우지 못한다. 그러므로 이생에서 우리가 그리스도로 만족하며 그분과 온전한 사랑의 교제를 나누지 못한다면, 결혼 생활에서 인간적인 만족감을 맛보고자 하는 욕구만 커져서 그 생활에 이런저런 병리 현상이 나타날 것이다.

숨 막힐 만큼 부담을 주다　인간 중에는 내가 필요로 하는 사랑을 줄 수 있는 이가 아무도 없으며 그 사랑은 하나님만이 주실 수 있다고 지금까지 이야기해 왔다. 사람에게서 그 사랑을 기대한다면 이는 그 사람을 짓뭉개서 숨 막히게 하는 행위다. 어째서 그런가? 첫째, 그 사람이 힘든 시기를 겪을 때 내가 이를 용납 못하기 때문이다. 그 사람이 자신에게만 집중하느라 내 욕구에 신경 써 주지 못할 경우 이를 이해해야 하는데 그러지 못한다. 예를 들어 상대방이 만성질환을 앓는 것이 바로 그런 경우다. 둘째, 그 사람이 무언가 때문에 기분이 나쁠 때 우리는 이를 견딜 수 없고, 그래서 다정한 말로 그 사람의 태도를 분석해 주지 못한다. 셋째, 내게 필요한 사랑을 주려면 그 사람이 실제로 완벽한 삶을 살아야 하므로 그 사람이 뭔가 잘못을 저지를 때 지나치게 이를 바로잡아 주려 한다. 하나님께서 나를 사랑하신다는 생각으로 충만해야만 완벽하지 못한 사람들과 관계를 맺으며 살아가는 모험을 감행할 수 있다. 게다가 이 세상에는 완벽하지 못한 사람만 있을 뿐이다.

◑ 위에서 말한 세 가지 태도 가운데 어느 한 가지로 크게든 작게든 서로를 압박하고 있지 않은지 판단해 보라. 서로를 용서하고, 개선 방법을 이야기해 보라.

함께 붙드는 기도의 끈　에베소서 3장 17-19절을 묵상하라. 하나님의 사랑에 관해서 아는 게 아니라 하나님의 사랑 자체를 알 수 있게 해 달라고 구하라.

싱글 그리스도인이 ⋯ 예수님과 깊은 만족감이 있는 사랑의 관계를 발전시켜 가면 ⋯ 무언가 부족하고 덜 되었다는 느낌 없이 싱글 생활을 잘 영위해 나갈 수 있다. 어쩌면 지금 당장 이 영적 과제와 씨름하는 것이 좋을지도 모른다. 왜인가? 결혼이라는 우상이 지금 싱글 생활을 왜곡하고 있다면 나중에 짝을 만나 결혼하더라도 결국 그 결혼 생활 역시 왜곡시킬 것이기 때문이다. 그러므로 기다릴 이유가 없다. 결혼과 가정을 내 마음의 중심에서 밀어내고 하나님을 최우선으로 생각하라. 그리고 싱글 생활의 유익을 누리기 시작하라.

결혼해도 외로워 결혼해도 깊은 외로움을 느끼는 데에는 수많은 이유가 있을 수 있으며, 너무 많아서 이 짧은 책에서는 일일이 다 말할 수 없을 정도다. 여기서는 흔히 간과하는 이유 하나를 언급한다. 싱글과 마찬가지로 결혼한 사람도 하나님의 사랑을 인간의 모든 사랑보다 우선시해야 한다. 그렇지 않을 경우 싱글은 "결국 결혼이 내 모든 문제와 슬픔을 다 치유해 줄 거야"라는 식으로 결혼에 접근할 수가 있다. 결혼해서도 얼마나 외로울 수 있는지 사람들은 모른다. 그런 일은 예상하지 않았고 예상할 수도 없기 때문이다. 행복에 대한 소망을 재정리해서 예수님께만 소망을 두라. 그렇지 않으면 결혼의 울타리 안에서든 밖에서든 외로움에 대비할 수 없을 것이다.

◑ 어떻게 하면 끊임없이 사람의 인정을 받고 싶어 하는 딱한 사람이 아니라 하나님의 사랑을 나누어 주는 부요한 사람이 될 수 있을까? 또 나는 어떻게 그런 사람이 될 수 있을까?

함께 붙드는 기도의 끈 결혼이 지니는 한계를 망각한 채 너무 많은 것을 기대하거나 반대로 결혼의 우주적 중요성을 망각하고 아무런 기대를 품지 않는 일이 없게 해 달라고 하나님께 구하라.

남자와 여자는 서로가 없으면 어떤 면에서 '불완전하다'는 주장에 … 비춰 볼 때 어떻게 장기간의 싱글 생활이 좋다고 말할 수 있을까? 대답은 동일하다. 이 역시 우리의 소망이 그리스도께 있다는 사실, 그리고 우리가 그리스도인 공동체에 속하여 누리는 경험과 관련 있다. 싱글 그리스도인이 교회 안에서 '상속자'와 가족을 찾아야 하는 것과 마찬가지로 형제들은 교회 안에서 자매들을 찾아야 하고, 자매들은 교회 안에서 형제들을 찾아야 한다.

친밀한 공동체 디모데전서 5장 1-2절은 그리스도인을 가족으로, 형제자매로 대하라고 권면한다. 이는 생물학적 형제자매가 나를 지지해 주고 호의를 베풀어 주는 것과 마찬가지로 믿음의 형제자매도 내게 그렇게 해 줄 것을 기대하되, 거기에 더하여 영적인 면에서의 이해와 지지도 기대해야 한다는 뜻이다. 신자들 간의 관계가 지극히 친밀하기를 원한다는 증거로 바울은 '온전히 깨끗함으로' 하라는 말을 덧붙인다(살전 4:1-8 참조). 우리 마음은 기만적이고 그래서 경계를 해야 하지만, 이 짧은 문구는 그리스도 안에서 우리가 나누는 우정이 얼마나 친밀할 수 있는지를 증언한다. 한 가지 안전장치는, 우리의 형제자매 관계가 고립적이거나 배타적이어서는 안 되고 언제나 공동체 안에서 이어 가야 함을 기억하는 것이다.

◑ 성경은 우리가 서로를 형제자매로 대해야 한다고 명령한다. 죄 때문에 그 관계에 생각지 않은 위험이 끼어들 수 있다는 것을 인식하고서 말이다. 어떻게 하면 하나님의 명령에 순종하고, 서로를 지지해 주는 관계에서 보답을 얻고, 그러면서도 여전히 깨끗함을 유지할 수 있을까?

함께 붙드는 기도의 끈 잠시 시간을 내서 내게 큰 도움이 되어 주고 영향을 끼친 형제나 자매 두 사람을 떠올려 보라. 그런 사람들을 만나게 해 주신 것에 하나님께 감사드리고, 나도 내 배우자뿐만 아니라 다른 사람들에게 그런 친구가 되게 해 달라고 구하라.

복음을 믿는 믿음과 복음의 체험은 그리스도인들 사이에 혈연 관계, 인종이나 민족적 정체성보다 더 강한 유대를 형성시킨다(엡 2장; 벧전 2:9-10). … 나는 내 생물학적 형제자매, 내 이웃, 그리고 내가 속한 민족이나 인종 집단을 사랑하지만, 이들과 나는 현실에 대한 가장 깊은 직관과 신념을 공유한 관계는 아니다. … 이는 건실한 그리스도인 공동체 안에 속한 싱글들도 우리가 한 가정 안에서, 특히 실제 동기간에 누릴 수 있는 성별의 차이를 가로지르는 독특한 관계의 풍요로움을 상당 부분 경험할 수 있다는 뜻이다.

공동체 안에서 '완성'되다　그리스도인들은 이성과의 결혼이 어떻게 우리를 '완전하게' 하는지, 배우자가 어떻게 해서 나보다 나은 반쪽인지 목소리를 높여 이야기한다. 이런 말에는 결혼하지 않은 사람은 불완전한 반쪽짜리 사람이라는 의미가 내재되어 있다. 그런데 창세기 1장과 2장은 남자와 여자가 함께 하나님의 영광을 반영하며 남자와 여자 모두 상대 성에게는 없는 독특한 아름다움과 장점이 있다고 말하지만, 결혼만이 두 성을 서로 돕고 완전케 하는 유일한 길은 아니다. 교회는 가정이기에, 그리고 우리가 그리스도 안에서 맺는 유대는 그 어떤 생물학적, 인종적, 문화적 유대보다 깊기에, 좋은 교회에 속한 싱글들은 우리가 한 가정 안에서 성별의 차이를 넘어서서 누리는 "독특한 관계의 풍요로움"을 그 교회 안에서 경험할 수 있다.

◑ 형제자매와의 관계가 좋은가? 교회 안에서 형제자매 관계를 누리는가? 극복하기 어려운 난제를 겪은 적이 있는가? 그 난제는 무엇이었으며, 하나님의 은혜가 어떤 식으로 그 관계에 임했는가?

함께 불드는 기도의 끈　나와 배우자가 남자와 여자로서 이런저런 면에서 서로를 돕고 서로를 완전하게 했음에 하나님께 감사드리라. 교회 안에서 동료 그리스도인들이 한 가족으로서 끈끈한 유대를 맺을 기회를 주시고, 그리하여 남자들과 여자들로서 한마음으로 서로를 완전하게 만들 수 있게 해 달라고 하나님께 구하라.

> 〔그리스도인의 결혼은〕 … 나와 성(性)이 다른 사람이 주변 사람들과 상황을 어떤 식으로 바라보고 반응하는지 긴 세월에 걸쳐 학습하게끔 만든다. … 이런 학습을 "성별의 차이를 가로지르는 풍요로움"이라고 부르자 … 그런데 … 건실한 그리스도인 공동체에서는 마음과 삶을 나누되 피상적 수준에 그치지 않고 "서로"가 서로를 섬기는 가운데 하나님께서 우리에게 가르치시는 것과 하나님께서 우리를 어떻게 빚어 가고 자라게 하시는지를 경험하는 데까지 미치므로, 성별의 차이를 가로지르는 풍요로움이 자연스럽게 발생한다.

서로 다른 은사   그리스도인의 은사는 사람마다 다르며 누구도 모든 것을 다 잘할 수는 없다고 성경은 말한다(고전 12:4-7). 하지만 교회는 남자와 여자가 같은 은사를 가졌어도 그 은사를 발휘하는 방식은 조금씩 다르고 다양한 통찰로 각각 다른 사람들에게 다가가 도움을 베푼다는 사실을 대체로 인식하지 못한다. 그래서 우리에게는 어떤 일을 할 때 나란히 짝을 이루어서 하는 남자와 여자가 필요하다. 우리의 창조주는 인간을 자신의 형상으로 만드시되 남자와 여자로 만드신 분이므로, 자신의 몸인 교회를 견고히 하시려고 남자와 여자에게 각각 달리 주신 은사를 우리가 소홀히 한다면 이는 잘못일 것이다. 저마다 하나님께서 주신 역할 안에 깃들어 살며 은사를 발휘해야 하는 만큼 우리는 서로를 존중해야 한다.

◑ 남자들이여, 어떤 모임이나 대화의 자리에서 혹은 어떤 과제를 수행할 때 여성들이 발휘하는 은사를 존중하는가? 여자들이여, 어떤 상황에서 남자들이 은사를 발휘할 때 이를 존중하는가? 어떻게 하면 이를 더 잘할 수 있을까?

함께 붙드는 기도의 끈   각각 다른 방식으로, 그러나 진심에서 우러나오는 태도로 나를 섬겨 준 남자와 여자를 적어도 한 명씩 떠올려 보는 시간을 가지라. 그 사람들을 만나게 해 주신 것에 하나님께 감사드리고, 내가 속한 교회가 남자의 은사와 여자의 은사 모두를 온전히 사용하는 교회가 되게 해 달라고 하나님께 구하라.

물론 그리스도인 공동체에서의 체험은 결혼만큼 농밀하지는 않다. 하지만 공동체 체험이 결혼 생활에 전혀 미치지 못하는 '미미한' 체험은 아니다. 결혼하면 단 한 사람의 이성하고만 함께하게 되고, 따라서 이성과 나누는 우정의 범위에 제한이 생기며, 당연히 그래야 한다. (반면) 그리스도인 공동체에서 … 싱글들은 남성과 여성 모두와 더욱 폭넓은 교제를 나눌 수 있다.

유기적 공동체 교회가 우리의 가장 참된 가족이려면, 교회가 단지 하나의 조직이 아니라 하나의 유기체요, 몸이라는 사실을 인식해야 한다. 몸은 각 지체가 서로를 지탱해 주며, 각 지체가 다른 지체의 고통을 함께 느낀다. 발가락이나 손가락 하나를 다치면 갑자기 그 부분에 온몸의 신경이 집중되는 것을 느껴 본 적이 있는가? 마찬가지로 내가 속한 교회는 고난의 시기에 내게 가장 마음 편한 곳이 되어 줄 때 유기적 공동체가 되어 간다. 내가 아파할 때 교회가 이를 알아차리는가? 나를 보살펴 주는가? 핵가족이나 혼자 사는 가정은 하나님 가정의 도움 없이는 견뎌 나가기 어려운 고통을 겪을 때가 많다.

◑ 요 며칠 묵상은 결혼이 궁극의 지점은 아니라는 사실을 알아보는 데 주안점을 두고 있다. 결혼한다고 해서 내가 필요로 하는 모든 것이 갖추어지지는 않으며, 그래서 우리는 반드시 하나님 가정의 한 부분이 되어야 한다. 이 사실을 확신하는가? 그렇다면 이 사실이 내 결혼 생활에 구체적으로 어떤 의미를 주는가?

함께 붙드는 기도의 끈 내가 속한 교회는 물론 이 땅의 모든 교회에 성령을 부어 달라고, 그리하여 교회들이 참으로 하나님의 가정이 되게 해 달라고 하나님께 구하라.

전통 사회와 달리 기독교가 독신을 선하게 보는 이유는 하나님 나라가 영원한 유산과 상속자를 마련해 주기 때문이다. 섹스와 로맨스에 몰두하는 서구 사회와 달리 기독교가 독신을 선하게 보는 이유는 그리스도와의 연합이 우리의 가장 깊은 갈망을 충족시켜 줄 수 있기 때문이다. 또한 무언가에 헌신하기를 싫어하는 포스트모던 사회와 달리 기독교는 결혼을 두려워하거나 피하지 않는다. 서구 사회에는 개인주의가 깊이 팽배해 있으며, 타인 때문에 내 선택이 제한되는 것을 두려워하거나 심지어 이를 혐오한다.

친구가 되어 주라   내가 아는 사람들 중에는 어떤 이를 정말로 사랑하면서도 포모(FOMO; fear of missing out, 놓치면 어쩌나 하는 두려움) 때문에 그 사람과 선뜻 결혼하지 못하는 사람들이 있다. 이들은 혹시 나중에 더 좋은 결혼 상대자가 나타나면 어쩌나 싶어서 결혼을 망설인다. 결혼한 사람들은 싱글들에게 결혼을 재촉하지 않는 한편 위와 같은 소비자 중심주의적 태도 또한 허용하지 않음으로써 싱글들에게 좋은 친구가 되어 주어야 한다. 싱글들도 결혼한 친구들에게 많은 것을 줄 수 있다. 결혼한 사람은 가족들 건사하는 데만 열중하는 경우가 많은데, 싱글들은 그런 이들에게 넓은 세상에서 어떤 일들이 일어나는지 주의를 환기시켜 줄 수 있다. 우리는 각자 다른 시점에서 하나님의 선하심에 관해 다른 누구도 보지 못한 측면을 볼 수 있으며, 그래서 장차 천국에서 내게 보이신 하나님의 선함에 관해 지칠 줄 모르고 이야기 나눌 것이다.

◑ 결혼한 친구들과 싱글 친구들이 각기 다른 방식으로 내 삶을 얼마나 풍요롭게 만들어 주는지 생각해 보라. 구체적으로 어떤 방식인가? 내 인간관계에 이들 말고도 다른 부류의 친구들이 더 필요한가?

함께 붙드는 기도의 끈   솔직함, 지혜, 내 약한 부분을 기꺼이 드러내 놓을 수 있는 자세, 기꺼이 내 시간을 바칠 수 있는 마음을 더해 달라고 하나님께 청하라. 좋은 친구가 되려면 이 모든 것이 다 필요하다.

12월

사랑 노래
: 서로를 발견하기

아가

아가 4장 9절 〔남자〕내 누이, 내 신부야 네가 내 마음을 빼앗았구나 네 눈으로 한 번 보는 것과 네 목의 구슬 한 꿰미로 내 마음을 빼앗았구나.

연합 아가서의 이 부분에서 처음으로 여자를 "내 신부"라고 부르며, 이렇게 이 연인은 마침내 결혼에 이르렀다. 그런데 여자를 신부라고 부를 뿐만 아니라 "내 누이"라고도 부른다. 고대에 "남매 … 관계는 … 이성 사이에 있을 수 있는 가장 친밀한 친구 관계였다.'" 이는 "성적 연합은 원래 독자적으로 존재해서는 안 되는 것"이라는 말을 좀 더 성경적으로 표현하는 방식이다. 성적 연합은 "상호 보살핌, 존중, 그리고 삶의 모든 영역에서 서로 자기를 바치는 행위"²를 포함하는 '몸과 영혼의 완전한 연합'의 일부분이어야 한다. 성은 원래 우리를 한 몸으로 만들고 팔이 몸에 엮이는 것처럼 우리를 서로에게 엮이게 하려는 것이었다.

◑ 성경은 배우자가 연인이자 친구일 뿐만 아니라 형제자매이기도 해야 한다고 말하는데, 이는 무슨 뜻인가? 이는 우리가 지닌 결혼관에 어떤 의미를 더해 주는가?

한마음으로 드리는 기도 주님, 우리가 결혼을 통해서 이생에서 맺을 수 있는 가장 친밀한 관계를 맺게 해 주심을 감사드립니다. 서로의 존재로 우리를 위로하여 주셔서, 우리 모두에게 영적으로 영향을 끼치는 외로움을 치유해 주옵소서. 그리스도 안에서 제게 연인, 친구, 자매(형제)를 주셔서 감사드립니다. 아멘.

아가 4장 10절 〔남자〕내 누이, 내 신부야 네 사랑이 어찌 그리 아름다운지 네 사랑은 포도주보다 진하고 네 기름의 향기는 각양 향품보다 향기롭구나.

잘 익은 포도주 앞에서 남자는 사랑하는 여자의 몸을 꽃 핀 포도나무에 비유했는데(아 1:6; 2:13), 여기서는 자신들의 첫날밤을 최고 품질의 포도주에 빗대어 말한다. 더 확장된 이 비유에서 하나의 교훈을 얻을 수 있다. 포도나무에 꽃이 피어 있을 때는 수확을 할 수 없고, 꽃이 떨어지고 열매가 완전히 익어야 수확이 가능하다.[3] 사랑이 무르익어 결혼을 통해 기꺼이 내 삶 전부를 상대에게 완전하고도 신중하게 맡길 수 있을 때까지는 우리의 관계라는 포도주는 아직 익지 않은 것이다. "이제 결혼식 날, 이 커플의 사랑은 좋은 포도주처럼 완전히 익어 첫날밤을 치를 채비를 마쳤다."[4] 여기서도 알 수 있듯이 성경은 성생활을 한가할 때나 취하는 소비재로 구별하는 것이 아니라 자기를 주는 행위로써 삶의 나머지 부분과 통합되어야 한다고 역설한다.

➊ 사랑을 잘 익은 좋은 품질의 포도주로 보는 이 이미지는 결혼에 관해 우리에게 무엇을 가르치는가?

한마음으로 드리는 기도 주님, 저를 위한 주님의 목표는 제가 '그리스도 안에서 완전하게'(골 1:28) 되는 것입니다. 저는 우리 부부의 사랑도 그렇게 되기를 원합니다. 우리의 사랑을 지혜와 분별력으로, 자비와 은혜로, 죽기까지의 헌신으로 풍요롭게 해 주셔서, 서로를 서로에게 선물로 주신 주님 안에서 우리가 서로를 즐거워할 수 있게 하옵소서. 아멘.

> 아가 7장 6-8절 〔남자〕 사랑아 네가 어찌 그리 아름다운지, 어찌 그리 화창한지 즐겁게
> 하는구나 네 키는 종려나무 같고 네 유방은 그 열매송이 같구나 내가 말하기를 종려나무
> 에 올라가서 그 가지를 잡으리라 하였나니 네 유방은 포도송이 같고.

몸을 즐거워하다   아가서의 처음 세 장에서 이 연인들은 서로를 찾고 갈망하지만, 그런 중에도 자제하라는 권면, "내 사랑이 원하기 전에는 흔들지 말고 깨우지 말지니라"는(아 2:7; 3:5) 권면이 반복된다. 그리고 4장에서 마침내 결혼식이 거행된다. 이제 남자는 성관계를 하며 아내의 유방을 손에 쥔다. 이제 더는 아내의 유방을 사모하기만 하지 않는다. 이제는 자기 것으로 취한다. "하나님께서는 우리 몸을 만들어 내셨고 그 몸을 즐거워하시며, 우리도 그렇게 하도록 하신다."5 성경은 쾌락주의와 금욕주의를 모두 타파한다. 성적 아름다움과 즐거움을 민낯으로 누린다. 지나치게 얌전 빼는 모습 같은 것은 없다. 하지만 지금까지 보았다시피 아가서에 나오는 남자와 여자는 자신들의 사랑이 각자의 모든 삶을 서로에게 온전히 쏟아부을 수 있을 정도에 이를 때까지 잠자리를 미루며 기다려 왔다.

◑ 우리 부부는 잠자리에서 서로의 존재를 칭송하는가? 내가 배우자의 몸을 즐거워한다는 것을 배우자가 느낄 수 있게 한 적이 있는가?

한마음으로 드리는 기도   주님, 음란물에서처럼 섹스를 경배하지도 말게 해 주시고 섹스를 아예 불편해하게도 마옵소서. 그보다는 주님께서 저를 사랑하셨듯 제가 배우자를 사랑할 때 그 사람의 몸을 만지는 행위, 그 사람의 육체적 특징을 즐거워하는 법을 가르쳐 주옵소서. 아멘.

아가 4장 1, 9절 〔남자〕내 사랑 너는 어여쁘고도 어여쁘다 너울 속에 있는 네 눈이 비둘기 같고 … 네가 내 마음을 빼앗았구나 네 눈으로 한 번 보는 것과 네 목의 구슬 한 꿰미로 내 마음을 빼앗았구나.

속사람에게 사로잡히다 아가서는 시종 사랑하는 사람의 몸을 즐거워하지만, 가장 관심을 받는 신체 부위는 흥미롭게도 눈이다. 물론 눈이 매력적으로 생겨서일 수도 있지만, 9절을 보면 눈길 한 번으로 그 사람 마음의 내적 생명이 드러난다. 눈에 사로잡힌다는 것은 곧 그 사람 전인에게 사로잡히는 것이다. 여기서 우리는 성경이 생각하는 낭만적 매력은 육체의 아름다움을 소홀히 하지도 않되 그 아름다움을 가장 중요한 구성 요소로 보지도 않는다는 것을 다시 한 번 알 수 있다. 실제로 함께 나이 들어 가는 부부는, 몸이 서서히 사랑스러움을 잃어 갈 때 눈은 오히려 더 매력적이 되어 간다는 것을 알게 된다. 어째서인가? 눈 이면에서 기쁨과 지혜의 샘이, 하나님과 서로를 향한 사람의 샘이 점점 깊어져 가기 때문이다.

◑ 아름다운 마음은 사람의 마음을 사로잡는다. 배우자의 속사람을 생각해 보라. 어떤 부분이 아름답다고 생각하는가? 부부가 함께 대답해 보라.

한마음으로 드리는 기도 주님, 배우자와 제가 함께 나이 들어 가면서, 몸은 노쇠해 가나 우리가 서로를 더욱더 매력적으로 여기며 즐거워할 수 있게 도와주옵소서. 아멘.

아가 5장 10, 14-16절; 7장 10절 〔여자〕 내 사랑하는 자는 희고도 붉어 많은 사람 가운데에 뛰어나구나 … 손은 황옥을 물린 황금 노리개 같고 몸은 아로새긴 상아에 청옥을 입힌 듯하구나 다리는 순금 받침에 세운 화반석 기둥 같고 … 예루살렘 딸들아 이는 내 사랑하는 자요 나의 친구로다 … 나는 내 사랑하는 자에게 속하였도다 그가 나를 사모하는구나.

성적인 자기주장　아가서에서 "여자의 역할은 … 실로 깜짝 놀랄 만하며, 특히 이 글이 고대에 기록되었다는 점에 비춰 보면 더욱 그렇다. … 아가 5장 10-16절에서 여자는 남자에게서 느끼는 육체적 매력을 대담하게 표현한다. … 〔"그의 허리는 청옥 입힌 상아처럼 미끈하다"(14절, 새번역).〕 여기 쓰인 히브리어는 아주 에로틱하며, 대다수 번역자들은 이 표현이 명확이 무슨 의미인지 제대로 파악하지 못한다."[6] 그런데 7장 10절에서 성적으로 자기주장이 강한 이 여인은 남편에 대한 순종을 표현한다. "나는 내 사랑하는 자에게 속하였도다." 잠언에서처럼 여기서 묘사된 여성은 아내를 남편의 소유물이나 종으로 보는 전통적 모델에도 들어맞지 않고, 남편과 아내를 뚜렷한 구별 없이 서로 역할을 바꿀 수 있는 파트너로 보는 현대적 관점에도 들어맞지 않는다.

◑ 부부 사이 및 가정생활에서 각자의 역할에 뚜렷한 생각을 가지고 있는가? 그 역할들이 여기서 묘사하는 것처럼 균형이 잡혀 있는가?

한마음으로 드리는 기도　주님, 주님의 말씀은 성(性) 주변에 온갖 울타리를 두르지만, 그 울타리 안에서 기뻐 뛰게도 합니다. 주님께서는 성경을 통해 성이 그 자체로서는 선하지도 않고 악하지도 않으며, 우리가 이것을 주님께 바치느냐의 여부에 따라 거룩하게 성별된 것이 될 수도 있고 거룩함을 모독하는 것이 될 수도 있다는 것을 알려 주셨지요. 우리 부부를, 그리고 한 백성으로서의 그리스도인들을 도우사 성을 주님께 거룩하게 바칠 수 있게 도와주옵소서. 아멘.

아가 6장 1절 〔친구들〕여자들 가운데에서 어여쁜 자야 네 사랑하는 자가 어디로 갔는가
네 사랑하는 자가 어디로 돌아갔는가 우리가 너와 함께 찾으리라.

결혼의 현실 아가서를 읽다 보면 여인과 남자는 부부로 하나가 되자마자(아
3:6-5:1) 곧 헤어졌다가(아 6:1) 재회한다(아 6:3). 이렇게 서로를 잃었다가 다시
찾아야 할 특별한 이유가 무엇이었는지는 분명치 않지만 메시지는 확실하다.
성경은 결혼을 "그 후로 두 사람은 영원히 행복하게 살았다"는 스토리로 보지
않는다. 결혼하기 전 연인 사이가 좋았다 나빴다 하는 것처럼 결혼 후 관계에
도 부침이 있다. 실제로 부부가 꾸준히 서로를 추구하며 애정을 표시하지 않
으면 두 사람 사이는 소원해진다. 왜일까? 결혼이란 내가 알고 있는 나를 상
대에게 다 주는 것인데, 이 주는 행위는 계속 변화하는 것이기 때문이다. 결
혼은 자전거 타기와 비슷하다. 계속 페달을 밟아 앞으로 나가지 않으면 넘어
지고 만다.

◗ 결혼한 이후 나에 관해 새로이 알게 된 중요한 사실이 있는가? 그걸 알게
된 것이 결혼 생활에 어떤 영향을 끼쳤는가? 우리 부부는 여전히 서로를 '추구
하는가?'

한마음으로 드리는 기도 주님, 결혼을 언약에 근거한 연합으로 만들어 주셔서
감사합니다. 또 시련의 시간 속에서 우리 두 사람을 단단히 결속시켜 주셔서
결혼이 아니었다면 알지 못했을 풍성한 사랑의 자리로 우리를 데려다주신 것
에 감사합니다. 아멘.

아가 8장 6-7절 〔여자〕 너는 나를 도장같이 마음에 품고 도장같이 팔에 두라 사랑은 죽음 같이 강하고 질투는 스올같이 잔인하며 불길같이 일어나니 그 기세가 여호와의 불과 같으니라 많은 물도 이 사랑을 끄지 못하겠고 홍수라도 삼키지 못하나니 사람이 그의 온 가산을 다 주고 사랑과 바꾸려 할지라도 오히려 멸시를 받으리라.

죽음을 이기는 사랑 오늘 본문의 여자는 홍수도, 죽음도, 무덤도 자신들의 사랑을 끝내지 못한다고 주장한다. 하지만 결혼 서약도 "죽음이 우리를 갈라놓을 때까지"라고 하면서 사랑에 끝이 있음을 인정하지 않는가? 이는 그저 시적(詩的) 과장법인가? 그렇다. 하지만 위에 제시한 성경 구절은 무언가를 암시하기도 한다. 주님의 사랑은 말 그대로 죽음보다 강하며, 이 사랑이 물속과 불속에서 우리를 보호한다(사 43:2). 따라서 이 구절에서 암묵적으로 말하는 사실은 "이생 너머, 우리를 절대 놓지 않으시고 마지막 원수인 죽음까지도 이기시는 〔주님의〕 더 큰 사랑을 가리킨다." 부부가 그리스도 안에서, 무엇으로도 끝내지 못하는 그리스도의 사랑으로 서로를 사랑한다면 어떻게 될까? 그렇다면 결혼식에서는 "죽음이 우리를 갈라놓을 때까지"라고 사랑을 서약하고, 임종자리에서는 "잠시 후에 만납시다"라고 말할 수 있을 것이다.

❍ 우리 부부는 어떻게 하면 죽음에 더 잘 대비할 수 있을까? 단지 재정적인 면이나 현실적인 면에서만이 아니라 정서적, 영적으로 말이다. 이 문제를 솔직하게 의논해 보았는가?

한마음으로 드리는 기도 죽음보다 강한 사랑, 무덤을 견뎌 낼 사랑을 우리에게 주신 주님을 찬양합니다. 이보다 더 큰 위로가 어디 있는지요. 우리를 대신해 십자가로 가시어 그 위로의 값을 치러 주셔서 감사합니다. 아멘.

전통 사회는 결혼, 〔그리고〕… 가족과 집안을 우상으로 삼는 경향이 있는 반면, 현대 사회는 독립적 삶, 〔그리고〕개인의 선택과 행복을 우상으로 삼는 경향이 있다. 전통 사회에서는 사회적 의무가 결혼의 동기였던 반면 … 현대인들의 결혼 동기는 개인적 만족이다. 두 가지 동기 모두 부분적으로 타당성이 있지만, 복음이 우리 생각과 마음을 바꿔 놓지 않으면 이런 동기가 결혼의 최고 목적이 될 수 있다.

언제나 엇박자 복음은 인간의 모든 문화를 향해 어느 부분에서든 도전을 던진다. 그래서 그리스도인은 늘 당대 문화와 엇박자일 수밖에 없다. 성과 결혼 문제에서도 그리스도인은 현대인들이 보기에는 너무 전통적이고, 그런가 하면 전통 문화의 입장에서는 너무 해이해 보일 것이다. 그래서 그리스도인들이 만약 자기만 옳다는 태도로 행동하면 비신자들에게 의혹과 불신을 낳을 수 있다. 반면 믿지 않는 사람들을 우리 가정과 삶으로 따뜻하게 맞아들여 우리가 서로 잘못을 뉘우치고 용서하는 모습을 목격하게 해 주면, 삶을 변화시키는 복음의 능력 덕분에 이들은 자기들과 다른 우리의 그런 모습에 매력을 느끼고 호기심이 생길 것이다.

◐ 어떤 비신자가 내 결혼 생활을 면밀히 들여다본다 하자. 그 사람은 흥미로워할까? 미혼인 내가 이성을 사귀면, 친구들 사이에 호기심과 관심을 불러일으킬 만한 연애를 하게 될까?

함께 붙드는 기도의 끈 내 주변 문화의 가치에 분개하거나 이를 경멸하지 않으며 또한 그 문화에 너무 깊이 영향받지 않게 해 달라고 하나님께 구하라.

〔전통 문화는 싱글들에게 말한다.〕 "결혼해야 비로소 어른이 된다." … 〔현대 문화는 결혼하지 않은 사람들에게 말한다.〕 "자기 분야에서 성공해서, 어떤 식으로든 상대를 자기 식으로 바꿔 놓으려 하지 않는 완벽한 상대를 만날 때까지는 결혼하지 말아야 한다." … 첫 번째 문화는 결혼을 지나치게 욕망하게 만든다. 두 번째 문화는 결혼을 지나치게 두려워하게 만든다.

결혼을 위해 하나님을 신뢰하기 누군가와 결혼을 해서 나를 전적으로 헌신해야 한다고 생각하면 겁이 나고 긴장되는 것이 당연하다. 결혼하면 인생 만사가 다 좋아질 거라고 백 퍼센트 확신할 수 있었으면 할 때도 있다. 그러나 이런 생각의 속내를 들여다보면, 미지의 영역으로 들어갈 때 하나님을 신뢰하기를 두려워하는 마음이 자리 잡고 있음을 알 수 있다. 그런 마음에 무릎 꿇지 말라. 결혼하지 않고 산다 해도 앞으로 일어날 일들에 하나님을 신뢰해야 한다. 장차 무슨 일이 있을지, 병들지 건강할지, 성공할지 실패할지, 행복할지 슬플지 우리로서는 알 수 없기 때문이다. 그러므로 끝까지 독신으로 산다는 것은 알지 못할 미래에 맞서 나를 보호하는 것이 아니다. 어떤 상황에서든 하나님이 내 인도자, 보호자, 아버지가 되어 주실 것이다.

◑ 결혼이 내 삶에 끼칠 여러 가지 곤란한 일이 두려워 결혼을 회피했는가? 결혼하면 삶이 복잡해질 거라는 생각 때문에 결혼이 두려운 적이 있었는가? 반대로, 결혼한 사람으로서, 싱글로 계속 살았으면 삶이 훨씬 단순했을 것이고, 따라서 더 행복했을 것이라 생각하면서 싱글의 삶을 그리워하고 갈망하지는 않는가?

함께 붙드는 기도의 끈 잠언 3장 5-6절을 묵상하라. 내 시간을 하나님 손에 맡기고(시 31:15) 하나님을 전적으로 신뢰할 수 있게 해 달라고 구하라.

실험 연구에 따르면 남성들은 외모가 거의 완벽에 가까운 여성을 찾는 반면 여성들은 경제적으로 풍요로운 남성을 찾는다고 한다. … 성적인 요소와 재정적 요소가 생각을 지배한다. 그 결과, 현대인들의 연애는 몹시 천박한 자기 관촉 행위가 될 수 있다. 데이트 상대나 파트너, 배우자의 마음을 끌려면 외모가 훌륭해야 하고 돈을 잘 벌어야 한다. 외모가 출중하고 부유한 상대를 원하는 이유는 자신의 자존감을 위해서다.

필요한 건 단 두 가지 성공적이고 행복한 결혼은 외모나 재정적 능력보다 훨씬 더 안정적인 토대 위에 세워져야 한다. 외모와 재정 상황은 변하기 마련이고 심지어 하룻밤 사이에 달라지기도 한다. 그렇다면 우리에게 필요한 것은 무엇인가? 두 가지다. 첫째, 서로에게 한 가지 약속을 할 만큼 서로를 사랑하는 두 사람이 있어야 한다. 인생길은 예기치 않게 꼬이거나 방향이 바뀌는 경우가 많아서, 하나님 앞에서 공통으로 언약을 맺은 삶에 바탕을 두지 않은 것은 언제나 무너지기 쉽다. 결혼식은 현재의 사랑을 선언하는 것이라기보다, 지금처럼 들떠 있는 감정이 가라앉는 언젠가, 즉 장래에도 사랑하리라 약속하는 것이다. 둘째, 어떤 문제가 생겼을 때 복음으로 이를 해결할 수 있을 만큼 복음을 믿고 이해하며, 잘못했을 때 회개하고 용서하고 변화하는 두 사람이 있어야 한다.

◑ 결혼하지 않은 사람들이여, 어떤 배우자를 찾는가? 하나님을 기쁘시게 하는 삶을 추구할 때 그 길을 함께 갈 길동무를 찾는가? 그게 아닌 다른 어떤 것을 찾는가? 결혼한 사람들이여, 두 사람의 결혼 서약은 험난한 시기를 지날 때 어떤 식으로 부부의 사랑을 지탱해 주고 풍성하게 해 주었는가?

함께 붙드는 기도의 끈 결혼 생활을 잘해 나가는 것이 약속의 힘과 서로 회개하고 용서하는 능력에 달려 있는 것이라면, 그 힘과 능력을 키워 갈 수 있도록 더 큰 은혜를 부어 달라고 하나님께 청하라.

많은 싱글들이 자기와 마음이 잘 맞고, 명석하고, 외모가 수려한 상대를 찾는다. 또 어떤 이들에게 싱글 생활은 최선의 경우 진짜 인생이 시작되기를 기다리며 사는 일종의 대기실 상태이고, 최악의 경우는 자기도 어쩌지 못하는 비참한 상태다. 첫 번째 부류의 싱글들은 두려움과 완벽주의 탓에 이런저런 유형의 훌륭한 배우자감이 있어도 알아보지 못하고 그냥 지나친다. 두 번째 부류의 싱글들은 자신의 결핍 때문에 사람들에게 곁을 주지 못하며, 때로는 자포자기하는 심정으로 터무니없는 사람을 결혼 상대자로 선택하기도 한다.

결혼하기로 할 경우 바울이 고린도전서 7장에서 지적하는 것처럼 독신 생활과 결혼 생활 모두 영적 이득과 손해가 나름대로 있다. 결혼하는 쪽으로 마음을 정했다면, 내 삶과 섬김과 마음을 함께 나눌 사람을 지혜롭게 선택해야 한다. 그런 자질을 가진 사람인지 아닌지 어떻게 판단할 수 있을까? 그저 신체 치수나 통장 잔고 같은 숫자를 보고 결정하지는 말라. 그보다는 타인을 섬기는 일에 자신을 던지라. 어떤 사람이 그 섬김의 일(선교 여행, 노방 전도, 구제 사역, 기도 팀)에 동행한다면, 그 사람을 안팎으로 철저히 알게 된다. 그리고 이런 일을 하다 보면, 언제 어떤 사람과 결혼하게 될까 하는 문제에 집착하기보다 하나님께 순종하는 여러 가지 활동으로 내 삶을 충만하게 채울 수 있다.

◑ 미혼 커플들이여, 함께 타인을 섬기는 과정에서 상대방을 알게 되었는가? 만약 그렇다면 서로를 훨씬 더 많이 알게 될 것이다. 부부들이여, 우리 가정이 어떻게 하면 싱글들을 위해 부담 없는 만남의 기회를 마련해 줄 수 있을까?

함께 붙드는 기도의 끈 나와 배우자는 단순히 연인이 아니고, 그냥 친구는 더더구나 아니며, 그리스도인 공동체를 함께 세워 나가는 사람이요, 복음과 하나님 나라를 증언하는 사람들임을 기억하라. 내가 어느 부분에서 약한지 하나님께 고백하고, 각 영역에서 우리의 결혼 생활을 튼튼하게 만들어 달라고 하나님께 청하라.

하나님께서 내 배우자의 삶에 행하시는 눈부시게 아름다운 일들과 특별히 사랑에 빠질 수 있다면 … 결혼을 추구하는 과정이 얼마나 달라질까? 역설적으로, 이런 결혼관은 결국 믿을 수 없을 만큼의 개인적 만족감을 안겨 준다. 다만 현대인들이 바라는 것처럼 아무 희생도 치르지 않는 피상적 방식을 통해서는 아니다. 대신 이 결혼관은 우리의 성품이 사랑, 평강, 기쁨, 소망으로(골 1장; 갈 5장; 고전 13장) 눈에 띄게 성숙해 가는 데 따르는 독특하고도 매우 놀랄 만한 만족감을 준다(엡 5:25-27).

변화시키려는 동기가 무엇인가 오늘 본문과 같은 시각은 상대방을 내가 생각하는 '최선의 모습'으로 변화시키려는 기대를 안고 어떤 사람과 결혼하는 것과는 매우 다르다. 하나님께서 내 배우자감에게 어떤 은사와 소명을 주셨는지 알아볼 수 있을 만큼, 그리고 그 영역에서 그 사람이 성장할 수 있도록 뒷받침하고 싶은 마음이 들 만큼 그 사람의 삶을 들여다볼 수 있어야 한다. '배우자의 성장을 뒷받침하는 것'과 '배우자를 조종해 내가 원하는 사람으로 만드는 것'이 얼마나 다른지를 분별할 정도로 자신을 잘 파악하려면 큰 지혜가 필요하다. 겸손, 분별 있는 자기 의심(내가 상대에게 이런 제안을 하는 것은 내게 이득이 되기 때문인가, 아니면 그 사람에게 유익하기 때문인가를 따질 수 있는), 그리고 함께하는 기도가 반드시 필요하다.

◑ 배우자의 마음을 잘 알 수 있을 만큼 배우자와 함께 기도하는가? 함께 기도하는 삶 이상으로 배우자와 더 친밀해질 수 있는 더 좋은 방법이 있는가?

함께 붙드는 기도의 끈 사무엘상 12장 23절을 읽고, 배우자와 함께 그리고 배우자를 위해 꾸준히 기도하지 못하는 것은 하나님과 배우자 모두에게 죄라는 것을 확인하라. 부부가 충분히 기도하는 생활이 부족했음을 하나님께 고백하고 하나님의 큰 도움을 구하라.

〔고린도전서 7장 7절에서 독신의 "은사"란 무엇인가?〕 이는 독신 상태에서 삶과 섬김에 결실을 맺는 것을 말한다. 이 은사를 가진 사람은 사실 힘든 씨름을 벌여야 할 수도 있지만 … 그런 씨름에도 불구하고 영적으로 성장하고 자기도 모르게 다른 사람들의 삶을 풍성하게 이끌어 줄 수 있도록 하나님께서 도우신다. 이는 독신의 은사가 선택받은 몇몇 소수만의 은사가 아니며, 독신 상태가 평생 갈 수도 있지만 반드시 그렇지는 않다는 뜻이다. 이 은사는 정해진 일정 시기 동안만 주어진 은혜일 수도 있다.

내 삶이 제사가 되어   하나님께서는 우리를 속량하시고 모든 것을 주셨다. 이에 보답하여 우리는 하나님을 만물의 주님으로 인정하면서 우리 삶을 바친다. 독신이든, 결혼해서 자녀를 두었든, 자녀를 낳지 못하든, 과부가 되었든, 건강하든, 병들었든, 어찌할 바를 모르는 상태든, 고투를 겪는 중이든, 우리 삶의 이 모든 정황을 하나님께 바치면, 하나님께서는 떡 다섯 덩이와 물고기 두 마리로 우리가 상상할 수 없는 큰일을 하신 것처럼 이 정황을 들어 쓰실 것이다. 우리가 쓰임받는 길을 가로막는 유일한 장애물은 하나님께 바쳐야 할 상황과 관련해 우리가 느끼는 불만족이다. 우리는 결혼해서 사는 삶은 바칠 수 있지만 싱글 생활은 바칠 수 없다고 생각한다. 건강한 삶은 바칠 수 있지만 병들어 위태로운 삶은 바칠 수 없다고 생각한다. 하지만 하나님께서는 우리가 무엇을 바치든 상상 이상으로 큰일을 행하심으로써 영광을 받으실 수 있고, 실제로 그렇게 하실 것이다.

◑ 힘든 상황이 닥쳤을 때 그저 이를 갈며 이를 견뎌 내는 것과 하나님께 이 상황을 제물로 드리는 것은 어떻게 다른가? 제물로 바치기 위해서는 어떤 태도가 필요한가? 어떻게 행동해야 하는가?

함께 붙드는 기도의 끈   로마서 12장 1-2절을 묵상하라. 그런 다음 내 삶을 온전한 번제로, 살아 있는 제물로 바칠 수 있도록 도우시기를 하나님께 구하라.

〔이성 교제를 할 때는〕나이에 맞게 행동하라. 청소년이라면 … 나중에 결혼하여 책임감 있게 충족시켜 주지 못할 정서적, 육체적 욕망을 자극하려 해서는 안 된다. 그러나 삼십 대 싱글이 또래의 상대와 사귀면서 그저 즐기는 수준의 데이트만 고집한다면 이는 사람의 감정을 가지고 노는 것일 뿐이다. 나이가 많을수록 그리고 데이트 횟수가 잦을수록, 두 사람 모두 자신들이 결혼을 염두에 둔 만남이라는 사실을 그만큼 신속히 인정해야 한다.

자제력 결혼 언약의 울타리 밖에서 의도적으로 성욕을 불러일으켜서 욕구불만이 되거나 이를 옳지 않게 충족시켜서는 안 된다.[11월 7일] 평생 순결을 받아들일 수 없다면(대다수 사람에게 평생 순결은 불가능하다), 성이라는 선물을, 그리고 하나님께서 허락하실 경우 새 생명 창조라는 선물을 마음껏 함께 누릴 수 있는 배우자를 구하라. 누군가가 멋지고 비싼 자동차를 선물해 주었는데, 그저 차고에 넣어 둔 채로 시동을 걸고는 공회전만 시킬 것인가? 이렇게 하면 엔진만 망가지고, 게다가 자동차는 그러라고 있는 게 아니다. 마찬가지로 상호 성적 유대를 위해 합법적으로 배우자를 흥분시킬 수 있을 때까지는, 특정 영상을 보거나 특정 사람을 지켜보거나 무언가를 듣고 환상을 품으면서 의도적으로 성적 욕구를 자극하지 말라.

◗ 미혼 커플들이여, 결혼하기 전에 의도적으로 강한 성적 욕구를 불러일으키지 않으려고 조심하는가?

함께 붙드는 기도의 끈 절제란 단순히 금욕주의적 의지력의 문제가 아니라, '다급하게 나를 재촉하는 일'보다 '중요한 일'을 더 사랑하는 문제라는 것을 하나님 앞에서 기억하라. 그런 다음 삶의 모든 영역에서 자제력이라는 영적 열매를 더 풍성하게 맺을 수 있게 해 달라고 주님께 구하라(딤후 1:7).

믿지 않는 사람에게 정서적으로 깊이 휘말려 들지 않도록 하라. … 성경 어디를 보든 그리스도인은 그리스도인과 결혼해야 한다. … 그리스도인인 내 신앙을 상대가 공유하지 않는다면 … 그리고 예수님이 내 중심이시라면, 이는 곧 상대가 나를 진심으로 이해하지 못한다는 뜻이다. 그 사람은 내 삶을 움직이는 동력이 무엇인지, 내 모든 행동의 근본 동기가 무엇인지 모른다. … 그러면 내가 어떤 결정을 할 때마다 상대가 번번이 이를 납득하지 못하는 사태가 벌어지고 만다.

오직 신자와 결혼하라   이 문제를 비교적 길게 다룬 글 "빼앗아 가지 마"(Don't Take It from Me)를 소개하고자 한다. 인터넷에서 쉽게 찾아볼 수 있는 이 기사에서[8] 나(캐시)는 신앙이 없는 사람과 결혼한 뒤로(무지 때문인 경우도 있고, 결혼한 뒤 회심한 경우도 있으며, 불순종 때문인 경우도 많았다) 긴 세월 동안 슬픔을 겪는 내 주변 사람들 모습과 그들의 이야기를 가능한 한 모두 영상에 담고자 했다. 잠깐 시간을 내서 그 기사를 읽어 보기 바란다. 행복한 결혼 생활을 하는 사람들이 아무리 뭐라고 말해 봤자 자기가 이미 선택한 사람과 결혼하고 싶어 안달하는 사람들에게는 별 영향을 끼치지 못한다. 설령 선택한 사람이 그리스도인이 아닐지라도 말이다. 그렇다면 그런 선택을 한 결과를 겪으며 사는 사람들의 말을 대신 들어 보라.

◑ 아직 누구와도 결혼 약속을 하지 않은 미혼 시절, 같은 믿음을 가진 사람과 결혼하기보다는 계속 혼자인 게 더 낫다고 확신했는가? 기혼자들이여, 나와 기독교 신앙을 공유하지 않는 사람과 결혼했다면, 어떻게 이 땅의 배우자에게 상처를 주지 않으면서 참신랑이신 예수님께 계속 충실할 수 있을까?

함께 붙드는 기도의 끈   우리 부부가 서로를 정서적으로 알 뿐만 아니라 영적으로 서로 이해할 수 있도록, 그리고 각자 주님을 믿는 믿음에 어떤 강점이 있고 약점이 있는지 익히 알 수 있도록 도와주시기를 하나님께 청하라.

> 신앙을 공유하지 않는 사람과 결혼할 경우 앞에 놓인 길은 오직 두 가지뿐이다. 하나는
> 점점 투명성을 잃어 가는 것이다. 정상적인 … 그리스도인이라면 살아가면서 무슨 일을
> 하든 그리스도와 … 연결 짓는다. … 어떤 결정을 내릴 때마다 그리스도께서 말씀하신 원
> 리를 토대로 할 것이다. 그날 그날 성경에서 읽은 말씀을 생각하며 살 것이다. 그런데 내
> 게는 아주 자연스러운 이런 생각들을 배우자에게 투명하게 다 털어놓으면, 배우자는 이
> 를 지루해하거나 귀찮아할 것이며, 심지어 불쾌해하기까지 한다. … 그러다 결국에는 이
> 모든 것을 다 감추고 살아야 한다.

진짜로 이기는 법 베드로는 베드로전서 3장 1-4절에서 믿지 않는 남편과 결
혼한 아내들에게 조언을 한다. 현대인들은 아내가 남편에게 순종해야 한다
는 말에 진저리를 칠지도 모르지만, 그 순종의 목표가 보는 사람의 눈길을 끌
고 마음을 끄는 정결하고 경건한 삶이어서 이 덕분에 배우자가 그리스도께로
올 수 있다면 이를 거절할 아내는 별로 없을 것이다. 이는 아내들이 남편에게
학대당해도 참고 지내야 한다는 말이 아니라(순종하라는 말을 학대당하며 살라는 말
과 짐짓 혼동하는 이들이 많기는 하지만), "온유하고 안정한 심령"을 나타내 보이라는
말이다. 남편이나 아내에게 잔소리를 해서 예수님을 믿게 만들려는 사람은
그것이 오히려 적개심과 저항만 불러일으킨다는 사실을 깨달을 것이다.

◑ 아내들이여, 내 결혼 생활에서 "온유하고 안정한 심령"이 어떻게 나타나
고 있는가? 잘 나타나는가, 별로 잘 나타나지 않는가, 아니면 아예 안 드러나
는가? 남편들이여, 아내가 자신을 내게 전폭적으로 의탁할 때 아내를 향한 내
마음은 온화해지는가, 아니면 화가 나는가? 아내의 온유함에 매력을 느낀다
는 사실을 아내에게 어떻게 알려 주겠는가?

함께 붙드는 기도의 끈 내 안에 그리스도를 닮은 성품이 강화되어 먼저는 하나
님을 기쁘시게 하고, 높이며, 다음으로는 배우자가 예수님께 마음이 끌릴 수
있게 해 달라고 하나님께 구하라.

조금 더 안 좋은 나머지 하나의 길은 내 의식의 중심에서 그리스도를 그냥 몰아내는 것이다. 그러려면 그리스도를 향한 내 마음의 열기가 차갑게 식어 버리게 해야 할 것이다. 그리스도인으로서 내 헌신이 내 삶의 모든 영역과 어떤 식으로 연관되는지를 의도적으로 생각에서 지워 버려야 한다. 마음과 생각의 중심에서 그리스도를 끌어내려 한다. 계속 그분을 중심에 모셨다가는 배우자에게서 멀리 떨어져 있는 기분이 들 테니 말이다.

짝짝이 멍에 오늘 본문과 같은 상황은 부부 중 어느 한쪽이 그리스도인이 아닐 경우에도 벌어질 수 있고, 부부 중 어느 한쪽이 영적 관심사나 영적 성장 면에서 나머지 한쪽보다 뒤처지는 경우에도 벌어질 수 있다. 그러면 부부 중 '앞서가는' 쪽이 그리스도를 삶의 중심에서 살짝 밀어 놓아야 하는 것 아닌가 하고 부담을 느끼는 결과가 빚어진다. 누구도 이런 일이 생길 것이라고는 믿지 않는다. 대부분의 경우 부부 중 신자가 아닌 쪽은 신자인 배우자에게 결혼한 뒤에도 얼마든지 원하는 대로 신앙 생활을 하라고 약속한다. 하지만 이 약속은 진심일 수는 있어도 실제 효력을 낼 수는 없다. 왜냐하면 결혼하면 한 몸의 연합이 생기고, 그래서 살아가면서 무언가를 선택하고 결정을 내려야 할 때 무엇이 가장 중요한지에 관해 부부가 의견이 일치해야 하기 때문이다. 예수님이 한 사람의 삶에서는 주님이시고 또 한 사람의 삶에서는 그렇지 않기 때문에 두 사람이 의견 일치를 보기란 거의 불가능하다.

◑ 내 배우자는 그리스도인으로서의 내 행보를 어떤 식으로든 방해하지 않는가? 방해한다면 어떻게 방해하는가? 이 상황을 바꾸려면 어떻게 해야 하겠는가?

함께 붙드는 기도의 끈 결혼 생활 중에 어떤 상황을 만나든 하나님께서 나를 한 단계 한 단계씩 변화시켜 구주의 형상으로 빚어 가 달라고 기도하라(고후 3:18).

> 결혼 상대자끼리는 마땅히 서로에게 점점 더 육체적 매력을 느껴야 하며 ··· '포괄적 매력'
> ··· 으로 출발한다면 시간이 흐르면서 그 매력은 점점 커질 것이다. ··· 이는 상대방의 '성
> 품' 또는 성령의 열매에 끌리는 것이기도 하고 ··· 좋아하는 책, 음악, 장소, 혹은 과거에 깊
> 은 감동을 느낀 어떤 시간을 ··· 하나로 묶어 주는 '보이지 않는 끈'이기도 하다. ··· 때로 동
> 일한 '신앙적 가치관'의 끈을 상당 부분 공유하는 사람을 만날 수도 있다. ··· 포괄적 매력
> 은 ··· 성품, 사명, 미래의 자아, 신앙적 가치관을 바탕으로 한다.

새로운 피조물 《팀 켈러, 결혼을 말하다》에서 우리가 사용한 '포괄적 매력'이
라는 표현은 오늘날 사람들은 거의 이해하기 어려운 개념이다. 현대인들은
성적 매력만 알거나, 정치적 이상, 사회적 대의, 열성적 취미 등에 바탕을 둔
강렬한 성적 끌림만을 각각 알 뿐이다. 포괄적 매력은 육체적 매력과 심지어
'공통의 관심사'도 포함하지만, 이런 것들은 피상적일 뿐이요 때와 상황이 변
하면 대개 사라질 운명이라는 것 또한 안다. 하지만 내가 소중히 여기는 사람
의 삶에 하나님께서 이루어 가시는 새로운 피조물과 사랑에 빠지면, 시간이
흘러 그 새로운 사람이 성장해서 모습을 드러냄에 따라 나도 모르게 그 사람
에게 점점 더 깊은 매력을 느낄 것이다.

◑ 부부들 그리고 연애 중인 커플들이여, 상대방의 속사람에서 어떤 부분이
내 마음을 끌어당기는지 알고 있는가? 그 사람을 멋진 사람으로 만들려고 하
나님께서 어떤 씨앗을 뿌리고 계신지 알아볼 수 있는가?

함께 붙드는 기도의 끈 배우자를 알고 지내온 시간 동안 하나님께서 그 사람을
그리스도의 형상으로 변화시키시는 것을 어떤 면에서 이미 목격했는지 생각
해 보라. 그런 변화를 허락하신 하나님을 찬양하고 하나님께 감사드리라. 그
런 다음 우리 두 사람 모두에게 이런 성장을 더 많이 허락해 달라고 구하라,
훨씬 더 많이.

때로 … 겉보기에 강렬한 감정은 얼핏 깊은 사랑으로 보이기도 한다. … 이런 사랑의 열병이 순식간에 아주 적대적이고 쓰디쓴 감정으로 변할 수 있다는 사실을 보면 포괄적 매력과 사랑이 사실은 거기 존재한 적이 없었음을 알 수 있다. … 내가 그 열병 단계를 지나왔는지 알려면 일련의 질문을 해 봐야 한다. 첨예한 갈등을 여러 번 겪고 해결해 왔는가? 잘못을 뉘우치고 용서하는 사이클을 경험했는가? 상대를 사랑하기에 내가 기꺼이 달라질 수 있다는 것을 상대방에게 확인시켜 주었는가?

변치 않는 사랑 사랑의 열병과 집착은 환상에 바탕을 둔다. 열병과 집착은 타락한 세상의 현실을, 때로는 가혹한 그 현실을 절대 견뎌 내지 못한다. 그러면 어떤 사랑이어야 그 현실을 견뎌 낼까? 예수님께서 주신 사랑, 예수님께서 제자들에게 명하사 서로에게 베풀라고 하신 그런 사랑이다. 그런 사랑은 새로운 단어를 써서 설명해야 할 만큼 급진적이다. 바로 '아가페 사랑'이다. C. S. 루이스는 《네 가지 사랑》(The Four Loves, 홍성사 역간)에서 "자비"(charity) 혹은 헬라어 '아가페'를 써서 타인의 복락을 위해 희생적으로 자기를 바치는 사랑을 묘사한다.[9] 부부 사이에서 이 사랑은 두 사람을 깊이 결합시키는 애정으로 표현되며, 이는 두 사람의 약속, 함께 마주한 시련, 화해, 희생, 함께한 시간이 낳은 결과물이다.

◑ 미혼 커플들이여, 상대방을 향한 내 감정이 자기를 주는 희생적 감정인지, 아니면 그저 상대방 덕분에 내가 얼마나 기분이 좋은가의 문제인지 분명히 말할 수 있는가? 부부들이여, 배우자를 향해 늘 생생하고도 따뜻한 감정을 유지하기 위해 내가 어떤 희생을 했는지 생각해 보라. 배우자가 그리스도 안에서 더 성장하도록 하려고 어떤 희생을 했는가?

함께 볼드는 기도의 끈 우리를 향한 사랑이 우리의 완전함이 아니라 하나님의 완전함에 바탕을 두고 있다는 사실에 하나님께 감사드리라. 우리 부부 안에 서로를 향한 아가페 사랑이 날로 커 갈 수 있도록 하나님께 청하라.

〔갈등을 잘 해결할 수 있느냐는 질문에〕 "아니오"라고 대답하는 커플은 두 부류다. 한 부류는 둘 사이에 아무런 갈등도 없는 커플이다. 어쩌면 이들은 열병 단계가 아직 지나지 않았을 수도 있다. 다른 한 부류는 지금까지 격렬하게 싸워 왔을 뿐만 아니라 해결하지 못한 문제를 두고 똑같은 싸움을 되풀이하는 커플이다. 이들은 회개하고 용서하고 변화하는 기본 기술조차 습득하지 못했다. 양쪽 커플 모두 아직 결혼할 준비가 안 되었다.

모든 것을 하나로 꿰는 줄　말콤 글래드웰(Malcolm Gladwell)은 어떤 분야에서 상당한 능력에 이르려면 1만 시간의 연습이 필요하다는 유명한 말을 했다. 우리 부부가 결혼 전 상담을 받을 때 담당 목사님이 하는 말을 듣고 소름이 끼쳤던 기억이 난다. 목사님은 15년 동안 결혼 생활을 해 보니 이제야 "겨우 결혼 생활 요령을 터득한 것 같다"고 했다. 지금 생각해 보니 그 목사님은 기준을 너무 낮게 잡았다. 결혼 생활이 얼마나 힘든가는 대개 우리가 얼마나 달라지느냐에 달려 있다. 아직 자녀가 없는 시기에 누군가를 사랑하는 '요령을 터득'했다면 그 순간부터 자녀와 함께 누군가를 사랑하는 법도 익혀야 하다. 하지만 "내 아내는 다섯 남자와 결혼 생활을 해 왔다. 다섯 남자 하나하나가 다 나였다"고 한 루이스 스미즈의 말을 기억하라. ⁶ᵉᵂ¹⁷ᵉ 어떤 일이 있어도 사랑하겠다는 약속이 바로 때에 따라 다르게 표출되는 '자아들'과 상황을 하나로 꿰는 줄이다.

◑ 결혼 후 살면서 결혼 생활에 일어나는 변화, 또 개인적으로 자신에게 일어나는 변화들을 어떻게 준비하고 맞이하겠는가? 언약에 바탕을 둔 결혼 서약이 도움이 되는가?

함께 붙드는 기도의 끈　살면서 계속 배우자가 변화하는 모습은 그 사람을 위해 하나님께서 세우신 계획의 일부임을 깨닫게 하시어, 그것 때문에 너무 두려워하거나 너무 화내지 않게 해 달라고 하나님께 구하라. 그런 다음, 지금 이 순간 배우자를 마땅히 사랑해야 할 만큼 사랑할 수 있게 도와주시기를 청하라.

공동체가 하는 조언에 귀를 기울이고 충실히 따르라. … 순전히 개인적이고 독단적으로 결혼을 결정해서는 안 된다. 결혼은 너무 중요한 일인데, 우리의 개인적 관점은 너무 편향되기 쉽다. 공동체에는 미혼인 사람들이 귀 기울여 들을 만한 큰 지혜를 갖춘 기혼자들이 많다. 결혼할 마음을 먹은 사람들은 결혼까지 가는 모든 단계마다 공동체의 조언을 들어야 한다.

일상 속의 광휘 일단 결혼을 하면 성적 표현을 얼마든지 허용하고 장려하는데, 이때 어떻게 하면 성이 틀에 박히고 지루한 일상이 되는 것을 막을 수 있을까? 이제 배우자를 더 잘 알게 되었고 내면을 통찰할 수 있게 되었으므로 그것을 바탕으로 예전처럼 표현도 자주 하고 입맞춤과 포옹도 자주 하되 한결 다정한 태도로 그 행동에 새로운 의미를 불어넣어야 한다. 내가(캐시) 만약 지금 남편의 손을 잡으면, 이는 우리가 처음 손을 잡았을 때에 비해 훨씬 많은 의미를 지닌다. 아직 결혼하지 않은 커플이라면, 결혼 전 지금 시작하라. 늘 새로운 의미가 담긴 지혜롭고 신중한("때가 이르기 전에 욕망을 자극하지 말라") 갈망과 애정을 표현하라. 어떻게 하면 진도를 더 나가 볼까 하면서 짜릿함만 추구하지 말고 말이다.

◑ 미혼 커플들이여, 죄에 빠져들지 않고 최대한 선(line)을 지키려고 노력하는가? 아니면 자기 마음의 소리를 들어 스스로에게 실수의 여지를 널리 허락하는가? 결혼한 커플들이여, 잠자리를 가질 때 세월의 흐름과 함께 날마다 더 새로운 차원의 애정을 더하는 일을 얼마나 잘 해내고 있는가? 어떻게 하면 그 일을 훨씬 더 잘할 수 있겠는가?

함께 붙드는 기도의 끈 에베소서 5장 19-20절을 읽으라. 우리는 마음으로 주님께 감사하는 "노래"를 부르며 하루하루의 평범한 일상을 살아 내야 한다. 그러므로 내 마음에서 노래가 나올 때까지 배우자 그리고 결혼 생활에 대해 하나님께 감사드리면서 하루를 살 수 있는 바로 그 영과 능력을 달라고 하나님께 청하라.

바울의 말에 따르면, 매춘부와의 성관계가 잘못인 이유는 모든 성행위가 원래 연합하는 행위여야 하기 때문이다. 바울은 자신의 삶 전체를 맡기지 않을 사람에게 자신의 몸을 주는 것은 근본적으로 앞뒤가 맞지 않는 행위라고 역설한다. C. S. 루이스는 혼외 성관계는 음식을 삼켜서 소화시키지 않고 그저 씹기만 하고 뱉어 내 미각적 쾌락만 느끼려는 것과 비슷하다고 설명했다. 적절한 비유다. … 이어서 바울은 모든 성행위가 반드시 반영해야 할 다른 모든 유형의 하나 됨 없이 몸만 하나 되는 것은 기괴한 일이라고 비난한다.

사랑을 가늠하는 방법 우리 문화에서는 일반적으로 성적 쾌락을 위한 하룻밤 유혹과 두 사람이 '서로 정말 사랑해서' 동침하는 것을 구별한다. 하지만 아무리 하룻밤 잠자리라고 해도 보통은 서로 끌리기 때문에 가능한데, 이 또한 사랑 아닌가? 문제는 우리가 사랑을 단순히 강렬한 감정으로만 정의할 때 발생한다. 사실 그런 감정은 상대방의 유익과 행복을 바라는 마음보다는 상대방을 소유하고 그 사람의 인정을 받고 싶은 욕망으로 작용할 수 있다. 그렇다면 진짜 사랑은 어떻게 가늠할 수 있을까? 진짜 사랑 여부를 판단할 수 있는 좋은 질문이 여기 있다. 상대방을 사랑하되 결혼할 수 있을 만큼 사랑하는가? 그 사람과 함께하기 위해 자기 혼자만의 삶을 포기할 수 있는가? 그렇게 할 수 없다면 그 사람과 동침할 만큼 그 사람을 사랑한다고 말하지 말라.

◑ 미혼 커플들이여, 위에 열거한 질문으로 자신의 사랑을 평가해 보고 결혼 서약을 할 때까지 성관계를 자제하겠는가? 부부들이여, 배우자를 향한 내 감정이 오르락내리락할 때 결혼 서약을 충실히 지키는 것이 흔들림 없고 지속적으로 서로를 사랑하는 길이라는 사실에서 위로를 얻었는가?

함께 붙드는 기도의 끈 하나님께서 하나의 약속, 곧 가장 큰 대가를 치르고서라도 우리를 속량하시겠다는 약속을 통해 우리를 구원하심에 감사드리라(창 15장; 갈 3:10-14). 그런 다음 우리가 자신의 약속에 충실함으로써 서로를 계속 사랑할 수 있게 해 달라고 하나님께 구하라.

부부 사이가 원만하지 않으면 성관계도 삐걱거린다. 그러므로 겉만 보지 말고 그 이면을 아주 세심히 들여다보라. 성적으로 잘 맞지 않는다는 것은 사실 잠자리 기술이 부족한 것이 전혀 아닐 것이다. 이는 두 사람 관계에 그보다 더 심각한 문제가 있다는 신호일 수 있다. 대개의 경우 문제를 제대로 다루면 성적 친밀함도 훨씬 더 나아진다.

시험 수단으로써의 섹스 성행위는 어떤 의미에서 '결혼 갱신 의식'으로, 이 의식을 통해 처음에 그랬듯 자신을 서로에게 새롭게 주는 것임을 살펴보았다. 몸의 연합은 그 순간의 정서적·영적 유대를 심화하는 하나의 방법일 뿐만 아니라, 내 지나온 삶 전체를 상대에게 주었음을 여실히 말해 주는 하나의 방법이다. 따라서 결혼 생활의 어느 부분에서든 무언가가 잘못되어 있으면 당연히 성생활에도 영향을 끼칠 것이다. 모든 문제는 '잠자리에서 드러난다.' 그러므로 부부 사이 성행위는 하나의 시험 수단이다. 성적 친밀함이 사라졌다면 이는 알 수 없는 이유로 두 사람 사이의 강렬한 성적 끌림이 사라졌다는 징후가 아니라, 결혼 생활의 어떤 부분에서 두 사람이 서로를 마땅히 사랑해야 할 만큼 사랑하지 못하고 있는 것이다.

◑ 부부가 함께 과거를 돌아보고, 침실 밖의 문제점이 침대에서 모습을 드러내지는 않는지 확인해 보라. 지금 그런 일이 일어나고 있지는 않은가?

함께 붙드는 기도의 끈 시편 139편 23-24절을 묵상하라. 그런 다음 이 말씀을 내 결혼 생활에 적용해 보라. 내게 혹시 감춰진 스트레스가 없는지, 혹은 어떤 점에서 우리 부부가 서로를 실망시키면서도 이를 알아차리지 못하는 것은 아닌지 알려 달라고 청하라. 그리고 서로 사랑하는 데 좀 더 능숙해지도록 도와주시기를 기도하라.

첫 번째 입장은 성을 피할 수 없는 충동으로 보고 두 번째 입장은 필요악으로 보는 반면, 마지막 입장은 성을 대단히 중요한 형태의 자기 표현, 즉 '본연의 내가 되는' 그리고 '본연의 나를 발견하는' 하나의 방법으로 본다. … 여기서 성은 주로 개인의 성취와 자기실현이다. … 성경이 성을 보는 태도는 흔히 두 번째 입장, 즉 성을 천하고 더러운 것으로 보는 입장이라고들 착각한다. 하지만 전혀 그렇지 않다. 성경이 성을 보는 시각은 이런 견해들과 근본적으로 다르다.

가장 긍정적인 입장   고대 그리스-로마 세계에서는 성을 단지 육체적 욕구로 여기거나 고상하고 영적인 목표만 생각하지 못하고 지저분한 일에 정신을 파는 것으로 여겼다. 현대 문화가 성을 보는 시각은 고대인들에 비해 훨씬 긍정적이며, 일부 학자들은 이것이 기독교 덕분이라고 주장한다.[10] 하지만 오늘날에도 사람들은 성을 반드시 충족시켜야 할 정서적 욕구로 간주한다. 고대인과 현대인 모두 성의 목적을 자기 욕구 충족이라고 본다. 기독교는 위의 두 가지 입장을 모두 거부하면서, 성이란 타인을 섬기고 공동체를 세우며 하나님과 하나님의 구원하시는 사랑을 생생하게 표현하는 한 가지 방식이라고 선언한다. 어떤 식으로든 성을 이보다 저급하게 보는 입장은 받아들이지 말라.

❍ 통속적으로 생각하기에 그리스도인은 성을 어떻게 보는가? 그렇게 보는 이유가 무엇인가?

함께 붙드는 기도의 끈   마태복음 5장 13-16절을 읽고, 사회에서 어떻게 "소금" 과 "빛"의 역할을 할 수 있을지 묵상하라. 소금과 빛 역할을 할 수 있도록 도우시기를 하나님께 청하라.

죄는 무엇보다도 마음이 무질서한 것으로 … 성에 지대한 영향을 끼친다. 성에 대한 우리의 열정과 욕망은 지금 몹시 뒤틀려 있다. 성은 자기 삶을 상대에게 주기 위해 있는 것이다. 그런데 타락한 마음은 자기를 내주는 것이 아니라 이기적 이유로 성을 이용하려 들며, 그래서 성경은 여러 가지 준칙을 두루 만들어 놓고 우리가 성을 올바로 사용하도록 방향을 안내한다. 기독교의 성 윤리를 요약하면 이렇다. "섹스는 한 남자와 한 여자가 결혼의 울타리 안에서 사용하기 위한 것이다."

나를 선물로 주는 것 하나님께서는 세상을 이처럼 사랑하사 예수 그리스도 안에서 자신을 우리에게 주셨다(요 3:16). 성탄절에 사람들은 누군가에게 선물을 주는데, 이는 성탄절에 아주 적절한 풍습이다. 성육신은 하나님께서 인간이 되사 자신의 영광은 물론이고 아무것으로도 해(害)를 입을 수 없다는 자신의 속성을 버리신 일이다. 이는 자기를 내주는 더없이 위대한 행위다. 결혼과 관련해 기독교가 우리 사회와 다른 부분이 바로 이 지점이다. 사랑, 섹스, 친밀함을 원하는 사람은 많지만, 이들은 결혼 때문에 자신의 독립성을 포기하려 들지는 않는다. 하지만 예수님께서는 자신을 우리에게 주심으로 독립성을 포기하셨으며, 우리는 예수님께 우리 자신을 바침으로 우리의 독립성을 포기한다. 그리고 그렇게 서로 자기를 내주는 행위에 따라 영광과 자유가 주어진다. 결혼을 통한 부부의 연합은 우리와 그리스도와의 연합을 생생히 반영하는 것이어야 하며(엡 5:25 이하), 마찬가지로 서로에게 서로를 줌으로써 우리는 자유를 얻는다.

◑ 성과 관련해 기독교에 그렇게 규칙이 많은 이유는 성을 부정적 시각으로 바라보기 때문이라고 어떤 이들은 말한다. 성과 관련된 규칙들은 성을 천하게 여기는 입장이 아니라 오히려 성을 고결하게 여기는 입장을 반영하는 것이라는 주장을 펼쳐 보라.

함께 붙드는 기도의 끈 이번 성탄절에는 결혼이라는 선물을 주신 것에 하나님께 감사드리고, 좋을 때도 있고 나쁠 때도 있고 여러 가지 어려움도 있는 내 결혼 생활을 두고도 감사드리라.

성경에 충실한 기독교만큼 세상에서 인간의 몸을 가장 긍정적으로 보는 종교도 없을 것이다. 기독교는 하나님께서 물질과 사람의 몸을 만드신 후에 이 모든 것을 보시고 좋다고 하셨다고 가르친다(창 1:31). ⋯ 또한 예수 그리스도 안에서 하나님께서 친히 인간의 몸을 취하셨고 ⋯ 언젠가는 우리 모두에게 완전한 몸, 부활의 몸을 주실 것이라고 가르친다. 기독교는 태초에 하나님께서 성을 창조하셨으며 남자와 여자에게 서로를 주셨다고 말한다.

지나치게 고상한 척하는 것은 나쁜 신학이다 현대인들은 기독교를 몸을 부정적인 관점으로 보는 종교로 생각하지만 사실은 그렇지 않다. 역사가들은 몸의 선함과 현실성 개념, 그리고 물질 창조 개념이 서구 문화에 들어온 것은 기독교 덕분이었다고 알려 준다.[11] 하나님께서는 물질세계를 만드시고 '좋다'(good)고 하셨다. 성경의 하나님께서 세상으로 들어오실 때 인간의 몸을 입고 들어오신다. 하나님께서는 물질세계가 원래의 아름다움과 광휘를 회복하는 일에 헌신하셨다. 죄를 속하시고 부활의 새 몸을 입고 죽음에서 일어나셨으며, 이 몸은 모든 신자가 언젠가는 다 받을 몸이다. 성의 선함(goodness)에는 이 모든 사실이 함축되어 있다. 다른 이들은 몰라도 그리스도인은 지나치게 고상한 척해서는 안 된다.

◑ 물질세계가 선하다는 이 창조 교리가 내 삶의 다른 측면에 어떤 함축적 의미를 지니는지 생각해 보라.

함께 불드는 기도의 끈 몸이라는 선물, 그 몸이 느낄 수 있는 모든 쾌락과 감각에 대해 감사하라. 나아가 곧 우리 몸의 속량을 약속하시고 그 일에 전념하시는(롬 8:23) 하나님께 감사하는 시간을 가지라.

하나님께서는 결혼의 울타리 안에서 성관계를 허용하실 뿐만 아니라 이를 강력히 명령하시기도 한다(고전 7:3-5). 잠언을 보면, 아내의 가슴에 파묻혀 기쁨을 누리라고, 성적인 사랑에 취하라고 남편들에게 권면한다(잠 5:19; 신 24:5). 아가서는 부부 사이에서 나누는 성적 사랑의 기쁨을 훨씬 더 노골적으로 누리며 즐거워한다. … 성경은 점잖은 척하는 사람에게는 아주 불편한 책이다.

성을 숭고하게 보는 시각　성경이 성을 대하는 태도에는 역설이 있다. 바울은 "음행과 온갖 더러운 것 …은 너희 중에서 그 이름조차도 부르지 말라"(엡 5:3)라고 말하며, 우리가 '음행을 피해야' 한다고 말한다(고전 6:18). 하지만 오늘 묵상 본문그리고 12월 3일에서는 노골적인 표현으로 성을 찬미하면서도 부끄러움이 전혀 없다. 이를 어떻게 설명해야 할까? 대답은, 독특하다 할 만큼 성을 숭고하게 보는 성경의 시각이 이 두 가지 강조점 모두를 설명해 준다는 것이다. 성경이 보는 성은 하나님께서 세상을 회복하신다는 사실을 보여 주는 푯말이자 그 일에 참여하는 것이다. 우리가 성을 보는 시각이 이에 미치지 못하면 성에 관해 완고해질 수도 있고 반대로 성을 너무 가벼이 여길 수도 있다. 그리스도인에게 성은 그토록 엄청나게 선한 것이기에 절대 경솔하게 탐닉해서는 안 된다.

◑ 나는 성장 과정에서 성을 어떻게 배우고 인식했는가? 그 태도는 지금 내게 어떻게 영향을 끼치는가? 성에 관한 기독교의 가르침 가운데 내가 가장 염두에 두어야 할 부분은 무엇인가?

함께 붙드는 기도의 끈　초대 교회 그리스도인들이 성을 보는 독특한 시각은 이들이 세상을 향해 증언하는 믿음의 중요한 부분이었다.9월 1-7일, 10월 1-7일 성을 대하는 적절한 태도를 주셔서 사람들에게 하나님 나라를 보여 주는 표로 삼을 수 있게 해 달라고 청하라.

> 〔유혹을 당할 때 제인 에어는〕 자기 마음이 하는 말을 무시하고 하나님께서 하시는 말씀에
> 의지한다. 그 순간 제인의 마음과 생각에 하나님의 도덕법은 전혀 말이 안 되었다. … 하
> 지만 제인은 불편해 보인다고 해서 법을 어겨도 된다면 그 법이 무슨 가치가 있겠느냐고
> 말한다. … 하나님의 율법은 유혹이 있을 때, "몸과 영혼이 그 법의 엄중함에 반기를 들고
> 일어날" 때를 위해 있는 것이다. 제인은 자신의 기분과 열정이 아니라 하나님의 말씀에
> 발을 딛고 선다.

진정한 자기 존중 제인 에어가 이런 내면의 발언을 한 것은 로체스터가 다른
여인과 법적 결혼 상태이면서도 제인에게 함께 살자고 청했을 때였다. 제인
은 그 청을 거절하면서 이렇게 말한다. "더 고독해질수록, 친구가 없을수록,
사람들에게 지지를 못 받을수록 나는 나를 더욱 존중할 것이다. 나는 하나님
이 주신 법을 지키리라."[12] 현대인이라면 자기 존중이란 다른 무엇보다도 자
기 마음과 욕구를 따른다는 뜻이라고 말할 것이다. 하지만 제인은 알고 있다.
하나님의 법에 순종하지 않는다면 그건 사실 자신의 마음을 따르는 것이 아
니라 로체스터가 마음대로 세워 놓은 계획에 따르는 것임. 마찬가지로 혼
외 성관계를 가지면서 자기 마음을 따르고 있다 생각한다면, 이는 사실 우리
에게 '진정한 삶'이 어떤 삶인지 제멋대로 규정하는 이 시대 문화에 볼모 잡힌
것일 뿐이다. 하나님께 순종하고 스스로를 존중하라.

◑ 내 안의 욕망에도 불구하고 하나님께 순종하는 것이 또 다른 어떤 면에서
나를 존중하는 길일 수 있는지 생각해 보라.

함께 붙드는 기도의 끈 이 시대 문화의 어젠다(agenda)가 어떤 식으로 내 마음과
생각 속으로 파고들어 내 욕망과 욕구를 자처하는지 하나님께서 낱낱이 보여
달라고 청하라. 세속성에서 나를 구해 달라고 하나님께 청하라(요일 2:15-17).

성이 주로 개인의 행복과 성취감을 위한 수단인가? 아니다. 그렇다고 해서 성이 기쁨의 문제가 아니라 오직 의무의 문제라는 것도 아니다. 기독교에서는, 성은 무엇보다도 먼저 하나님을 알고 공동체를 세워 가는 통로라고 가르치며, 성을 개인적 만족을 위해서가 아니라 그 뜻을 위해 사용하면 상상 이상으로 큰 만족에 이를 것이다.

***

다 가지다   오늘 본문은 기독교의 뜻깊은 원리를 또 다른 형태로 표현한 것으로, C. S. 루이스는 이 원리를 다음과 같은 공식으로 만들었다. "천국을 목표로 하라. 그러면 땅이 덤으로 주어질 것이다. 땅을 목표로 하라. 그러면 아무것도 얻지 못할 것이다." 성관계는 나를 위해서 하는 것이 아니라고 생각하라. 이는 첫째로, 혼외 성관계를 하지 않는다는 뜻이다. 둘째로, 이는 성관계를 결혼의 울타리 안에서만 갖되 특별히 기분이 내키지 않을 때도 배우자를 칭찬하고 사랑하는 한 방법으로써 한다는 뜻이다. 그런데 이런 방식으로 배우자의 필요를 진심으로 채워 주기 위해서는 기쁜 마음으로 성관계를 해야 하고, 두 사람 모두를 즐겁게 하는 방식으로 사랑을 나누는 법을 배워야 한다. 그러므로 잠자리를 가질 때는 내 만족이 아니라 나를 주는 것을 목표로 하라. 그러면 두 가지를 다 얻을 것이다.

◑ 결혼 생활에서 성을 이런 시각으로 보면 실제로 무엇을 배울 수 있는가? 이 개념은 내게 어떤 변화를 줄 수 있는가?

함께 붙드는 기도의 끈   우리 문화에서는 행복보다 거룩함을 우선하면 행복과 거룩함을 모두 얻을 수 있고 행복을 우선하면 둘 다 얻지 못한다고 믿기가 쉽지 않다. 이 진리를 내 의식과 내 마음에 각인시켜 주셔서 이 진리에 따라 살아갈 수 있게 해 달라고, 그리하여 내 결혼 생활이 건강하고 행복할 수 있게 해 달라고 하나님께 청하라.

그렇다면 결혼을 "한 몸"이라 일컫는 것은 성을 인격적이고 법적인 연합의 표이자 그 연합을 이루는 수단으로 이해한다는 뜻이다. 성경은 어떤 사람과 정서적, 인격적, 사회적, 경제적, 법적으로 연합할 생각이 아닌 한 그 사람과 육체적으로 연합해서는 안 된다고 말한다. 내 자유를 포기하고 나를 결혼에 묶어 두어 다른 모든 면에서까지 내 연약한 부분을 다 보여 주는 것이 아니라면, 상대방 앞에서 육체적으로 벌거벗어 취약해지지 말라.

사랑과 자유　오늘 본문 가운데 "내 자유를 포기하고 나를 결혼에 묶어 두었다"는 문구에서 자유라는 말은 현대적 의미로 쓰인다. 오늘날 우리는 자유를 독립으로, 내 선택에 아무런 제약이 없는 상태로 정의한다. 하지만 예수님께서는 우리가 예수님의 진리에 순종하면 할수록 그 "진리가 너희를 자유롭게 하리라"고 말씀하신다(요 8:32; 시 119:45). 물고기는 물 밖으로 튀어나올 때가 아니라 원래 물고기의 자리인 물에 '갇혀' 있을 때 자유로운 것처럼, 인간도 자신을 만드신 하나님께 순종할 때 아무 제약 없이 진정한 자기 자신으로 존재한다. 현대인이 정의하는 자유는 사랑과 상반된다. 왜냐하면 사랑한다는 것은 사랑하는 사람에게 내 삶에 관여할 수 있는 발언권을 주는 것이기 때문이다. 이와 대조적으로 성경이 말하는 자유는 사랑과 완벽하게 어울린다. 배우자를 사랑하려면 자신의 독립성을 포기하라. 그러면 더 큰 자유를 맛볼 것이다.

◑ 결혼해서 독립성을 잃게 될까 봐 초조해했는가? 위의 원리가 어떤 식으로 도움이 되겠는가?

함께 불드는 기도의 끈　시편 119편 45절을 묵상하라. 그런 다음, 약속을 지키고 순종하고 자기를 절제하는 태도 너머에 있는 더 의미 깊은 자유를 달라고 하나님께 청하라.

구약 성경에서 … 하나님께서는 … 백성들이 언약의 조건을 기억하고 … 이어서 그 언약에 다시 헌신을 다짐할 수 있도록 기회를 만들어 주셨다. [성관계도] 남편과 아내가 … 그렇게 할 수 있는 하나의 방식이다. 성은 두 사람이 서로를 향해 "나는 완전히, 영원히, 오로지 당신의 것"이라고 말할 수 있도록 하나님께서 정해 주신 방식이다. 이에 미치지 못하는 것을 말하려고 성관계를 이용해서는 안 된다. [그러므로] 언약은 … 서로의 약한 부분을 다 보여 주면서 친밀함을 누릴 수 있는 안전지대를 만들기 위해 성관계에 없어서는 안 되는 요소다.

안도감과 친밀함 결혼 언약과 성은 서로 의존하는 공생 관계다. 결혼 전 커플은 아주 작은 문제만 생겨도 상대방이 언제든 떠날 수 있음을 알고 있다. 둘 사이에는 아무런 약속도 구속도 없기 때문이다. 하지만 결혼 언약은 우리가 안심하고 서로에게 자신을 드러내 보일 수 있는 훨씬 더 큰 지지대를 만들어 준다. 자기 약점을 투명하게 다 드러내 보이는 것보다 더 깊은 친밀함은 없으며, 이 친밀함은 곧 성적인 사랑과 서로를 즐거워하는 것으로 표현된다. 따라서 몸이 연합하면 정서적, 인격적으로 훨씬 더 큰 연합을 이루었음을 느낄 수 있다. 이렇게 언약은 새로운 차원에서 더 깊이 있게 성을 누릴 수 있게 해 주고, 성은 언약이 지니는 지극히 중요한 능력을 강화하고 새롭게 한다.

◑ '투명성은 성적 친밀함으로 표현된다'는 원리에 관해 의견을 나눠 보라. 내 결혼 생활에서 이 원리를 확인할 수 있는가?

함께 불드는 기도의 끈 올 한 해 이 책을 통해 배운 결혼에 관한 모든 것에 하나님께 감사드리고, 지혜와 사랑과 아량으로 이 가르침을 생활 속에서 실천에 옮길 수 있도록 도와주시기를 청하라.

먼저 이 책을 집필하는 동안 특별한 지지를 보내 준 레이 레인과 질 레인 부부에게 감사를 표해야 마땅할 것이다. 두 사람은 우리에게 작업 공간을 마련해 주었고, 훌륭한 식사를 준비해 주었으며, 부단한 격려를 아끼지 않았다. 그것도 세상에서 가장 아름다운 곳으로 손꼽히는 잉글랜드의 레이크 디스트릭트에서 말이다. 어떤 작가에게든 이보다 더 좋은 집필 환경은 없으리라.

바이킹출판사의 담당 편집자 브라이언 타트, 우리의 저작권 대리인 데이비드 맥코믹에게 깊이 감사한다. 두 분 모두 2007년부터 우리 부부의 친구이자 동역자였으니 거래 중심의 덧없는 인간관계가 대부분인 세상에서 주목할 만한 만남이 아닐 수 없다. 브라이언과 데이비드는 지칠 줄 모르는 헌신과 다함없는 지혜로 우리와 함께 일해 주었다.

이 책은 우리 아들들과 며느리들, 데이비드와 제니퍼, 마이클과 새러, 조너선과 앤 마리에게 헌정한다. 우리는 이들이 무슨 일이든 마다하지 않고 결혼 생활을 정성껏 가꾸어 나가는 모습을 감탄과 존경으로 지켜보아 왔다.

주

--- 1월

1. Gerhard Von Rad, *Genesis*, trans. John H. Marks (Philadelphia: The Westminster Press, 1961), 82.

2. 앞으로 살펴보겠지만 성경은 몇 가지 상황에서 이혼을 허용한다. 물론 창세기에서는 이를 자세히 다루지 않지만, 이혼이 부자연스러운 것이며 결혼할 때만큼은 이 결혼이 영원하리라는 의도와 기대를 가지고 해야 한다는 점을 분명히 한다.

3. Marissa Hermanson, "How Millennials Are Redefining Marriage," *The Gottmann Institute*, July 3, 2018, https://www.gottman.com/blog/millennials-redefining-marriage/.

4. Mervyn Cadwallader, "Marriage as a Wretched Institution," *The Atlantic*, November 1966.

5. C. S. Lewis, *Mere Christianity* (New York: Macmillan Company, 1958), 105-106. C. S. 루이스, 《순전한 기독교》(홍성사 역간).

6. "Omiai: The Culture of Arranged Marriage in Japan," *Japan Info*, December 11, 2015, https://jpninfo.com/36254를 보라.

7. Timothy Keller with Kathy Keller, *The Meaning of Marriage* (New York: Dutton, 2011), 26을 보라. 팀 켈러, 캐시 켈러, 《팀 켈러, 결혼을 말하다》(두란노 역간).

8. Wendy Wang and Kim Parker, "Record Share of Americans Have Never Married," Pew Research Center, September 24, 2014, https://www.pewsocialtrends.org/2014/09/24/record-share-of-americans-have-never-married/.

9. "Marriage Falls Out of Favour for Young Europeans," *The Guardian*, July 25, 2014, https://www.theguardian.com/lifeandstyle/2014/jul/25/marriage-young -europeans-austerity.

10. Wang and Parker, "Record Share of Americans Have Never Married," Pew Research Center.

11. 이 사실을 지지하는 연구는 너무 많아서 일일이 다 인용할 수가 없다. 그중 한 가지만 예를 든다. W. Bradford Wilcox and Alysse El Hage, "The Wealth of Nations Begins at Home," Institute for Family Studies, November 8, 2018, https://ifstudies.org/blog/the-wealth-of-nations-begins-at-home.

12. Charlotte Brontë, *Jane Eyre* (New York: Macmillan, 2017), 450-451. 샬롯 브론테, 《제인 에어》.

--- 2월

1. Derek Kidner, *Genesis: An Introduction and Commentary* (Downers Grove, IL: InterVarsity Press, 1972), 66. 데렉 키드너, 《창세기》(CLC 역간).

2. David Atkinson, *The Message of Genesis 1-11*, The Bible Speaks Today (Downers Grove, IL: InterVarsity Press, 1990), 79.

3. "Who's More Interested in Marrying—Men or Women?," RelationshipsinAmerica.com, n.d., http://relationshipsinamerica.com/marriage-and-divorce/whos-more-interested-in-marrying-men-or-women.

4. Christian Jarrett, "Do Men and Women Really Have Different Personalities," BBC.com, October 12, 2016, http://www.bbc.com/future/story/20161011-do-men-and-women-really-have-different-personalities.

5. Wendy Wang, "Who Cheats More? The Demographics of Infidelity in America," Institute for Family Studies, January 10, 2018, https://ifstudies.org/blog/who-cheats-more-the-demographics-of-cheating-in-america.

6. Hermanson, "How Millennials Are Redefining Marriage," The Gottman Institute.

7. Hermanson, "How Millennials Are Redefining Marriage," 특히 "Millennials have a strong sense of identity."

8. Hermanson, "How Millennials Are Redefining Marriage," 특히 "Millennials question the institution of marriage."

9. Neil Postman, "Thy Typographical Mind" in *Amusing Ourselves to Death: Public Discourse in the Age of Show Business*, anniversary edition (New York: Penguin Books, 2005), 44-48. 닐 포스트만, 《죽도록 즐기기》(굿인포메이션 역간).

10. Hermanson, "How Millennials Are Redefining Marriage."

11. C. S. Lewis, *The Four Loves* (New York: Harcourt, 1960), 123. C. S. 루이스, 《네 가지 사랑》(홍성사 역간).

12. Stanley Hauerwas, "Sex and Politics: Bertrand Russell and 'Human Sexuality,'" *Christian*

Century, April 19, 1978, 417-422.

13. "그 모든 시선이 나를 향하지. 나를 집어 삼킨다고. 뭐라고? 당신들 둘뿐이라고? 더 있을 텐데. 더 많을 텐데. 그러니까 이게 지옥이야. 난 지옥을 믿은 적이 없소. 고문실, 불과 유황, '꺼지지 않는 불' 이야기 다들 기억하실 테지. 다 허튼소리요! 뜨겁게 달아오른 부지깽이 같은 건 굳이 없어도 돼. 타인이 지옥이니까!" Jean-Paul Sartre, *No Exit and Three Other Plays*, reissue edition (New York: Vintage, 1989), 45. 장 폴 사르트르, 《닫힌 방》(민음사 역간).

14. Stanley Hauerwas, *A Community of Character* (South Bend, IN: University of Notre Dame Press, 1981), 172.

15. Denis de Rougemont, *Love in the Western World* (New York: Harper and Row, 1956), 300, Diogenes Allen, *Love: Christian Romance, Marriage, Friendship* (Eugene, OR: Wipf and Stock, 2006), 96에 인용됨.

16. Ernest Becker, *The Denial of Death* (New York: Free Press, 1973), 160, 167. 어니스트 베커, 《죽음의 부정》(한빛비즈 역간).

17. Wang and Parker, "Record Share of Americans Have Never Married," Pew Research Center.

18. Jonathan Edwards, "Sermon Fifteen: Heaven Is a World of Love" in *The Works of Jonathan Edwards*, WJE Online, Jonathan Edwards Center, Yale University, http://edwards.yale.edu/archive?path=aHR0cDovL2Vkd2FyZHMueWFsZS5lZHUvY2dpLWJpbi9uZXdwaGlsby9nZXRvYmplY3QucGw/Yy43OjQ6Q6MTUud2lbw==.

--- 3월

1. Thomas Watson, *A Body of Divinity* (Passmore and Alabaster, 1890; reprint, Ada, MI: Baker Books, 1979), 334. 토머스 왓슨, 《신학의 체계》(CH북스 역간).

2. Derek Kidner, *Proverbs: An Introduction and Commentary*, vol. 17, Tyndale Old Testament Commentaries (Downers Grove, IL: InterVarsity Press, 1964), 51. 데렉 키드너, 《잠언》(CLC 역간).

3. Leon Morris, *The Gospel According to Matthew*, The Pillar New Testament Commentary (Grand Rapids, MI: Eerdmans Publishing Co., 1992), 117.

4. 특히 디트리히 본회퍼의(Dietrich Bonhoeffer)의 탁월한 저서 *Life Together* (New York: Harper & Row, 1954)를 보라. 디트리히 본회퍼, 《성도의 공동생활》(복있는사람 역간).

5. Kyle Harper, *From Shame to Sin: The Christian Transformation of Sexual Morality in Late Antiquity* (Cambridge, MA: Harvard University Press, 2016)를 보라. 로마 세계의 성 윤리는 결혼할 때 아내들이 처녀여야 하며 오직 남편하고만 성관계를 가질 수 있다고 명령한 반면, 남자는 결혼 전이든 결혼 후든, 매춘부나 하녀 등 사회적으로 자기보다 계급이 낮은 여자라면 누구하고든 성관계

를 가질 수 있었다.

6. 교회를 "두 번째 아담"이신 그리스도의 "두 번째 하와"로 보는 이 개념은 에오윈 존스 스토다드 (Eowyn Jones Stoddard)와 주고받은 서신에 나온다.

7. 《팀 켈러, 결혼을 말하다》에 나오는 이 인용문은 Robert Letham, *The Holy Trinity: In Scripture, History, Theology, and Worship* (Phillipsburg, NJ: Presbyterian and Reformed, 2004), 456에서 가져왔다.

8. C. S. Lewis, *Mere Christianity* (New York: HarperCollins, 2001), 174-176. C. S. 루이스, 《순전한 기독교》(홍성사 역간).

9. 맛보기로 C. S. 루이스의 소설 *Perelandra: A Novel* (New York: The Macmillan Company, 1965), 195-222의 대관식 장면을 보라. C. S. 루이스, 《페렐란드라》(홍성사 역간).

10. 빌립보서 2장 6절: "그는 근본 하나님의 본체(very nature)시나 … 오히려 자기를 비워 종의 형체를 가지사." "그 남자는 친절한 사람이기에 그에게 돈을 빌려 주었다"라고 말한다면, 앞 구절은 두 번째 구절에서 말하는 행위의 원인이다. 그러므로 여기서 성경은 예수님께서 자신의 권세를 포기하고 종이 되신 것은, 이렇게 하는 것이 하나님으로서 그분의 본성(nature)이었기 때문임을 지적한다.

11. 관련 기사와 연구가 너무 많아 여기 다 인용할 수는 없다. 한 가지만 예를 들겠다. "Millennials in Adulthood: Detached from Institutions, Networked with Friends," Pew Research Center, March 7, 2014, https://www.pewsocialtrends.org/2014/03/07/millennials-in-adulthood/.

12. "Love (III)", in Helen Wilcox, ed., *The English Poems of George Herbert* (Cambridge, UK: Cambridge University Press, 2007), 661.

13. Simone Weil, *Waiting for God* (New York: Harper, 2009), 27. 시몬 베유, 《신을 기다리며》(이제이북스 역간).

14. 삶을 변화시키는 도구이자 하나님과 교제하는 수단으로서 성경이 지니는 힘에 대해서는 Timothy and Kathy Keller, *The Songs of Jesus: A Year of Devotions in the Psalms* (New York: Viking Penguin, 2010), 304-325에서 시편 119편을 다룬 부분을 보라. 팀 켈러, 캐시 켈러, 《팀 켈러의 묵상》(두란노 역간).

--- 4월

1. Timothy and Kathy Keller, *God's Wisdom for Navigating Life: A Year of Devotions in the Book of Proverbs* (New York: Viking Penguin, 2017), 162에서 6월 11일자 묵상을 보라. 팀 켈러, 캐시 켈러, 《팀 켈러, 오늘을 사는 잠언》(두란노 역간).

2. "How to Stay Happily Married," Penelope Green, *The New York Times*, May 4, 2019, https://www.nytimes.com/2019/05/04/style/judith-viorst-poems.html에 실린 주디스 바이올스트(Judith

Viorst) 인터뷰 글에서 인용함.

3. Lewis, *Perelandra*, 17. C. S. 루이스, 《페렐란드라》(홍성사 역간).

4. John Newton, "Glorious Things of Thee Are Spoken" (1779).

5. C. T. Studd (1860-1931), "Only One Life," public domain.

6. C. S. Lewis, *Mere Christianity* (Macmillan, 1960), 190. C. S. 루이스, 《순전한 기독교》(홍성사 역간).

7. 우리는 "배우자는 마음대로 고르거나 바꿀 수 있고 … 직업도 (마음대로) 고르거나 바꿀 수 있다. 하지만 자기 자녀는 고르거나 바꿀 수 없다. 다른 어떤 영역에서도 영원한 헌신을 거의 요구하지 않는 문화에서 자녀는 우리에게 구속력을 갖는 마지막 의무다." Jennifer Senior, *All Joy and No Fun: The Paradox of Modern Parenthood* (New York: HarperCollins, 2014), 44. 제니퍼 시니어, 《부모로 산다는 것》(알에이치코리아 역간).

--- 5월

1. Joyce G. Baldwin, *Haggai, Zechariah and Malachi: An Introduction and Commentary*, vol. 28, Tyndale Old Testament Commentaries (Downers Grove, IL: InterVarsity Press, 1972), 260-261.

2. Baldwin, *Haggai, Zechariah and Malachi*, 260-261.

3. W. Bradford Wilcox, "The Evolution of Divorce" in *National Affairs*, Spring 2009.

4. Pieter A. Verhoef, *The Books of Haggai and Malachi*, The New International Commentary on the Old Testament (Grand Rapids, MI: Eerdmans Publishing Co., 1987), 281.

5. R. T. France, *The Gospel of Matthew*, The New International Commentary on the New Testament (Grand Rapids, MI: Eerdmans Publishing Co., 2007), 721. https://www.the-highway.com/divorce_Murray.html에 실린 존 머리(John Murray)의 글 "Divorce and Remarriage"를 보라.

6. 웨스트민스터 신앙고백서 24장, "결혼과 이혼에 대하여"를 보면 "간음이나, 교회나 국가의 관원이 도저히 수습할 수 없을 만큼 고의적으로 배우자를 유기하는 것 외에는 그 어떤 이유도 결혼의 끈을 풀어놓기에 충분치 않다"고 한다(마 19:8-9; 고전 7:15; 마 19:6).

7. "The Westminster Divines on Divorce for Physical Abuse"를 보라. 이 문서는 배우자를 육체적으로 학대하는 행위를 일종의 '고의적 유기'로 볼 수 있는지 여부를 검토한다. 여러 가지 조건이 붙기는 하지만, 이 문서에서는 그렇게 볼 수 있다고 결론 내린다. https://docs.google.com/viewer?url=http%3A%2F%2Fwww.pcahistory.org%2Fpca%2F2-267.doc를 보라.

8. David Itzkoff, "'Avengers: Endgame': The Screenwriters Answer Every Question You Might Have," *The New York Times*, April 29, 2019, https://www.nytimes.com/2019/04/29/movies/avengers-endgame-questions-and-answers.html.

9. 시편 42편 5-6, 11절; 43편 5절; 103편 1, 22절; 104편 1, 35절; 116편 7절; 146편 1절도 보라.

10. Alexander Schmemann, "Worship in a Secular Age," a chapter in *For the Life of the World: Sacraments and Orthodoxy* (Crestwood, NY: St. Vladimir's Press, 1970), http://jean.square7.ch/wolfcms/public/SyndesmosTexts/Text_34_Schmemann-Secular%20Age.pdf.

11. 윌리스의 연설은 https://web.ics.purdue.edu/~drkelly/DFWKenyonAddress2005.pdf에서 볼 수 있다.

12. Thomas Chalmers (1780-1847), "The Expulsive Power of a New Affection," https://www.monergism.com/thethreshold/sdg/Chalmers,%20Thomas%20-%20The%20Exlpulsive%20Power%20of%20a%20New%20Af.pdf.

13. 이 구절은 샬롯 엘리엇(Charlotte Elliott, 1780-1871)의 찬송가 1절에 바탕을 두고 있다: "O Jesus make Thyself to me / A living, bright reality / More present to faith's vision keen / Than any earthly object seen / More dear, more intimately nigh / Than e'en the closest earthly tie."

14. 여기서 내가 말하는 것은 서구의 결혼이지 중매결혼이 아니며, 중매결혼은 반대 방향으로, 즉 섬김의 사랑에서 쾌감의 사랑으로 작용할 수 있다. 1월 21일자 묵상을 보라.

15. Edwards, "Sermon Fifteen: Heaven Is a World of Love," part V를 보라.

--- 6월

1. 이번 주 성경 구절을 더 깊이 살펴보려면 *Keller, God's Wisdom for Navigating Life*, 247, 251을 보라. 팀 켈러, 캐시 켈러, 《팀 켈러, 오늘을 사는 잠언》(두란노 역간).

2. Bruce Waltke, *The Book of Proverbs: Chapters 15-31*, New International Commentary on the Old Testament (Grand Rapids, MI: Eerdmans Publishing Co., 2004), 529, 532.

3. Waltke, *The Book of Proverbs*, 521.

4. Christopher Wright, *Deuteronomy* (Peabody, MA: Hendrickson Publishers, 1996), 256.

5. Edwards, "Sermon Fifteen: Heaven Is a World of Love," part V를 보라.

6. 순서대로, "I Will Always Be with You" by Sheena Easton, "I'll Be Loving You Eternally" by Petula Clark, "Longer Than" by Dan Fogelberg, and "I Will Love You Forever" by Demis Roussos.

7. 트럼펫 연주자 라파엘 멘데스(Rafael Mendez)를 다룬 교훈적 영화 *The Trumpet* 3부를 보라. https://www.youtube.com/watch?v=gUij8FCg0z8.

8. D. M. Lloyd-Jones, *Spiritual Depression: Its Causes and Cure* (Grand Rapids, MI: Eerdmans Publishing Co., 1965), 20-21. 마틴 로이드 존스, 《영적 침체》(복있는사람 역간).

--- 7월

1. "우리가 내린 결론은, 입맞춤은 그리스도인 공동체 안에서 존중과 애정과 화해를 공유한다는 신체적 표징이었으며, 동료 신자들 사이에서 이렇게 독특하게 입맞춤으로 인사함으로써 인종, 계층, 성별을 초월해 모든 그리스도인이 공유하는 상호의존성, 호혜주의, 신분과 정체성의 하나 됨을 강조하고 키워 나갔다는 것이다." Anthony C. Thiselton, *The First Epistle to the Corinthians: A Commentary on the Greek Text*, New International Greek Testament Commentary (Grand Rapids, MI: Eerdmans Publishing Co., 2000), 1346.

2. Lewis, *Mere Christianity*, 117. C. S. 루이스, 《순전한 기독교》(홍성사 역간).

3. Edmund Morgan, *American Slavery, American Freedom* (New York: W. W. Norton, 1975), 328. 에드먼드 모건, 《미국의 노예제도 & 미국의 자유》(비봉출판사 역간).

4. Robert Bellah et al., *Habits of the Heart*, 2nd ed. (Berkeley and Los Angeles: University of California Press, 1996), 333.

5. Aristotle, *Nicomachean Ethics*, trans. W. D. Ross, Book II:1, http://classics.mit.edu/Aristotle/nicomachaen.2.ii.html.

6. 성경 읽기 및 기도와 다소 구별되는 은혜의 수단으로써의 묵상에 관해 좀 더 살펴보려면 "As Conversation: Meditating on His Word" in Timothy Keller, *Prayer: Experiencing Awe and Intimacy with God* (New York: Penguin Books, 2014), 145-164를 보라. 팀 켈러, 《팀 켈러의 기도》(두란노 역간).

7. 이 네 가지는 Kidner, *Proverbs*, 45에서 가져왔다. 데렉 키드너, 《잠언》(CLC 역간).

8. Lewis, *Mere Christianity*, 134. C. S. 루이스, 《순전한 기독교》(홍성사 역간).

--- 8월

1. "1만(미리아; myria-영어 단어 'myriad'는 여기서 파생)은 헬라어가 표현할 수 있는 가장 큰 숫자이고, 달란트는 당시 알려진 최대 액수다. 이 둘을 조합하면 우리 시대의 '몇 조억' 정도의 개념이 된다. 하나님께서 탕감해 주신 백성의 빚은 인간이 계산할 수 있는 범위를 넘어선다." R. T. France, *The Gospel of Matthew*, The New International Commentary on the New Testament (Grand Rapids, MI: Eerdmans Publishing Co., 2007), 706.

2. 여기에는 한계가 있다. 로마서 12장 9절은 "사랑에는 거짓이 없나니 악을 미워하고 선에 속하라"고 말하는데, 이 말씀은 어떤 사람이 죄를 지을 수 있게 하거나 우리에게 죄를 짓게 만드는 것은 지혜롭거나 올바른 행동이 아니라고 일깨워 준다. 상대방의 학대 행위를 허용하거나 쉽게 학대 행위를 벌이도록 놔두는 것은 그 사람을 사랑하는 것이 아니다. Dan B. Allender and Tremper

Longman, *Bold Love* (Colorado Springs, CO: NavPress, 1992) 3부, 229-310에서 "악한 사람", 매우 "어리석은 사람", "평범한 죄인"을 사랑하는 것이 어떻게 다른지 구별하는 것을 참고하라.

3. Bonhoeffer, *Life Together*, 110-111. 디트리히 본회퍼, 《성도의 공동생활》(복있는사람 역간).

4. Bonhoeffer, *Life Together*, 120. 디트리히 본회퍼, 《성도의 공동생활》(복있는사람 역간).

5. Aelred of Rievaulx, *Spiritual Friendship* (Trappist, KY: Cistercian Publications, 2010).

6. "내 배우자는 그렇다"(팀 켈러의 말).

--- 9월

1. Harper, *From Shame to Sin*, 87.

2. Harper, *From Shame to Sin*, 87-88.

3. "[그리스도인들은] 성도덕의 깊은 논리에 변화를 일궈 냈다. 행동 수칙은 여전히 똑같더라도(예를 들어 존경할 만한 여성들에게 사람들이 어떤 모습을 기대하는지는 거의 달라지지 않았다) 도덕적 제재(깊은 논리)는 달라졌다. 기독교의 성도덕은 패러다임의 변화를 이루었고, 성 윤리가 새로운 기본 논리로 약진하게 했으며, 이 논리에서는 우주의 질서[하나님]가 도덕적 틀로써의 도시[폴리스]-사회 질서를 대체했다. … 그리스인과 로마인의 경우, 성은 사회 시스템의 유기적 표현이라는 것이 공공연한 관념이었다. … 심지어 이교 철학도 가장 깊은 차원에서는 사회적 재생산 논리는 받아들이고 그 과정의 쾌락은 평가절하하는, 의무 기반의 성 윤리를 제시하는 경향이 있었다. 하지만 … 기독교는 성도덕이 그 사회적 정박지를 깨뜨리고 나오게 만들었다. … 도덕적 행위의 새로운 모델은 절대적으로 자유로운 개인을 중심으로 했고, 이 개인의 행동은 영원하고 또 우주적으로 중요했다. … 전전긍긍하는 이 이교 세계의 도시 풍경 속으로 한 선교사[바울]가 놀라운 메시지를 들고 슬며시 들어왔다. '너희 몸은 … 너희 가운데 계신 성령의 전인 줄을 알지 못하느냐?'" Kyle Harper, "The First Sexual Revolution: How Christianity Transformed the Ancient World," *First Things*, January 2018, https://www.firstthings.com/article/2018/01/the-first-sexual-revolution.

4. Johan Lust et al., *A Greek-English Lexicon of the Septuagint*, Revised Edition (Peabody, MA: Hendrickson Publishing, 2008)의 "symphero" 항목을 보라.

5. Wendell Berry, *Sex, Economy, Freedom, and Community* (New York: Pantheon, 1994), 119-20. Keller, *The Meaning of Marriage*, 277, 주 172에서 이에 관한 설명을 보라. 팀 켈러, 캐시 켈러, 《팀 켈러, 결혼을 말하다》(두란노 역간).

6. Thiselton, *The First Epistle to the Corinthians*, 462를 보라.

7. 《성공회 기도서》(*The Book of Common Prayer*)의 Second Collect for Peace in "The Order for Morning Prayer Daily throughout the Year"를 보라.

8. "바울은 이어지는 몇 구절에서 주장하기를, 그리스도 안에 있으면 필연적으로 결속과 유대

(κολλάω)가 생기는데, 만약 몸(τὸ σῶμα)이 그리스도께서 형성하시는 유대와 상충되거나 다른 방향으로 끌어당기는 것과 '결합되면' 그 결속과 유대가 위협을 받는다고 한다." Thiselton, *The First Epistle to the Corinthians*, 464.

9. D. S. Bailey, *The Man-Woman Relation in Christian Thought* (London: Longmans, 1959), 10.

10. Harper, "The First Sexual Revolution."

11. "그리스도와의 연합 및 육체적 연합이라는 맥락에서 이 문제는 자기 자신을 자기가 속한 존재에게 전적으로 '주는' 문제가 된다. Thiselton, *The First Epistle to the Corinthians*, 474.

12. Harper, "The First Sexual Revolution."

13. "포르네이아, 간음은 성적 죄를 뜻하는 암호였다가 일반적으로 부부의 침상 밖에서 벌어지는 모든 성행위, 그리고 … 나이나 신분 혹은 역할과 관계없이 무조건 금지된 동성 간 성관계를 뜻하는 암호가 되었다. … 초기 기독교회 안에 널리 보급된 성 관련 규정은 아주 독특했다. 이 규정 덕분에 그리스도인과 세상 사이에는 중요한 경계가 생겼다. 기독교의 도덕 논리는 한층 혁신적이었다." Harper, *From Shame to Sin*, 85.

14. "[월테] 브루그만은 '내/당신의 뼈와 살'(my/your bone and flesh)이라는 말은 사실 언약의 관용적 표현이라고 주장한다. … 그래서 북쪽 지파 대표들이 헤브론에 있는 다윗을 찾아가서 '우리는 왕의 한 골육이니이다'(we are your bone and flesh)라고 했을 때(삼하 5:1), 이는 친족 관계('우리는 뿌리가 같다')를 말한 것이 아니라 충성을 맹세한 것이었다('어떤 상황에서든 우리는 당신을 지지하겠다'). 이렇게 보면, '이는 내 뼈 중의 뼈요 살 중의 살이라'는 남자의 말은 여자에게 언약적 헌신을 진술하는 말이다." Victor P. Hamilton, *The Book of Genesis: Chapters 1-17*, The New International Commentary on the Old Testament (Grand Rapids, MI: Eerdmans Publishing Co., 1990), 179-180.

15. Ed Wheat and Gloria Okes Perkins, *Love Life for Every Married Couple: How to Fall in Love, Stay in Love* (Grand Rapids, MI: Zondervan), 256을 보라.

16. Judson Swihart, *How Do You Say "I Love You"?* (Downers Grove, IL: InterVarsity Press, 1977).

17. Don Carson, *Love in Hard Places* (Wheaton, IL: Crossway, 2002), 83.

--- 10월

1. "대다수 학자는 고린도의 일부 사람들이 '남자는 여자와 (그 어떤) 성적 관계도 맺지 않는 것이 좋다'(고전 7:1)고 말했으며, 따라서 부부 사이에서의 금욕, 믿지 않는 배우자와의 이혼, 그리고 '처녀'거나 과부라면 계속 그 상태로 지낼 것을 주장했던 것이라고 생각한다. 달리 말해, 이들은 금욕을 하나의 수칙이나 규범으로 권장했고 성을 죄로 여겼다(고전 7:28, 36의 '죄' 참고)." Roy E. Ciampa and Brian S. Rosner, *The First Letter to the Corinthians*, The Pillar New Testament Commentary (Grand Rapids, MI: Eerdmans Publishing Co., 2010), 267.

2. "몸을 천하게 보는 관점은 그리스인과 로마인 사이에 널리 퍼져 있던 사상으로, 고린도 교인들에게도 영향을 끼쳐서 … 이들의 마음이 금욕 쪽으로 향하게 했을 수도 있다. 스토아학파와 견유학파 철학은 결혼하지 않은 사람은 지혜를 추구하며 사는 게 이익일 것이라고 가르쳤다. 마찬가지로 그리스의 대중 신앙은 처녀성을 종교적 권능을 갖게 되는 수단으로 여겼으며, 예를 들어 델피에서 신탁을 받는 여사제들이 바로 그런 경우였다. 그래서 고린도의 어떤 이들은 몸이 영적인 일에 부적절하다는 말을(고전 7:34의 '몸과 영' 참조) 성 문제에서의 방종과 방탕을 뜻하는 말로 여겼을 수도 있고(고전 6:12-20 참조), 또 어떤 이들은 이 말을 금욕을 권장하고 육체의 쾌락을 부인하는 말로 해석했을 수 있다(고전 7:1-40 참조)." Ciampi and Rosner, *The First Letter to the Corinthians*, 267.

3. Harper, *From Shame to Sin*, 182-185를 보라. 그리스도인이었던 데오도시우스 2세 황제는 AD 428년, 남자는 딸이나 종이나 그 외 사회적 신분이 낮은 여자에게 성관계를 강요할 수 없다는 법령을 통과시켰다. 이는 성관계가 상호 합의에 의한 것이어야 한다는 개념을 향해 주목할 만한 한 걸음을 내디딘 것이었으며, 또한 여성이 착취당하지 않도록 막아 주는 의미 있는 방벽이었다.

4. Courtney Sender, "He Asked Permission to Touch, but Not to Ghost," *The New York Times*, September 7, 2018.

5. 마태복음 15장 19절, 마가복음 7장 21절, 사도행전 15장 20절, 고린도전서 6장 9-10, 18절, 갈라디아서 5장 19절, 에베소서 5장 3-5절, 골로새서 3장 5절, 데살로니가전서 4장 3절, 디모데전서 1장 10절, 히브리서 13장 4절을 보라.

6. "기독교와 유대교[그리고 다른 모든 전통 종교]의 한 가지 명백한 차이점은 … 기독교는 독신 개념을 기독교를 따르는 사람들을 위한 모범적 삶의 방식으로 받아들인다는 것이다." Hauerwas, *A Community of Character*, 174.

7. Hauerwas, *A Community of Character*, 191.

8. John Newton, "I asked the Lord that I might grow" in Olney Hymns, https://hymnary.org/text/i_asked_the_lord_that_i_might_grow에서.

9. 창세기 3장 16절은 남편이 아내를 "다스리는" 것을 죄의 한 가지 결과라고 말한다. 이와 같은 맥락에서, 성경 해석자들은 남편과 아내의 역할에 관한 각자의 입장이 어떠하든, 이 구절은 권한을 추구하는 문제에 관해서가 아니라 포학 행위에 관해 말한다는 데 의견을 같이한다.

10. Patrick O'Brian, *Post Captain* (New York: W. W. Norton, 1990), 249.

11. "창세기 3장 16절에 적용해 볼 때, 여자가 남편을 원하는 것은 가인을 덮칠 자세로 기다리고 있는 죄의 욕망과 비슷하다. 이는 평등한 관계를 망가뜨려서 예속과 지배 관계로 만들려고 하는 욕망을 뜻한다. 죄인인 남편은 아내에게 폭군으로 군림하려고 할 것이다." Hamilton, *The Book of Genesis*, 202.

--- 11월

1. 폴 매카트니와 린다 매카트니의 〈Silly Love Songs〉를 말하는 것으로, 1976년에 발매된 앨범 '*Wings at the Speed of Sound*'에 실려 있다.

2. Iain M. Duguid, *The Song of Songs: An Introduction and Commentary*, Tyndale Old Testament Commentaries (Downers Grove, IL: IVP Academic, 2015), 40.

3. Duguid, *The Song of Songs*, 82-83.

4. Duguid, *The Song of Songs*, 93.

5. Duguid, *The Song of Songs*, 87.

6. Duguid, *The Song of Songs*, 92-93.

7. Duguid, *The Song of Songs*, 96.

8. Elisabeth Elliot, *The Savage My Kinsman*, 40th anniversary edition (Ventura, CA: Regal Books, 1996).

9. 인터넷 여기저기서 이 글을 볼 수 있다. 그중 한 곳은 wstatic.pcpc.org/articles/singles/singledout.pdf이다.

--- 12월

1. Duguid, *The Song of Songs*, 116.

2. Duguid, *The Song of Songs*, 116.

3. Duguid, *The Song of Songs*, 117.

4. Duguid, *The Song of Songs*, 117.

5. Duguid, *The Song of Songs*, 46.

6. Dan Allendar and Tremper Longman, *Intimate Allies: Rediscovering God's Design for Marriage and Becoming Soul Mates for Life* (Wheaton, IL: Tyndale House Publishers, 1999), 254.

7. Duguid, *The Song of Songs*, 156.

8. Kathy Keller, "Don't Take It from Me: Reasons You Should Not Marry an Unbeliever," The Gospel Coalition, January 22, 2012, https://www.thegospelcoalition.org/article/dont-take-it-from-me-reasons-you-should-not-marry-an-unbeliever/.

9. 헬라어 '아가페'는 신약 성경에서 폭넓게 쓰이는데, 흔히 우리를 향한 하나님의 은혜로운 사랑을 가리키며, 하나님의 언약적이고 불굴의 사랑을 뜻하는 히브리어 '헤세드'와 비슷한 표현이다. 하지만 신약 성경에서 '아가페'라는 단어가 쓰일 때 우리가 흔히 생각하는 것처럼 반드시 '무조건적

사랑'을 뜻하는 기계적 표현으로 쓰이지는 않는다. 이를 좀 더 자세히 알고 싶다면 Mark Ward, "What Agape Really Means," Logos Talk, November 4, 2015, https://blog.logos.com/2015/11/how-to-pronounce-logos-and-what-agape-really-means/를 보라.

10. Harper, "The First Sexual Revolution."

11. 예를 들어 Charles Taylor, *A Secular Age* (Cambridge, MA: Harvard University Press, 2018), 276-279를 보라.

12. Brontë, *Jane Eyre*, 450-451. 샬롯 브론테, 《제인 에어》.

THE MEANING OF MARRIAGE:
A COUPLE'S DEVOTIONAL